LIRE
L'*ENQUÊTE SUR*
L'ENTENDEMENT HUMAIN

DE HUME

DANS LA MÊME COLLECTION

Lire L'initiation à la vie bienheureuse *de Johann Gottlieb Fichte*, sous la direction de Patrick Cerutti, Introduction par Miklos Vetö, 208 p., 2017.

Lire le Principe d'individuation *de Duns Scot*, par Olivier Boulnois, 224 p., 2014.

Lire le Tractatus logico-philosophicus – *Wittgenstein*, sous la direction de Christiane Chauviré, avec les contributions de J. Bouveresse, S. Gandon, S. Laugier, E. Halais, L. Soutif, J.-P. Narboux, D. Perrin, L. Raïd, 288 p., 2009.

*L'*Introduction à la métaphysique *de Heidegger*, sous la direction de Jean-François Courtine, avec les contributions de M. Crépon, F. Dastur, É. Escoubas, S. Jollivet, J. Greich, J. Grondin, M. Roesner, Ch. Sommer, F. Volpi, 240 p., 2007.

Les Méditations cartésiennes *de Husserl*, sous la direction de Jean-François Lavigne, 224 p., 2008.

L'unité de l'intellect de Thomas d'Aquin. Commentaire du De unitate intellectus contra avveroistas, par Alain de Libera, 560 p., 2007.

Religion, liberté, justice. Sur les Lettres écrites de la montagne de J.-J. Rousseau, sous la direction de Bruno Bernardi, 320 p., 2005.

L'évolution crétrice de Bergson, sous la direction d'Arnaud François, 352 p., 2010.

Lectures de la Krisis *de Husserl*, édité par F. de Gandt et C. Majolino, 304 p., 2008.

ÉTUDES & COMMENTAIRES
Fondateur : Jean-François COURTINE Directeur : Dan ARBIB

Claire ETCHEGARAY et Philippe HAMOU (dir.)

LIRE
L'*ENQUÊTE SUR L'ENTENDEMENT HUMAIN*
DE HUME

PARIS
LIBRAIRIE PHILOSOPHIQUE J. VRIN
6, place de la Sorbonne, V^{e}

2022

Imprimé en France

ISSN 1769-5716
ISBN 978-2-7116-3051-6

www.vrin.fr

ABRÉVIATIONS

DRN D. Hume, *Dialogues sur la religion naturelle,* introd., texte anglais, trad. fr. M. Malherbe, Paris, Vrin, 2005.

E&T D. Hume, *Essais et traités sur plusieurs sujets*, 4 vol., trad. fr. M. Malherbe, Paris, Vrin, 2000-2009. Cette édition comprend les *Essais* et les deux *Enquêtes*.

EEH D. Hume, *Enquête sur l'entendement humain*, intro., texte anglais, trad. fr. M. Malherbe, Paris, Vrin, 2008. Les références indiquent successivement les numéros de la section, de la partie, du paragraphe et de la page dans cette édition.

EHU D. Hume, *An Enquiry concerning Human Understanding*, éd. T. L. Beauchamp, Oxford, Clarendon Press, 2000.

EMPL D. Hume, *Essays Moral, Political and Literary*, éd. E. F. Miller, Indianapolis, Liberty Fund, 1985; trad. fr. M. Malherbe, dans *Essais et traités sur plusieurs sujets*, Paris, Vrin, 2000-2009; trad. fr. G. Robel, dans *Essais moraux, politiques et littéraires, et autres essais*, Paris, P.U.F., 2001.

EPM D. Hume, *An Enquiry concerning the Principles of Morals*, éd. T. L. Beauchamp, Oxford, Clarendon Press, 1998; trad. fr. P. Baranger et P. Saltel, *Enquête sur les principes de la morale*, Paris, GF-Flammarion, 1991 ; trad. fr. M. Malherbe, dans *Essais et traités sur plusieurs sujets*, Paris, Vrin, 2002, t. 4.

HNR D. Hume, *Histoire Naturelle de la Religion*, trad. fr. M. Malherbe, Paris, Vrin, 1980 (2 e éd. corr.).

THN D. Hume, *A Treatise of Human Nature* (1739-1740), éd. D. F. Norton et M. Norton, Oxford, Clarendon Press, 2000.

TNH D. Hume, *Traité de la nature humaine*, 3 t. :

trad. fr. Ph. Baranger et Ph. Saltel, dans *David Hume. L'entendement* (livre I et appendice), Paris, GF-Flammarion, 1995 ;

trad. fr. J.-P. Cléro, dans *David Hume. Les passions* (livre II), Paris, GF-Flammarion, 1991 ;

trad. fr. Ph. Saltel, dans *David Hume. La morale* (livre III), Paris, GF-Flammarion, 1993.

Les références indiquent successivement les numéros du livre, de la partie, de la section, du paragraphe, et de la page dans cette édition.

INTRODUCTION

DU *TRAITÉ* À LA PREMIÈRE *ENQUÊTE*
AJOUTER EN DIMINUANT

L'ouvrage au cœur des études qui vont suivre paraît en 1748 sous le titre *Essais philosophiques concernant l'entendement humain*. Il sera rebaptisé *Enquête sur l'entendement humain* en 1758. Il est sans doute tentant de le considérer comme la première partie d'un diptyque, que la seconde *Enquête*, intitulée *Enquête sur les principes de la morale*, viendrait compléter. C'est le parti pris par l'une des premières éditions scientifiques, celle de Peter Nidditch, qui rassembla les deux *Enquêtes* en un seul ouvrage. Toutefois, dans l'édition de ses œuvres que Hume pris soin de préparer à la fin de sa vie, l'ordre entre l'*Enquête sur l'entendement humain*, la *Dissertation sur les Passions* et l'*Enquête sur les principes de la morale* suit précisément l'ordre des trois livres du *Traité* sur l'entendement, les passions et la morale. Chacun de ces ouvrages refond à sa manière les trois livres du *Traité* publié en 1739-1740, portant respectivement sur ces trois objets (l'entendement, les passions et la morale).

Les opérations de l'entendement sont les opérations de l'esprit que l'on pourrait qualifier d'intellectuelles ou de logiques. Parmi elles on compte le raisonnement, la croyance dans les faits et la mesure de probabilité. Elles se distinguent des opérations appréciatives, qui reposent sur les passions et les affections et qui comprennent les jugements de valeur, moraux ou esthétiques. Les appréciations sont en effet traitées ailleurs, dans la seconde *Enquête*, la *Dissertation sur les passions* ou *La règle du goût*.

Or autant la seconde *Enquête* semble s'écarter du *Traité* dans sa construction et certains propos, autant, si du moins l'on suit ce qu'en dit Hume lui-même, « les *Essais philosophiques* [la première *Enquête*] contiennent tout ce qui est d'importance concernant l'entendement, que vous trouveriez dans le *Traité* ». C'est ce qu'il déclarait à son correspondant Gilbert Elliot de Minto, en 1751. Il lui déconseillait alors de lire le *Traité*, écrit quand il n'avait pas vingt-cinq ans, et qu'il jugeait déficient (« defective ») en raison de son ampleur même, comme si la lecture de l'*Enquête* devait lui suffire. Il justifiait alors sa préférence pour l'*Enquête* par une forme de diététique philosophique, à méditer pour lutter contre nos tendances à la prolixité : « En abrégeant et en simplifiant les questions, je les rends en réalité beaucoup plus achevées (*complete*). *Addo dum minuo* (j'ajoute en réduisant) »[1].

Est-ce à dire que tout ce que notre *Enquête* contient d'important à propos de l'entendement se trouvait déjà dans le *Traité* ? Il suffit de prêter attention aux titres des sections pour s'apercevoir que ce n'est pas le cas. Passons provisoirement sur la section VIII dont le pendant, dans le *Traité*, se trouve dans le livre sur *Les passions* et non dans celui sur *L'entendement*. On notera l'entrée en scène d'un argument sur les miracles (section X) et d'un autre sur la providence (section XI). Leurs versions antérieures avaient été supprimées du *Traité* au moment où Hume faisait circuler son manuscrit auprès de Joseph Butler. Désormais, ayant dû abandonner l'ambition d'obtenir un poste universitaire, il n'a plus à se préoccuper des conséquences que cette publication aurait pu faire peser sur sa carrière. Mais outre ces parties qui, comme le dit Michel Malherbe, auraient pu figurer dans le *Traité*, il y a celles qui n'ont pu venir qu'après une rupture dans le parcours littéraire de Hume, et même plus précisément après l'expérience de l'écriture par « essais » qui lui assura son premier grand succès éditorial. C'est le cas de la première section sur les styles de philosophie. Enfin, il y a des ajouts moins visibles mais non moins profonds, comme l'argumentation considérablement renouvelée sur la nécessité dans la section VII.

Inversement, la seconde partie du livre du *Traité* portant sur l'entendement, qui était consacrée à la genèse de nos idées d'espace et de temps, et à la question de savoir s'ils étaient divisibles à l'infini, n'a pas de réelle contrepartie dans l'*Enquête*. Les remarques à ce sujet ne disparaissent pas, mais, considérablement raccourcies, elles s'insèrent désormais dans l'argumentation pyrrhonienne de la section XII. Au souci de défendre une position finitiste semble avoir succédé un embarras qui ne tranche pas la question et préfigure les antinomies kantiennes. D'autres thèses remarquables sont passées sous silence, comme le développement sur l'idée

1. Lettre à Gilbert Elliot de Minto, avril ou mai 1751, dans *Hume Letters*, éd. J. Y. T. Greig, 2 vol., Oxford, OUP, 1932, vol. 1, p. 158.

d'identité personnelle, qui pourtant constituait un morceau de choix dans les arguments sceptiques du *Traité*; certaines autres subissent un net recul, comme l'explication en termes d'impressions et d'idées de la croyance en un fait non perçu (réduite dans l'*Enquête* à quelques pages qu'il est permis au lecteur de sauter)[2].

Que l'*Enquête* mérite d'être lue pour elle-même ne signifie pas que la comparaison avec le *Traité* ne nous apprenne rien. Nous indiquons ici quelques-uns de ses correspondances et échos remarquables, à destination du lectorat français, sans prétendre à l'exhaustivité[3]. Beaucoup de déplacements et de décalages ont lieu dans une formule, un ordre de présentation ou une visée polémique légèrement différente, si bien que le travail de confrontation au *Traité* devrait quasiment être mené à chaque ligne.

Thèmes	Références dans l'*Enquête*	Références dans le *Traité*
Les styles de philosophie	Section I	Introduction, § 3 III.III. 6 § 6, trad. fr., p. I.IV. 7 (Voir aussi lettre à Hutcheson du 17 septembre 1739 sur la comparaison entre le peintre et l'anatomiste)
La distinction entre impressions et idées	Section II	I.I. 1-2 *Abr.*, § 5-6.
L'association	Section III	I.I. 4 *Abr.*, § 35

2. *EEH*, V, I, § 9, p. 144-145.

3. Le travail a été mené en détail par T. L. Beauchamp, *EHU*, Oxford, Clarendon Press, 2000 p. LX-LXXIV et P. Millican, « The Context, Aim and Structure of Hume's First *Enquiry* », *in* P. Millican (ed.), *Reading Hume on Human Understanding*, Oxford, Clarendon Press, 2002, p. 27-65. Voir également l'introduction de M. Malherbe à sa traduction de l'*Enquête* ici pris pour texte de référence, *EEH*, p. 10-17.

Le raisonnement *a priori* et le raisonnement sur les choses de fait	Section IV	I.III. 1-6 Voir aussi I.I. 5 et I.III. 15
La coutume et la croyance dans les choses de fait	Section V	I.III. 7-10 *App.*, § 1-9, trad. fr., p. 371-376 *Abr.*, § 7-25
La probabilité	Section VI	I.III. 11-13 *Abr.*, § 4
L'idée de nécessité	Section VII	I.III. 14 *Abr.*, § 26
La liberté	Section VIII	II.III. 1-2, trad. fr., 253-268 *Abr.*, § 31-33
La raison des animaux	Section IX	I.III. 16
Les miracles	Section X	Argument retiré de la version finale du *Traité*
La providence	Section XI	Argument retiré de la version finale du *Traité*
Le scepticisme	Section XII	I.IV. 1-2 et I.IV. 7 Voir aussi I.IV. 3-5 *Abr.*, § 27

AU CŒUR DE L'*ENQUÊTE*
LE PROBLÈME DE L'INFÉRENCE CAUSALE

Une façon de comprendre en quel sens l'*Enquête* permit à Hume « d'ajouter en diminuant » est d'apprécier la manière très concertée dont l'ouvrage est construit. Si l'on est attentif au titre qu'il a finalement pris (une « enquête » au singulier, et non plus des « essais »), il faut accorder qu'il n'est pas seulement un ensemble de réflexions mêlées (des *miscellaneous*) indépendantes les unes des autres, mais que les sections, sans nécessairement composer un système, forment un tout cohérent. Assurément chacune d'elles fut soigneusement méditée dans sa construction, s'ouvrant généralement par un préambule destiné à conduire le lecteur depuis une distinction courante ou une considération « facile » vers le sujet plus « abstrus » de la section, sans prendre appui explicitement sur celles qui l'ont précédée, de sorte qu'il serait en principe possible de lire chaque section à part. En réalité, il ne fait guère de doute qu'il s'agit là en grande partie d'un artifice de construction, motivé par le désir de rendre *l'Enquête* plus digeste et plus accessible que le *Traité*, car sur le fond l'ouvrage est puissamment « ordonné ». Partant des *éléments* procurés par une anatomie de l'esprit – impressions, idées, associations (section II et III), anatomie dont le statut et la portée ont été délimités dans la section I, Hume en vient à expliquer notre croyance sur les questions de fait et la probabilité, ce qui l'engage à considérer de près la question des sources et de la légitimité de l'inférence causale (section IV à VI), et, dans la section VII, à repenser la notion même de cause et de pouvoir causal. En appliquant sa redéfinition de la cause et sa théorie de la probabilité, Hume se donne les moyens de dissoudre la controverse sur la liberté et la nécessité (section VIII), de repenser la différence anthropologique (section IX), la croyance testimoniale aux miracles (section X) et la preuve *a posteriori* de l'existence de Dieu (section XI). La section XII paraît alors comme une conclusion générale sur le sens du scepticisme promu par Hume.

Cette construction d'ensemble donne à la question de la causalité et de l'induction une centralité philosophique qui n'apparaissait pas aussi nettement dans l'architecture plus complexe du *Traité*. Les sections IV à VII construisent ainsi un long argument sceptique sur l'inférence causale dont il n'est pas exagéré de dire qu'il concentre pour beaucoup de lecteurs l'essentiel du message humien en matière de théorie de la connaissance. Restituons-le ici dans ses grandes lignes. La section IV montre qu'aucune vue d'un objet ou d'un fait isolé ne permet de déduire « rationnellement » (c'est-à-dire *a priori*, sans secours de l'expérience) une cause ou un effet, l'inférence n'étant possible que pour qui a eu l'expérience préalable de la conjonction constante de causes semblables avec des effets semblables. Cette conjonction constante, Hume le montre dans la seconde partie de la section, n'offre pourtant pas en elle-même une raison de croire que tel ou tel effet suivra d'une cause donnée, sinon en vertu d'une pétition de principe – ce qui conduit à penser que la procédure inférentielle que nous nommons aujourd'hui « induction » n'a pas de fondement rationnel. Dès lors, les sections V et VI peuvent formuler la réponse (sceptique) au problème de la source de l'inférence causale : celle-ci n'est pas dérivée d'un raisonnement ou de nos impressions des objets, elle provient seulement de notre état psychologique, une forte propension à « croire » en l'existence de l'effet, que l'expérience répétée (l'habitude) de la même conjonction de phénomènes tend à produire. Cette conclusion procède de l'analyse psychologique du phénomène de la croyance (section V), et de ses divers degrés de probabilité (section VI) : la croyance n'est pas un jugement, elle consiste dans la « vivacité » donnée à une idée par l'effet d'un lien associatif avec une impression présente. Comme le montre enfin la section VII, nous sommes enclins à projeter sur le monde l'impression que nous donne la transition facile de l'imagination qui conduit, dans les cas de conjonction constante, de la représentation de la cause à celle de l'effet. Cette projection est la seule source possible pour notre idée de « pouvoir » causal ou de liaison nécessaire que nous prêtons usuellement aux choses – idée en vertu de laquelle il nous semble que la cause étant posée un effet doit *nécessairement* se produire.

Hume lui-même insiste sur le fait que la question du genre d'évidence qui s'attache à nos inférences causales n'avait jusqu'alors que fort peu retenu l'attention des philosophes, anciens ou modernes[4]. Il laisse ainsi entendre que la principale originalité de son ouvrage réside dans le privilège accordé à cette question pour l'analyse des opérations de l'entendement spéculatif. Cette centralité compte beaucoup dans l'image que Hume a laissé à la postérité, particulièrement chez Kant qui, ne lisant Hume sur l'entendement qu'à travers l'*Enquête*, a lui-même présenté le projet de sa première critique comme une réponse au *challenge* épistémologique soulevé par Hume au sujet de la causalité. Dans un texte fameux des *Prolégomènes*[5], Kant souligne combien la question de savoir s'il existe une

4. *EEH*, IV.I, § 3.

5. E. Kant, *Prolégomènes à toute métaphysique future*, trad. fr. L. Guillermit révisée, Paris Vrin, 2001, p. 15-18. C'est le texte même où Kant avoue que Hume l'a réveillé de son « sommeil dogmatique » (p. 18).

vérité intrinsèque, indépendante de l'expérience, de la cause, question que seul Hume a su poser en toute clarté, n'est rien moins que le prélude de toute métaphysique future. S'il récuse avec un certain dégoût la réponse qu'il pense lire chez Hume[6], il reconnaît finement que les critiques contemporains de Hume, tels Reid, Oswald, Beattie, ou même Priestley, sont entièrement passés à côté du problème soulevé par le philosophe écossais, qui ne portait pas sur l'usage pratique du concept de cause, mais sur son usage spéculatif, dans le champ de la « métaphysique » :

> La question n'était pas de savoir si le concept de cause était exact, utile et indispensable à toute la connaissance, car tout cela Hume ne l'avait jamais mis en doute; mais il s'agissait de savoir si ce concept était pensé a priori par la raison et si du coup il possédait une vérité intrinsèque, indépendante de toute expérience, et de ce fait soit susceptible d'une application bien plus étendue, qui ne fût pas restreinte simplement aux objets de l'expérience : c'est sur ce point précis que Hume attendait une ouverture. Il s'inquiétait seulement de l'origine de ce concept et non pas de l'absolue nécessité de s'en servir[7].

On peut dire qu'en large partie Kant lui-même, en dépit de son opposition à l'empirisme, retint la leçon critique de Hume, reconnaissant qu'au-delà de leur application aux objets de l'expérience, les « concepts purs » de l'entendement, tel le concept de causalité, n'ont pas d'usage gnoséologique légitime.

Tout comme Kant, les philosophes des sciences contemporains ont principalement retenu de Hume le traitement de la causalité donné dans l'*Enquête*, et tout particulièrement la manière dont Hume y aborde le problème de l'induction dans la section IV – un problème dont les tentatives de « résolution » déterminent le partage entre les approches inductivistes de la science, admettant qu'une induction contrôlée et régulée par la méthode expérimentale a un usage légitime, et les approches faillibilistes inspirées de K. Popper, considérant que nous ne pouvons répondre au « problème de Hume » que si nous changeons radicalement notre approche de la dynamique scientifique, en admettant que la science ne procède pas

6. Kant la résume en ces termes « Il en tira la conclusion que la raison se faisait complètement illusion sur ce concept [de cause]; qu'elle le tenait pour son propre fils, alors qu'elle n'est qu'un bâtard de l'imagination, qui, engrossée par l'expérience, a mis certaines représentations sous la loi de l'association, et a fait passer la nécessité subjective qui en est issue, c'est-à-dire l'habitude, pour une nécessité objective résultant d'une connaissance » (*ibid.* p. 16).

7. *Ibid.* p. 17.

par généralisation des faits et vérification des hypothèses, mais par la marche régressive des conjectures et réfutations.

Si l'importance de l'*Enquête* pour la philosophie des sciences contemporaine n'est guère contestable, il convient de remarquer que les commentateurs récents de l'œuvre humienne considèrent avec une certaine défiance l'idée reçue selon laquelle l'objet principal de Hume dans sa recherche sur les justifications de l'inférence causale aurait été d'interroger les fondements rationnels de la science. Beaucoup estiment qu'en dépit des recommandations de Hume lui-même, l'*Enquête* mérite d'être lue à la lumière du *Traité de la nature humaine*, précisément pour éviter ce biais d'interprétation. Par exemple Wayne Waxman dans son chapitre « The Cement of the universe » de son *Hume's Theory of Consciousness*[8], propose de relativiser le point de vue, clairement privilégié dans l'*Enquête*, selon lequel la question de la causalité concernerait avant tout les relations physiques dans le monde des corps, et son image paradigmatique des boules de billard s'entrechoquant. À ses yeux, la question de la causalité se pose d'abord chez Hume à un niveau plus général, qui pré-conditionne la possibilité même d'un espace physique, celui de la relation entre les perceptions. En étudiant l'analyse humienne de la causalité, on ne doit jamais perdre de vue que les éléments de l'analyse (les idées et les impressions) se définissent eux-mêmes originellement par une relation causale : les impressions sont les *causes* des idées. C'est là un point sur lequel le *Traité* insiste beaucoup plus que l'*Enquête*.

Ajoutons que contrairement à ce que laisse suggérer sa constante convocation dans l'épistémologie contemporaine, le « problème de l'induction » ne paraît pas être chez Hume un problème pour la science physique (celle de Newton), ni même pour la science morale, domaines dans lesquels l'idée de cause semble pouvoir être mobilisée de manière légitime, comme cela ressort par exemple très nettement de l'analyse de la « liberté et de la nécessité » proposée dans la section VIII de l'*Enquête* qui applique sans sourciller la notion de nécessité causale aux actions humaines. Les doutes sceptiques sur les fondements de l'inférence causale ne sauraient entamer la confiance que nous avons dans la nécessité de l'ordre naturel : notre nature humaine n'est pas une affaire de choix, elle est ainsi faite que nous devons croire aux causes, à la détermination causale de tout ce qui se fait dans la nature, car il n'y a pas d'autres normes de rationalité. Comme le suggère Annette Baier dans son ouvrage *A Progress of*

8. W. Waxman, *Hume's Theory of Consciousness*, Cambridge, CUP, 1994.

Sentiments[9] l'argument central de Hume contre l'induction ne viserait donc pas à dire que l'invocation des arguments causaux est irrationnelle, mais plutôt que *l'expérience nous sauve, là où la raison déductive nous abandonne*. Ce serait donc avant tout le philosophe rationaliste ou le métaphysicien, celui qui réclame des explications non circulaires, que Hume pousserait dans ses retranchements. Lorsqu'on a compris qu'il faut substituer à l'intellect présomptueux du métaphysicien un concept élargi de raison, la raison sensible de l'homme entier, redéfinie comme « sentiment », l'on n'est plus exposé à la contradiction. Baier évoque à ce sujet un test de « réflexivité réussie » propre à la philosophie de Hume, qui exige de nous que nous puissions supporter les résultats de nos propres analyses, que nous puissions finir par nous déclarer en agrément avec nous-mêmes.

Ces réflexions sont susceptibles de peser sur la lecture de l'*Enquête*. Elles contribuent sans doute à faire glisser le centre de gravité de l'ouvrage des sections consacrées à l'étude sceptique de la relation causale vers celles qui portent sur les conséquences *critiques* de l'analyse sur les sujets « métaphysiques » que sont la liberté humaine, l'existence d'un dessein divin ou la possibilité des miracles. Car c'est clairement pour saper les prétentions à la connaissance du *métaphysicien*, non celles du naturaliste (du praticien des sciences de la nature) que Hume déploie des doutes sceptiques sur l'inférence causale.

La question initiale dont nous étions partis reste cependant toujours posée : pourquoi cette nouvelle manière de construire le propos donnerait-elle aux questions sur l'entendement un achèvement qu'elles n'avaient pas dans le *Traité* ? Une réponse pourra consister à dire que l'*Enquête*, plus décisivement critique à l'égard de la spéculation métaphysique, évite les fausses questions ou les subtilités métaphysiques dont le *Traité* ne s'était pas entièrement exempté, faisant l'économie d'hypothèses impossibles à vérifier par expérience[10]. L'enquête serait ainsi un manifeste empiriste et naturaliste, défendant mieux que le *Traité* une sorte d'entreprise expérimentale au sujet de l'esprit et de ses opérations. Une autre réponse mettra quant à elle l'accent sur la dimension sceptique de l'ouvrage, suggérant que *l'Enquête* innove en ce qu'elle *tempère* le scepticisme du *Traité*, sans pour autant y renoncer, permettant d'en éviter les conséquences délétères, tant

9. A. Baier, *A Progress of Sentiments: Reflections on Hume's Treatise*, Cambridge, Harvard UP, 1991.

10. Le *Traité*, pourtant, faisait déjà vœu de mettre à l'écart ces fameuses « hypothèses » (*TNH*, introd., p. 35-36).

pour l'existence ordinaire que pour la poursuite de l'entreprise scientifique. Certains lecteurs, les tenants du « New Hume », estiment pour leur part que l'*Enquête*, en dépit des arguments sceptiques sur l'inférence causale, témoigne plus clairement que le *Traité* de l'adhésion de Hume à une forme de « réalisme » quant à l'existence des pouvoirs causaux, sans l'admission desquels il paraîtrait difficile de dire que l'ouvrage ne sape pas les fondements de toute science, y compris cette science de la nature humaine que Hume entend défendre et promouvoir.

Arbitrer entre ces lectures supposerait de s'engager dans la présentation d'importants débats interprétatifs. Nous n'en esquisserons ici que quelques grandes lignes.

MANIFESTE NATURALISTE OU MANIFESTE SCEPTIQUE ?

L'*Enquête* peut être lue en premier lieu comme un manifeste de *philosophie expérimentale*. La référence à l'expérience permet en effet de sélectionner les questions pertinentes concernant l'entendement : ce sont soit des questions de fait qui doivent être instruites par un raisonnement *a posteriori* (y compris la question des miracles ou celle de la providence), soit des questions de mots qui peuvent être dissoutes en reconduisant le sens d'un mot aux expériences qui sont à son origine (par exemple, le mot « cause »). Un point de vue rétrospectif y lira une profession de foi annonçant le *positivisme*. Un regard kantien la verra comme un carnet de bord *empiriste*. Mais dans tous les cas, sous cet angle, la leçon de l'*Enquête* pour le philosophe est de le détourner de toutes les questions impossibles à traiter à l'aune de l'expérience. En découle une prise de distance par rapport aux explications du *Traité* qui relevaient d'une anatomie de l'esprit mais perdaient de vue l'expérience vécue, les thèses qui réduisaient l'expérience propre à des éléments plus simples (l'impression, l'idée) et détaillaient leurs dynamiques propres (les différents transferts de vivacité correspondant aux différentes « relations »). En somme, à s'en tenir à l'expérience, Hume se contraindrait, davantage dans l'*Enquête* que dans le *Traité*, à renoncer à toute spéculation sur les principes et ferait peser cette contrainte sur l'anatomie de l'esprit elle-même.

D'un autre côté, les titres des sections disent assez qu'elle peut être tenue pour un manifeste *sceptique*. Car le traitement expérimental des opérations intellectuelles ou logiques de l'esprit humain remet en question leur vérité même. Aucune garantie n'est donnée quant à une vérité ontologique puisque l'expérience à l'origine des idées n'est jamais qu'une impression dont la provenance est inconnue et qui est donc toujours réductible à une apparence. Quant au fondement du raisonnement par lequel on conclut un fait, bien que nous nous référions naturellement à l'expérience passée le philosophe ne parvient pas à trouver de raison *a priori* ou *a posteriori* pour laquelle l'expérience constitue un tel fondement : nous tenons donc l'expérience passée pour une bonne raison de croire en un fait, mais la raison justifiant qu'elle soit une telle raison est impossible à produire. Il en résulte une redéfinition de la rationalité qui, d'après certains lecteurs de Hume, en signe la ruine. La confiance épistémique semble donc compromise. Ce fut, parmi les compatriotes écossais, dans le rang des *Lumières* britanniques, l'interprétation de Thomas Reid et de James Beattie[11].

Toutefois, Hume s'est agacé que leurs critiques n'aient pas suffisamment pris en compte les thèses de l'*Enquête*. Lors de la dernière édition de ses œuvres, dans un avertissement en tête du volume des ouvrages refondant le *Traité*, il demanda de regarder ces ouvrages (première *Enquête*, *Dissertation sur les passions*, seconde *Enquête* et *Histoire naturelle de la religion*) comme les seules pièces philosophiques contenant ses sentiments propres, et de considérer le *Traité* comme un « ouvrage juvénile ». Il déclara même à son éditeur que la première *Enquête* fournissait une « réponse complète au Dr. Reid et à son stupide bigot de camarade (*fellow*) Beattie »[12]. Cette fois on devine que ce qui est complet ou achevé, ce n'est pas seulement le traitement concis des questions, mais c'est la défense de Hume contre ses accusateurs : après la production de ces ouvrages, il n'a plus rien à ajouter pour sa défense. Qu'en conclure ? Reid et Beattie pensent que Hume ruine toute notion de « raison », de « croyance » dans les objets matériels, de « causalité ». L'*Enquête* lui donne-t-elle les moyens de s'en dédouaner ? Sa défense finale d'un *mitigated scepticism* ou scepticisme « académique » n'est-elle qu'une pirouette ironique ou plaide-t-elle sérieusement pour un scepticisme ? Sont en jeu les significations mêmes de « mitigé » et « académique ». Ce scepticisme est-il « modéré » (comme un moindre degré de doute) ou « limité » (par la nécessité vitale de croire et l'urgence pratique d'agir) ? S'agit-il de renoncer aux « scrupules »

11. T. Reid, *Recherches sur l'entendement humain d'après les principes du sens commun* (1764), trad. fr. M. Malherbe, Paris, Vrin, 2012 et James Beattie, *An Essay on the Nature and Immutability of Truth, in Opposition to Sophistry and Scepticism* [1770], Edinburgh and London, 1771 (2e éd.).

12. Lettre à William Strahan du 26 octobre 1775, *Hume Letters*, *op. cit.*, Lettre 509, p. 301.

sceptiques ou au contraire de comprendre comment un tel académisme en « résulte » ?

Diverses lectures de Hume en néo-pyrrhonien ou en philosophe académique ont été avancées. La lecture néo-pyrrhonienne fut celle de Richard Popkin et de Robert Fogelin. Remarquant que Hume admet que les arguments pyrrhoniens ne peuvent se maintenir en pratique, ce dernier pense que l'*Enquête* commence là où le *Traité* finit, c'est-à-dire qu'elle ne traite pas du défi pyrrhonien qui a engendré la fiction inintelligible du *self*: elle ne traiterait selon Fogelin que des doutes qui s'expliquent et laissent au moins place à une explication naturaliste de nos croyances (sur la causalité et sur l'existence du monde externe). Quant au caractère « académique » du scepticisme de Hume, attention lui a notamment été donnée par David Fate Norton, qui y a vu une *modération* de la croyance (non un *disbelief* mais un *mitigated belief*) ou par Donald Ainslie qui a toutefois remarqué que la philosophie académique de Hume était fort différente de l'académisme historique parce qu'elle résultait du pyrrhonisme. J. P. Wright, pour sa part, pense que la leçon académique de Hume est que nous avons « une bonne raison de considérer comme vraie ce que nous sommes fortement inclinés à juger tel ». C'est à ses yeux une défense de la crédibilité *prima facie* de certaines suppositions communes (comme la croyance à l'existence continue d'un corps) et philosophiques (comme la croyance à l'existence indépendante de ce corps). Plus récemment Kevin Meeker est revenu à une lecture sceptique, qu'il appuie en partie sur l'*Enquête* : Hume serait un « égalitariste épistémique » puisqu'à toute croyance humaine fait irrémédiablement défaut un statut épistémique positif; selon lui, aucune n'est plus justifiée, plus rationnelle, plus garantie ou plus certaine que les autres[13].

Rappelons qu'à la lecture « sceptique » faite par les contemporains de Hume, fut opposée dès le début du XXe siècle l'interprétation de Norman Kemp Smith, qui voyait dans l'impuissance du scepticisme à suspendre

13. Voir dans l'ordre où nous les avons cités : R. Popkin, *The High Road to Pyrrhonism*, Indianapolis-Cambridge, Hackett Publishing, 1980; R. Fogelin, *Hume's Skeptical Crisis : A Textual Study*, Oxford, OUP, 2009; D. Ainslie, « Hume's Scepticism and Ancient Scepticisms », *in* J. Miller et B. Inwood (eds), *Helenistic and Early Modern Philosophy*, chap. III, Cambridge, CUP, 2012; J. P. Wright, « Hume's Academic Scepticism : A Reappraisal of His Philosophy of Human Understanding », *Canadian Journal of Philosophy*, 16/3, 1986, p. 407-436; K. Meeker, *Hume's Radical Scepticism and the Fate of Naturalized Epistemology*, Basingstoke, Palgrave Macmillan, 2013.

nos croyances, une leçon « naturaliste »[14]. L'héritage de cette lecture pour la philosophie contemporaine est essentiel. Elle fait de Hume l'auteur qui nous apprend que les problèmes traditionnels de la philosophie peuvent être abordés et résolus en prenant pour fil directeur la question de la nature humaine, et en considérant qu'on ne peut instruire ces problèmes qu'à partir des connaissances factuelles que les diverses sciences empiriques peuvent nous donner de cette nature. Elles seules peuvent montrer que nos politiques prédictives ne sont, selon le mot de l'*Enquête*, qu'« une sorte d'instinct », et qu'à cet égard, « la nature, par une nécessité absolue et incontrôlable, nous a déterminés à juger, comme à respirer et à sentir »[15]. Il faut cependant souligner que ce « naturalisme » de Hume, et c'est sans doute son originalité profonde, n'offre aucune ressource pour l'admission d'un quelconque « scientisme ». La nature (humaine) et ses principes sont en effet donnés comme des faits, et donc par là-même restent inexplicables, infondés. Dès lors, l'entreprise humienne qui consiste à rapporter les processus rationnels à des processus naturels, quasi biologiques, a pour contrepartie indissociable un profond scepticisme sur notre capacité à rendre raison de cela même dont nous faisons la science. Comme l'écrit J. Benoist dans un article important commentant l'introduction du *Traité* :

> l'originalité du point de vue naturaliste, à en croire Hume, est double (on oublie trop souvent l'un ou l'autre aspect de cette posture au profit de l'autre) : d'un côté, accepter cet inexplicable et l'assumer, au sens où on ne recule pas devant la tâche d'en faire science (ladite science de la « nature humaine »); et, de l'autre, l'assumer comme tel : c'est-à-dire ne pas faire disparaître le caractère inexplicable de cet inexplicable sous la science qu'on en fait, conserver un sens pour son énigme[16].

Dans la cartographie du débat, il faut faire place aux interprétations qui considèrent le naturalisme et le scepticisme comme deux faces d'une même pièce, avec des nuances variées concernant ce qu'il faut entendre par « naturalisme » (positiviste, scientiste, pragmatiste, vitaliste, etc.), par « scepticisme » (en rupture ou non avec le pyrrhonisme), et le type de relation qui les associe : est-ce le naturalisme qui est condition du scepticisme, ou l'inverse, ou bien les deux s'impliquent-ils mutuellement?

14. N. Kemp Smith, « The Naturalism of Hume (I) » et « The Naturalism of Hume (II) », *Mind*, 54 et 55, 1905, p. 149-173 et p. 335-347, et *The Philosophy of David Hume* [1940], rééd. Basingstoke, Palgrave Macmillan, 2005.

15. *TNH*, I.IV. 1, p. 264-265.

16. J. Benoist, « Le naturalisme avec ou sans le scepticisme. Après Hume », *Revue de Métaphysique et de Morale*, 38/2, 2003, p. 127-144, ici p. 141.

La sensibilité au contexte dans lequel scepticisme et naturalisme apparaissent a conduit Michael Williams à développer une interprétation contextualiste, qui a pu inspirer, notamment en France, une lecture plus pragmatiste de ces questions[17].

OLD HUME OU NEW HUME ?

Le débat récent sur le « New Hume »[18] révèle encore par d'autres biais, les difficultés qu'il y a à définir précisément la nature et la portée du scepticisme humien. La question ici se concentre sur l'existence des pouvoirs causaux. Est-il permis de penser que Hume en douterait? Selon une interprétation classique, Hume défendrait dans l'*Enquête* une position profondément antiréaliste sur l'existence des forces, des principes actifs ou des pouvoirs causaux. Non seulement montre-t-il, que nous ne pouvons pas les connaître, mais il semble aussi indiquer que nous ne pouvons pas même faire sens de ces notions puisque nous ne pouvons trouver dans les choses l'impression originelle dont elles dérivent. Il faudrait en conclure que la seule chose qui puisse tenir lieu de relation causale entre les objets du monde serait la succession régulière. Cette lecture « régulariste » de Hume va de pair avec une certaine compréhension des conclusions de l'*Enquête* et notamment de la section VII sur la liaison nécessaire : Hume y établirait que les liaisons nécessaires que nous projetons sur la nature sont de pures illusions, s'alignant en ce sens littéralement sur la critique malebranchienne des causes secondes (sans bien sûr en admettre le remède théologique).

17. Sur la continuité entre pyrrhonisme et scepticisme mitigé, voir D. Garrett, *Cognition and Commitment in Hume's Philosophy*, Oxford, OUP, 1997 et plus spécifiquement sur l'*Enquête :* L. Jaffro, « Le sceptique humien est-il modéré? Le rôle du pyrrhonisme dans la genèse causale du scepticisme mitigé », *Daimon. Revista Internacional de Filosofia*, 42, 2011, p. 53-69. Sur l'articulation entre naturalisme et scepticisme voir Michael Williams, *Unnatural Doubts*, Oxford, Blackwell, 1991 et, en France, C. Gautier, « L'identité personnelle chez Hume; l'idée d'un self relationnel et affectif », dans A. Charrier et C. Etchegaray (éd.), *Le soi. Nouvelles perspectives humiennes*, Paris, Hermann, 2020, p. 115-135.

18. Pour une vue complète du débat, on lira avec profit les contributions réunies dans R. Read, K. Richman (eds), *The New Hume Debate. Revised Edition*, London-New York, Routledge, 2007. Concernant l'*Enquête sur l'entendement humain*, un panel d'études majeures s'inscrivant dans ces débats est présenté dans P. Millican (ed.), *Reading Hume on Human Understanding : Essays on the First Enquiry*, Oxford, OUP, 2002.

Les tenants du « New Hume »[19], considérant qu'une telle position est simplement absurde, estiment que ce serait faire injure à l'*acumen* philosophique de Hume que de prétendre qu'il ait pu la soutenir. À leurs yeux l'*Enquête* tout particulièrement (plus sans doute que le *Traité*) ne se prête pas à une telle lecture et donne au contraire des arguments textuels solides pour affirmer que Hume croyait fermement en l'existence de pouvoirs causaux et de forces actives, dont la nature toutefois et le mode d'opération nous sont à jamais dérobés. Aux yeux de ces interprètes, l'existence d'une liaison nécessaire réelle des causes et des effets n'est pas seulement l'objet d'une croyance populaire ou vulgaire, mais, pourvu qu'on minimise l'importance que Hume accorde à la théorie des idées et au principe de copie selon lequel toute idée dérive d'une impression, elle serait aussi philosophiquement fondée, et assumée comme telle par Hume. Ce dernier serait en ce sens un « réaliste sceptique ». En faveur de ce « réalisme » humien, certains passages de la section VII de l'*Enquête* sont particulièrement mobilisés, parce qu'on y trouve des formules très explicites où Hume se réfère positivement aux « pouvoirs cachés » qui meuvent « la machine du monde », et à la saine attitude de Newton et de Locke qui, contrairement aux cartésiens comme Malebranche, n'ont jamais douté de *l'existence* des causes secondes.

La question reste posée cependant de savoir si ces références et ces préférences expriment une croyance assumée par Hume lui-même, ou simplement une croyance commune qu'il se contenterait ici de rapporter sous le mode du discours indirect libre. Cette seconde option est adoptée par Kenneth Winkler, dans l'article même où il baptise et critique les tenants du « New Hume »[20]. Selon lui, il serait incohérent de la part de Hume de prétendre croire en des pouvoirs irreprésentables. Une croyance étant une idée vive, une chose que nous ne pouvons nous représenter ne peut faire l'objet d'une croyance. Hume se retiendrait donc d'affirmer qu'il existe quelque chose comme un pouvoir des objets en vertu duquel le monde aurait les régularités qu'on lui voit avoir. Cela ne reviendrait pas à dénier que ces pouvoirs existent mais simplement *à ne pas avoir cette croyance*. Nous laisserons au lecteur le soin d'arbitrer pour lui-même entre

19. Voir en particulier G. Strawson, *The Secret Connexion: Causation, Realism, and David Hume*, revised edition, Oxford, OUP, 2014. Des positions proches de celles de Strawson avaient été avancées dans J. Wright, *The Sceptical Realism of David Hume*, Minneapolis, University of Minnesota Press, 1983, et J. Broughton, « Hume's Ideas about Necessatry Connection », *Hume Studies*, 13/2, 1984, p. 217-244.

20. K. P. Winkler, « The New Hume », *The Philosophical Review*, 100/4, 1991, p. 541-579, repr. R. Read, K. Richman (eds), *The New Hume Debate*, *op. cit.*

ces différentes positions, soulignant seulement combien il peut paraître paradoxal de dénier à Hume, le philosophe, une croyance que Hume, l'homme ordinaire, ne peut manquer d'avoir, puisqu'il la présente comme absolument naturelle et à l'arrière-plan de toutes nos actions et délibérations[21].

Nous arrêterons ici cette brève revue des interprétations. Présenter la façon dont les commentateurs naviguent entre ces différentes approches a sans aucun doute un intérêt historique, doublé d'un profit conceptuel, tant les réflexions philosophiques contemporaines sur le scepticisme, le réalisme et le naturalisme en ont été nourries. Mais la finalité de notre ensemble d'études n'est pas de déclarer ouverte une nouvelle voie en la traçant, *in abstracto*, sur la carte des interprétations. Bien plutôt, chacun des onze contributeurs de ce volume a choisi de se frayer un chemin à même l'exploration patiente du texte, paragraphe après paragraphe. Nous leur laissons ici la place.

21. Voir section VII.II, § 29.

MICHEL MALHERBE

DES DIFFÉRENTES ESPÈCES DE PHILOSOPHIE
(SECTION I)

Le chemin de la vie le plus doux et le plus inoffensif
passe par les avenues de la science et de la connaissance
EEH, I, § 10, p. 45

LES ANTÉCÉDENTS D'UNE DISTINCTION

Au soir de sa vie, dans son autobiographie, Hume écrit que le *Traité de la nature humaine*, en lequel, jeune auteur, il avait placé de grandes espérances, était tombé « mort-né des presses », ajoutant, pour expliquer son échec, avoir toujours pensé qu'il avait fait erreur non pas sur la *matière*, mais sur la *manière*[1], en ayant adopté la forme austère du traité. On sait qu'il se tourna rapidement vers une autre forme, plus accessible, celle de l'essai[2]; et l'on ne manquera pas de se souvenir que l'*Enquiry concerning human understanding* parut d'abord sous le titre : *Philosophical essays concerning human understanding* et ne reçut son titre définitif qu'en 1758, dans la collection des œuvres philosophiques[3].

1. Hume, *Ma vie*, dans *E&T*, t. 1, Paris, Vrin, 1999, p. 57. Le propos est plus nuancé dans l'*Avertissement* placé en tête de *l'Enquête sur l'entendement humain* (*EEH*, p. 57).

2. Une forme qui donne aussi plus de liberté à l'auteur, comme on peut le vérifier dans plusieurs sections de l'*Enquête*.

3. Le terme *Enquiry*, fréquent dans les titres de l'époque, serait mieux traduit par le mot français *Recherches* que par *Enquête* qui est le mot aujourd'hui consacré. Le traducteur du

Mais ce jugement de Hume est inexact : le *Traité* ne tomba pas mort-né des presses et, si sa vente fut fort modeste, il s'attira des recensions peu nombreuses mais de qualité. Or toutes font un même commentaire : l'ouvrage est victime de l'intempérance philosophique de son auteur, intempérance qui rend le texte incompréhensible et qui mène fatalement au scepticisme. L'auteur est invité courtoisement à se corriger.

> Tout cet ouvrage en général, dit un recenseur, est rempli de pensées originales, et qui ont toutes le mérite de la singularité. Peut-être trouvera-t-on qu'à force de vouloir approfondir la nature intime des choses, l'anonyme tient quelquefois à ses lecteurs un langage peu intelligible. J'appréhende que ces paradoxes ne favorisent le pyrrhonisme et ne mène à des conséquences que l'auteur semble désavouer (...)[4].

Manifestement, Hume retint la leçon et l'on peut considérer l'*Enquête* comme une réponse à ces critiques tant sur la nature de la philosophie (section I) que sur la nature du scepticisme (section XII)[5].

La section I s'ouvre sur la distinction entre la philosophie facile et évidente (*easy and obvious*)[6] et la philosophie précise et abstruse (*accurate and abstruse*)[7]. Cette double distinction (*easy/accurate* ; *obvious/abstruse*) n'est pas tout à fait nouvelle ni chez les auteurs de l'époque ni dans l'œuvre du philosophe. Mais l'*Enquête* lui donne sa forme définitive et lui communique toute sa force philosophique[8].

Locke invitait à distinguer entre l'usage civil des mots, emploi qui convient à la conversation et au commerce ordinaire des hommes, et leur usage philosophique, « j'entends l'utilisation qui permet de transmettre les

XVIIIe siècle, J.-B. Mérian, conserve le mot *Essais*. On ne manquera pas pour chaque section d'en considérer la construction littéraire.

4. Anonyme, *Bibliothèque raisonnée*, avril, mai, juin, 1740, p. 328. Les deux premiers livres du *Traité* parurent sans nom d'auteur.

5. Les deux sections sont complémentaires.

6. La traduction d'*obvious* est une difficulté. Le mot dit à la fois ce qui est évident et ce qui est clair ou, en un mot, dénote la clarté de l'évidence. L'évidence est la méthode de la philosophie facile. Mais le § 14 parle de réconcilier la profondeur de la recherche, un caractère de la philosophie précise, avec la clarté (*clearness*), laquelle clarté ne peut être celle de l'évidence mais bien celle de la profondeur.

7. Le qualificatif *abstruse* est tantôt pris en bonne part, et c'est le cas dans la définition du présent genre philosophique, tantôt en mauvaise part, et c'est le cas touchant la superstition. *Abstrus* est en français péjoratif, mais on ne peut pas ne pas le conserver. En effet, traduire par *abstrait* serait trop faible, ce dernier mot ne connotant pas l'idée que ce qui est *abstruse* est dépourvu d'évidence.

8. Cette distinction n'a rien perdu de sa pertinence. Le lecteur d'aujourd'hui n'aura aucune peine à en faire usage.

notions précises [*precise*] des choses et d'exprimer dans des propositions générales des vérités certaines et sans ambiguïtés (...)»[9]. Il était amené ainsi à distinguer deux langues différentes, selon qu'on s'adresse au sens commun ou aux philosophes. C'est à cette distinction que recourt encore Mandeville, quand il doit répondre aux attaques visant sa *Fable des abeilles*. «Je n'écris pas pour le plus grand nombre et je ne cherche de partisans que parmi le petit nombre de ceux qui savent abstraire leur pensée et s'élever par l'esprit au-dessus du vulgaire»[10]. Mais on pourrait aussi bien évoquer Shaftesbury, tentant de réconcilier l'éloquence et la philosophie et militant pour que cette dernière sorte des écoles et des couvents[11].

La question générale du rapport entre le populaire (*the vulgar*) et les philosophes est ainsi posée et elle participe de la réflexion générale menée au XVIIIe siècle sur la place de la philosophie dans la société.

Toutefois, il convient d'être plus exact. C'est moins de la relation entre le populaire et les philosophes dont il s'agit ici, que de celle entre la classe cultivée de l'époque, ce qu'on nomme «le monde de la conversation», et les philosophes. Comment s'adresser à cette couche sociale qui, n'étant pas asservie par les nécessités de la vie, a assez de loisir et d'ouverture d'esprit pour se familiariser avec la philosophie et qui constitue la partie nombreuse des lecteurs? Cette question est en germe, dès l'introduction du *Traité* (§ 3), quand le jeune auteur dénonce le mépris dans lequel on tient la métaphysique, et le rejet des recherches abstruses, ce qui conduit à substituer l'éloquence au raisonnement:

> Car si jamais la vérité est à la portée des aptitudes humaines, il est certain qu'elle doit se trouver à des profondeurs qui la rendent abstruse; et espérer l'atteindre sans peine, alors que les plus grands génies n'y sont pas parvenus, malgré tous leurs efforts, c'est à l'évidence une entreprise qu'il faut juger parfaitement vaine et présomptueuse[12].

9. J. Locke, *Essai sur l'entendement humain*, trad. fr. J.-M. Vienne, Paris, Vrin, 2003, III.IX. 3.

10. B. Mandeville, *La fable des abeilles*, trad. fr. L. et P. Carrive, Paris, Vrin, 1974, remarque T, p. 178.

11. Sur ce sujet, voir M. Malherbe, «Shaftesbury: du style en philosophie», dans F. Brugère et M. Malherbe (éd.), *Shaftesbury, philosophie et politesse*, Paris, Champion, 2000, p. 117-134.

12. *THN*, Introduction, p. 3.

La distinction ne s'ébauche vraiment que dans l'échange que Hume a avec Hutcheson. Il avait adressé à ce dernier une copie du troisième livre du *Traité*, dont l'objet est la morale et qui paraît en 1740. Hutcheson, professeur réputé de philosophie morale à l'Université de Glasgow et connu pour son éloquence et ses qualités pédagogiques, reproche à Hume dans sa réponse de manquer « d'une certaine chaleur dans la cause de la vertu », manque dû à l'aridité de recherches trop abstraites. Hume répond vivement qu'il y a deux façons de considérer l'esprit ainsi que le corps : en anatomiste, quand on essaie d'établir ses principes les élevés, et en peintre quand on décrit l'élégance et la beauté de ses mouvements. « Je suis persuadé qu'un métaphysicien peut être très utile à un moraliste, bien que je ne puisse aisément concevoir la réunion de ces deux caractères dans une même œuvre »[13].

La distinction est de nouveau évoquée au début de l'*Abrégé*, à la faveur de l'opposition devenue classique entre les Anciens et les Modernes.

> La plupart des philosophes de l'Antiquité, qui ont traité de la nature humaine, ont davantage fait preuve d'une délicatesse de sentiment, d'un juste sens de la moralité ou d'une grandeur d'âme, que de profondeur dans le raisonnement et la réflexion[14].

Dans « L'art de l'essai », placé en tête des *Essays moral and political*, parus en 1741, le jeune philosophe distingue entre les doctes et les mondains, entre l'étude solitaire et le monde de la conversation, entre la science et la culture, et il se propose par ses essais d'atténuer, sinon de surmonter, ce divorce en jouant le rôle d'intermédiaire[15].

Ainsi, très tôt, la distinction est déjà ébauchée. Qu'apporte de nouveau la section I de l'*Enquête*? Deux choses, semble-t-il : d'une part, elle formalise la séparation entre les deux sortes de philosophie et, par-là, elle donne son entière place à la philosophie facile ; d'autre part, elle entreprend une défense en règle de la philosophie abstruse.

13. *The Letters of David Hume*, éd. J.-Y. Greig, Oxford, Oxford Clarendon Press, 1932, t. 1, p. 33.

14. Hume, *Abrégé du Traité de la nature humaine*, trad. fr. D. Deleule, Paris, Aubier, 1971, p. 37-39. Le propos est déjà présent chez Francis Bacon.

15. *E&T*, t. 1, p. 285-286.

LA SÉDUCTION DE LA PHILOSOPHIE FACILE

Écartons d'emblée un contresens qui ferait de la philosophie facile la vulgarisation de la philosophie abstruse. Il ne s'agit pas ici de rendre populaire la philosophie. La philosophie facile est un mode original du philosopher qu'il faut reconnaître comme tel. *Easy*, *facile* : le terme n'est pas péjoratif mais vient en réponse à l'*uneasiness* (l'inquiétude) de Locke[16]. L'*easiness* est ce à quoi tend la vie, quand elle va, forte de l'appui des différentes facultés. Ainsi, l'imagination mais aussi les passions suivent-elles toujours la voie la plus facile, celle par laquelle la vie s'écoule de la manière la plus fluide. Ainsi, dans la formation de la notion d'identité, l'esprit, sacrifiant la raison sur l'autel de la fiction, tend-il à la plus grande facilité. Ainsi, la philosophie facile se justifie-t-elle par cette fonction de rendre la vie des hommes plus commode, plus sociable, plus agréable. C'est pourquoi elle concerne l'homme d'action, l'homme en société, l'homme dans son commerce ordinaire avec les choses et avec ses semblables. Et comme dans l'action, dans son commerce ordinaire, l'homme n'est pas déterminé par la raison, sinon de manière oblique – la raison n'étant pas pratique par elle-même – mais par le sentiment et le goût, que ce soit dans la perception qu'il a des choses, dans son appréciation de la valeur des choses, dans ses motivations et ses actions, la philosophie facile est une pratique discursive qui, s'efforçant de captiver l'attention, est source de plaisir et touche le goût et le sentiment, et qui, en sollicitant les passions est susceptible d'engager les hommes sur le chemin de la vertu.

De là sa méthode, celle de la poésie ou de l'éloquence ; de là son art, l'art du langage et de l'image. On ne saurait sous-estimer cet art. De l'éloquence, Cicéron, très lu au XVIIIe siècle, est le représentant le plus illustre ; de la poésie, on peut donner en exemple *l'Essay on man* d'un Pope (1733-1734)[17]. Le propre de la poésie et de l'éloquence est d'employer les mots pour donner à voir ce qui est à voir, pour mettre en évidence ce qui est évident, pour représenter sous le meilleur jour ce qui est en pleine lumière. Elles ne sont jamais si parfaites que lorsque le lecteur ou l'auditeur retrouve en termes clairs ce qu'il sait par lui-même et qu'ainsi conforté dans son

16. Locke, *Essai*, *op. cit.*, II.XX. 6. Le premier traducteur de Locke, Pierre Coste, traduit par *inquiétude*.

17. L'association dans ce texte de l'éloquence et de la poésie est probablement une référence au second traité de la *Recherche sur l'origine de nos idées de la beauté et de la vertu*, trad. fr. A.-D. Balmès, Paris, Vrin, 1991, IV, 6 et 7, p. 230-234, où Hutcheson établit que l'éloquence et la poésie doivent leur pouvoir au sens moral.

sentiment il se porte vers ce à quoi il doit donner du prix. Sa connaissance ne s'accroît pas, elle s'éclaircit. Ainsi en va-t-il pour la connaissance du sens commun : le sens commun ne raisonne pas pour établir ses principes, il les sait de manière primitive et naturelle, néanmoins, il a besoin d'une philosophie, la philosophie facile, pour se les faire représenter et les faire valoir.

Descartes demandait que, pour être assurée, toute idée vraie fût claire et distincte. Dans un petit texte remarquable[18], Leibniz faisait observer qu'une idée peut être claire sans être distincte, assez claire pour qu'on reconnaisse l'objet, mais trop confuse pour que cette reconnaissance, cette identification, vaille comme une connaissance dudit objet. Je peux reconnaître une fleur des champs et même l'identifier par son nom, sans rien connaître de ses caractères, de son mode de reproduction ou du terrain qu'elle affectionne. Pour parvenir à ce dernier résultat, il me faut la connaître distinctement par ses attributs, en définir précisément l'essence, la placer dans la hiérarchie des genres et des espèces, etc.

Or Hume va plus loin. En effet, la distinction qu'il opère entre les deux espèces de philosophie repose non seulement sur la distinction du clair et du distinct, du facile et de l'abstrus, mais sur leur opposition. Alors que Leibniz tenait qu'une complète connaissance est à la fois claire *et* distincte, Hume place les deux termes dans un rapport de contrariété : la philosophie facile ne cesse de pratiquer l'art de l'évidence, et par-là elle se dispense du travail de la distinction; sa rivale, faisant toujours effort vers davantage de distinction, finit par brouiller toute évidence et par se rendre abstruse.

Dans ses actions, l'homme donne de la valeur aux choses : il en juge mais en les appréciant par ses sens ou par ses passions; et c'est selon cette valeur qu'il opère ses choix et se détermine à agir. C'est pourquoi il a besoin qu'on lui donne des exemples, des images, qu'on lui dessine des tableaux où les choses seront représentées dans toute leur évidence. Toute chose que la philosophie facile sait faire. Elle donne à voir pour émouvoir, et elle émeut pour mouvoir, pour incliner à l'action. C'est pourquoi son terrain privilégié est celui de la philosophie morale. On sait que, prise dans son sens général, la philosophie morale est l'étude de tout ce qui a trait à l'homme, tandis que la philosophie naturelle a pour objet la nature des choses. Mais la philosophie facile, ayant pour fin l'action des hommes, lui donne son sens plus étroit. Non point qu'elle en recherche les principes, mais, agissant sur le cœur des hommes, elle travaille à les mettre en branle.

18. G. W. Leibniz, *Meditationes de cognitione, véritate et ideis*, dans *Opuscules philosophiques choisis*, trad. fr. P. Schrecker, Paris, Vrin, 1962, p. 9-16.

Un tableau vaut mieux qu'un raisonnement, un contraste qu'une distinction, une perspective qu'un fondement établi, un exemple illustre qu'une règle. Elle donnera à penser, sans avoir à penser précisément. Elle est ainsi l'affaire des moralistes : ce sera La Bruyère plutôt que Malebranche[19].

Qu'elle soit populaire ne surprendra pas : par son accessibilité, par son attrait, par sa puissance consensuelle, elle séduit et elle sait capter l'intérêt du plus grand nombre. Elle est utile car elle aide à réformer le cœur des hommes, elle favorise les échanges sociaux, elle sait joindre au sérieux de la réflexion et de l'action le plaisir du divertissement. Elle satisfait donc pleinement au genre de vie qu'a tracé la nature en faveur des hommes, celui de « la vie mixte », où ceci équilibre cela et réciproquement et où s'accordent le bien vivre et la vertu. Nul doute que son succès soit légitime.

LA PHILOSOPHIE ABSTRUSE : LES PRINCIPES SONT-ILS CONNAISSABLES ?

Le § 6 renferme la célèbre prosopopée de la nature et la non moins célèbre formule par laquelle elle se conclut : « Soyez philosophe ; mais au milieu de toute votre philosophie, soyez encore un homme ». Le style de cette prosopopée mérite d'être remarqué : c'est une pièce d'éloquence. C'est donc la philosophie facile qui s'exprime ici, en donnant voix à la nature. Et, son discours est légitime, car c'est un fait d'expérience que la nature punit en toute chose les excès. Elle punit même les excès de la raison lorsque celle-ci pèche par trop d'étude et de recherche. Elle livre alors le philosophe à une incertitude sans fin, elle le condamne à un accueil glacial dans la société des hommes et elle le plonge dans la mélancolie[20].

19. Pour La Bruyère, voir *infra* n. 29 p. 35. Pendant son séjour à La Flèche, Hume eut le temps de découvrir et d'étudier Malebranche. Il possédait une édition des œuvres du philosophe français. On trouve dans le *Traité de la nature humaine* certaines phrases qui sont des traductions libres de la *Recherche de la vérité*. Le rapprochement le plus évident entre les deux philosophes est dans l'affirmation qu'il n'y a pas de connaissance « objective » de la liaison causale comme telle. Assurément, Hume ne suit pas Malebranche dans la doctrine de l'efficace divine (cf. *EHU*, VII, § 25, note). Pour une comparaison détaillée entre les deux auteurs, voir P. Jones, *Hume's Sentiments*, Edinburgh, EUP, 1982, p. 23 *sq.*

20. On se souviendra que le jeune Hume par excès de travail fut victime d'un *burn out* dont il eut peine à se remettre. Voir *Letters*, *op. cit.*, t. 1, p. 12-18. La conclusion du premier livre du *Traité* se fait l'écho de l'épisode et en tire un bel effet dramatique.

Les deux portraits qu'ébauche Hume, celui du « caractère le plus parfait » et celui du « pur philosophe » (§ 5) ne sont pas plus favorables à la philosophie abstruse. La comparaison tourne nettement à l'avantage du premier qui est un homme de mesure (proche de *l'honnête homme* des Français) alors que le second est clairement un homme qui n'a aucune raison de se fixer une limite. Le premier raisonne, mais ses erreurs sont rapidement corrigées, car il lui est facile de consulter le sens commun. Homme d'action, il s'occupe des choses importantes, quand le second s'intéresse aux choses qui ne sont que curieuses ; homme de culture, il sait allier les lettres, la vie sociale et les affaires ; il sait vivre agréablement et être agréable à autrui ; il sait converser aimablement dans un salon, être naturel dans ses relations ; dans l'ordinaire de sa vie, il fait preuve de vertu. Le « pur philosophe » n'est rien de cela. Il raisonne aussi, mais son objet étant spéculatif, il ne cesse de remonter dans l'échelle des principes et de se laisser entraîner par son ambition d'atteindre au principe premier et de fonder en raison suffisante toute connaissance. Dans cette vaine entreprise, il est sous deux influences.

D'abord, sachant que la raison n'est pas par elle-même un principe d'action, il faut que le philosophe, dans son entreprise (qui ne diffère pas en cela de toute autre activité humaine), ait une passion pour moteur. Et cette passion est la curiosité ou l'amour de la vérité. Une passion noble et puissante qui mobilise les aptitudes mentales, s'attache à l'étude des choses curieuses (elle est spéculative) et, à l'occasion, se montre utile dans la poursuite des choses importantes[21] ; elle est aussi source d'un réel plaisir, celui de penser, de découvrir, mais elle ne trouvera sa pleine satisfaction que dans la connaissance des principes, c'est-à-dire que dans la métaphysique.

Ensuite, que le philosophe tombe dans l'excès de vouloir fonder toute connaissance s'explique par la méthode qui est la sienne, la méthode de la philosophie expérimentale. Une méthode d'origine baconienne, qui dans le champ de la philosophie naturelle s'est trouvée recevoir une application exemplaire en la physique de Newton et que beaucoup, dans le domaine de la philosophie morale, invoquent au XVIIIe siècle avec plus ou moins de rigueur[22].

21. *TNH*, II.III. 10.

22. Même J. Beattie, un adversaire déclaré et virulent de Hume, se réclame de la méthode expérimentale, dans son *Essay on the Nature and Immutability of Truth*, London, 1770.

Soit un champ de phénomènes qu'on a observés et décrits. Tout phénomène étant un fait et tout fait un effet, il faut en rechercher les causes. Supposons que la recherche soit féconde et que l'on puisse formuler une première loi qui, rapportant les phénomènes à leurs causes, en donne l'explication. Nous avons là une première connaissance. Mais il apparaît rapidement que l'explication fournie n'est pas si générale qu'elle ne se heurte à des cas qui, lui étant contraires, l'infirment. L'explication n'est pas fausse, mais elle n'est pas exacte : elle ne coïncide pas avec la totalité des phénomènes observés. Il importe donc de déterminer plus distinctement la ou les causes qui ont été dégagées, et cela en analysant de plus près les phénomènes fournis par l'expérience et, en s'élevant par abstraction à des causes plus générales. L'argument peut évidemment être répété à l'échelon supérieur. Jamais l'explication ne sera suffisante, mais il y a bien une explication.

Dans cette conception, une loi (ou un principe) tire sa validité de ce qu'elle explique tels ou tels effets ; et le progrès de la connaissance tient à ce que toute loi, (ou tout principe) est susceptible d'être dépassée dans une loi (ou un principe) d'un niveau de généralité supérieure ; sa validité demeure, mais pour le champ initial d'expérience qui, borné, doit s'élargir aux nouveaux phénomènes introduits, lesquels peuvent être contraires. La connaissance gagne ainsi en généralité, mais elle n'atteindra jamais à une universalité stricte ni à une quelconque nécessité par soi. C'est pourquoi, le philosophe est incité à toujours pousser sa recherche plus avant, mû qu'il est par son ambition toujours déçue d'atteindre à une loi fondamentale (ou à un principe premier). Jamais il n'atteindra à cette évidence première que la philosophie facile, à un niveau de connaissance beaucoup plus modeste, n'hésite pas à s'accorder. Cela ne condamne pas l'entreprise d'une science de la nature humaine qui peut « découvrir les principes et les ressorts cachés qui meuvent l'esprit humain dans ses opérations » (§ 15), mais cela lui impose d'être constamment à la tâche. Il est vrai que, dans les faits, l'esprit se fatigue d'une recherche de plus en plus abstruse et qu'il en vient à se contenter de remonter de quelques pas dans l'échelle des causes ou des principes. Ainsi, est-il amené à se satisfaire d'une science bornée des phénomènes[23]. Mais subsiste à titre de moteur de l'étude l'idée que, pour être entièrement satisfaisante, la science devrait être fondée sur des principes premiers.

23. Cf. *EEH*, VII.I, § 2.

On s'explique à partir de là l'ambivalence du mot *métaphysique*. Tantôt, le terme est pris en valeur positive, désignant cet effort de connaissance qui réglé par l'exigence d'exactitude progresse de manière de plus en plus abstraite; tantôt en valeur négative, pour désigner la prétention à atteindre à l'évidence des premiers principes. Et c'est une des premières tâches de la philosophie abstruse que de combattre cette prétention. « Nous devons cultiver la vraie métaphysique pour détruire la fausse et ses corruptions » (§ 12).

De là aussi, le grand intérêt méthodique de la philosophie abstruse, une fois qu'on a renoncé à la connaissance des principes premiers (ce qu'on appelle *principe* ne disant alors que le dernier degré de généralité auquel on est parvenu dans l'explication). Elle repose sur le déséquilibre dynamique entre les deux dimensions de la connaissance. D'une part, l'information qu'apporte l'expérience sans cesse élargie conduit à s'élever dans l'explication à des causes de plus en plus générales, ou de plus en plus abstraites, en un mot, de moins en moins évidentes. D'autre part, et ce faisant, l'analyse est amenée à déterminer plus exactement et avec plus de finesse les différentes parties du donné d'expérience. L'opération est double: d'abstraction et d'analyse. Plus l'explication gagne en généralité dans la connaissance des causes, plus elle gagne en détermination dans la connaissance des effets, et réciproquement[24].

Il faut avoir ceci en mémoire pour lire la suite du texte où Hume se livre d'abord à un plaidoyer en faveur de la philosophie abstruse, puis à une promotion de son entreprise d'une science de la nature humaine, détaillant à chaque fois les avantages de l'étude lorsqu'elle est animée par l'esprit d'exactitude (on dirait aujourd'hui par l'esprit d'analyse).

La philosophie abstruse est d'abord utile à la philosophie facile. Celle-ci a pour fonction principale de rendre plus aisée la perception et l'appréciation que les hommes se font de leur existence, perception et appréciation qui demande une culture du goût. Cette culture est d'autant plus précieuse qu'elle fait preuve de davantage d'exactitude ou de précision. Ainsi le raisonnement peut servir le sentiment. Pour justifier cette thèse, Hume reprend la distinction du peintre et de l'anatomiste en

24. On peut lire ainsi en continu les essais « politiques » présentés dans *E&T*, t. 1, essais 2 à 10, essais dans lesquels Hume propose à la fois une remarquable analyse de la société politique de son temps et les linéaments d'une science politique (distincte de la généalogie de la société et du gouvernement proposée dans le *Traité*). Sur ce sujet, voir M. Malherbe, « Science politique et science historique dans les essais de David Hume », dans C. Gautier (éd.), *Hume et le concept de société civile*, Paris, P.U.F., 2001, p. 111-132.

l'appliquant à la Critique, c'est-à-dire à la connaissance du beau[25]. Les belles-lettres ont en effet pour fonction d'offrir au jugement esthétique ou moral, c'est-à-dire, au sentiment, ces représentations, ces tableaux qui, décrivant sous des couleurs vives la vie des hommes, leur apportent plaisir et instruction. Lesquels tableaux gagnent à s'enrichir d'une « connaissance précise de la structure interne de l'homme » et à se rendre capables d'une description plus juste, d'un goût plus sûr. « Partout l'exactitude profite à la beauté, la justesse du raisonnement au sentiment le plus délicat »[26].

En tenant ce propos, Hume peut avoir en mémoire un débat récurrent à son époque, débat qu'il ne pouvait ignorer après avoir lu (parmi d'autres) La Bruyère[27] : sachant qu'une même chose peut être présentée sous des angles différents, quel est l'angle qui en donnera *la* représentation *juste*, et cela en employant les mots *justes*? Il faut pour déterminer cet angle que deux qualités soient réunies : la finesse du goût, d'une part, la sûreté de l'appréciation ; l'exactitude du raisonnement, d'autre part, l'ajustement de l'angle à la chose à présenter. Réunir ces deux qualités est une chose difficile qui est tenue ordinairement pour une propriété du génie.

Ensuite, par cette pratique de l'exactitude, la philosophie abstruse peut se rendre utile aux arts et aux professions qui servent les intérêts de la société. Le « génie » de la philosophie est susceptible de se répandre dans la société humaine et jusque dans la vie politique (§ 9). Ce disant, ce n'est plus à la Critique que Hume fait référence, mais à la Politique, une science qui dépend, elle aussi, de la science de la nature humaine. La Politique a pour objet d'étude l'art de gouverner, la constitution du droit et, d'une façon générale, tout ce qui concerne la vie civile. Ainsi, l'homme d'État saura mieux gouverner, l'homme de loi, confronté à la complexité, sinon au désordre de la *common law*, aura plus de méthode dans l'art de former et de disposer les lois ; et l'homme de guerre saura gagner des batailles en contrôlant mieux ses troupes par une discipline militaire plus finement pensée.

25. La critique est l'une des quatre sciences qui, sans en faire partie, dépendent de la science de la nature humaine (*THN*, introd., p. 5).

26. *EEH*, I, § 8, p. 43.

27. Sur ce point comparer le § 8 et les *Caractères*, « Des ouvrages de l'esprit », § 17. Pour un commentaire, lire M.A. Box, *The Suasive art of David Hume*, Princeton, PUP, 1990, p. 170-172. Sur la question de la finesse et de la culture du goût, voir aussi l'essai « De la délicatesse du goût et de la passion », dans *E&T*, t. 1, p. 73-76 ; et surtout l'essai XXIII, « De la règle du goût », p. 265-282.

Cela dit, la philosophie abstruse ne se borne pas à cette seule fonction ancillaire, elle a une vertu propre. En effet, le § 10 répond directement à la prosopopée de la nature dans le § 6. La nature disait : « Soyez philosophe … mais soyez encore un homme ». Être philosophe est certes être sujet à la passion propre à l'homme d'études : la curiosité ; et la curiosité est une passion puissante. Mais rien n'interdit que celui qui est habité par elle sache la contrôler et, somme toute, rester un homme, même dans les recherches les plus rebutantes. Il ajoutera ainsi aux plaisirs de la vie le plaisir de l'étude et jouira d'une innocente satisfaction.

Mais que faut-il entendre par « homme d'études » ? Il convient ici de se souvenir qu'à l'époque le personnel enseignant dans les universités appartenait en majorité au clergé : ces hommes d'études étaient en même temps des hommes de religion formés à la scolastique et pouvant à l'occasion exercer un ministère. Certes, l'esprit de la philosophie expérimentale avait commencé à pénétrer ce milieu mais il restait un objet de débat entre un courant orthodoxe et un courant plus libéral. En 1745, Hume avait postulé à la chaire de philosophie morale de l'Université d'Édimbourg. À la suite d'une cabale assez vigoureuse montée contre lui, sa candidature avait été écartée.

Il faut avoir ces faits en mémoire quand on aborde la distinction qui sous-tend le texte à partir du § 11 entre la bonne et la mauvaise métaphysique. La distinction n'est pas nouvelle et l'image des voleurs cachés dans la forêt est même ancienne puisqu'on la trouve chez Descartes[28]. L'originalité de Hume est ailleurs et elle est militante, si l'on peut dire. Elle tient à la source qu'il donne à la mauvaise métaphysique. Celle-ci est rendue possible par le fait que les objets dont elle prétend traiter sont entourés d'obscurité, une obscurité due au fait que, à quelque degré d'abstraction qu'on se porte, on ne saurait atteindre à des principes ou des causes qui seraient connaissables par eux-mêmes. Ces objets sont totalement inaccessibles à l'esprit humain. Mais il faut comprendre pourquoi cette mauvaise métaphysique subsiste et est entretenue. La réponse de Hume est constante sur ce point : elle prend sa source dans les superstitions populaires qui inventent des êtres supérieurs, d'une puissance inégalée, qu'il faut apaiser pour que le cours des choses soit plus favorable à la vie qu'on mène[29]. La mauvaise métaphysique est le produit adultérin engendré par la philosophie quand elle se commet avec la superstition.

28. Descartes l'emploie dans la sixième partie du *Discours de la méthode*, dans *Œuvres*, éd. C. Adam et P. Tannery, Paris, Vrin, 1996, t. VI, p. 71.

29. Cf. *L'histoire naturelle de la religion*, trad. fr. M. Malherbe, Paris, Vrin, 2016, p. 65.

Comment alors ne pas désespérer de l'esprit humain? Comment chasser la superstition? Comment réduire la fausse philosophie qui ne disparaîtra pas d'elle-même? On peut placer son espoir, dit le § 12, dans les générations futures: peut-être pourront-elles remonter davantage dans l'échelle des causes et des principes. L'esprit humain est ainsi fait qu'il ne saurait renoncer à pareille connaissance. Mais pour l'immédiat il faut assurer la condition de toute connaissance valide et donc étudier la nature de l'entendement humain, procéder à une analyse exacte de ses pouvoirs, déterminer ce qui peut être connu et ce qui ne le peut pas afin de permettre une vraie métaphysique qui repose sur «la justesse et l'exactitude du raisonnement» rapportées à ce qui est à connaître.

Il faut donc d'abord procéder à une science de l'esprit humain. Cette science est certes utile à la connaissance de nous-mêmes. Mais il faut observer que, comme toutes les autres sciences, elle ne saurait se porter jusqu'aux principes premiers qui régissent les facultés de l'esprit. En vérité, l'esprit n'est pas plus clair à lui-même que ne l'est la réalité matérielle. Ses opérations sont enveloppées de ténèbres; ce sont des objets trop subtils pour sa capacité d'analyse. C'est pourquoi, Hume assigne à cette science une tâche qui peut paraître modeste, mais qui est conforme à son souci d'exactitude: distinguer les différentes opérations de l'esprit, les classer, éviter qu'elles ne se mêlent et ne se confondent, et, à défaut d'en établir les principes, procéder à une cartographie mentale qui soit exacte. Et il n'y a pas lieu de douter de cette science: ses énoncés sont vérifiables car ils «tombent dans la compréhension de tout être humain» (§ 13-14).

Mais peut-on en rester là? Est-il impossible, en procédant à cette géographie mentale, de mettre à nu les ressorts des opérations de l'esprit? Hume ne désespère pas que la science de la nature humaine y parvienne en quelque mesure. Au demeurant, la méthode expérimentale y incite constamment. En effet, est-on arrivé à tel niveau d'abstraction et d'analyse que l'on est incité à s'élever au niveau supérieur. A-t-on décrit une opération de l'esprit que l'on est conduit à rechercher la cause plus générale qui opère en elle (§ 15).

On sera sensible à cette déclaration expresse en faveur de la science et à cette ouverture sur ses progrès futurs. Mais, objectera-t-on, Hume n'est-il pas un philosophe sceptique? Comment un scepticisme, même modéré, est-il compatible avec un tel programme? Pour répondre à cette question, il faut une dernière fois considérer le schéma de la méthode expérimentale. Nous savons qu'aussi loin que l'esprit progresse dans l'analyse, aussi générales que soient les lois qu'il parvient à établir, jamais il n'accède à des vérités premières. Cela n'empêche pas que la science explique les phénomènes en déterminant les causes à partir des effets et que dans cette mesure il y ait bien connaissance. Mais cette connaissance est toujours obtenue par inférence, jamais par une déduction à partir de vérités premières, connues par elles-mêmes. C'est pourquoi, jamais l'explication, si loin qu'elle soit poursuivie, ne donnera la *raison* des choses. Expliquer n'est pas rendre raison. Voilà tout le scepticisme de Hume.

PEUT-ON CONJUGUER LES DEUX SORTES DE PHILOSOPHIE ?

Dans sa lettre à Hutcheson, Hume doutait qu'on puisse conjuguer la facilité de l'une et la rigueur de l'autre. Il semble plus optimiste dans l'*Enquête*. « Heureux si nous pouvons nous tenir au point de réunion des différentes espèces de philosophie, en réconciliant la profondeur et la clarté, la vérité et la nouveauté »[30].

Une première façon de comprendre ce souhait serait de revenir à l'idée qu'il faut populariser la philosophie, qu'il faut exprimer de manière évidente les acquis profonds, mais obscurs, de l'étude; en un mot et pour ainsi parler, qu'il faut prêter au discours un tour élégant qui donne à penser et à converser. On sait que Hume est un écrivain de premier ordre; mais, de la sorte, il ne ferait que chercher un mode d'expression qui fasse valoir sa philosophie. Or c'est faire peu de cas de la distinction entre les deux sortes de philosophie. Car distinguer entre deux sortes de philosophie, mettre en regard les deux méthodes, l'une d'exactitude, l'autre d'éloquence, séparer deux fins, celle du savoir et celle la sagesse pratique, privilégier en l'homme tantôt la raison tantôt le goût, ne peut pas ne pas être sans conséquence.

Une deuxième façon est de rappeler ce qui a été dit de l'utilité de la philosophie exacte pour la philosophie facile et évidente, dès lors que celle-là a été suffisamment distinguée de la mauvaise métaphysique entretenue par la superstition, et cela par le moyen de la science de la nature humaine qui nous fait connaître les pouvoirs de l'esprit et leurs limites[31]. Mais cet

30. *EEH*, I, § 17, p. 57.

31. La science de la nature humaine fait-elle elle-même partie de la (bonne) métaphysique ? En un sens, oui, puisqu'elle est soumise à la même incertitude concernant les principes premiers et donc aux mêmes contraintes théoriques. En un sens, non, puisqu'elle exerce une fonction proprement critique, celle de définir les conditions d'une métaphysique qui soit saine. En tout cas, malgré la déclaration initiale de Hume dans le § 1, elle ne saurait faire le tout

argument qui légitime l'entreprise de Hume ne dit rien par lui-même d'une éventuelle conciliation entre les deux sortes de philosophie. De quelle nature est donc cette clarté qui pourrait être jointe à la profondeur ?

Elle ne peut être de même nature que l'évidence de la philosophie facile. On peut le prouver par comparaison. Dans son ouvrage, *The Principles of Moral and Christian Philosophy* (1740)[32], un ouvrage contemporain du *Traité*, Turnbull déclare prendre modèle sur le grand Newton au moment d'entreprendre la science des phénomènes moraux, une science qui est une science des faits comme l'est la philosophie naturelle; et il se fait fort d'employer la méthode expérimentale. Lui aussi forme le projet de classer et d'ordonner les différentes parties ou pouvoirs de l'esprit dans sa vie morale, et d'énoncer les lois afférentes. Mais, à la lecture, son étude est moins une analyse qu'une description qui baigne constamment dans une sorte d'évidence morale relevant plus de la rhétorique que de la science. De son côté, Reid, philosophe lucide, distingue deux sortes de jugements[33] : ceux qui sont le résultat de l'activité de la raison et qui supposent un travail d'argumentation (les deux opérations de la raison étant alors la distinction et l'abstraction) et les jugements premiers, intuitivement évidents qui entrent dans le sens commun, n'y ayant en eux d'autre acte de l'esprit que le seul acte de juger. La faute de Hume est d'avoir voulu argumenter même dans ce dernier cas où il suffit d'un pur jugement d'évidence. Soit ! Mais à en rester à une telle distinction, il y aurait une véritable diarchie – les jugements inférés dans le processus d'abstraction d'un côté, et les jugements intuitifs de l'autre côté – si Reid ne finissait par retomber sur l'argument traditionnel, selon lequel une science expérimentalement induite doit ultimement reposer sur des vérités premières, évidentes par soi.

Rien de semblable chez Hume. Au demeurant, il ne parle pas de conciliation ou de réconciliation, mais de conjonction ou de juxtaposition dans l'espace de deux territoires dont on se propose de joindre les frontières. De sorte que la leçon à retirer de la distinction entre les deux sortes de philosophie est que la méthode de la philosophie abstruse ne peut être celle de la philosophie évidente. De sorte que, également, la clarté requise pour la

de la philosophie morale. Il faut lui adjoindre la Critique, la Politique dont nous avons parlé et aussi la Morale et la Logique.

32. G. Turnbull, *The Principles of Moral and Christian Philosophy*, éd. A. Broadie, Indianapolis, Liberty fund, 2005. Voir notamment la préface.

33. T. Reid, *Essai sur les facultés intellectuelles de l'homme* [1836], trad. fr. T. Jouffroy, Paris, L'Harmattan, 2007, essai VI, chap. I, « Du jugement ».

première ne saurait être de même nature que l'évidence pratiquée par la seconde. De sorte que, enfin, l'on en revient à ce point sur lequel, en définitive, Hume n'a pas varié : l'échec du *Traité* est dû à la manière et non à la matière. La matière ne change pas dans l'*Enquête*, en revanche la manière, le style, est modifié. Ce qui n'est pas sans conséquence puisque, pour des raisons de clarté, les parties les plus profondes, mais aussi les plus obscures, du *Traité* ne sont pas reproduites. Ce qui n'est pas sans avantage non plus puisque l'analyse, plus bornée mais plus claire, conduit à la mise en œuvre, dans les sections VIII à XI, d'une méthodologie critique appliquée à des matières dont on observera qu'elles font l'aliment de la mauvaise métaphysique.

ANGÉLIQUE THÉBERT

L'ORIGINE SENSIBLE DES IDÉES : REMONTER LE FIL DES IDÉES (SECTION II)

La section II (comme la section III) détonne par rapport au reste de l'*Enquête* : on a affaire à un texte très resserré d'une part (Hume a rongé jusqu'à l'os les sections correspondantes du *Traité*, pour ne conserver que les éléments les plus saillants et indispensables à la mise en branle de la mécanique sceptique) ; et il s'y déploie une écriture affirmative et positive d'autre part, loin des balancements caractéristiques de l'écriture humienne. Dans cette section, l'enjeu est de délimiter le cadre au sein duquel se déploiera l'enquête : à savoir l'observation de l'ensemble chamarré de nos perceptions. Plus précisément, il s'agit de rendre compte à la fois de la communauté de nature et de la diversité de nos perceptions. Ainsi, il apparaît qu'elles prennent toutes leur source dans l'expérience sensible, et qu'elles se distinguent selon le rapport plus ou moins direct qu'elles entretiennent avec cette origine.

PENSER N'EST PAS SENTIR (§ 1-3)

« Tout le monde tombera d'accord » : l'entame de la partie proprement argumentative de l'*Enquête* convoque un fait qui suscite une adhésion générale. Nous avons tous constaté qu'il y a une « différence considérable » entre le fait d'avoir une sensation agréable ou désagréable (sensation de chaleur ou de brûlure) d'une part, et le fait de se souvenir de cette sensation ou de l'anticiper d'autre part.

> Ces facultés [la mémoire et l'imagination] peuvent imiter ou copier les perceptions des sens; jamais elles n'atteindront la pleine force et la vivacité du sentiment originel [1].

D'emblée, Hume articule étroitement deux lexiques pour saisir la diversité de nos perceptions : le lexique de la vivacité et le lexique de la copie [2]. Tout d'abord, il apparaît que « l'effet que cela fait » de sentir *x* ou de penser à *x* n'est pas le même [3]. Quand nous pensons à une sensation agréable passée, tout ce qui faisait le sel du sentiment originel (sa « force » et sa « vivacité ») a disparu, ou tout au moins a perdu en intensité. De même, lorsque je me représente une couleur (par exemple, le rouge), celle-ci m'apparaît dépouillée de ses caractéristiques phénoménales (ainsi, je ne suis pas frappé par l'incandescence du rouge). Pour autant, cette représentation correspond à une « imitation » ou à la « copie » d'une sensation originelle, dans la mesure où elle conserve dans son contenu une ressemblance avec le contenu sémantique de la sensation. Parmi les perceptions de l'esprit, il y en a donc qui relèvent de la sensation, et d'autres de la pensée; les secondes sont une sorte de décalque des premières, et au cours de ce mouvement de report, elles perdent le lustre des premières.

Pour autant, Hume admet que nous pouvons parfois avoir l'impression que les frontières se brouillent, rendant difficile la distinction entre la sensation et la pensée. Ainsi, il peut se faire que la mémoire et l'imagination « représentent leur objet d'une manière si vive que nous croirions *presque* le toucher et le voir » [4]. En d'autres termes, la représentation peut avoir une prégnance telle sur l'esprit qu'il nous semble que nous ne pouvons pas nous y soustraire, de la même manière que nous ne pouvons pas ne pas voir les objets autour de nous quand nous ouvrons les yeux. L'effet que cela fait d'avoir une représentation de *x* est alors quasi-semblable à l'effet que cela fait d'avoir la sensation de *x*. Néanmoins, cette confusion se dissipe rapidement, « à moins d'un désordre de l'esprit causé par la maladie ou la folie » [5]. De même, nous ne nous laissons pas tromper

1. *EEH*, II, § 1, p. 59.
2. Dans la suite du § 1, on trouve *vigour*, *lively* et *vivacity* pour le lexique de la vivacité, et *represent*, *paint*, *description* pour le lexique de la copie.
3. Voir T. Nagel, « Quel effet cela fait-il d'être une chauve-souris? », *Questions mortelles*, trad. fr. P. Engel et C. Tiercelin, Paris, P.U.F., 1983.
4. *EEH*, II, § 1, p. 59. À mettre en lien avec la conception humienne de la croyance, selon laquelle la croyance est un mode du sentir. Voir *Appendice au Traité de la nature humaine*, *TNH*, I, p. 372-373.
5. Voir également *TNH*, I.I.1, § 1, p. 41-42.

par un discours ou une peinture, fussent-ils très imagés ou empreints de réalisme : nous faisons toujours le départ entre la représentation artistique de *x* et l'expérience directe de *x*. Autrement dit, même s'il peut arriver que la distinction ne soit pas toujours clairement perceptible, elle n'en est pas moins réelle, et ce dysfonctionnement confirme la règle suivante : « La pensée la plus vive reste inférieure à la sensation la plus terne »[6].

Dans le § 2, Hume montre que la distinction entre sentir et penser ne porte pas seulement sur les sensations externes (véhiculées par les cinq sens), mais qu'elle s'applique également aux sensations internes (les passions et les émotions, comme la colère et l'amour). Être emporté par la colère ou les tourments de l'amour, ce n'est évidemment pas la même chose que se représenter un tel état ou se le remémorer. Certes, l'ordre de nos souvenirs se cale sur l'enchaînement des sensations qui ont été éprouvées, raison pour laquelle « notre pensée est un miroir fidèle qui copie véridiquement son objet »[7]. Pour autant, les images convoquées ont des couleurs « faibles et ternes en comparaison de celles qui habillent nos perceptions originelles ». Ainsi, la joie remémorée est moins vive que la joie éprouvée sur l'instant. Les émotions agréables et désagréables perdent de leur piquant et se présentent à nous privées de leur éclat originel (à la manière de photographies dont les couleurs seraient ternies). On le voit, Hume convoque de nombreux exemples pour rendre compte de la différence entre sentir et penser. C'est que l'on touche ici à des opérations de l'esprit tellement élémentaires qu'elles sont inanalysables. Le mieux que l'on puisse faire, c'est observer nos propres perceptions et les décrire en contexte. Nul besoin d'être rodés aux raisonnements subtils de la métaphysique pour saisir leur différence.

Au § 3, Hume formalise la distinction entre les sensations et les pensées en introduisant la terminologie des « impressions » et des « idées ». Ces impressions et idées forment le tout des « perceptions ». Telle est la catégorie générique de nos états mentaux. Pour un lecteur de l'*Essai sur l'entendement humain* de Locke, l'innovation est de taille : là où Locke utilise le terme « idée » pour désigner tout ce qui est l'objet immédiat de l'esprit quand il pense (ce qui englobe les sensations, les images, les

6. On ne peut donc pas obtenir d'impression à partir d'un processus d'accroissement continu de la vivacité d'une idée (une idée, même très vive, reste une idée). Ce point est nuancé dans le second livre du *Traité*, quand il est question de la sympathie (voir le commentaire de la section III, § 10-14).

7. *EEH*, II, § 2, p. 61.

concepts, les souvenirs), Hume parle quant à lui de « perceptions »[8]. Cette catégorie se subdivise « en deux classes ou espèces » : les impressions d'un côté, les idées de l'autre. Il s'agit bien là de « deux sortes de perceptions » (§ 1). Cela implique que si le sensoriel et l'intellectuel relèvent d'une même catégorie, celle des perceptions, il importe de les distinguer. En particulier, veillons à ne pas intellectualiser les sensations.

Hume a conscience d'innover en introduisant le terme « impression ».

> Prenons donc la liberté de les appeler des *impressions*, en usant de ce mot dans un sens assez différent de son sens habituel[9].

L'innovation n'est pas tant linguistique que conceptuelle. Ainsi, Hume ne reprend pas l'idée (héritée d'Aristote) selon laquelle les impressions sont des marques sensibles que les objets font sur l'esprit, à la manière de l'empreinte du sceau sur la cire[10]. Pour lui, l'impression ne correspond pas à l'effet ou à la trace laissée par l'impact ou l'application de l'objet sur les organes sensibles, trace dont la saisie par l'esprit constituerait la perception. Autrement dit, l'impression n'est pas le simple maillon intermédiaire au sein d'une chaîne causale, qui prendrait son point de départ dans l'objet extérieur et s'achèverait dans la perception proprement dite[11]. Chez Hume, l'impression est envisagée pour elle-même, indépendamment de ses conditions de production[12], et il s'agit d'une perception à part entière.

8. Voir J. Locke, *Essai sur l'entendement humain*, I.I. 8, trad. fr. J.-M. Vienne, 2 t., Paris, Vrin, 2001, t. 1, p. 64.

9. *EEH*, II, § 3, p. 61.

10. Voir Aristote, *De l'âme*, trad. fr. R. Bodéüs, Paris, GF-Flammarion, 1993, II, 12, 427a17-21, p. 195 : chacun des cinq sens reçoit « les formes sensibles sans la matière », de même que « la cire reçoit la marque de la bague sans le fer et l'or ».

11. Contrairement à Locke, qui définit la sensation comme « une impression (ou un mouvement) appliquée à une partie du corps de telle manière qu'elle produise une perception dans l'entendement. » (*Essai*, *op. cit.*, II.I, § 23, p. 184.)

12. Hume n'enquête pas sur le mécanisme de production de ce donné sensible brut. Une telle recherche causale et physiologique relève de la philosophie naturelle (*TNH*, I.I.2, p. 49 ; *TNH*, II.I.1, § 2, p. 99). En resserrant ainsi son analyse sur l'apparaître des impressions, sans s'interroger sur leurs conditions d'apparition (résultent-elles de l'application des objets sur les organes corporels ? sont-elles les produits des esprits animaux ? ou bien naissent-elles dans l'âme sans rien qui les précède ?), Hume évacue la grande question du scepticisme relatif à l'existence du monde extérieur (*TNH*, I.III.5, § 2, p. 146). Cette question ne se pose pas dans la mesure où l'impression n'est pas envisagée comme un succédané de la chose dans l'esprit. Dès lors, il n'y a pas à chercher à savoir si elle ressemble à l'objet extérieur qui, éventuellement, la causerait. La traditionnelle question de savoir si nos perceptions sont fidèles à la réalité extérieure n'est pas celle de Hume : une telle question suppose de considérer les

Le point par lequel les impressions et les idées se distinguent tient à « leurs différents degrés de force et de vivacité ». Alors que les impressions se démarquent par leur intensité et leur vivacité, les idées se présentent comme des perceptions plus ternes, plus fades, en somme moins vives que les impressions. Dans ce paragraphe, seul le lexique de la vivacité est convoqué (*force*, *vivacity*, *less forcible and lively*, *more lively*, *less lively*). Il est également fait état du caractère « vigoureux » (*forcible*) des impressions. L'usage de ce terme rend compte d'un aspect propre aux impressions : le fait qu'elles s'imposent à l'esprit malgré lui. Elles l'impressionnent au point qu'il ne peut s'y soustraire. Dans le *Traité*, Hume allait plus loin en suggérant que, d'une certaine manière, l'esprit est violenté par les impressions : elles le « frappent » (*strike upon the mind*) et « se frayent un chemin dans notre pensée et notre conscience »[13]. Autrement dit, nos impressions sont irrésistibles. Les idées, quant à elles, outre leur moindre degré de vivacité, sont caractérisées comme des perceptions « dont nous avons conscience quand nous réfléchissons à l'une des sensations ou des mouvements[14] que nous venons de dire ». Cette remarque permet d'introduire un autre point : les idées sont des états mentaux dont nous prenons conscience dans un second moment, qui est un moment de réflexion et un moment de retard par rapport à l'immédiateté de l'impression. Dans l'idée, l'impression est « réfléchie », à la fois au sens où elle est ce sur quoi porte la réflexion de l'esprit (qui la transforme en objet de pensée) et au sens où elle fait l'objet d'une réflexion (d'un retour, d'une réverbération) dans l'esprit. C'est précisément en réfléchissant (sur) l'impression que l'idée la stabilise (elle lui impose un temps d'arrêt) et, ce faisant, lui fait perdre de la vivacité (dans un mouvement comparable au *fading*).

Quand bien même Hume a introduit la distinction entre les impressions et les idées en notant que leur différence est « considérable », la question que nous sommes légitimement en droit de nous poser est celle de savoir si ce critère de distinction s'applique toujours de manière implacable.

perceptions comme des intermédiaires entre l'esprit et le monde, et d'en faire de possibles représentantes du monde dans l'esprit. Or, pour Hume, les impressions sont bel et bien les objets dont nous parlons quand nous décrivons ce que nous percevons (*TNH*, I.IV.2, § 30, p. 286). Loin d'entériner la scission entre le monde et l'esprit, ou d'être un moyen de colmater la brèche, les impressions escamotent et précèdent une telle distinction. En ne les considérant pas comme le pendant de l'objet dans l'esprit, Hume leur donne la place qui leur revient : à savoir, celle de la primitivité.

13. *TNH*, I.I.1, § 1, p. 41.

14. Le terme « mouvements » renvoie ici au désir et à la volonté.

En effet, dire qu'il n'y a qu'une différence de « degrés de force et de vivacité » entre ces deux types de perceptions, c'est suggérer que les idées et les impressions s'inscrivent le long d'un continuum menant progressivement de l'impression la plus vive à l'idée la plus terne. La possibilité (et la proximité) d'impressions plus ternes et d'idées plus vives ne devrait-elle pas nous conduire à travailler cette distinction à l'aune d'un autre critère? En effet, le fait que l'idée puisse déborder sur l'impression et en singer les effets sur l'esprit, couplé au fait que l'impression soit déliée de toute référence à un objet extérieur, semble ouvrir les vannes à une forme extrême d'idéalisme, qui réduirait toute existence à ce qui est perçu. Comment se prémunir contre une telle déferlante sceptique? Entre l'impression et l'idée, la différence n'est-elle pas plus tranchée? C'est ce que Hume montre dans les paragraphes suivants, dans lesquels il indique que les idées dérivent des impressions.

LES IDÉES ONT LEUR SOURCE DANS LES IMPRESSIONS (§ 4-7)

La priorité des impressions sur les idées est d'ordre à la fois psychologique et logique. Nous venons d'évoquer le premier point en remarquant que les idées sont des états mentaux qui font retour sur les impressions originelles. Le second point permet à Hume d'introduire le lecteur à un aspect de l'esprit qui n'a pas été souligné jusqu'à présent: sa dimension active. En effet, l'esprit ne fait pas qu'être frappé par les impressions qui s'imposent à lui, il est également actif, notamment quand il combine différentes idées simples pour composer des idées complexes. Alors que les « idées simples » (expression introduite au § 6) ne peuvent être séparées en parties, les idées complexes sont fabriquées à partir d'idées simples, que l'imagination adjoint les unes aux autres[15]. C'est dans ce travail de composition que la liberté de l'esprit semble la plus totale.

Afin de souligner l'extrême volubilité de la pensée, Hume use du même procédé rhétorique que celui qu'il a mobilisé dans le § 1 : il commence par insister sur un point que l'on pourrait estimer dangereux ou compromettant pour son approche, pour mieux montrer dans un second temps dans quelle mesure sa position résiste à ce potentiel danger. Ainsi, de même que Hume commençait par envisager la possibilité d'une confusion entre les perceptions de l'imagination et celles de la sensation, pour finalement

15. Expression et distinction que Hume emprunte à Locke, *Essai sur l'entendement humain*, *op. cit.*, II.II.

rappeler que la ligne de démarcation existe toujours et ne saurait être ignorée, il commence ici par insister sur la capacité de la pensée à dépasser les « frontières » et les « limites » de la réalité. Le pouvoir de la pensée paraît tellement illimité qu'il nous semble qu'elle a finalement largué les amarres et coupé le lien avec ce qui la maintenait en prise avec la réalité, à savoir l'attache sensible. En effet, il semble que rien ne la maintient rivée au monde sensible, elle peut se figurer des « monstres » et joindre ensemble « des formes ou des figures » de manière « incongrue », c'est-à-dire de façon totalement arbitraire, en ne se laissant guider que par ses envies les plus fantasques : « Ce qui n'a jamais été vu ni entendu, peut néanmoins être conçu »[16], affirmation pour le moins surprenante en terrain empiriste ! En somme, la pensée (c'est-à-dire l'imagination)[17] est en roue libre.

Mais Hume fait vite retomber cet emballement de la pensée (§ 5). La toute-puissance de la pensée est recadrée de deux manières. Tout d'abord, la pensée ne saurait se dérober au principe de non-contradiction[18]. Ensuite, l'inventivité de la pensée se borne à joindre des idées simples qui ont leur source dans une sensation (interne ou externe) antérieure. Cet argument était déjà mobilisé par Locke dans l'*Essai sur l'entendement humain*. Le § 5 a d'ailleurs un fort accent lockéen : comme Locke, Hume fait sien le champ lexical de la « limite », rappelant que notre pensée « est réellement resserrée en des bornes très étroites ». De même, il use des tours d'écriture typiques du philosophe anglais, soulignant le caractère réductionniste, voire déflationniste de ses thèses (« ne s'élevant qu'à... », « ne faisant que... », « seuls »). Enfin, comme Locke, Hume montre les idées complexes pour ce qu'elles sont : elles sont le fruit d'un travail de l'esprit, qui consiste à combiner des idées simples. Ces idées simples sont donc les « matériaux » élémentaires et incontournables des idées complexes[19]. Or, là est le clou de l'argument, les idées simples sont issues des sens et de l'expérience. Elles sont reçues par le sentiment extérieur (les cinq sens) ou intérieur (émotions, passions, désir). Plus précisément, elles sont les « copies de nos impressions ». Dans ces conditions, sans impressions, pas d'idées. La fabrication des idées complexes ne pouvant se faire qu'à partir d'éléments qui ont leur source dans l'expérience, elle est bornée par ce que

16. *EEH*, II, § 4, p. 63.

17. Identification constante chez Hume. Voir par exemple *EEH*, III, § 12, p. 84.

18. *EEH*, II, § 4, p. 63 : « Il n'y a rien qui échappe au pouvoir de la pensée, sinon ce qui implique une contradiction absolue », l'idée de « montagne d'or » est constituée à partir de l'adjonction de deux idées « compatibles » (§ 5).

19. On trouve deux fois le terme « materials » dans le paragraphe. Voir également Locke, *Essai*, *op. cit.*, II.II, § 2, p. 188-189.

l'expérience nous livre et ne saurait sortir de ce cadre expérientiel. Comme on le verra plus loin (§ 9), c'est également sur ce principe de dérivation des idées complexes à partir des idées simples, et des idées simples à partir des impressions, que Hume s'appuiera pour purger du langage tout terme prétendant renvoyer à une idée qui ne dérive pas d'une impression. Car sans impression, il n'y a pas d'idée, et sans idée, les mots ne sont que de simples *flatus vocis*, c'est-à-dire des termes dépourvus de signification.

Afin d'établir la priorité des impressions sur les idées, Hume convoque deux arguments. Le premier argument, introduit au § 6, reprend la distinction entre les idées simples et les idées complexes, en l'appliquant à des idées fort « composées » et « sublimes » : toute idée complexe – aussi éthérée et détachée de l'expérience puisse-t-elle sembler – est le fruit de la combinaison d'idées simples qui ont nécessairement leur source dans une impression « antérieure »[20]. Une idée complexe est comparable à une quantité discrète : on peut en venir à bout, en cerner et en épuiser le sens, en la dépeçant et en la réduisant aux parties séparées qui la composent. Ainsi, quand bien même le résultat semble s'aventurer au-delà de toute réalité perçue, lorsque nous analysons les idées complexes forgées par l'imagination, nous constatons qu'elles ne consistent finalement que dans le « mélange » et la « composition » d'idées simples qui dérivent de l'expérience. Comprenons : ne nous laissons pas intimider par ces idées « impressionnantes », qui nous en imposent tellement qu'il nous semble buter sur de l'incompréhensible. Bien au contraire, faisons-les descendre de leur piédestal sémantique et ramenons-les sur terre, c'est-à-dire à leur origine sensible. Car toutes nos idées sont « faites de la même farine »[21], la cuisine interne de l'esprit est toujours la même : elle consiste à partir d'idées simples qui ont leur source dans l'expérience, pour ensuite les agencer à notre guise. Si le résultat est surprenant, il n'y a donc nulle surprise dans le mode opératoire. La recette est immuable : le point de départ se trouve dans des idées qui sont « copiées d'une impression ou d'un sentiment antérieur » puis, selon le type d'idée complexe visé, il s'agit de les « composer » (les adjoindre les unes aux autres), les « transposer » (les déplacer d'un domaine à un autre), les « augmenter » ou les « diminuer ». Là est la seule marge de manœuvre possible. Ainsi, pour construire l'idée d'un « cheval

20. Voir également J. Locke, *Essai*, *op. cit.*, II.I, 24, p. 185.

21. Expression qu'utilise Philippe Hamou dans sa présentation de l'*Essai sur l'entendement humain*, trad. fr. P. Coste, Le Livre de Poche, Paris, 2009, p. 29.

vertueux »[22], l'esprit transpose la qualité de la vertu (propre aux actions humaines) et l'applique à l'idée de cheval. Pour produire l'idée de Dieu, « comme d'*un Être infiniment intelligent, sage et bon* », nous partons de ce que nous observons en nous par la réflexion (comprise ici comme une forme d'introspection, de sensation interne) et nous donnons plus d'ampleur aux idées simples ainsi acquises (les idées d'existence, de durée, de connaissance, de pouvoir, de sagesse, de bonté, etc.). Autrement dit, nous augmentons et faisons gonfler ces idées aussi loin que nous le pouvons[23].

Hume ajoute une remarque importante à ce premier argument : toute idée complexe est le produit de la combinaison d'idées simples, qui ont leur source dans des impressions qui leur sont « antérieures » certes, mais qui leur sont aussi « semblables », qui « leur correspondent ». Hume convoque ici une approche qui analyse le rapport entre l'impression et l'idée selon le modèle de l'original et de la copie. Il ne s'agit alors pas tant de souligner ce qui *distingue* les impressions et les idées, que ce qui les *rapproche*.

> [T]outes nos idées, qui sont nos perceptions les plus faibles, sont des copies de nos impressions, qui sont nos perceptions les plus vives [24].

Les idées simples « ont été copiées d'une impression ou d'un sentiment antérieur », « l'idée examinée est copiée d'une impression semblable »[25].

Les idées sont des copies des impressions (non des copies des objets du monde)[26]. Elles ressemblent aux impressions, au sens où elles en sont le calque, le « reflet » affaibli dans l'esprit. Comme nous le disions, elles retiennent les propriétés intentionnelles des impressions, sans leurs propriétés phénoménales. Plus précisément, les idées co-répondent aux impressions (elles en sont l'écho dans l'esprit). Quand les impressions présentent, les idées re-présentent. Et en présentant à nouveau, la force de la présentation inaugurale est atténuée. Les idées sont donc ce que l'esprit

22. Hume pense peut-être aux chevaux vertueux décrits au livre IV des *Voyages de Gulliver* de Jonathan Swift (1721).

23. Comparer avec Locke, *Essai, op. cit.*, II.xxiii, § 33-37, p. 487-491. Pour Locke, ce mouvement d'augmentation est rendu possible par notre idée d'infini, qui s'acquiert par le pouvoir, observé en nous, de répéter sans fin nos idées.

24. *EEH*, II, fin du § 5, p. 63.

25. *Ibid.*, § 6, p. 65. Voir aussi *TNH*, I.i.1, § 3, p. 42-43.

26. Pour la question de savoir si l'on peut attribuer à Hume une thèse représentationaliste de la perception, voir C. Brun, « Perception et représentation mentale dans le *Traité de la nature humaine* », dans J.-P. Cléro et P. Saltel (éd.), *Lectures de Hume*, Paris, Ellipses, 2009, p. 151-171.

est en mesure de retenir des impressions une fois passée leur première apparition. Reste à savoir pourquoi Hume s'évertue à articuler deux discours distincts sur les impressions et les idées : un discours qui souligne leur différence (lexique de la vivacité) et un discours qui souligne leur ressemblance (lexique de la copie). Il nous semble que la seconde approche est complémentaire de la première, dans la mesure où elle permet de résorber le fossé entre ce qui est senti et ce qui est pensé. Le défi est en effet de montrer dans quelle mesure la pensée est irrémédiablement attachée à l'expérience. Loin de faire des cavalcades hors des sentiers de l'expérience, la pensée est harnachée à la sensation, bien en selle sur l'expérience. Le champ lexical de la copie rend parfaitement compte de cette dérivation de la pensée à partir de l'expérience. Voilà pourquoi il complète habilement celui de la vivacité.

À la fin du § 6, Hume fait une adresse aux lecteurs.

> Ceux qui soutiendraient que cette proposition n'est ni universellement vraie ni dépourvue d'exception, n'ont qu'un moyen, et un moyen facile, de la réfuter : qu'ils produisent l'idée qui, selon eux, n'est pas dérivée de cette source. Il nous incombera alors, si nous défendons encore notre doctrine, de produire l'impression ou la perception vive qui lui correspond [27].

C'est un fait que, en la matière (le domaine des perceptions), il n'est pas possible d'effectuer une vérification expérimentale complète du principe selon lequel « à toute idée correspond une impression semblable ». En effet, il faudrait passer en revue l'ensemble de nos idées, éplucher l'intégralité de nos idées complexes, ce qui est largement au-dessus de nos forces. Dans ces conditions, à charge pour le lecteur qui en douterait de fournir une preuve du contraire, c'est-à-dire de présenter une idée qui, selon lui, n'est pas la copie d'une impression. Hume devra alors présenter l'impression qui lui correspond. En l'absence de preuve du contraire, le principe sera pris pour valide. Hume lance donc un défi, un *challenge* au lecteur. C'est une manière de l'inviter à participer à l'enquête. Loin de cultiver un ton professoral ou condescendant, Hume tient ses lecteurs pour l'ultime instance de jugement.

Au § 7, Hume introduit un second argument, qui appuie l'idée selon laquelle toute idée simple a sa source dans une impression. Cet argument part d'un constat : si nos organes sensibles sont détruits ou non sollicités,

27. *EEH*, II, § 6, p. 65.

alors – faute d'impressions provenant de ce canal sensible[28] – nous sommes incapables d'avoir les idées idoines. Par exemple, comme une personne née aveugle ou sourde ne peut avoir d'impressions visuelles ou auditives, les idées correspondantes lui sont également refusées (elle ne peut donc avoir l'idée de rouge ou l'idée du son d'une trompette)[29]. Hume va plus loin en affirmant que les conséquences sont les mêmes quand l'organe sensible fonctionne correctement, mais que « l'objet propre à causer une certaine sensation » ne lui a pas encore été appliqué. Il donne l'exemple d'un Lapon ou d'un Africain qui « n'ont aucune notion du goût qu'a le vin »[30]. Le *Traité* donnait l'exemple d'une personne n'ayant jamais goûté d'ananas[31]. Pourtant, on pourrait croire que, puisque nous faisons l'expérience d'autres d'impressions issues du même canal sensoriel (le goût), nous pourrions acquérir une idée de la saveur du vin ou de l'ananas, en procédant par approximation à partir des idées gustatives d'autres fruits ou breuvages. Mais Hume est catégorique : non seulement, nous ne pouvons pas savoir quel goût a l'ananas tant que nous n'y avons pas effectivement goûté, mais nous ne pouvons pas non plus nous représenter ou concevoir (de manière approchante) la saveur de l'ananas. Nous sommes tout à fait privés de l'idée du goût de l'ananas. Dans les termes de Russell, nous ne pouvons en avoir ni de connaissance directe (*by acquaintance*), ni de connaissance indirecte (*by description*)[32].

Cet argument s'applique également aux passions, qui sont des impressions internes. Hume imagine le cas d'une personne n'ayant jamais eu l'occasion de ressentir certaines émotions (agréables – comme l'amitié et la générosité, ou désagréables – comme la vengeance et la cruauté). Il ne balance pas sur la conséquence : une telle personne ne pourrait absolument pas avoir les idées des passions correspondantes. Hume semble dans le même temps plus nuancé : « la même observation vaut encore, *à un moindre degré* » (je souligne). Pourquoi une telle réserve ? La raison en est

28. À noter que, contrairement à son agnosticisme de principe relatif à la cause des impressions, Hume suggère ici que la source des impressions se trouve dans les organes sensibles. Locke utilise également le terme « inlet » pour décrire les entrées sensorielles (*Essay*, *op. cit.*, II.IX, § 15).

29. Hume (*TNH*, I.III.14, § 26, p. 244) reprend l'exemple de Locke (*Essai*, *op. cit.*, III.IV, § 11, p. 75-76) relatif à l'aveugle qui compare la « couleur écarlate » au « son d'une trompette ». Les deux philosophes contestent l'idée selon laquelle l'impression d'un son pourrait donner l'idée d'une couleur.

30. *EEH*, II, § 6, p. 65.

31. *TNH*, I.I.1, § 8, p. 45. Exemple emprunté à Locke, *Essai*, *op. cit.*, II.I, § 6, p. 167.

32. B. Russell, *Problèmes de philosophie*, trad. fr. F. Rivenc, Paris, Payot, 1989, chap. V.

que si l'on peut envisager qu'une personne ne ressente pas ces émotions portées à leur plus haut point (« portée à l'extrême », « élans sublimes »), il n'est toutefois guère possible qu'elle n'en fasse pas l'expérience à un moment ou à un autre de façon plus mesurée. Dans ces conditions, elle pourrait avoir l'impression d'une passion approchante (de même nature, mais à un degré atténué), et elle pourrait donc avoir l'idée d'une passion approchante. Toute la question est de savoir si, à partir de l'idée d'une passion de même famille, nous pouvons en déduire l'idée d'une passion inexpérimentée, voire nous donner l'impression de la passion manquante. C'est à une telle question que le paragraphe qui suit nous invite à réfléchir.

LA NUANCE MANQUANTE DE BLEU. QUE MANQUE-T-IL PRÉCISÉMENT ? (§ 8)

Ce paragraphe[33] est surprenant, puisqu'il nous confronte à un phénomène qui, à première vue, affaiblit la portée de l'argument de Hume. Pourtant, loin d'être dérouté, Hume estime qu'il peut parfaitement intégrer ce phénomène à son analyse. Il nous alerte sur le cas de la *missing shade of blue,* cette « certaine nuance de bleu » dont, par hypothèse, nous n'aurions jamais eu d'impression sensible, mais dont nous pourrions faire naître l'idée dans notre esprit grâce à l'imagination qui compléterait le nuancier là où nous noterions qu'un certain degré de couleur fait défaut. Ce cas, s'il est avéré, compromet la portée universelle de la règle humienne de la priorité des impressions sensibles sur les idées : nous pourrions finalement avoir l'idée d'une couleur dont nous n'avons jamais fait l'expérience.

Avant de préciser les tenants et les aboutissants de ce phénomène qui semble contredire le principe de dérivation, notons qu'il met en lumière l'honnêteté intellectuelle de Hume. Fidèle à son engagement empiriste, Hume dérive ses arguments de l'observation. Dans ces conditions, il ne peut pas occulter la prise en compte d'exceptions, de cas qui défient la règle, quand bien même ils remettent en cause un argument-phare de la philosophie empiriste, à savoir la priorité des impressions sur les idées. Car si le but d'un homme de science est de « s'efforcer de rendre tous [les] principes aussi universels que possible »[34], cette ambition est constamment recadrée par l'expérience, qui montre un certain degré de régularité partout, mais une uniformité parfaite nulle part. Ainsi, alors même que la

33. Reprise du passage situé dans *TNH*, I.I.1, § 9, p. 46.
34. *TNH*, I, introd., § 8, p. 35.

priorité des impressions sur les idées est le principe sur lequel s'appuie toute la recherche, elle n'échappe pas à la règle (autrement dit : elle admet elle-même des exceptions).

Plus précisément, le phénomène sur lequel Hume attire notre attention prouverait « qu'on ne saurait interdire absolument que les idées puissent naître indépendamment de leurs impressions *correspondantes* » (mes italiques). À certains égards, tout est dit dans cette phrase liminaire : la contradiction s'évapore, ou tout du moins perd de son tranchant, si nous sommes attentifs au fait que Hume veut simplement souligner qu'il y a des idées qui peuvent naître indépendamment des impressions qui leur *correspondent*. Par conséquent, le phénomène rebelle ne prouve absolument pas que des idées peuvent naître indépendamment de *toute* impression, sans impression *du tout* !

Avant de présenter son soi-disant contre-exemple, Hume commence par faire quelques remarques à valeur propédeutique, inspirées du paradoxe du sorite[35]. Il précise que les idées de couleurs différentes (le rouge, le bleu) sont parfaitement distinctes les unes des autres. Il y a bien une différence réelle entre elles, qui reproduit la différence réelle existant entre les impressions dont elles dérivent. Ce constat s'applique également aux idées des différentes nuances d'une même couleur : l'idée d'une nuance de bleu (bleu azur) est tout à fait distincte de l'idée d'une autre nuance de bleu (bleu roi). Quoique fort ressemblantes, elles ne se fondent pas en une seule idée. Si l'on peut ainsi séparer les idées de différentes nuances d'une même couleur, c'est parce que ces idées renvoient à des différences réelles, c'est-à-dire à des impressions distinctes. Mêmes proches et semblables, ces idées n'en correspondent pas moins à deux intervalles disjoints sur le nuancier. Cette remarque présuppose le principe selon lequel la réalité de la différence permet la séparation des idées[36]. Par conséquent, lorsque nous observons un nuancier et que nous passons progressivement et insensiblement d'une nuance de couleur (située à l'une des extrémités du nuancier) à une autre nuance de la même couleur (située à l'autre extrémité du nuancier), nous avons bien des impressions sensibles

35. Voir A. Lalande, *Vocabulaire technique et critique de la philosophie*, « Quadrige », Paris, P.U.F., 2002, p. 1012 : « Raisonnement qui consiste à se demander si un tas de blé reste encore un tas quand on en enlève un grain; puis, ayant fait convenir l'interlocuteur que le tas reste encore un tas, on part d'un nombre de grains élevé, qui est incontestablement un tas, pour descendre par une gradation continue à un seul grain qui n'est pas un tas, et qui, pourtant, en est un, en vertu de la majeure accordée ».

36. *TNH*, I.II.3, § 10, p. 87 : « Tout ce qui est différent peut être distingué et tout ce qui peut être distingué peut être séparé ».

distinctes, qui débouchent sur la production d'idées distinctes. Comme « les moyens » (c'est-à-dire les idées des couleurs intermédiaires) sont réellement distincts, « les extrêmes » (les idées des couleurs situées aux extrémités) sont eux-mêmes distincts. Autrement dit, la gradation insensible n'est pas le signe d'une indifférenciation ontologique. Nous ne sommes donc pas conduits à verser dans l'absurdité et à affirmer que « l'idée de bleu ciel est identique à l'idée de bleu turquoise », sous prétexte que – comme les idées conduisant d'un bout à l'autre du nuancier semblent identiques – de proche en proche nous serions forcés de convenir que les extrémités le sont également.

Cette précision étant faite, fidèle à sa démarche consistant à inclure des expériences de pensée au sein des preuves dans lesquelles nous pouvons puiser[37], Hume demande au lecteur d'imaginer une personne d'âge mûr, qui a « la connaissance parfaite de toutes les sortes de couleur, exceptée une certaine nuance de bleu ». Selon lui, si nous présentons à cette personne « toutes les différentes nuances de cette couleur, sauf la nuance dont nous parlons », alors elle percevra « un vide » (*a blank*) là où la nuance fait défaut, c'est-à-dire qu'elle percevra que l'écart entre deux nuances contiguës est plus important à cet endroit qu'ailleurs. De plus, nous n'aurons pas de mal à convenir qu'une telle personne pourrait « par sa seule imagination, (...) combler le vide [*supply this deficiency*] et (...) se donner l'idée de cette nuance particulière, bien qu'elle ne lui ait jamais été transmise par ses sens ». Elle pourrait donc « se donner » (*raise up to oneself*) l'idée de la nuance de bleu dont elle n'a pas eu d'impression sensible correspondante.

Cela est rendu possible par le travail de l'imagination. En effet, nous partons d'impressions et d'idées de différentes nuances d'une même couleur, qui sont inscrites dans une même série, allant « du plus foncé au plus clair ». La confrontation de ces perceptions au sein d'un unique dégradé permet de se rendre compte qu'il manque une nuance. À certains égards, le vide saute aux yeux. Car telle est l'expérience décisive : on constate un vide, plus vraisemblablement il y a un heurt dans la transition

37. Le recours à un fait non expérimenté mais possible permet de démultiplier les expériences. Le défaut des expériences est en effet leur caractère coutumier. Comme elles se répètent, les principes dégagés par Hume n'ont pas l'occasion d'être soumis à l'épreuve de situations différentes. L'expérience de pensée permet de tester la validité d'un principe ou d'un argument en le plaçant dans le bain de situations inédites. À charge pour le philosophe de voir comment ils « réagissent » à ces circonstances variées et de voir s'ils en sortent fixés, consolidés, ou bien légèrement déstabilisés (donnant alors à Hume l'occasion de préciser son argument).

impressionnelle. C'est parce que cette transition ne se fait pas sans accroc que nous supposons qu'il doit manquer une impression. L'imagination prend alors le relais de l'impression manquante : non pas en donnant à l'esprit ladite impression, mais en lui fournissant l'idée de la nuance correspondante. Cette capacité de l'imagination repose sur l'une de ses tendances :

> L'imagination, lorsqu'elle est engagée dans une certaine suite de pensées, est portée à continuer, même si son objet lui fait défaut, et, comme une galère mise en mouvement par les rames, poursuit son cours sans aucune impulsion nouvelle [38].

Autrement dit, une fois lancée sur son erre, l'imagination a naturellement tendance à poursuivre son train de pensées. Dans ces conditions, si elle est habituée à faire l'expérience d'objets semblables qui se suivent à intervalles réguliers, elle a l'impulsion suffisante pour poursuivre sur ce mode et, là où l'expérience ne présente pas une continuité parfaite, « boucher les trous », compléter ce qui est esquissé. Dans le cas qui nous occupe, c'est donc elle qui complète le nuancier et qui fournit à l'esprit l'*idée* de la nuance de bleu manquante[39]. Mais nous ne disposons toujours pas de l'impression idoine. Si nous cherchons une expérience correspondante à cette idée, nous ne trouvons *rien*, ou du moins nous n'avons qu'une impression de vide.

Quels enseignements pouvons-nous tirer de cette observation ? Selon Hume, cela prouve que les idées simples ne dérivent pas toujours des impressions *correspondantes*[40] : en effet, il est possible qu'elles soient

38. *TNH*, I.IV.2, § 22, p. 282. Voir aussi *TNH*, I.I.7, § 15, p. 69.

39. On peut se demander si l'idée de la nuance de bleu ainsi obtenue (par dérivation) est en tout point semblable à celle que nous aurions si elle était la copie de l'impression correspondante. En d'autres termes, si la personne faisait ensuite l'expérience directe de la nuance de bleu, apprendrait-elle quelque chose de nouveau ? Pour une formulation contemporaine de cette question, voir F. Jackson, « What Mary didn't know », *Journal of Philosophy*, 83, 1986, p. 291-295 (toutefois l'expérience de pensée imaginée par Jackson est plus radicale, car elle met en scène une personne qui possède une connaissance scientifique des couleurs – elle peut les expliquer en termes physiques – mais qui n'a jamais fait l'expérience de quelque couleur que ce soit).

40. Cet enseignement prépare les développements sur l'idée de connexion nécessaire (sections IV, V et VII). Même si cette idée ne dérive pas d'une impression (de sensation) correspondante, elle dérive bien de l'expérience et de la coutume, c'est-à-dire d'expériences similaires au cours desquelles un type d'impressions *A* est constamment suivi d'un type d'impressions *B*. C'est cette conjonction constante qui produit la tendance de l'esprit à attendre *B* quand *A* se présente, et qui est la source d'une impression interne (de réflexion) : le sentiment de nécessité.

l'objet d'un don de l'imagination qui, à partir d'impressions *semblables* à l'impression que nous aurions eue si nous avions fait l'expérience d'un objet x, suggère l'idée de l'objet en question. En d'autres termes, à partir d'impressions *voisines* de l'impression manquante, et donc à partir des idées qui correspondent point pour point à ces impressions, l'imagination nous livre l'idée de x. Cette idée n'a certes pas sa corrélative impressionnelle mais, comme on le voit, elle n'est pas dénuée de tout ancrage impressionnel. Simplement, comme l'impression correspondante est manquante, l'imagination dérive l'idée de x d'impressions proches de celle que nous aurions eue si nous avions fait l'expérience de x.

Ce cas est bien différent de celui de l'aveugle qui essaie de se représenter l'écarlate, ou du Lapon qui essaie de se représenter le goût du vin, puisque même si les impressions des différentes nuances de bleu sont distinctes et indépendantes les unes des autres, elles sont *semblables*. Cela explique que, dans ce cas précis, on peut « déduire » et se représenter la nuance manquante. Par contre, l'impression de sensation provoquée par le son d'une trompette n'étant pas du tout semblable à celle provoquée par la vue de la couleur écarlate (du fait de l'hétérogénéité des sens), on ne peut pas déduire l'idée de l'une à partir de l'idée de l'autre. De même, l'impression de sensation provoquée par le goût de l'eau n'étant pas du tout semblable à celle provoquée par le goût du vin, le Lapon ne saurait acquérir l'idée du goût du vin à partir de son expérience gustative de l'eau.

En fait, l'argument de Hume fonctionne particulièrement bien dans la radicalité : par exemple, quand nous imaginons des êtres qui disposent d'organes sensoriels dont nous sommes dépourvus (fin du § 7). Dans ce cas, nous ne cherchons même pas à nous représenter ce que cela ferait d'avoir des impressions issues d'un tel canal, et encore moins à nous représenter les idées qui dériveraient de ces impressions. L'argument fonctionne également lorsque nous considérons des espèces d'objets dont nous n'avons jamais fait l'expérience. C'est pourquoi il n'est pas anodin que, au § 7, Hume n'ait pas pris l'exemple de l'idée inconnue d'un vin de tel cépage (comme l'idée d'un vin de Bordeaux, de cépage cabernet sauvignon), alors que le Lapon aurait fait par ailleurs l'expérience d'autres cépages de ce même vin, acquérant de la sorte les impressions (et donc les idées) propres à ces autres cépages (comme l'idée d'un vin de Bordeaux de cépage cabernet franc, et l'idée d'un vin de Bordeaux de cépage sauvignon blanc). Conformément au phénomène de la nuance manquante de bleu, il aurait en effet fallu dire que, à partir des idées des vins de ces autres cépages (issues d'impressions qui leur correspondent terme à terme), le Lapon aurait pu en déduire l'idée d'un vin d'un cépage de même famille (même si cette idée ne lui en avait jamais donné l'impression sensible). C'est afin de couper court à une telle éventualité, qui atténue la force de ce qu'il veut établir (à savoir qu'une impression est « l'unique voie qui soit propre à faire entrer une idée dans l'esprit »), que Hume a pris l'exemple d'une personne n'ayant *aucune* impression (et donc aucune idée) de quelque vin que ce soit. De même, au XVIIIe siècle, l'ananas était un fruit exotique dans tous les sens du terme : étant à lui-même son propre étalon, on ne pouvait le comparer à aucun autre fruit. Dans ces conditions, l'absence d'impression fait définitivement barrage à l'idée du goût de l'ananas. Mais les choses sont légèrement différentes lorsque le défaut d'impression peut être pallié par des impressions de la même espèce. Il n'en reste pas moins que, même si l'idée de *x* ne dérive pas de l'impression de *x*, elle dérive *in fine* d'impressions de la même famille.

On comprend donc pourquoi Hume ne se laisse pas désarçonner par ce phénomène :

> bien que ce cas soit si singulier qu'il mérite à peine d'être remarqué et qu'il ne nous impose pas, à lui seul, de corriger notre maxime générale [41].

Si Hume n'est pas déstabilisé par l'exception, c'est tout simplement parce que ce phénomène n'entre pas en contradiction *flagrante* avec la règle de la priorité des impressions sur les idées [42]. Il impose certes d'amender un peu la règle, il invite le philosophe à être plus prudent et modéré dans ses affirmations (la formulation du principe empiriste devant épouser les contours nuancés de l'expérience), mais il ne contrevient pas au principe du tout au tout.

41. *EEH*, II, § 8, p. 69.

42. J.-P. Cléro note que l'empirisme humien semble ici entrer dans d'étranges contradictions : « il serait paradoxal, quand on y pense, qu'un empirisme affirme ce principe [de priorité des impressions sur les idées] universellement et ne tolère pas d'exception venue précisément de l'expérience. Il est non moins paradoxal que cette doctrine se contente d'affirmer la généralité de son principe, car qu'est-ce qui reste d'empiriste dans une affirmation qui laisse entendre que l'idée peut parfois précéder la sensation ? » (*Hume. Une philosophie des contradictions*, Paris, Vrin, 1998, p. 24). En d'autres termes, soit l'on donne une portée universelle au principe de priorité, mais alors l'empirisme sombre dans le dogmatisme et devient aveugle aux faits ; soit l'on est attentif aux cas rebelles, mais on signe l'échec du programme empiriste (puisque, à force d'attention aux cas qui font polémique, le principe devient inapplicable). Selon moi, la solution consiste à distinguer la règle générale qui prescrit que « les idées sont les copies d'impressions *antérieures* », de la règle spécifique qui prescrit « la priorité des impressions sur les idées *correspondantes* ». Si la première est incontournable, Hume montre qu'il n'en est pas nécessairement de même de la seconde.

LE PRINCIPE DE CLÔTURE EMPIRIQUE (§ 9)

Le détour par l'analyse du phénomène rebelle étant clos, Hume tire une conséquence importante de la distinction des impressions et des idées. Cette conséquence prend la forme d'une injonction, qui fait elle-même office de remède à un mal qui gangrène la philosophie. Car le diagnostic de Hume est implacable : les raisonnements métaphysiques roulent sur des « idées abstraites », c'est-à-dire des idées « faibles et obscures », qui favorisent les confusions et les galimatias (en conséquence de quoi, on parle pour ne rien dire). Qu'une idée soit faible n'est en soi pas surprenant. Ce qui est problématique, c'est donc qu'elle soit obscure. Une idée obscure est une idée qui n'est pas « déterminée » (*determinate*)[43], c'est-à-dire dont le sens n'est pas précisément défini. C'est ce qui se produit quand les impressions font défaut. En effet, les impressions sont quant à elles parfaitement déterminées. Il n'y a pas d'impressions floues :

> toutes les impressions, c'est-à-dire les sensations externes ou internes, sont fortes et vives : leurs limites respectives sont déterminées avec plus d'exactitude ; et il n'est pas facile de se tromper ou de se méprendre à leur sujet[44].

La détermination sémantique des impressions tient au fait que leur degré de vivacité peut être saisi avec précision. De la sorte, elles peuvent être séparées aux jointures, sans risque de confusion[45]. Si une idée est la copie d'une impression, elle en conservera la détermination sémantique (quand bien même sa vivacité est moindre). Reste qu'il est plus difficile d'en saisir le sens avec précision à mesure que son intensité faiblit, c'est-à-dire à mesure que son attache avec l'expérience apparaît plus lâche. Il est alors nécessaire de se rapporter à l'impression correspondante, afin que les déterminations sémantiques de l'idée apparaissent de manière saillante.

Or les philosophes convoquent souvent des termes généraux (comme « substance », « âme », « espace », « ligne ») qui, selon eux, renvoient à des idées générales ou abstraites, c'est-à-dire à des idées qui sont dénuées de qualités et de quantités *précises* (par exemple, le terme de « ligne » renverrait à l'idée générale de ligne, qui serait une idée de ligne dont les

43. Dans *l'Épître au lecteur* (*Essai*, *op. cit.*, p. 47), Locke précise qu'une idée déterminée (*determinate or determined*) est une idée claire et distincte, qui est invariablement annexée au même mot.

44. *EEH*, II, § 9, p. 69.

45. C'est-à-dire que, d'une part, ces limites sont réelles, et d'autre part nous pouvons les saisir sans risque d'erreur. Pour une critique de cet argument, voir W. James, « On Some Omissions of Introspective Psychology », *Mind*, 9/33, 1884, p. 1-26.

longueur, largeur et couleur seraient indéterminées). Pourtant, comme Hume l'indique dans le *Traité*, « il est absolument impossible de concevoir une quantité ou une qualité quelconque sans former une notion précise de ses degrés »[46]. On ne peut pas avoir une idée de *x* sans avoir une idée précise des caractéristiques de *x* (et une idée de ses caractéristiques précises), raison pour laquelle – par exemple – l'idée générale de ligne est l'idée d'une ligne particulière, dotée notamment d'une longueur, d'une largeur et d'une couleur précises. Dans ces conditions, quand les termes que nous employons renvoient à des idées générales indéterminées, ils sont creux, vides de sens (dénués de signification), car coupés des sens (sans ancrage dans des impressions au contenu intentionnel parfaitement délimité)[47].

Le remède à ces divagations philosophiques est une police linguistique qui consiste à traquer l'impression dont dérive « cette prétendue idée » : si « aucune impression ne peut être exhibée », c'est que « le terme est entièrement dépourvu de signification », l'abus de langage est démasqué[48]. L'absence d'impression antérieure ôte tout crédit logique au mot. On ne peut le monnayer qu'à l'aune des pièces sonnantes et trébuchantes de l'expérience. Sans passeport impressionnel, il n'a aucun droit de résidence dans nos discours. Il est comparable à une cosse vide. Selon Hume, l'application d'une telle règle devrait nous aider à assainir les discours métaphysiques et à résoudre les controverses.

Finalement, si la section II a débuté avec la description de la manière dont, *de fait*, nos perceptions se présentent à notre esprit, elle s'achève avec une recommandation. La priorité des impressions sur les idées s'est muée en prescription, en règle à suivre pour bien philosopher. C'est ce que Jonathan Bennett nomme l'« empirisme sémantique » de Hume (*Hume's*

46. *TNH*, I.I.7, § 2, p. 63.

47 Hume souscrit à la thèse de Berkeley selon laquelle, pour être signifiant, un mot général n'a pas besoin de renvoyer à une idée générale abstraite, c'est-à-dire indéterminée. Pour Berkeley, un mot devient général quand il est le signe de plusieurs idées particulières qu'il suggère indifféremment (*Principes de la connaissance humaine*, introd., § 11-12, trad. fr. D. Berlioz, Paris, GF-Flammarion, 1991, p. 48-49). Il n'y a d'idée générale qu'au sens où l'on fait un usage « généralisant » d'une idée particulière, c'est-à-dire que – quand bien même il s'agit d'une idée particulière – on la tient pour une idée *représentante* de toutes les idées de la même espèce. Hume va plus loin que Berkeley quand il présente le mécanisme qui conduit *telle idée particulière* à être choisie comme la représentante des idées particulières de la même sorte (*TNH*, I.I.7, § 7-10, p. 65-68).

48. Voir *Abrégé du Traité de la nature humaine*, trad. fr. D. Deleule, Paris, Aubier Montaigne, 1971, p. 47.

meaning-empiricism)[49] : selon cette thèse, nous ne pouvons comprendre et attribuer de sens à un terme que si et seulement si ce terme renvoie à une idée déterminée, c'est-à-dire à une idée qui tire son origine d'une impression. À charge pour nous d'en brandir l'acte de naissance empirique. Ce bornage du sens (*meaning*) au sens (*sensation*) engage Hume sur la voie de la critique d'un certain type de métaphysique, anticipant des thèses qui seront développées par les philosophes du Cercle de Vienne.

De quoi « l'anti-innéisme » est-il le nom ? (note)

À la fin de la section II, Hume introduit une note qui, loin d'être anecdotique, permet de le situer sur l'échiquier de l'empirisme britannique, en particulier par rapport à Locke. On a vu qu'en distinguant les idées des impressions, Hume prend ses distances avec l'usage lockéen du terme « idée », dont le défaut est d'uniformiser et de sur-intellectualiser la vie mentale, en rassemblant tous les états de conscience dans la catégorie générique des « idées ». Le problème est qu'un tel usage « laxiste » du mot « idée » entre directement en porte-à-faux avec l'un des objectifs de Locke, à savoir la critique de la théorie des idées innées, théorie selon laquelle l'esprit humain serait pourvu dès sa naissance d'un ensemble de principes théoriques et pratiques, ce qui impliquerait qu'il soit également naturellement doté des idées qui composent ces principes. Locke s'attache au contraire à montrer que, à sa naissance, l'esprit est une « page blanche », sur laquelle rien n'est imprimé[50], et que si nous sommes bien dotés de capacités innées, seule l'expérience permet d'introduire des idées dans notre esprit. Cependant, comme le constate Hume, si nos perceptions (impressions y compris) sont des idées (au sens lockéen), alors il faut bien admettre qu'il existe des idées innées, c'est-à-dire des impressions qui sont primitives, originelles (au sens où elles ne sont pas la copie d'un état mental antérieur), et qui sont naturelles (au sens où elles naissent régulièrement dans l'esprit humain, de façon non miraculeuse). Tel est le cas des impressions sensorielles et des passions (comme « l'amour de soi, le ressentiment des injures ou la passion entre les sexes »). Comme le disait plus clairement l'*Abrégé du Traité de la nature humaine* :

49. J. Bennett, « Empiricism about Meanings », *in* P. Millican (ed.), *Reading Hume on Human Understanding*, Oxford, OUP, 2002, p. 97-106.

50. J. Locke, *Essai*, *op. cit.*, II.I, § 2, p. 164.

> Car il est évident que nos plus fortes perceptions, ou impressions, sont innées, et que l'affection naturelle, l'amour de la vertu, le ressentiment et toutes les autres passions viennent immédiatement de la nature. (…) toutes nos passions sont une espèce d'instincts naturels, ne dérivant pas d'autre chose que de la constitution originelle de l'esprit humain [51].

En d'autres termes, si l'on adopte l'acception lockéenne (trop relâchée et englobante) du mot « idée », alors *il y a* des idées innées, et la thèse lockéenne n'est anti-innéiste qu'en un sens trivial : elle consiste simplement à dire qu'il n'y a pas d'idées contemporaines de notre naissance. Ce n'est que dans l'acception humienne (plus étroite) du terme « idée » que l'on peut affirmer de manière sensée qu'il n'y a pas d'idées innées et que, par contre, « toutes nos impressions sont innées » : en effet, dans ce cadre, « toutes les idées sont des copies d'impressions » et les impressions, quant à elles, sont envisagées indépendamment de toute enquête sur leur origine. La redéfinition du terme « idée » est donc nécessaire pour donner tout son impact et toute sa force à la critique des idées innées.

Assénant son reproche de manière acerbe, Hume estime que, plus généralement, Locke s'est égaré « sur ce sujet comme sur beaucoup d'autres » à cause de son usage de termes « indéfinis », qui ne renvoient pas à des idées déterminées (ce qui est le pire reproche que l'on puisse faire à un philosophe qui n'a eu de cesse d'exiger que nous ayons des idées déterminées et qui s'est fortement engagé dans la critique du vocabulaire abscons des philosophes scolastiques…) [52].

51. *Abrégé du Traité de la nature humaine*, *op. cit.*, p. 45.
52. Voir par exemple *Essai*, *op. cit.*, III.IV, § 8-9 et III.X, § 6-10.

ANGÉLIQUE THÉBERT

LA LIAISON DES IDÉES ET LA COMMUNICATION DES PASSIONS : SUIVRE LE FIL DES IDÉES (SECTION III)

Après avoir assigné aux idées leur source expérientielle, Hume s'emploie à rendre compte de la manière dont elles s'ordonnent dans l'esprit. Car force est de constater qu'elles s'enchaînent non pas de manière aléatoire, mais « avec un certain degré de méthode et de régularité ». L'attention sur ce point pourrait d'ailleurs profiter aux écrivains : en effet, pour toucher le public, il convient de présenter un texte bien ficelé, c'est-à-dire qui respecte l'ordre propre aux idées[1].

LES TROIS PRINCIPES D'ASSOCIATION (§ 1-3)

Nos idées apparaissent de manière ordonnée et réglée. C'est un fait que nul ne saurait contester (« Il est évident... », § 1; « la chose est trop manifeste pour n'être pas observée », § 2; « on n'en doutera guère, je crois », § 3) : loin de sortir des sentiers battus, nos pensées empruntent toujours les mêmes chemins. C'est le cas aussi bien des idées de la mémoire que des

1. Notons que le mot « idées » peut se comprendre de manière générique : il ne s'agit pas seulement de l'association des idées (comprises comme distinctes des impressions), mais il s'agit aussi de l'association des idées et des impressions (comme le montre par la suite l'attention de Hume à la manière dont les passions du lecteur s'enchaînent et s'appellent, en réponse à un certain ordonnancement des idées dans le texte).

idées de l'imagination. Si ce fait n'est pas surprenant pour le premier type d'idées[2], c'est plus déroutant pour les idées de l'imagination. En effet, si l'imagination a le pouvoir de combiner les idées à sa guise, en totale liberté, comment se fait-il que ses idées se suivent selon un ordre quasi-immuable ? À quel ordre obéissent-elles ? Selon Hume, rien ne nous permet d'affirmer qu'elles se calent sur un ordre du monde préexistant et que, ce faisant, leur succession réglée est la réponse de l'esprit à l'expérience d'un monde lui-même stable et soumis à des lois. L'enchaînement des idées obéit plutôt à une logique interne (propre aux qualités associatives des idées) et à une tendance naturelle de l'esprit (qui est naturellement emporté par la pente de ces qualités). Nos idées ont en effet des « qualités » ou caractéristiques[3], qui alimentent la tendance de l'imagination et de la mémoire, et qui conduisent naturellement l'esprit d'une idée à une autre. Ces qualités associatives fonctionnent comme une colle psychologique, voire comme un pouvoir d'aimantation. Comme Hume le précise dans le *Traité de la nature humaine* :

> La nature a conféré à certaines de nos impressions et idées une sorte d'attraction[4] par laquelle aucune d'entre elles n'apparaît sans introduire naturellement sa corrélative[5].

Plus généralement, Hume décrit l'association comme une « force douce » qui est à l'œuvre dans toute la vie de l'esprit, même celle qui lui semble la plus réfractaire[6]. Ainsi, elle gouverne nos pensées les plus régulières et les plus judicieuses (« les réflexions soutenues », « les discours graves ») comme celles qui semblent les plus décousues (« les rêveries les plus déréglées et les plus fantasques », les « rêves », § 1). Même si nous

2. Dans le *Traité,* Hume présente les idées de la mémoire comme étant « d'une certaine manière » assujetties à l'ordre et à la forme des impressions originelles, là où celles de l'imagination peuvent les bouleverser (*TNH*, I.I.3, § 2-3, p. 51-52). Ici, l'imagination et la mémoire sont envisagées dans ce qu'elles ont de commun, à savoir dans leur tendance à enchaîner les idées « avec un certain degré de méthode et de régularité ».

3. *TNH*, I.I.4, § 1, p. 53.

4. L'association psychologique est pensée en analogie avec l'attraction newtonienne. Voir également *TNH*, I.I.4, § 6, p. 56. De même que Newton ne s'aventurait pas à percer l'essence des qualités premières de la nature, Hume estime qu'il n'est pas en mesure de donner les causes de ces « qualités *originelles* de la nature humaine ». L'explication du principe d'association bute sur ces qualités, sans pouvoir aller plus loin. Si l'esprit est une scène mentale, nous ne pouvons donc pas accéder aux coulisses. Nous pouvons simplement constater que, lorsqu'une idée quitte la scène, telle autre fait son apparition.

5. *TNH*, II.I.5, § 10, p. 115.

6. *TNH*, I.I.4, § 1, p. 53.

n'en avons pas toujours conscience, les associations de l'imagination soustendent l'ensemble de notre vie mentale et font leur œuvre de façon souterraine. Leur empire sur notre esprit est total. Qui plus est, ces associations donnent à notre pensée une certaine cohérence et un « à propos »[7], raison pour laquelle nous pouvons être assurés que – même lorsque nous avons l'impression de perdre le fil de nos idées, ou qu'une idée s'introduit intempestivement dans notre réflexion, ou encore qu'au cours d'une conversation notre interlocuteur «passe du coq à l'âne» – les idées obéissent pourtant bien à une logique et respectent un certain ordre. Simplement, nous n'avons pas nécessairement conscience de l'ensemble des chaînons intermédiaires qui conduisent l'esprit d'une idée à l'autre. Ne prenons donc pas un apparent manque de cohérence pour une inconséquence réelle. L'ordre de l'esprit est bien celui de l'imagination. Et celle-ci, loin de voguer de manière arbitraire, obéit à certains principes psychologiques.

Pour preuve, Hume donne l'exemple des langues. Le fait que, dans des langues qui ne semblent avoir aucune origine commune et aucun point de contact, « les mots qui expriment les idées les plus composées se correspondent à peu près », prouve selon lui que ce qui a présidé à la formation de ces mots, c'est la combinaison des mêmes idées simples au sein d'une même idée complexe, combinaison qui serait elle-même guidée par l'existence d'un «principe universel» qui régule l'ordonnancement des idées simples (quels que soient les mots qui en sont les véhicules). Nous pouvons ainsi donner l'exemple des mots « omnivore » et « Allesfresser », ou celui de « homesickness » et « Heimweh » [mal du pays] : que ce soit en français, en allemand ou en anglais, il s'agit de mots construits par composition (qui assemblent deux mots, dont le sens respectif est identique dans chaque langue). Ainsi, le fait que les mots soient traduisibles d'une langue à l'autre (alors même que la formation des langues n'échappe pas à l'arbitraire et à la contingence) est bien le signe de l'existence d'un principe universel, dont elles sont toutes (d'une manière ou d'une autre) le produit.

Malheureusement pour Hume, cette affirmation ne passe pas l'épreuve de l'expérience (le comble !) et trahit son absence d'approche scientifique des langues (ce que nous appellerions aujourd'hui la linguistique). Si les langues indo-européennes constituent un terrain d'étude propice à la confirmation de ce principe (du fait de leurs ressemblances lexicologiques, morphologiques et syntaxiques, liées à leur origine commune), il faudrait pousser plus loin la comparaison avec d'autres familles de langues (comme

7. *Abrégé du Traité de la nature humaine*, trad. fr. D. Deleule, Paris, Aubier Montaigne, 1971, p. 87.

les langues sino-tibétaines et les langues eskimo-aléoutes, dans lesquelles la structure compositionnelle des mots ne correspond pas à celle à l'œuvre dans les langues indo-européennes)[8].

Quoiqu'il en soit, Hume présente le principe d'association comme un « principe universel qui exerce son influence sur tout le genre humain »[9]. Le caractère invasif de cet objet d'étude, dont dérivent toutes les manifestations de la vie de l'esprit, confère à Hume une posture magistrale. Dans le *Traité*, Hume se considérait ni plus ni moins comme le Newton de la science de la nature humaine, ayant mis le doigt sur la clé permettant de déchiffrer l'enchaînement de nos pensées, de nos émotions et de nos actions[10]. Le principe d'association joue en effet dans la philosophie morale le même rôle pivot que le principe d'attraction dans la philosophie naturelle.

Pourtant, ce principe n'a pas reçu l'intérêt qu'il mérite. Hume estime qu'il défriche un terrain de recherche qui a été délaissé jusqu'à présent : « je ne vois pas qu'un philosophe ait essayé d'énumérer ou de classer tous les principes d'association, malgré l'intérêt de ce sujet »[11]. Dans l'*Abrégé du Traité de la nature humaine,* il accordait même à l'auteur du *Traité* le statut d'« inventeur » du principe de l'association des idées[12], précisant toutefois que c'est « *l'usage* qu'il fait du principe de l'association des idées »[13] qui lui donne droit à un tel titre. En effet, Hume a conscience de ne pas être le premier à avoir remarqué le rôle fondamental de l'association dans la vie de l'esprit, c'est l'usage qu'il en fait qui est nouveau. Son innovation consiste à en faire la toile de fond *structurante* de toute notre activité mentale. Ainsi, Hume rompt avec l'usage lockéen du principe d' « association ». Dans l'*Essai sur l'entendement humain*, Locke présente l'association des idées comme ce qui est à l'origine de bon nombre d'opinions et de raisonnements « étranges » et « extravagants »[14]. Il la considère comme

8. Dans la typologie morphologique des langues, on distingue ainsi les langues synthétiques (la plupart des langues indo-européennes) des langues analytiques (dans lesquelles les mots sont pour la plupart invariables, comme le chinois et le vietnamien) et des langues polysynthétiques (morphologiquement très complexes, comme certaines langues des Esquimaux).

9. *EEH*, III, § 1, p. 75.

10. *TNH*, I.I.4, § 6, p. 56.

11. *EEH*, III, § 2, p. 75.

12. *Ibid.*, p. 85-87.

13. Nous soulignons.

14. J. Locke, *Essai sur l'entendement humain*, trad. fr. J. M. Vienne, Paris, Vrin, 2001, II.XXXIII, p. 615-625.

une faiblesse de l'esprit humain, qui relève de la folie, voire d'une maladie de l'âme universellement répandue. Locke a bien vu que certaines de nos idées ont une « correspondance et une liaison naturelle entre elles » (*a natural correspondence and connexion one with another*)[15], mais il ne commente pas ce point. Il insiste par contre sur le fait que nos idées tendent également à s'associer du simple fait « du hasard et de l'habitude » et que, sur ce fondement, des associations indues se mettent en place et exercent une telle emprise sur l'esprit que celui-ci perd la commande des idées et divague en tous sens. De là les erreurs de raisonnement et le développement de tours de l'esprit qui sont autant de vices intellectuels. Chez Locke, l'association des idées confine l'esprit à la déraison, puisque les idées reliées ne sont pas solidaires par nature (*not allied by nature*)[16]. Hume, quant à lui, ne voit pas l'association des idées comme étant uniquement la source de pensées fantaisistes ou erronées (même si cela peut être le cas quand nous faisons des associations hâtives, qui nous conduisent à faire des raccourcis indus)[17].

Le principe universel d'association se décline en trois principes. Il s'agit du principe de ressemblance (« la vue d'un portrait nous fait naturellement penser à l'original »), du principe de contiguïté dans le temps ou l'espace (« si on nous parle d'un appartement dans un immeuble, naturellement nous posons des questions sur les autres logements »), et du principe de causalité (« si nous pensons à une blessure, comment ne songerions-nous pas à la douleur qui l'accompagne ? »). Autrement dit, si deux idées renvoient à des objets qui se ressemblent, qui sont contigus dans le temps ou dans l'espace, ou encore qui entretiennent entre eux un rapport de cause à effet, alors elles auront naturellement tendance à s'appeler et à s'introduire l'une l'autre. Dans tous les cas, la convocation d'une idée par une autre ne se fait pas de manière aléatoire, mais « avec un certain degré de méthode et de régularité »[18].

Si le principe d'association des idées s'impose comme une évidence, Hume reconnaît qu'une énumération complète des principes qu'il soustend n'est pas possible. On ne peut que présumer que, à mesure que l'analyse des cas s'étoffera, la pertinence de la classification se verra confortée.

15. *Ibid.*, II.XXXIII, § 5, p. 617 ; *Essay*, London, Penguin Books, 1997, p. 355.

16. J. Locke, *Essai sur l'entendement humain*, II.XXXIII, § 6, p. 617.

17. *TNH*, I.II. 4, § 20, p. 115-116. Hume a aussi pu trouver des développements sur l'association des idées chez Hobbes (*Léviathan*, I. 3) et Malebranche (*De la recherche de la vérité*, II.I.5 ; II.II.2).

18. *EEH*, III, § 1, p. 73.

Mais il est inutile d'exiger davantage. En la matière, l'absence de falsification fait office de vérification. Si marge de manœuvre il y a, elle réside dans l'éventuelle découverte d'une déclinaison du principe d'association selon une autre relation que les trois relations évoquées. Dans une note, Hume s'interroge ainsi sur la pertinence qu'il y aurait à inclure un quatrième principe : le principe de contrariété. Mais une rapide analyse le conduit à ne pas ériger en principe une telle liaison entre les idées, puisqu'elle se résume finalement dans l'application des principes de ressemblance et de causalité (une idée étant la cause de l'évincement d'une autre idée de même famille)[19]. La contrariété est soluble dans les rapports de ressemblance et de causalité. Les principes de ressemblance, de contiguïté et de causalité sont donc des principes irréductibles les uns aux autres, qui ont été « rendus aussi généraux que possible » (ils ne peuvent être subsumés sous un principe encore plus général). Une fois de plus, Hume en appelle à la bonne volonté du lecteur. À charge pour lui de « parcourir plusieurs exemples » pour tester la validité de sa thèse. L'*Enquête* est bien une enquête collective, participative. En prenant ainsi le lecteur à parti, Hume montre que l'éthique intellectuelle qui anime ses réflexions est celle de l'honnêteté et de la franchise.

CONTRE LA DISPERSION DANS L'ÉCRITURE (§ 4-18)

Afin de rendre palpable aux lecteurs le caractère décisif du principe d'association, Hume montre dans la suite de la section[20] à quel point cette liaison produit des effets sur les passions, notamment sur les passions du public d'une œuvre littéraire. C'est en ce sens qu'il développe une série de remarques consacrées à la création littéraire. Ce passage substantiel ne parut pourtant que dans les éditions de l'*Enquête* courant de 1748 à 1772, et fut supprimé dans l'édition posthume de 1777.

Ces remarques, précise Hume, ouvrent « un domaine de spéculation plus attrayant et peut-être plus instructif » que celui consistant à s'assurer du caractère exhaustif de l'énumération des principes d'association. Fidèle à l'orientation sociable qu'il souhaite donner à sa recherche (section I),

19. Par conséquent, quand, au paragraphe 16, Hume évoque le contraste entre deux événements narrés par Homère (la concorde et la discorde des princes) comme l'une des causes de l'attention du lecteur, il n'introduit pas un nouveau principe de liaison. Dans les éditions de l'*Enquête* entre 1748 et 1772, la note introduite au § 3 (p. 75) était appelée au § 16 (p. 91).

20. *EEH*, III, p. 77-93.

Hume va dorénavant porter sa réflexion sur les conséquences pratiques qui découlent des premiers acquis de l'*Enquête*. Nous dirions aujourd'hui qu'il fait de la « philosophie appliquée », dans la mesure où il s'apprête à montrer quelles applications concrètes nous pouvons tirer de la mise au jour des principes d'association de nos idées. Plus précisément, Hume souhaite sensibiliser le lecteur à un domaine de réflexion proprement « passionnant » : celui de la création littéraire. En effet, il apparaît que la liaison des idées produit des effets directs sur les passions. Par conséquent, si dans son travail d'écriture l'écrivain relie les idées d'après les principes susmentionnés, il peut orienter les passions du lecteur (et susciter de l'ennui ou du plaisir).

Avant de développer ce point, arrêtons-nous sur le terme de « passions ». Bien qu'il n'envisage pas la vie intellectuelle comme procédant de manière séquencée et hachée, mais plutôt comme un entrelacs d'impressions et d'idées, il n'en reste pas moins que, pour les besoins de l'analyse, Hume distingue et ordonne différents moments dans la vie de l'esprit. Il nous introduit ici à une nouvelle étape : suite aux impressions de sensation, qui débouchent sur la production d'idées, puis sur l'association d'idées, on assiste à l'émergence des passions. Les passions, désirs et émotions correspondent à ce que le *Traité de la nature humaine* nomme les « impressions de réflexion »[21]. Ces impressions renvoient aux affects que produisent en nous certaines idées. Ce ne sont pas des impressions originelles (comme les impressions de sensation), mais ce sont les échos affectifs de nos idées qui, en quelque sorte, les prolongent et les rendent vibrantes. Ainsi, l'idée de passer un concours difficile peut susciter de l'angoisse ; l'idée de voir un ami peut provoquer de la joie ; et les « idées de chute et de descente, de blessure et de mort » peuvent susciter la crainte chez un homme « suspendu au sommet d'une tour élevée dans une cage de fer »)[22].

Dans ce passage, Hume montre dans quelle mesure les passions sont tributaires de la manière dont se succèdent les idées. C'est un point que, selon lui, les écrivains devraient tous avoir en tête dans leur travail de composition. En effet, pour composer une œuvre qui plaît, l'écrivain doit se représenter l'état mental du lecteur, et trouver le moyen de maintenir en éveil, voire d'exacerber ses passions. C'est à ce niveau que la connaissance de la dynamique de la vie de l'esprit a son importance : l'écrivain doit s'appuyer sur une bonne compréhension de la logique des idées et des lois

21. *TNH*, I.I.2, § 1, p. 48.
22. *TNH*, I.III.13, § 10, p. 222.

du mouvement des passions. Là est la clé du succès littéraire. Pour plaire, il y a une stratégie d'écriture à déployer, et celle-ci doit tenir compte du fait que la réceptivité du lecteur (son intérêt et son plaisir) varie en fonction de la facture de récit, c'est-à-dire en fonction de la manière dont les idées y sont reliées. Reste à préciser le mode opératoire d'une écriture captivante (que ce soit dans le domaine du récit testimonial – en histoire, ou dans le domaine de la fiction – en littérature). Quels sont les mécanismes et les rouages d'une écriture efficace, qui saisit le lecteur et suscite son adhésion ? On le voit, ce passage a une vocation clairement pragmatique : Hume montre dans quelle mesure la connaissance du principal ressort de l'esprit humain (l'association) peut être exploitée et mise au service des écrivains qui sont soucieux de la bonne réception de leur œuvre. Ce faisant, le principe d'association change de statut. D'abord objet d'un simple constat, il acquiert le statut de règle d'écriture : on passe d'un état de fait, de la description d'une tendance de la nature humaine, à l'énoncé d'une règle de composition. L'égrenage des exemples permet en retour de confirmer la vérité du principe.

Pour le lecteur et l'interprète de l'*Enquête*, le défi est de montrer dans quelle mesure, malgré les excuses de Hume, les remarques ici présentées ne sont pas aussi « décousues » qu'il ne pourrait sembler dans un premier temps[23]. De manière incontestable, elles témoignent de l'ambition systématique de Hume, telle qu'il l'avait exprimée dans l'introduction du *Traité*, puisque Hume montre dans quelle mesure l'association des idées anime l'ensemble de la vie de l'esprit, et en particulier est mise en œuvre aussi bien dans le domaine de la conversation ordinaire (qui emprunte parfois des chemins tellement déroutants qu'elle semble n'avoir « ni queue ni tête ») que dans celui de la création littéraire (qui fait l'objet d'une intention consciencieuse et réfléchie de la part de l'auteur). Dans tous les cas, les mécanismes de liaison psychologique mis en jeu sont les mêmes. Plus précisément, en littérature, que l'univers représenté soit réel ou fictif[24], l'ordonnancement des idées et la circulation des passions du lecteur obéissent à la même logique associative. D'où l'intérêt qu'il y a à la

23. *EEH*, III, § 18, p. 91.

24. À la Renaissance, « le mot *literature* recouvrait des disciplines aussi diverses que l'histoire, la philosophie, la théologie, l'art oratoire, l'art dramatique et la poésie. (…) Mais au XVIIIe siècle, ce sens large tend à se dissocier en deux sens restreints : d'un côté la *useful literature* ou la science, désignant le savoir proprement dit (l'histoire, la philosophie, la théologie), et de l'autre la *polite literature*, ce qu'aujourd'hui nous appellerions la littérature. » (A. Simon, « Scepticisme, sociabilité et art d'écrire », dans J.-P. Cléro et P. Saltel (dir.), *Lectures de Hume*, Paris, Ellipses, 2009, p. 95-122, ici p. 97).

connaître : car en configurant son récit conformément à cette logique, l'auteur pourra produire les effets émotionnels et doxastiques souhaités sur le lecteur.

Les principes de liaison dans les « compositions narratives » (§ 4-9)

Dans un premier temps, Hume établit le principe selon lequel toutes les productions littéraires doivent s'ordonner autour d'un plan ou d'un objet. La justification de ce principe passe par une observation générale de la nature humaine (§ 4) : les hommes agissent en vue d'une fin, qui est le bonheur. Leurs pensées, discours et actions sont autant de moyens dirigés vers l'obtention de cette fin. Par conséquent, tout ce qui se met en travers de cette fin est rejeté. Ainsi en est-il des œuvres qui ne sont pas ordonnées autour d'un objet principal : le lecteur les abandonne parce qu'il ne saisit pas la structure et l'unité du récit. Ce faisant, au mieux, il s'ennuie ; au pire, il s'impatiente.

C'est pourquoi « dans toutes les compositions de génie il est exigé que l'auteur ait un plan ou un objet » (§ 5). Bien sûr, la règle peut subir quelques contorsions. Il n'empêche, elle ne souffre « pas d'exception » (§ 6). Autrement dit, même si l'écrivain peut prendre quelques libertés avec elle, il ne doit pas perdre de vue l'intention qu'il poursuit dans son œuvre, et il doit la faire « paraître ». Il doit donner au lecteur les clés de compréhension de l'ouvrage, faute de quoi il s'en détournera. Ces indices, qui font signe vers le but de l'ouvrage, peuvent être égrenés « dans la composition du tout » (par exemple, les différentes parties constituent autant de repères pour saisir la structure d'ensemble), ou « du moins dans son commencement » (en faisant connaître au lecteur, dès le début de l'ouvrage, de quoi il retourne). Le parfait dosage entre l'application de ce principe et l'introduction de quelques variations est une affaire de génie. Cela peut aussi dépendre du type d'œuvres concernées : ainsi les « odes », faisant l'éloge chanté d'un objet, favorisent l'emballement de la pensée, tandis qu' « une épître ou un essai », soit du fait du mode de l'écriture choisi (ton de la confidence, longueur du récit), soit du fait du caractère vaste de l'objet traité, produisent inévitablement certains décrochements au cours de la rédaction. Quoiqu'il en soit de ces écarts pris avec la règle, si l'auteur ne prend pas la peine de donner au lecteur des indications lui permettant de comprendre l'agencement général de son ouvrage, alors son texte sera pris comme « le délire d'un fou ». Une œuvre de génie ne saurait manquer à l'exigence du plan.

Ce plan correspond au liant entre les parties : c'est le principe animateur de l'œuvre, ce qui fait que les parties ne font pas que se suivre de manière arbitraire, mais s'appellent l'une l'autre. Ce « lien ou nœud commun » (*bond or tie*) épouse ni plus ni moins les contours du lien qui existe entre nos idées. C'est pourquoi le plan de l'œuvre doit obéir à l'un des trois principes de liaison entre les idées : la ressemblance (§ 7), la contiguïté dans le temps ou l'espace (§ 8), et la causalité (§ 9). Dans ses *Métamorphoses*, Ovide organise son plan selon le principe de ressemblance : bien que les événements relatés nous paraissent extraordinaires, ils sont reliés entre eux par une idée-phare, celle de la métamorphose, qui est le point par lequel ils se ressemblent. « Un annaliste ou un historien », quant à lui, est guidé dans son récit par le principe de contiguïté dans le temps et l'espace : il circonscrit son objet de manière spatiale (par exemple, l'*Histoire d'Angleterre* de Hume) et/ou temporelle (les *Annales* de Tacite). Bien que, au sein de ces bornes, les objets d'étude soient extrêmement variés (politique, économie, arts, religion, mœurs, etc.), ils n'en conservent pas moins une certaine « unité », puisqu'ils se rattachent tous à l'étude d'une même période et/ou d'un même peuple. Là est la clé de voûte de l'œuvre. *Last but not least*, c'est le principe de causalité qui constitue le fil directeur le plus efficace d'une « composition narrative ». La raison en est que « cette relation est la plus forte de toutes les liaisons » : la répétition de suites d'événements semblables conduit en effet nos idées à prendre le pli de la causalité et à s'associer naturellement selon ce principe. C'est pourquoi notre clé de lecture favorite du passé consiste à ordonner les événements au sein d'une « grande chaîne », au sein de laquelle ils jouent successivement le rôle d'effets, puis de causes. Même si cette chaîne d'événements est très longue – que ce soit en amont (point de vue des « ressorts »), ou en aval (point de vue des « conséquences ») – l'historien prévient le danger de l'éparpillement en s'efforçant de suivre à la trace les différents maillons de la chaîne, quitte à combler « par des conjectures » les sauts ou vides laissés par son ignorance. Ces conjectures permettent à la pensée du lecteur (c'est-à-dire à son imagination) de poursuivre sur sa lancée, de ne pas rompre le fil, ce qui est source de plaisir. Enfin, l'un des atouts de la relation d'événements selon le principe de causalité est qu'elle est « instructive » : « c'est par cette connaissance seule que nous acquérons le pouvoir de contrôler les événements et de gouverner le futur ». D'un ton volontiers conquérant, Hume nous fait entrevoir tous les bénéfices que nous pouvons tirer de l'application systématique du principe de causalité pour relier nos idées. Dans les paragraphes qui suivent, Hume va montrer que l'application du principe d'association nous donne également le pouvoir de contrôler les âmes, en particulier celles des lecteurs.

La règle de l'unité d'action (§ 10-14)

L'exigence d'un plan ou d'une continuité dans l'objet correspond à la règle de l'unité d'action proposée par Aristote dans la *Poétique*[25]. Selon cette règle, reprise dans le théâtre classique, le récit doit se concentrer sur une action principale, à laquelle toutes les autres actions (dites secondaires) doivent être reliées. Cette règle vaut pour toutes les productions littéraires, qu'il s'agisse de poésie ou de récit historique. L'enjeu est de « produire un ouvrage qui soit un objet durable de récréation pour le genre humain ». Car si l'auteur fait des digressions et consacre du temps à l'exposé d'actions qui ne sont pas substantiellement rattachées à l'action principale, le risque est que le lecteur ne parvienne plus à se concentrer sur le point essentiel du récit et que, faute de perspective unifiée, son intérêt s'essouffle. Afin que son attention soit maintenue en éveil, il faut agencer les faits de façon à ce qu'il parvienne toujours à comprendre de quelle manière ils sont reliés à l'ossature du récit. Si ces faits peuvent être supprimés sans que cette coupe nuise à la compréhension d'ensemble, ils sont alors comparables à des organes inertes, de simples appendices qui ne participent pas à la vie et à l'équilibre du corps entier.

Afin que l'on ne se méprenne pas sur la règle de l'unité d'action, Hume donne l'exemple de deux narrations possibles prenant Achille pour objet. Achille peut être le point focal d'une épopée, comme le fait Homère dans l'*Iliade*, dont l'apparent enchevêtrement d'actions s'organise autour d'un événement unique : la colère d'Achille contre Agamemnon. Cet épisode correspond à un moment circonscrit de la vie d'Achille, lors de la dixième et dernière année de la guerre de Troie. Mais contrairement à ce que suggère Aristote, la règle de l'unité d'action peut également être respectée si l'on prend pour objet l'ensemble de la vie d'Achille, comme c'est le cas dans une biographie, qui relate les actions d'un homme « du berceau jusqu'au tombeau »[26]. Dans ce cadre, à charge pour le biographe de

25. *Aristote,* Poétique, trad. fr. M. Magnien, Paris, Le livre de Poche, 1990, XXIII, 1459a16-21, p. 123.

26. Dans une note (§ 10, p. 81), Hume renvoie à un passage de la *Poétique* (*op. cit.*, chap. VIII, 1451a15-19), dans lequel Aristote nous prévient contre la tentation d'assimiler l'unité d'action à l'exigence de se focaliser sur la vie entière d'un seul personnage. En effet, les événements de la vie d'un personnage sont parfois trop nombreux pour être ramenés à une

montrer dans quelle mesure tous les événements relatés (même ceux qui paraissent futiles) participent de la vie du personnage et permettent d'en dresser un portrait cohérent. Il faut que le lecteur sente l'étroite dépendance des faits relatés, tant et si bien que l'idée même de retrancher l'un d'eux lui apparaisse sacrilège, car compromettant la logique du récit.

Ceci étant posé, Hume en déduit un premier enseignement : l'unité d'action qui prévaut dans une biographie et une histoire ne diffère qu'en degré de celle qui est à l'œuvre dans la poésie épique[27]. Autrement dit, même si le contenu ou l'objet traité diffère en nature (en histoire, l'objet traité est de la matière réelle, alors que l'épopée fait son miel d'une matière fictive), la *manière* est la même. Les principes compositionnels des idées adoptent le même mode opératoire, quel que soit le genre du récit. Simplement, dans la poésie épique, « la liaison entre les événements est plus serrée et se fait davantage sentir » : en effet, la narration se concentre sur une portion de temps bien délimitée et les événements concourent à la mise en place d'une fin saisissante (la mort d'Hector dans l'*Iliade*), ce qui prévient la dilution de l'attention du lecteur.

Deuxième enseignement : la concentration de l'action sur un événement et une période de temps déterminée contribue à créer un « état particulier de l'*imagination* et des *passions* », aussi bien chez l'auteur que chez le lecteur. En d'autres termes, plus la narration se focalise sur une action resserrée, plus l'impact affectif et émotionnel sur le lecteur (fût-ce l'auteur) est puissant. En effet, les idées étant plus étroitement reliées, l'imagination transite plus facilement d'une idée à une autre, voire anticipe les idées à venir, à tel point que le lecteur *s'attend* à la production d'un nouvel événement, c'est-à-dire *croit* qu'un événement est imminent (par exemple, il craint qu'Achille ne meure). C'est pourquoi, à la lecture d'épopées, les passions du lecteur s'enflamment : il est ému et il a peur pour le héros. En d'autres termes, le lecteur sympathise pour le héros. Sympathiser pour le personnage, c'est concevoir ses émotions de manière vive. La lecture de ses aventures produit en effet une proximité avec lui, tant et si bien que l'idée du héros finit par être étroitement reliée à l'impression que le lecteur a de lui-même[28]. Ce lien entre l'impression de soi et l'idée du héros contribue à vivifier l'idée du héros, l'intensité de l'impression transfusant sur l'idée qui lui est associée. L'imagination intensifie l'idée au point de la

seule action, qui à la fois les réunit et les surplombe; de plus ils peuvent être totalement accidentels, et donc insignifiants par rapport à l'action principale.

27. *EEH*, III, § 10, p. 83.

28. Voir *TNH*, II.II.4, § 7, p. 191.

faire accéder au niveau de la vivacité d'une impression. La sympathie pour un personnage naît précisément quand l'idée du personnage se convertit en impression. On comprend donc la nécessité qu'il y a à respecter l'unité d'action. C'est le moyen par lequel l'auteur atteint sa fin : produire sur le lecteur « une imagination vive » et « des passions enflammées ».

De la fin du paragraphe 10 au paragraphe 14, Hume examine les raisons pour lesquelles la poésie, et en particulier l'épopée, suscite plus facilement chez le lecteur une « imagination vive » et « des passions enflammées » que ne le font l'histoire et la biographie, c'est-à-dire des récits qui s'en tiennent « à la vérité et à l'exacte réalité ». Cela peut paraître surprenant au premier abord. En effet, il pourrait sembler qu'il est plus facile de susciter la sympathie du lecteur pour un personnage ayant réellement existé que pour un personnage mythologique, ayant maille à partir avec les dieux. Pourtant, Hume montre que le processus d'identification affective ne dépend pas du type d'univers représenté (matière réelle *vs* matière fictive), mais de la manière dont la narration est effectuée. Or, sur ce point, il est clair que l'unité d'action est « plus stricte et plus sévère » dans la fable que dans les récits historiques. C'est donc bien la manière dont l'auteur met en œuvre l'unité d'action qui conditionne l'intensité de l'expérience esthétique du lecteur.

Hume indique deux raisons qui appuient cette différence de réception. La première raison (§ 11) a trait au fort degré de proximité que la poésie (qui englobe l'épopée, le drame, la tragédie, la fable) entretient avec son objet. Cela est dû à la nature même de la poésie qui, de façon classique, est comparée à une « espèce de peinture »[29]. Une peinture représente l'objet sous toutes ses coutures pourrait-on dire, le saisit à un moment donné du temps. La stabilisation de l'objet permet au spectateur de l'examiner de près et d'observer des détails qu'il n'aurait sinon pas le temps de remarquer. Ces détails, loin de détourner son attention, contribuent « à animer le tableau et à charmer l'imagination » : en présentant l'objet de manière plus complète, ils donnent une impression de réel au tableau, ce qui facilite les transitions de l'imagination et produit du plaisir chez le spectateur. De même, la poésie, en resserrant son propos sur un événement et une période de temps définie, permet au lecteur de mieux cerner l'objet de la narration et, conséquemment, de davantage sympathiser avec lui. Cette familiarité avec l'objet d'étude fait défaut au récit historique, qui parcourt les événements « avec une telle rapidité » que les lecteurs ont « à

29. Référence à Horace : « ut pictura poesis » (telle est la peinture, telle est la poésie), dans *Ars poetica*.

peine le temps de prendre connaissance de la scène ou de l'action». En guise d'exemple, Hume cite la *Henriade* de Voltaire (éditée à Londres en 1728): il s'agit en fait d'une épopée dont le héros est Henri III de Navarre, futur Henri IV, et qui débute avec le siège de Paris par Henri III de France et Henri de Navarre. On comprend qu'il s'agit de trouver un juste milieu entre une description trop circonstanciée (nul besoin de verser dans l'extrême en indiquant «chaque fois que le héros boucle ses sandales et attache ses jarretières»!) et un survol des événements qui ne donne au lecteur aucune prise sur la narration. Poursuivant l'analogie avec la peinture, on peut dire qu'une épopée portant sur «une grande étendue de temps ou une longue suite d'événements» est comparable à une fresque chargée ou à un immense tableau représentant une foule de personnages (comme *Le Paradis*, de Tintoret). En remontant très loin en amont (dans l'ordre des causes) comme en aval (l'ordre des conséquences), l'auteur est comparable à un peintre qui remplit un cadre démesuré par des peintures aux plus petites proportions, mais mal reliées entre elles. L'ensemble manque alors d'unité. Le résultat est bien connu : ne sachant plus où donner des yeux ni comment appréhender le tableau, l'attention du spectateur se disperse. De même, à la lecture d'une épopée «grandiose», l'imagination et les passions du lecteur finissent par s'émousser. Sur-sollicitées par une avalanche continuelle de descriptions et l'irruption de nouveaux personnages, elles ne tiennent pas la cadence. Il faut donc trouver le bon rythme, le bon dosage entre une surcharge d'informations et trop d'économie dans l'écriture, faute de quoi le lecteur sombre «dans la lassitude et le dégoût», c'est-à-dire l'ennui. Homère a échappé à ses défauts en concentrant l'action de l'*Iliade* sur la dixième année de la guerre, sans remonter jusqu'à la fuite d'Hélène avec Pâris pour Troie.

La seconde raison pour laquelle une application plus stricte de l'unité d'action en poésie avive l'imagination et les passions du lecteur plus fortement que lorsqu'il lit un récit historique, tient à la logique même des passions, ou plutôt à leur dynamique (§ 12-13). Hume met le doigt sur une propriété des passions : elles s'entretiennent et se confortent l'une l'autre si leurs objets sont reliés. La liaison des idées favorise la transition de l'imagination d'un objet à l'autre, ce qui *in fine* facilite la «transfusion» des passions, c'est-à-dire le glissement progressif de l'une à l'autre. Par contre, si la narration court d'un objet à l'autre, sans que leur lien ne soit manifeste au lecteur (ils ne sont reliés ni par ressemblance, ni par contiguïté ou par causalité), alors l'imagination peine à effectuer des transitions, et la passion suscitée par le premier objet retombe au moment où le second est abordé. Comme l'explique Hume :

> l'imagination, sentant une rupture dans la transition, aborderait froidement la nouvelle scène; elle s'échaufferait par lents degrés; et lorsqu'elle reviendrait au sujet principal du poème, ce serait comme si elle passait en terre étrangère[30].

L'imagination est particulièrement sensible au potentiel associatif des idées : si deux idées n'ont aucun point de contact, alors la transition de l'une à l'autre est artificielle. Il faut du temps pour que le lecteur se prenne de sympathie pour le second objet et, au retour du premier, il a l'impression d'évoluer en terre inconnue. Il n'est pas engagé émotionnellement, et ses représentations sont froides et distanciées. Bref, il se désintéresse de l'objet de la narration.

Pour remédier à ce problème, le poète épique dispose d'un artifice rhétorique, la « narration oblique », utilisée par Homère dans l'*Odyssée* et par Virgile dans l'*Énéide*. La narration oblique consiste à donner la parole à un personnage qui, de manière rétrospective, raconte son histoire. Ainsi, Ulysse relate le voyage qu'il a effectué pour retourner dans son pays (Ithaque) suite à la guerre de Troie. Le récit de ses aventures conduit à accorder une place importante à de nombreux personnages (comme Polyphème et Calypso). Pour autant, l'unité d'action est respectée puisque toutes ces aventures sont teintées de l'expérience d'Ulysse[31]. De plus, comme l'*Odyssée* débute avec la fin du périple, le lecteur connaît d'emblée la fin du récit : il sait donc à quoi sont reliés les différents périples qui émaillent le récit. Loin d'être dérouté, il dispose dès le début d'une feuille de route qui lui permet de voir le lien étroit entre les différents événements relatés. De la sorte, sa curiosité est constamment renouvelée jusqu'à la fin du récit.

La même règle vaut pour la poésie dramatique (le théâtre), comme le remarque Hume au paragraphe 13. S'il ne convient pas « d'introduire un acteur qui n'a que peu ou pas de liaison avec les personnages principaux de la fable », c'est parce que cela compromettrait la « course des passions » (*the course of the passions*). En effet, si l'attention du spectateur est dirigée vers des personnages ou des actions étrangers à l'action principale, l'imagination éprouve de la résistance dans ses transitions (*breach in the connexion of ideas*), celles-ci manquent de fluidité, ce qui donne un coup d'arrêt aux passions. Face à une narration hachée ou qui s'éparpille, le spectateur éprouve alors un « vide » (*breach or vacuity*). Alors que la

30. *EEH*, III, § 12, p. 87.

31. Dans l'*Énéide*, Énée relate le voyage qui, après la chute de Troie, l'a conduit dans le Latium.

logique des passions est celle du débordement et de la contagion, elles sont ici stoppées dans leur élan, et « la pitié et la terreur »[32] – au lieu de se diffuser d'une scène à l'autre – s'affaissent. À la fin du paragraphe 13, Hume explicite le type de questions que n'importe quel poète doit se poser au cours de son travail d'écriture : il doit essayer de se représenter quel impact l'introduction de telle action ou de tel personnage aura sur l'imagination, et donc sur les passions du lecteur. Ce travail requiert de sa part une bonne compréhension de la logique des idées et de la mécanique des « fluides passionnels »[33].

Dans les éditions de 1748 à 1760, Hume ajoute un paragraphe, dans lequel il précise que, malgré leurs points communs, la poésie épique diffère toutefois de la poésie dramatique, en ce que la première respecte l'unité d'action plus strictement que la seconde[34]. Au théâtre, on s'autorise plus facilement l'introduction de scènes qui ne font pas vraiment « progresser l'action » (comme les apartés, dans lesquels un personnage se confie et, ce faisant, impose un temps mort à l'action). Le spectateur a ainsi l'impression d'assister au déroulement de la vie telle qu'elle se fait, avec ses imprévus et ses aléas. Ce principe vaut particulièrement pour la comédie, dans laquelle la tension est moins forte, et la circulation des passions moins fragile et délicate. Hume donne l'exemple des comédies anglaises « de Congreve », et des « doubles intrigues de Térence » (poète comique latin, auteur de pièces dans lesquelles on suit en parallèle les amours de deux jeunes gens). Il les oppose à Boccace (auteur du *Décaméron*, qui regroupe des nouvelles sur le thème de l'amour, racontées sur un ton libre) et La Fontaine, qui ne se sont pas autorisés de telles digressions dans leurs poésies narratives, quand bien même « le genre plaisant fût leur objet ». La raison en est que leur récit est borné par le « dessein initial », qui donne le cadre au sein duquel il devra se dérouler.

32. Hume hérite des écrits d'Aristote sur la *catharsis*. Dans « De la tragédie », il analyse l'expérience esthétique du spectateur comme une expérience dans laquelle une passion nouvelle (le plaisir) naît d'une passion opposée (l'effroi). Selon lui, « cet effet extraordinaire est dû à l'éloquence avec laquelle la scène est représentée dans toute son horreur » (*E&T*, I, p. 259). Le sentiment de la beauté (suscité par l'élégance du style) canalise les passions du spectateur et leur donne « une nouvelle direction ».

33. Sur la communication des passions, voir le deuxième livre du *Traité de la nature humaine* et la *Dissertation sur les passions*. Dans le second texte, Hume indique que « dans la production et la conduite des passions, il y a un certain mécanisme qui est régulier et qui est susceptible d'un examen aussi précis que les lois du mouvement, de l'optique, de l'hydrostatique ou de toute autre partie de la philosophie naturelle » (*E&T*, III, p. 216). Le bon écrivain est donc un bon éclusier.

34. *EEH*, III, p. 416-417.

Au paragraphe 14, Hume tire les conclusions de son analyse comparée de l'histoire et de la poésie épique. Tous ces récits exigent « une certaine unité », mais, précise-t-il, l'histoire l'« exige » plus que d'autres productions littéraires. Pourquoi donc ? Cette affirmation peut surprendre, dans la mesure où il semble que cette unité est d'emblée acquise dans le récit historique (car il rapporte une suite d'actions se déroulant sur une période de temps déterminée, et les hommes agissent toujours dans le but d'accomplir certaines fins). À l'opposé, cette unité serait fuyante et ne cesserait de se dérober dans la poésie épique, cette dernière étouffant sous l'avalanche de faits qui s'agrègent de manière chaotique. En remarquant que l'histoire *exige* une certaine unité plus que d'autres productions littéraires, Hume veut souligner que la mise en œuvre de cette unité demande en réalité plus d'efforts à l'historien qu'à l'auteur de poésie épique : en effet, l'historien part du brouhaha des faits, il doit donc sélectionner les faits pertinents pour parvenir à mettre en lumière la relation de cause à effet qui court entre eux. Tel est son travail de mise en récit. De son côté, l'auteur de poésie épique effectue le mouvement inverse : il part d'une intrigue générale, qu'il appréhende de manière globale et distanciée, sur laquelle il greffe progressivement une multitude de détails, qui se présentent comme autant d'arborescences se déployant à partir de l'intrigue originelle. De plus, la fin visée par la poésie épique n'est pas la même que celle visée par le récit historique : dans la première, l'auteur cherche à « toucher plus vivement l'imagination et plus fortement les passions ». Par conséquent, pour émouvoir le lecteur, l'auteur doit présenter l'enchaînement des événements comme obéissant à une causalité serrée, implacable. Par contre, l'historien ne cherche pas tant à plaire qu'à instruire. Dans ces conditions, il est moins contraint par la nécessité de rendre sensible au lecteur l'existence d'une relation de causalité étroite entre les événements relatés. C'est pourquoi « la guerre du Péloponnèse est un bon sujet pour l'histoire[35], le siège d'Athènes un bon sujet de poème épique[36] et la mort d'Alcibiade convient à la tragédie »[37]. Bien qu'étroitement reliés, ces trois sujets appellent des récits différents, selon la fin visée par l'auteur.

35. Thucydide écrivit l'*Histoire de la guerre du Péloponnèse*, retraçant le conflit qui opposa Athènes et Sparte entre 431 et 404 av. J.-C.

36. Le siège d'Athènes eut lieu à la fin de la guerre du Péloponnèse et se solda par la victoire spartiate. Cet événement fut rapporté par Xénophon (*Helléniques*).

37. Dans les *Vies parallèles*, Plutarque présente cinquante biographies, dont celle d'Alcibiade. Talentueux, Alcibiade est pourtant considéré comme responsable de la défaite d'Athènes dans la guerre du Péloponnèse, raison pour laquelle la postérité l'associe à un destin tragique.

La lettre et l'esprit de la règle d'unité (§ 15-17)

Avant de conclure, Hume s'efforce d'ôter les dernières réticences à l'égard de l'idée selon laquelle les différents types de récits (factuel et fictif) obéissent aux mêmes principes de construction narrative, et produisent des effets affectifs similaires sur le lecteur. On pourrait en effet penser que, puisque le récit historique est plus fidèle à la réalité que la poésie narrative, alors il est plus crédible. Hume montre qu'il n'en est rien, et que l'unité d'action est respectée dans la poésie là même où l'on s'y attend le moins, ce qui explique son succès auprès des lecteurs. Tout d'abord, Hume rappelle que :

> la différence entre l'histoire et la poésie épique ne tient qu'au degré de liaison qui unit ensemble les différents événements composant le sujet[38].

En d'autres termes, la classification des œuvres littéraires ne s'effectue pas d'après le critère de la fidélité au réel. Sur ce point, Hume prend ses distances avec une longue tradition philosophique et critique, qui remonte à Platon, et qui opère une distinction entre les œuvres littéraires en s'appuyant sur cette pierre de touche qu'est le rapport de l'œuvre à la vérité[39]. En mettant sur le même pied le discours historique et le discours épique, Hume montre que ce critère n'est pas opérant. Ceci s'explique par une constante de nos perceptions (qu'il s'agisse d'impressions ou d'idées de la fantaisie) : « tout ce que l'esprit conçoit clairement inclut l'idée d'une existence possible », ou encore : « rien de ce que nous imaginons n'est absolument impossible »[40]. Autrement dit, percevoir *x*, que ce soit par les sens ou par l'imagination, c'est toujours concevoir *x* comme existant (dans les limites du respect du principe de non-contradiction). Dans ces conditions, que l'objet représenté soit réel ou fictif importe peu pour le lecteur, puisqu'il le pose d'emblée comme *étant*. La différence de réception entre le discours historique et le discours épique se joue ailleurs, notamment dans la nature de la croyance suscitée par chacun des discours, dont le degré de vivacité s'aiguise ou s'émousse en fonction de la mise en œuvre plus ou moins stricte du principe de l'unité d'action.

38. *EEH*, III, § 15, p. 89.

39. C'est ce que Jean-Marie Schaeffer nomme le modèle sémantique du discours fictionnel, qu'il oppose au modèle pragmatique, hérité de Hume. *Cf.* « Fiction et croyance », dans N. Heinich et J.-M. Schaeffer (dir.), *Art, création, fiction : entre philosophie et sociologie*, Nîmes, Jacqueline Chambon, 2004, p. 163-186.

40. *TNH*, I.II.2, § 8; trad. fr., p. 83. Voir également *TNH*, I.II.6, § 4, p. 123.

Par conséquent, la question que nous devons nous poser n'est pas tant celle de savoir ce qui distingue le sentiment de croyance d'une part du sentiment qui accompagne « les plus pures » ou « les plus simples » fictions de l'imagination d'autre part, mais celle de savoir ce qui distingue le sentiment de croyance produit par la narration de faits historiques d'une part du sentiment de croyance suscité par des poèmes épiques ou dramatiques d'autre part. Du point de vue du lecteur, ces deux sentiments ne se distinguent que d'un cheveu. Les événements relatés par les poèmes épiques semblent même parfois « plus croyables » que ceux relatés par les récits historiques. Dans tous les cas, les frontières se brouillent (et « définir exactement ce qui les sépare » est plus « une affaire de goût que de raisonnement »).

Un tel constat a des implications décisives quant à notre compréhension de la nature de la croyance dans l'expérience esthétique. C'est ce qu'a bien vu Jean-Marie Schaeffer, lorsqu'il décrit le mécanisme de la « fiction ludique », c'est-à-dire la capacité du récepteur à accepter – dans un laps de temps déterminé – de faire *comme si* (comme si c'était vrai)[41]. Cette capacité a un effet foudroyant sur l'imagination, car en rivalisant avec la coutume et l'expérience, elle emporte l'artiste comme le public dans la magie de ses leurres. Quoique puissant, cet effet n'en est pas moins précaire. À certains égards, il retombe comme un soufflé. Comment se fait-il que la croyance dans les objets de la fiction – alors même que sa vivacité est portée au plus haut point – ne dure pas ?

Pour le comprendre, partons des réflexions de Hume sur la tragédie et la croyance religieuse. On peut raisonnablement se demander dans quelle mesure les spectateurs croient aux événements qui sont représentés sur scène et dans quelle mesure les fidèles croient aux discours qu'on leur professe[42]. Selon Hume, la croyance qui est à l'œuvre dans ces domaines est une « croyance contrefaite ».

> dans la chaleur d'un enthousiasme poétique, un poète a une contrefaçon de croyance (*counterfeit belief*) et même une sorte de vision de ses objets; (…) rien ne contribue davantage à sa pleine conviction qu'un tourbillon de

41. S. T. Coleridge décrit quant à lui la « foi poétique » comme une « suspension consentie de l'incrédulité » (*willing suspension of disbelief*), dans *Biographia Literaria*, trad. fr. J. Darras, « Autobiographie littéraire, chap. XIV », *La Ballade du vieux marin et autres textes*, Paris, Gallimard, 2013, p. 379.

42. *TNH*, I.III.9.

figures et d'images poétiques, dont l'effet s'exerce aussi bien sur le poète lui-même que sur ses lecteurs[43].

Dans le domaine poétique, un style éloquent, vif et coloré, prend le relais de l'expérience et de la coutume, et pallie le manque d'expérience sensible directe et de souvenir immédiat de l'objet[44]. C'est donc l'imagination qui parvient à élever une idée jusqu'au niveau d'une impression. Elle y parvient en lui donnant force et vivacité, à la suite de quoi l'idée vive met en mouvement nos passions.

Pour autant, même si la poésie peut produire des effets de croyance au même titre qu'une expérience coutumière, Hume admet que « la moindre réflexion dissipe les illusions de la poésie et place les objets sous leur vrai jour »[45]. Autrement dit, le temps de l'expérience esthétique, nous mettons en suspens la question du départ entre le réel et le fictif, et nous traitons les objets qu'on nous représente *comme s*'ils étaient réels, sur le mode de l'étant. Mais cette suspension est levée quand l'expérience esthétique (la lecture du livre, la représentation de la pièce) s'achève; ou bien quand l'objet de la fiction n'est pas représenté avec toute la force et toute l'intensité requise pour maintenir la croyance (c'est le cas de l'idée d'une « vie après la mort », que nous peinons à nous représenter)[46]; ou encore quand la composition narrative ne respecte pas assez le principe de l'unité d'action. Dans ces situations, le voile se lève et la croyance contrefaite se montre sous son véritable jour : *in fine*, il s'avère que cet acquiescement de l'esprit n'a pas tous les atours de la croyance (contrairement à la croyance à l'existence d'objets matériels permanents et extérieurs à notre esprit, ou la croyance à l'existence de relations causales nécessaires). C'est une croyance qui se montre comme telle et qui affiche la couleur pourrait-on dire (alors que les autres croyances se font oublier, raison pour laquelle elles sont d'autant plus efficaces dans nos vies). Le paradoxe est que ce dévoilement annule la croyance[47]. Voilà pourquoi l'effet de réel « prend

43. *TNH*, I.III.10, § 10, p. 192. Voir aussi *TNH*, I. III.5, § 6, p. 148 et *TNH*, I. III.10, § 6, p. 190.

44. *TNH*, I.III.10, § 8, p. 191.

45. *TNH*, I.III.10, § 10, p. 192.

46. Voir *TNH*, I.III.9, § 13, p. 181.

47. L'effet de réel perdure quand l'imagination s'emballe et s'enflamme (ce que Hume décrit dans *TNH*, I.III.10, § 9, p. 192). C'est le signe d'une pathologie : on ne parvient plus à arrêter le jeu fictionnel (le *comme si*, en se prenant à son propre jeu, se mue en une véritable croyance. C'est le cas du menteur invétéré qui finit par croire à ses propres mensonges). La fiction ludique suppose quant à elle d'être parfaitement délimitée, c'est-à-dire de fonctionner comme une enclave, un monde clos sur lui-même.

moins » dans le discours fictif que dans le discours historique. Si le lecteur adhère moins aux représentations de la fiction, ce n'est pas parce que celles-ci seraient fausses, mais c'est parce que leur vivacité ne tient pas sur la durée. La raison en est que, lorsqu'il s'agit d'élever une idée à la hauteur d'une impression, la force de l'imagination (quoiqu'incontestable) n'égale pourtant pas celle de la coutume. En effet, la croyance est un sentiment qui naît de la conjonction habituelle de l'objet avec quelque chose de présent à la mémoire et aux sens[48]; or, « cette condition fait défaut dans le cas des représentations fictionnelles », puisque leurs liens avec les souvenirs et les expériences perceptives sont « distendus, sinon inexistants »[49].

Quoiqu'il en soit, le temps de la lecture, le récit factuel et le récit fictif ont des effets doxastiques similaires. Hume suggère même que, dans les bornes du récit, le second a un effet plus puissant sur le lecteur que le premier. Cela ne tient pas à la nature des matériaux décrits ou rapportés, mais à leur facture, c'est-à-dire à la manière dont leur structure narrative met en œuvre le principe de l'unité d'action. L'application plus ou moins serrée de ce principe de composition débouche sur une réception différente chez le lecteur, avec la production d'un sentiment de croyance plus ou moins vif et aigu.

Aux paragraphes 16 et 17, Hume donne deux exemples de poésie épique, qui semblent à première vue ne pas respecter le principe de l'unité d'action. À l'analyse, il apparaît pourtant que ces deux œuvres ne font pas exception et que « les parties de l'action » narrée souscrivent bien à ce principe. Ainsi, dans l'*Iliade*, Hume concède que la colère d'Achille « n'est pas celle qui valut tant de maux aux Grecs », c'est-à-dire aux Troyens. Le lien de causalité entre ces deux faits peut sembler bien distendu, et ce serait un raccourci indu que de présenter les choses ainsi. Pourtant, la forte liaison qu'il y a entre le retrait d'Achille et les déconvenues des Achéens, puis entre le retour d'Achille au combat et l'avantage que les Achéens acquièrent sur les Troyens, anime l'intérêt du lecteur et assure « l'unité du sujet ». Ces différentes suites d'événements ont pour point commun de faire se suivre des faits très contrastés (arrêt/mouvement; victoire/défaite).

De même, il pourrait sembler au premier abord que, dans le *Paradis perdu*, cet événement qu'est « la rébellion des anges » n'est relié à cet autre événement qu'est « la chute de l'homme » que de manière bien lâche : en relatant par le menu l'enfilade des événements qui conduit de l'un à l'autre,

48. *EEH*, V.I, § 8, p. 143.

49. J.-M. Schaeffer, « Quelles vérités pour quelles fictions ? », *L'Homme*, 175-176, juillet-septembre 2005, http://journals.openedition.org/lhomme/29493.

on pourrait craindre que Milton n'égare le lecteur et lui fasse perdre le fil de l'histoire. Et ce d'autant plus qu'il s'attarde longuement sur « la création du monde », narration qui semble être intercalée de manière totalement fantaisiste, puisque cet événement « n'est pas plus la cause de » la chute de l'homme « que de la bataille de Pharsale ou de tout autre événement qui se soit jamais passé »[50] (§ 17). Pourtant, remarque Hume, la règle de l'unité est bien respectée. Dans ce cas précis, le fil conducteur est l'intervention de la providence divine. Les trois événements relatés ont pour point commun « leur caractère miraculeux et totalement étranger au cours ordinaire de la nature ». Ce trait distinctif et saisissant les extrait de la masse des faits relatés et explique que, pour ainsi dire, ils s'aimantent naturellement dans la pensée du lecteur[51].

Un principe à l'œuvre dans de nombreuses opérations de l'esprit humain (§ 18)

Hume achève sa réflexion sur la création littéraire en s'excusant d'avoir livré des remarques qui, c'est un comble, seraient mal reliées les unes aux autres. Fausse modestie ou pas, il a néanmoins montré que « beaucoup des opérations de l'esprit humain dépendent de la liaison (*connexion*) ou de l'association (*association*) des idées ». Notons la réserve : non pas toutes les opérations de l'esprit humain, mais beaucoup. L'*Enquête* évite les accents universalistes du *Traité* ou de l'*Abrégé*[52]. Plus précisément, Hume a montré comment le principe d'association s'applique dans le domaine de la création littéraire. Car il a été établi que les passions du lecteur sont éminemment sensibles à la manière dont les idées du texte sont reliées entre elles : le manque de liaison fait obstacle à la bonne communication des passions. D'où la nécessité pour un écrivain d'appliquer correctement le principe d'association, faute de quoi la « communication des émotions qui est l'unique moyen d'intéresser le cœur et de porter les passions à leur juste hauteur et période », échouera. En particulier, Hume a montré que le lecteur sympathise d'autant mieux avec les personnages qu'il parvient à

50. Lors de la bataille de Pharsale, qui eut lieu au Ier siècle av. J.-C. et se déroula en Thessalie, près de la ville de Pharsale (au nord de la Grèce), César remporta la victoire contre Pompée, un général romain.

51. Hume ajoute que ces deux événements ont également pour point commun leur ressemblance dans le contraste (l'un présente une élévation, l'autre une chute, les deux événements ont des conséquences démesurées, vertigineuses) et leur dimension protreptique, puisqu'ils exhortent le lecteur à « l'obéissance à notre Créateur ».

52. Voir *Abrégé du Traité de la nature humaine*, *op. cit.*, p. 87.

s'immerger dans l'univers narré ou représenté. Il ressent alors comme « intimement présents tous leurs sentiments »[53]. Cette sympathie est possible si la transition entre l'objet qui se présente à son imagination (le héros) et l'objet qui lui est relié se réalise de manière fluide, conformément aux trois principes d'association. Sans la sympathie, la curiosité et l'intérêt du lecteur s'émoussent. Car toutes nos passions – et la curiosité en est une[54] – ont la sympathie pour « âme » ou « principe organisateur »[55]. Cela ne signifie pas que l'auteur doive faire en sorte que le public aime le héros dont il dépeint la vie. Cela suppose simplement qu'il en dresse un portrait « croyable », c'est-à-dire un portrait composé d'après l'un des trois principes de liaison entre les idées.

Enfin, l'attention portée au principe de l'unité d'action explique certainement pourquoi, dans l'édition posthume, Hume a choisi de bannir le développement sur la création littéraire. C'est l'application de ce principe à l'*Enquête* qui l'a conduit à ôter toutes les excroissances de l'argumentation, afin de maximiser ses chances de convaincre ses lecteurs[56]. Voilà comment il peut espérer joindre l'utile (la vérité, la science) à l'agréable (l'audience littéraire, la sociabilité). Dans les premières éditions de l'*Enquête*, c'est d'ailleurs aux philosophes, en tant qu'*écrivains*, qu'il s'adressait pour conclure cette section. Car le principe de l'unité d'action vaut aussi dans la composition philosophique. Pour qu'une philosophie soit comprise et approuvée, il faut qu'elle soit bien composée et exposée. Et les règles de la composition philosophique ne font pas exception : elles doivent épouser les tendances de la nature humaine, en particulier la logique associative de notre imagination. C'est la condition pour que l'œuvre passe le test de la réception et provoque l'estime du public. Et c'est un enseignement crucial pour qui tient la gloire littéraire et « l'approbation du public pour la plus grande récompense »[57].

53. *TNH*, II.I.11, § 9, p. 151.

54. Sur la passion de la curiosité, voir *TNH*, II.III.10.

55. *TNH*, II.II.5, § 15, p. 201.

56. Pour une autre hypothèse explicative de ce retrait, voir C. Etchegaray, « Identité et narration de soi chez David Hume », dans A. Charrier et C. Etchegaray (dir.), *Le soi. Nouvelles perspectives humiennes*, Paris, Hermann Éditeurs, 2020, p. 181-203. Selon elle, en 1776, alors que Hume vient d'achever *L'histoire d'Angleterre* ainsi que son autobiographie *My Own Life*, il réalise que son analyse de 1748 est sans doute à compléter, en tout cas à reprendre. L'épreuve de l'écriture lui fait comprendre que l'historien ne doit pas seulement mener une enquête causale, mais qu'il doit aussi *apprécier* les faits (leur donner une valeur). De même, Hume se rend compte que les passions de *l'écrivain* (comme la fierté) ont un rôle à jouer dans la composition d'une autobiographie.

57. *TNH*, I, avertissement, p. 29.

CÉDRIC BRUN

LE CHOC SCEPTIQUE
(SECTION IV)

LA TENSION ESSENTIELLE : FONDER LA SCIENCE EXPÉRIMENTALE DE LA NATURE HUMAINE SANS SOMBRER DANS UN SCEPTICISME STÉRILE

La Section IV marque le début de la partie critique de *l'Enquête*. Après des remarques introductives sur l'ambition de déployer la méthode expérimentale dans la science de la nature humaine et une poignée de pages sur l'origine et les principes d'association des idées, Hume se tourne vers le premier enjeu central de l'*Enquête* : la question des fondements épistémiques de la méthode expérimentale. Cette section présente d'une manière sensiblement différente (à la fois plus cohérente et plus ramassée) que dans le *Traité*[1] un des arguments les plus célèbres et les plus débattus de la philosophie de Hume sur « les raisonnements concernant les choses de faits »[2].

La mention des « doutes sceptiques » dans le titre de la section doit immédiatement attirer l'attention : comment peut-on envisager de fonder la science de la nature humaine (censée nous libérer des superstitions et des obscurités engendrées par la métaphysique abstruse)[3] si les opérations de l'entendement sur lesquelles elle repose soulèvent des doutes sceptiques ?

1. On pourra comparer la présentation de l'argument ici à celle élaborée dans le *Traité* (I. III, § 6) et à la présentation de l'*Abrégé du Traité de la nature humaine*, trad. fr. G. Coqui, Paris, Allia, 2016.

2. *EEH*, IV.I, § 4, p. 97.

3. *EEH*, I, § 17, p. 57.

Il y a, dès le début de cette section, une tension et une rupture à laquelle le lecteur doit être sensible. Le projet de science de la nature humaine et la présentation des éléments épistémologiques des trois premières sections se situent dans le prolongement méthodologique et épistémologique de la « nouvelle philosophie » de la *Royal Society*. Dans le sillage de Locke, mais aussi de Boyle et de Newton, Hume peut en effet être lu comme ayant dressé la liste des éléments, des principes de fonctionnement et des pouvoirs de l'entendement fondant la science expérimentale de la nature humaine[4], il ne devrait donc lui rester, en bon empiriste, qu'à montrer comment l'expérience sensible (et non la raison) fonde la connaissance de la nature humaine. Mais au lieu de poursuivre dans cette voie, Hume se livre à l'examen critique des fondements de l'approche empiriste et naturaliste[5] caractéristique de la « Way of Ideas ». D'une certaine manière, il déçoit ici les attentes de ses lecteurs en dressant contre l'entreprise fondationnaliste empiriste un réquisitoire sceptique dont il ne commencera à tirer les leçons positives qu'à partir de la section V. Résumons le mouvement général de la section.

Sur la base d'une distinction entre « relations d'idées » et « choses de fait »[6] (*matters of fact*) restée célèbre comme la préfiguration de la distinction opérée par le positivisme logique entre propositions analytiques et propositions synthétiques, Hume retient de Locke que le projet de

4. Cette tradition de lecture d'un Hume héritant du projet de fondation de la connaissance de la nature via Locke et son adaptation à la nouvelle philosophie a été prévalente de T. Reid à T. H. Green. Dans L'introduction de l'*Inquiry into the Human Mind* de 1764, Reid considère Hume comme le philosophe qui a, par excellence, conduit la théorie des idées (*the ideal system*) à ses conséquences sceptiques inévitables. Fourvoyant ainsi la philosophie de la nature humaine dans l'impasse sceptique. Reid indique : « Que faire si ces réflexions profondes sur les premiers principes de la nature humaine plongent naturellement et nécessairement l'homme dans cet abîme de scepticisme ? (…) Descartes n'a pas plus tôt commencé à creuser dans cette mine, que le scepticisme était prêt à déferler sur lui. Il a fait ce qu'il a pu pour l'écarter. Malebranche et Locke qui ont creusé plus profondément, ont trouvé la difficulté d'écarter cet ennemi encore plus grand; mais ils ont travaillé honnêtement dans ce sens. Berkeley (…) poursuivit l'entreprise (…). Mais hélas ! le *Traité de la Nature Humaine* (…) noya tout sous un déluge universel » (T. Reid, *An Inquiry into the Human Mind, on the Principles of Common Sense* [1764], trad. fr. M. Malherbe, *Recherches sur l'entendement humain d'après les principes du sens commun*, Paris, Vrin, 2012, introd., §VII).

5. Sur le rapport de Hume au naturalisme on consultera en français J. Benoist, « Le naturalisme, avec ou sans le scepticisme ? Après Hume », *Revue de Métaphysique et de Morale*, 2003/2, p. 127-144 et C. Brun, « Les naturalismes de Hume », *Recherches sur la Philosophie et le Langage*, 26, « L'invention philosophique humienne », éd. P. Saltel, 2009, p. 35-63.

6. Nous choisissons, par souci de cohérence pour ce volume, de conserver la traduction proposée par M. Malherbe de l'expression « Matter of fact » par « chose de fait ».

science de la nature humaine ne peut se satisfaire de la confiance qu'ont les philosophes dogmatiques dans la raison comme source de la connaissance des choses de fait. En effet, seules les relations d'idées sont connaissables par la simple raison (par démonstration ou par intuition). Hume établit donc, dans la première partie de la section, que la connaissance des choses de fait repose sur l'expérience. Mais il rejette également les prétentions des philosophes qui veulent fonder les jugements à propos des choses de fait sur des inférences tirées des seules propriétés sensibles découvertes par la perception. Notamment lorsqu'il s'agit de choses de fait que nous ne percevons pas actuellement (ou dont nous n'avons pas de traces mémorielles), c'est-à-dire à chaque fois qu'il s'agit de replacer les choses de fait dans un continuum d'événements. Sans expérience des relations de causes à effets, une connaissance des choses de fait inobservées est impossible. La première partie de la section porte donc les doutes sceptiques à la fois contre la raison conçue comme instance de notre faculté de connaître et contre l'expérience sensible immédiate. Ni l'une ni l'autre n'est en mesure de nous donner à connaître la nature réelle des choses. Hume précise donc le sens à donner à la notion d'expérience dans l'empirisme[7]. L'expérience ne peut désigner la simple perception des choses par les sens si l'on veut fonder la connaissance sur elle. L'expérience doit être entendue comme l'accumulation au cours du temps des perceptions sensibles, comme le résultat d'un processus d'apprentissage. Dans la deuxième partie, Hume étend ses doutes à l'expérience (entendue en ce nouveau sens) et, ce faisant, au fondationnalisme empiriste[8]. Ce dernier est, selon lui, incapable de

7. Hume n'est ni le premier, ni le seul, à considérer l'expérience en ce double sens d'expérience sensible immédiate et d'accumulation d'expériences sensibles passées. Le concept d'*empeiria* chez Aristote (voir, par exemple dans l'*Éthique à Nicomaque*, trad.fr. J. Tricot, Paris, Vrin, 1990, I. 3, 1143 b 13) capturait déjà cette dimension. Bien évidemment, Bacon, dans le *Novum Organum* (trad. fr. M. Malherbe et J.-M. Pousseur, Paris, P.U.F., 1986) a articulé expérience sensible et expérimentation pour fonder l'induction. Pour autant, nous pouvons voir, dans cette section IV de *l'Enquête* une manière originale de thématiser les liens entre expérience sensible présente (ou remémorée) et expérience accumulée.

8. Le fondationnalisme est une position épistémologique concernant la structure adéquate de la connaissance ou des croyances justifiées. Selon les fondationnalistes, si l'on veut éviter la régression à l'infini lorsqu'on demande de justifier une croyance, il faut supposer que certaines croyances (des croyances de base) permettent d'en justifier d'autres sans que les premières aient besoin d'être elles-mêmes justifiées de manière inférentielle. La version la plus générale du fondationnalisme est exposée par Aristote dans les *Seconds analytiques* (*Organon* IV, trad. fr. J. Tricot, Paris, Vrin, 1995, I. 3, 5-23. On peut distinguer différentes variétés de fondationnalisme selon le type d'accès épistémique aux croyances de base (*e.g.* par l'intuition rationnelle ou bien par l'expérience sensible). La « Way of Ideas » a

justifier rationnellement le principe de l'uniformité de la nature (les relations de cause à effet dont nous avons fait l'expérience dans le passé continueront à se produire de manière uniforme dans le futur) alors même qu'il est censé justifier nos inférences au sujet des choses de fait inobservables sur la base de notre expérience passée des relations de cause à effet. C'est donc le double statut de la raison, comme source de la connaissance et comme instance normative de justification de la connaissance, et le double statut de l'expérience qui sont l'objet des doutes sceptiques de la section IV.

Comme nous l'avons déjà mentionné, cet argument sceptique concernant les inférences au sujet des « choses de fait » a été, et reste encore, au centre des discussions des études humiennes et constitue un *topos* de la philosophie occidentale de la connaissance et des sciences. Il n'est pas d'ouvrage de philosophie des sciences[9] qui ne consacre un chapitre au problème soulevé par Hume dans la deuxième partie de la section IV (le fameux « problème de Hume » ou « problème de l'induction »). Pour des raisons évidentes de place il ne nous revient pas ici de retracer ces débats dans le détail, ni même de tenter d'en donner une cartographie générale[10] ni, *a fortiori*, de proposer une interprétation qui viendrait clore les débats interprétatifs véhéments qui persistent tant sur ce que Hume cherche à établir par cet argument que sur sa validité logique. Il s'agira plutôt pour nous de proposer un commentaire qui identifie les lignes de tension et les problèmes inhérents à la section IV dans sa clôture

longtemps été (et continue souvent à être) comprise comme une forme de fondationnalisme sensualiste. Moritz Schlick revendique explicitement la parenté de son fondationnalisme empiriste avec l'empirisme de Locke et de Hume. Pour une discussion du fondationnalisme empiriste qui a profondément marqué l'épistémologie contemporaine, on pourra consulter avec profit l'ouvrage de L. Bonjour, *The structure of empirical knowledge*, Cambridge (MA), Harvard UP, 1985.

9. On consultera, à titre d'exemple, l'ouvrage de P. Godfrey-Smith *Theory and Reality : an introduction to the philosophy of science*, Chicago-London, The University Press of Chicago, 2003, chap. III, p. 39 *sq.*

10. Nous renvoyons au chap. IV de l'ouvrage dirigé par P. Millican, *Reading Hume on human understanding : essays on the first Enquiry*, Oxford/New York, Clarendon Press/OUP, 2002, P. Millican, « Hume's Sceptical Doubts concerning Induction » p. 104-153. Ce chapitre constitue sans doute la meilleure entrée sur les débats interprétatifs soulevés par la section IV de l'*Enquête* et propose une reconstruction structurelle de l'argumentation de Hume très utile. On consultera également l'excellent ouvrage de D. Garrett, *Cognition and Commitment in Hume's Philosophy*, New York-Oxford, OUP, 1997 qui, dans son chapitre IV propose une analyse et une discussion des principales options interprétatives de cette question (quoiqu'il s'appuie plus sur le *Traité* que sur l'*Enquête*).

(en limitant autant que possible les références au *Traité*, notamment) afin d'offrir au lecteur la liberté de se positionner dans l'espace interprétatif ainsi dégagé.

Notre propos dans le reste de ce chapitre suit scrupuleusement la structure du texte de Hume. Dans notre section 2, nous nous concentrons tout d'abord sur la réponse apportée par Hume à la question de savoir « quelle est la nature de tous nos raisonnements portant sur les choses de fait »[11] ? et présentons la manière dont 1) Hume rejette la possibilité d'une connaissance du monde *a priori* sur la base de sa distinction des objets de la connaissance humaines en « relations d'idées » et « choses de fait » (la « fourche de Hume ») et 2) il articule son épistémologie empiriste aux relations de cause à effet que nous découvrons dans l'expérience et que nous généralisons par inférence aux entités et faits inobservables. Ensuite, nous tâcherons de démêler les différentes questions fondationnelles prises en charge par Hume dans la deuxième partie de la section IV. Ayant établi dans la première partie que la connaissance des choses de fait qui ne nous sont pas immédiatement données par la sensation ou la mémoire ne peut reposer que sur l'expérience des relations de causes à effet, Hume identifie le présupposé d'une uniformité de la nature comme justification de cet empirisme. C'est dans ce cadre que l'élaboration de sa critique sceptique de l'induction se déploie et vise, plus largement, les rôles respectifs de la raison et de l'expérience dans la connaissance des choses de fait. Dans un dernier temps, nous tenterons de montrer comment l'argument sceptique élaboré dans la section IV de *l'Enquête* consiste à articuler de la manière la plus ferme le rejet de tout fondationnalisme métaphysique pour la connaissance des choses de fait, dégageant ainsi la voie pour la « solution sceptique » qui sera présentée dans la section V.

DE LA FOURCHE DE HUME À L'INDISPENSABLE RÔLE DE L'EXPÉRIENCE

La fourche de Hume

Les deux premiers paragraphes de la section présentent une distinction très importante pour la structure de l'argumentation qui va suivre : la distinction entre les « relations d'idées » et les « choses de fait ». Cette distinction a pour fonction de cartographier le domaine des objets étudiés

11. *EEH*, IV. II, § 14, p. 111.

par l'entendement humain et, à ce titre, prétend à l'exhaustivité. Tous les objets d'étude par l'entendement (et donc potentiellement tous les objets de connaissance) se trouvent dans l'une ou l'autre des branches de « la fourche de Hume »[12].

Les relations d'idées comprennent « les sciences de la géométrie, de l'algèbre et de l'arithmétique; et (…) toute affirmation qui est intuitivement ou démonstrativement certaine »[13]. Comme leur nom l'indique, les relations d'idées peuvent être connues *a priori*, en inspectant la nature de nos idées et leurs relations internes « par les simples opérations de la pensée », sans avoir recours à l'expérience puisqu'elles « ne dépendent en rien de ce qui existe en quelque lieu de l'univers ». Il faut noter que leur caractère *a priori* ne signifie pas que les idées elles-mêmes sont *a priori*. Cela a été établi dans la section II, § 5, toutes les idées trouvent leur origine dans les impressions des sens externes ou du sens interne. Ce qui fait d'une relation d'idées qu'elle est connue *a priori*, c'est qu'elle peut être justifiée sans avoir recours à l'expérience, simplement en considérant les propriétés des idées elles-mêmes[14]. Par exemple les vérités des mathématiques, telles que la proposition selon laquelle « trois fois cinq est égal à la moitié de trente », sont des propositions qui peuvent être connues sans aucune observation empirique. On peut les connaître avec certitude en saisissant les relations entre les idées contenues dans la proposition. Les théorèmes d'Euclide ou de Pythagore sont également des relations d'idées; ils sont certains, et connus comme tels par démonstration sur la base de propriétés qui sont intuitivement connues sans démonstration, qu'il y ait ou non des cercles ou des triangles dans la nature. Les relations d'idées sont donc caractérisées par deux propriétés: 1) elles sont soit intuitivement, soit démonstrativement certaines[15], et 2) elles ne postulent ou n'affirment pas l'existence d'entités concrètes dans le monde.

Les choses de fait, quant à elles, ne peuvent être connues qu'à travers l'expérience parce qu'elles ne se résument pas à des relations entre des

12. L'expression est généralement attribuée à A. Flew, *Hume's philosophy of belief: a study of his first Inquiry*, London, Routledge, 1961, p. 53 *sq*.

13. *EEH*, IV.I, § 1, p. 95.

14. Pour un éclairage plus élaboré de la notion d'*a priori* dans l'*Enquête*, on consultera la section 4.1 de l'article de P. Millican « Hume's Sceptical Doubts concerning Induction », art. cit., p. 114-115.

15. Cette propriété des relations d'idées (d'être saisies par intuition ou par démonstration) revient donc à considérer qu'il suffit de comprendre la signification des termes engagés dans la proposition pour en déterminer la valeur de vérité, soit immédiatement (par intuition), soit par la médiation d'une inférence ou d'une substitution de définitions (par démonstration).

propriétés de leurs idées indépendamment de la manière dont se produisent les événements. Les propositions et les jugements sur les choses de fait affirment l'existence d'entités et de processus dans le monde. Si l'on considère l'exemple donné par Hume : "le soleil ne se lèvera pas demain", sa valeur de vérité reposera sur un état de fait dans le monde futur, mais aucun état du monde actuellement perçu ou remémoré n'est susceptible d'établir la valeur de vérité de cette proposition. D'ailleurs, Hume utilise régulièrement des expressions comme « la réalité des existences et des choses de fait » (§ 3, p. 97) ou « une existence réelle ou (…) une chose de fait » (§ 6, p. 101) pour désigner les choses de fait. Hume peut alors introduire une nouvelle différence entre les relations d'idées et les choses de fait. Les unes sont nécessaires (leur négation implique contradiction et est donc inconcevable) tandis que les autres sont contingentes (leur négation est toujours concevable).

> Le contraire de toute chose de fait reste possible, puisqu'il n'implique jamais de contradiction et que l'esprit le conçoit aussi facilement et aussi distinctement que s'il était entièrement conforme à la réalité [16].

La distinction des deux bras de la fourche de Hume repose donc sur deux propriétés contrastives : la nécessité des relations d'idées contre la contingence des choses de fait, d'une part, et l'indépendance des premières à l'égard de l'état des choses contre la dépendance des secondes à son égard, d'autre part[17]. Il ressort que des deux types d'objets de la connaissance Hume peut également tirer deux types de raisonnement : « les raisonnements démonstratifs qui portent sur les relations d'idées et les raisonnements moraux qui portent sur les choses de faits et les existences »[18]. La dissymétrie entre l'engagement ontique inhérent aux propositions portant sur des choses de fait et leur contingence, d'une part, et la nécessité des propositions portant sur des relations d'idées alors qu'elles n'engagent

16. *EEH*, IV.I, § 2, p. 97.

17. Nous l'avons rappelé dans l'introduction, cette distinction est généralement considérée comme prototypique de la distinction entre propositions analytiques et synthétiques. La littérature secondaire sur cette distinction est abondante et prend souvent une tournure formelle ou semi-formelle pour évaluer la pertinence de la distinction (voir par exemple G. Dicker, « Hume's Fork Revisisted », *History of Philosophy Quarterly*, 8/4, octobre 1991, p. 327-342). Sur cette distinction et son lien à la théorie des relations de Hume, on consultera avec profit l'article de P. Millican, « Hume's Fork, and his Theory of Relations », *Philosophy and Phenomenological Research*, XCV/1, juillet 2017, p. 3-65.

18. *EEH*, IV.II, § 18, p. 117.

à rien sur le plan ontologique est le *nexus* autour duquel l'empirisme traditionnel est questionné par Hume dans la première partie de la section.

Lorsque Hume refuse aux choses de fait toute nécessité, il exclut ainsi toutes les thèses rationalistes dogmatiques (cartésiennes, par exemple) selon lesquelles la saisie intuitive d'une idée et de ses déterminations conceptuelles (ses relations avec d'autres idées) peut nous permettre de déduire des conséquences ontologiques nécessaires[19]. Hume prend donc soin, à cette étape de la construction de son argument, de s'inscrire dans une tradition critique des thèses fondationnalistes de la philosophie dogmatique rationaliste, engagée pour une philosophie fondée sur l'expérience et l'observation.

L'expérience comme fondement des inférences sur les choses de fait inobservées

La question que pose Hume dans le prolongement de sa distinction entre relations d'idées et choses de fait, est donc maintenant précisée. Il s'agit de savoir quelle est « la nature de cette évidence qui nous assure de la réalité des existences et des faits, quand ils échappent au témoignage des sens ou ne sont point consignés par la mémoire »[20]. La réponse de Hume est présentée en un premier temps de manière assez crue, sans justification :

> Tous les raisonnements concernant les choses de fait semblent fondés sur la relation de *cause à effet*. C'est par cette seule relation que nous pouvons nous porter au-delà de l'évidence de notre mémoire et de nos sens [21].

Comme souvent chez Hume, l'argument est construit pas à pas en s'appuyant sur des exemples communs. Il ne s'agit pas seulement pour lui de fonder les inférences que nous formons dans les domaines de la philosophie naturelle ou de la métaphysique concernant la nature véritable des liens entre les objets de nos croyances. Ce sont aussi nos croyances les plus

19. Idée que l'on retrouvera dans les dernières lignes de l'*Enquête* lorsque Hume célèbre les conséquences dévastatrices de sa philosophie pour « la métaphysique scolastique » (Voir Hume, *EEH*, XII.III, § 34, p. 413) qui s'inscrit dans la lignée des critiques de l'Aristotélisme scolastique par Bacon ou du platonisme de Cambridge par Locke. Kant, dans la préface des *Prolégomènes à toute métaphysique future*, trad. fr. L. Guillermit, Paris, Vrin, 1993, p. 18, rapporte que c'est la solution humienne à cette question du pouvoir de la métaphysique à traiter de ses questions de manière *a priori* qui le réveilla de son « sommeil dogmatique ». Voir, au sujet de la critique du dogmatisme métaphysique dans *l'Enquête*, A. Flew, *Hume's Philosophy of Belief*, *op. cit.*, III, p. 56.

20. *Ibid.*

21. *EEH*, IV.I, § 4, p. 97, les italiques sont de Hume.

triviales qui dépendent de cette justification. La découverte d'une montre sur une île maintenant déserte, la conversation ou la correspondance avec une amie m'apprenant qu'elle doit voyager à l'étranger, tous ces faits me portent à croire d'autres faits qui me restent inobservables : que des personnes ont été présentes sur cette île dans le passé, que mon amie se trouve à l'étranger en ce moment. Ces croyances factuelles dépendent, selon Hume, de la relation de cause à effet. L'expérience entendue au sens de la perception sensible présente est incapable de justifier ces croyances. La perception sensible ne m'informe que de l'existence d'une chose dont je perçois certaines qualités par les sens, mais en aucune manière peut-elle me faire accéder directement à ses causes ou à ses effets[22]. Seul un fait présent (ou remémoré) *relié causalement* au fait inobservable est susceptible de justifier notre croyance factuelle au sujet de ce dernier. Sans un tel lien de causalité entre le fait inobservable et le fait actuel, le fait actuel ne pourrait constituer une quelconque justification de nos croyances au sujet du fait inobservable. Cela tient aux propriétés des propositions portant sur les choses de fait : elles établissent quelque chose à propos de la manière dont le monde est. Ce ne peut être seulement un lien sémantique ou logique (comme dans le cas des relations d'idées). La contrainte ontique sur les propositions de choses de fait exige donc que nos croyances reposent sur l'identification de liens entre les choses dans le monde (et pas seulement dans nos propositions ou raisonnements).

> Tous nos raisonnements portant sur les faits sont de même nature ; on y suppose constamment qu'il existe une liaison entre le fait présent et ce qui en est inféré. S'il n'y avait rien pour les lier entre eux, l'inférence serait totalement incertaine[23].

Par conséquent, nos croyances factuelles sont aussi certaines que notre connaissance des causes et des effets. Aussi l'enquête rebondit. La question n'est plus de savoir sur quels fondements épistémiques reposent nos croyances factuelles. Cela vient d'être établi ; elles reposent sur la relation de cause à effet. Il s'agit maintenant de déterminer « comment nous arrivons à la connaissance des causes et des effets »[24]. Qu'est-ce qui justifie notre connaissance de cette relation ? La relation de cause à effet ne saurait être « obtenue par des raisonnements *a priori* » pas plus que par l'application de nos sens. Il nous est impossible de déduire les

22. L'argument sera déployé plus tard en *EEH*, IV.I, § 6, p. 101, puis § 9, p. 103.
23. *EEH*, IV.I, § 4, p. 99.
24. *EEH*, IV.I, § 5, p. 99.

causes ou les effets d'un objet nouvellement perçu, malgré l'examen le plus minutieux des relations qu'entretiennent nos idées de ses qualités sensibles. Cela ne devrait pas nous étonner, Hume a établi plus haut[25] que les choses de fait étaient contingentes, que la négation d'un fait n'impliquant pas contradiction, il est toujours concevable qu'il soit différent de ce que l'on croit. De plus, les qualités sensibles d'un objet ne révèlent jamais ses pouvoirs causaux[26] et la raison ne peut donc pas inférer ces pouvoirs à partir de la perception ou du souvenir de ces qualités sensibles. À partir de la perception d'un objet, nous ne pouvons ni saisir par intuition ni démontrer ce qui la cause ou ce qu'elle peut causer. C'est par une expérience en pensée typique de la littérature empiriste de langue anglaise que Hume argumente d'abord cette thèse[27].

> Adam, dans toute la force de ses facultés rationnelles – et supposons-les parfaites dès l'origine – n'aurait pu inférer de la fluidité et de la transparence de l'eau que cet élément fût capable de le suffoquer, ni de la lumière et de la chaleur du feu que cet autre élément pût le réduire en centres[28].

Adam est convoqué ici comme figure d'un entendement parfaitement vierge, ses facultés intellectuelles et sensibles sont parfaites (telles que les considère la théologie calviniste lorsqu'elle évoque l'état adamique avant la chute), mais la science qu'il peut acquérir au sortir des mains de Dieu n'est précédée d'aucune prescience, d'aucun élément transmis par l'éducation ou par l'expérience. Dès lors, il ne peut tirer de la perception des qualités sensibles de l'eau et du feu les effets qu'ont ces éléments sur sa constitution parce qu'aucun raisonnement indépendant de l'expérience ne permet de connaître « ni les causes qui [les] ont produit[s] ni les effets qui naîtront [d'eux] »[29]. Dès lors, puisqu'il n'est pas possible de connaître les causes et les effets et leurs relations par le seul usage de la raison, il faut en

25. *EEH*, IV.I, § 2, p. 96-97.

26. Ce point est à distinguer catégoriquement de l'argument sceptique rappelé par Hume (suivant Berkeley) contre la distinction lockéenne entre les qualités premières et les qualités secondes (Hume, *EEH*, XII, I § 15-16, p. 387-391). Il ne s'agit pas de montrer, ici, que les idées des qualités sensibles (qu'elles soient premières ou secondes) ne peuvent être dites ressembler aux qualités dans les choses. L'objection est ici plus modeste et vise seulement à établir que la perception de qualités sensibles ne nous permet jamais de conclure *rationnellement* sur les relations causales que les choses entretiennent.

27. On la trouve chez John Locke (*Essai sur l'entendement humain*, trad. fr. J.-M. Vienne, 3 t., Paris, Vrin, 2001, t. III.VI. 44-51, p. 150-158) ou chez Joseph Glanvill (dans la préface de son *Vanity of dogmatizing* [1661], New York, Columbia UP, 1931, p. B1-B6).

28. *EEH*, IV.I, § 6, p. 99-100.

29. *Ibid.*, p. 101.

conclure que l'on « découvre les causes et les effets (...) par l'expérience »[30]. Hume considère cette conclusion comme évidente pourvu que nous prenions en compte les situations dans lesquelles nous avons fait pour la première fois l'expérience d'effets qui nous étaient auparavant inconnus. Dans de tels cas, notre incapacité à prévoir ce qui va se produire est évidente. Hume fait appel à un exemple célèbre de la philosophie moderne[31] pour illustrer ce phénomène cognitif : l'exemple des deux morceaux de marbre poli qu'on ne peut détacher l'un de l'autre quelque force qu'on exerce perpendiculairement au plan de contact. Nous ne saurons prévoir cet état de fait si nous n'en avons pas fait l'expérience auparavant. Dans ce passage, le sens de la notion d'expérience a changé. Il n'est plus question de l'expérience comme perception sensible actuelle, mais de l'expérience comme agrégation mémorielle de ces perceptions. Nous apprenons que les deux blocs de marbre poli adhèrent lorsque nous réitérons ces conditions factuelles en de nouvelles instances. La nouveauté d'une chose de fait nous laisse sans repère, sans croyance justifiée à soutenir à son propos. Afin de renforcer cet effet de la nouveauté sur notre capacité à inférer les causes et les effets à partir de l'expérience accumulée, Hume complète par deux cas distincts, mais qui partagent avec l'exemple des blocs de marbre le caractère inédit ou rare de leur occurrence dans notre expérience : « personne n'ira imaginer que l'explosion de la poudre à canon ou l'attraction de l'aimant eussent pu être découvertes par des raisonnements *a priori* »[32]. Le régime de la nouveauté ou de la rareté sert à mettre en évidence la nécessité de placer l'expérience que nous faisons dans une série d'expériences. Autrement dit, nous ne pouvons arriver à la connaissance des causes et des effets qu'à la condition de passer de l'expérience comme façon singulière de percevoir actuellement un événement ou un état de fait à l'expérience comme accumulation d'occurrences singulières d'où nous pourrons faire ressortir des régularités.

30. *EEH*, IV.I, § 7, p. 101.

31. On trouve notamment cet exemple dans N. Malebranche, *De la recherche de la vérité*, dans *Œuvres complètes*, éd. A. Robinet, 20 t., Paris, Vrin, 1958-1970, VI, II, IX, éclaircissement XVI, § 16, p. 420-421, p. 438-439, et dans J. Locke, *Essai*, *op. cit.*, II.XXIII. 24, t. 1, p. 479.

32. *EEH*, IV.I, § 7, p. 101, on peut sans doute voir dans ce passage un souvenir de Francis Bacon, et du *Novum Organum* : les exemples de la poudre et de l'aimant y servaient à montrer que l'esprit humain livré à lui-même, sans recours à l'expérience, est incapable de produire les inventions les plus utiles ou les plus spectaculaires, inventions qui ont été découvertes par hasard (*op. cit.*, p. 181-182).

Le dernier type d'exemple du § 7 est différent parce qu'il ne s'agit plus seulement de relations de cause à effet rares ou inédites (du point de vue du sujet cognitif), mais de situations dans lesquelles nous croyons qu'un effet particulier est dû à la microstructure (inobservable), ou à une autre caractéristique cachée, d'un objet. Dans ce cas-là, observe Hume, nous admettons volontiers que notre connaissance de ces effets n'est connue que par expérience et analogie et jamais de manière *a priori*. Les philosophies naturelles corpuscularistes (des atomistes anciens aux mécanistes corpuscularistes du XVIIe siècle) ont défendu l'existence des atomes ou corpuscules (par définition inobservables) en procédant par analogie avec l'expérience que nous avons des relations de cause à effet des qualités sensibles des objets perceptibles[33]. Cette procédure analogique ouvre des difficultés ontologiques importantes à chaque fois, car l'empirisme de principe d'un Démocrite ou d'un Locke s'accorde mal avec le postulat de l'existence d'entités inobservables[34]. Hume généralise cette difficulté à l'ensemble des choses sensibles, y compris les événements qui nous sont les plus familiers parce que nous y avons été confrontés dès notre plus jeune âge. Au fond, ce qui semble assez évident, dans le cas des relations de cause à effet abstruses de la philosophie naturelle (qui procèdent de causes cachées ou de relations de cause à effet sans analogies avec ce qui est déjà connu) vaut en fait pour toutes les relations de causes à effet. Si les relations causales cachées ou rares ne peuvent être connues que par l'expérience que nous en faisons, il en va de même pour les relations causales les plus courantes et familières. Dans de telles situations, nous avons tendance à croire que nous savons, ou que nous pouvons comprendre, pourquoi ces événements se produisent par le seul moyen du raisonnement. Nous nous imaginons, par exemple, que nous pourrions prédire l'effet d'une boule de billard qui en frappe une autre, même si nous n'avions aucune expérience de tels événements. Une telle croyance est erronée, nous dit Hume. Elle illustre seulement la puissance trompeuse de l'habitude dans nos jugements :

33. Sur le lien entre théorie des qualités sensibles et corpuscularisme, on pourra consulter C. Brun, « Le corpuscularisme de Boyle et la distinction des qualités dans l'épistémologie de Locke », dans M. Dennehy et C. Ramond (éd.), *La philosophie naturelle de Robert Boyle*, Paris, Vrin, 2009, p. 259-276.

34. Cette difficulté fonde en grande partie les débats autour du réalisme scientifique car la plupart des théories scientifiques modernes font jouer un rôle explicatif à des entités et des processus inobservables directement (gènes, particules fondamentales, sélection naturelle) dont l'existence indépendante de la théorie peut être questionnée. Pour entrer davantage dans le détail, voir P. Godfrey-Smith, *Theory and Reality*, *op. cit.*, p. 173 *sq*.

> Telle est l'influence de la coutume : quand elle est à son plus fort, non seulement elle masque notre ignorance naturelle, mais elle se dissimule elle-même et paraît ne jouer aucun rôle, précisément parce que son empire est entier[35].

L'habitude (ou la coutume) est le visage trivial de l'expérience telle que l'entend Hume, cette accumulation mémorielle de relations temporelles entre des faits. Paradoxalement, plus l'habitude est forte, plus elle passe inaperçue. Pour qui a gardé à l'esprit la présentation des principes d'association des idées de la section III, l'habitude, la coutume ou l'expérience sont les pendants épistémiques et comportementaux de ces principes cognitifs.

Hume peut alors en venir au dernier point de cette première partie. Notre confiance dans la capacité de la raison à connaître les processus et opérations naturelles est telle qu'il pense devoir nous mettre au défi, pour établir définitivement sa thèse, que la connaissance des causes et des effets n'est justifiée que par l'expérience. Il nous enjoint de considérer le cas d'un objet dont nous devrions déterminer les effets sans « consulter l'expérience passée » et nous demande comment « l'esprit doit (…) procéder dans cette opération »[36]. La réponse de Hume à cette question est simple. Il rappelle que la perception sensible d'un objet ne révèle ni ses causes, ni ses effets (d'après ce qui a été établi plus haut au § 6). De plus, les effets étant logiquement distincts des causes, il n'y a rien que nous puissions tirer de la perception des causes qui nous permettra d'en inférer les effets. Sans aucune expérience passée de la connexion entre cause et effet, la conclusion à laquelle nous parviendrons sera arbitraire car la contingence des choses de fait implique que nous ne pouvons pas déduire l'effet de la connaissance de la cause de manière nécessaire. C'est là l'argument qu'il résume au début du § 11 :

> Pour me résumer je dirai que tout effet est un événement distinct de sa cause et qu'il ne saurait donc être découvert dans la cause : quand il est inventé ou conçu pour la première fois, a priori, ce doit être d'une manière totalement arbitraire. Et même après qu'il nous a été suggéré, son rapport à la cause doit apparaître tout aussi arbitraire, puisqu'il y a toujours beaucoup d'autres effets qui, au regard de la raison, doivent apparaître tout aussi cohérents et naturels[37].

35. *EEH*, IV.I, § 8, p. 103.
36. *Ibid.*, § 9, p. 103.
37. *Ibid.*, § 11, p. 105.

Si je ne suis pas informé par mon expérience passée, la perception d'une boule de billard en mouvement en direction d'une autre boule ne saurait justifier la détermination de l'effet à venir. Tout autre effet envisagé n'aurait « rien d'absurde ou d'inconcevable »[38]. Notre prétention à inférer un effet ou une cause sans nous appuyer sur l'observation et l'expérience est donc une illusion que nous devons reconnaître pour ce qu'elle est : le produit d'une habitude qui nous conduit à ignorer le rôle de l'expérience accumulée.

Dans les deux derniers paragraphes de la première partie, Hume tire les conséquences épistémologiques de ce premier mouvement argumentatif pour la philosophie naturelle et l'usage des mathématiques que nous y faisons. Hume a clairement rejeté les prétentions des philosophes dogmatiques rationalistes à parvenir à une connaissance des premiers principes des choses et à la constitution réelle du monde. Notre connaissance du monde n'est possible que dans les limites définies par notre expérience (passée et présente). La simple réflexion sur les relations d'idées ne nous ouvrira pas les portes de la connaissance de « la cause dernière d'une opération naturelle »[39] pas plus qu'elle ne nous permettra de déterminer « comment agit la puissance qui (…) produit »[40] un seul événement dans l'univers. Nous pouvons tout au plus espérer « réduire à plus de simplicité les principes qui produisent les phénomènes naturels et à ramener la foule des effets particuliers à un petit nombre de causes générales, au moyen de raisonnements tirés de l'analogie, de l'expérience et de l'observation »[41].

Ainsi Hume ne se contente-t-il pas ici de contester la possibilité d'une connaissance *a priori* des phénomènes naturels. Il souligne que la connaissance « des causes de ces causes générales » est toujours incertaine. « Ces ressorts et ces principes derniers sont entièrement cachés à la curiosité humaine et *défient toute étude* »[42]. Nous pouvons tout au plus espérer ordonner nos connaissances des causes générales, c'est-à-dire des opérations de la nature, mais en aucun cas ne parviendrons-nous à une connaissance de leurs causes ultimes. On retrouve ici une position proche de celle adoptée par Newton dans les *Principia* ou dans son *Optique*. Par exemple, dans le scolie général des *Principia*, Newton reconnaît ne pas avoir assigné

38. *EEH*, IV.I, § 10, p. 105.
39. *Ibid.*, § 12, p. 107.
40. *Ibid.*
41. *Ibid.*
42. *Ibid.* (Nous soulignons).

de cause à la force de gravité, bien qu'elle lui permette d'expliquer « les phénomènes des cieux et de nos mers », parce que :

> Je n'ai pas encore pu déduire des phénomènes la raison de ces propriétés de la gravité, et je ne feins pas d'hypothèse. Car tout ce qui n'est pas déduit des phénomènes doit être appelé hypothèse ; et les hypothèses, soit métaphysiques, soit physiques, ou fondées sur des qualités soit occultes, soit mécaniques, n'ont pas de place dans la philosophie expérimentale. Dans cette philosophie expérimentale, les propositions sont déduites des phénomènes et sont rendues générales par induction [43].

Tout le paragraphe 12 porte la marque de l'influence newtonienne[44]. Il s'agit là d'un appel explicite à l'orthodoxie expérimentale pour tous les philosophes de la nature qui se seraient perdus, trop loin de l'expérience, dans le recours à la raison spéculative. Il poursuit en les enjoignant également de ne pas prendre les outils mathématiques permettant d'appliquer ces lois ou de les formaliser pour la source de leur découverte. En effet, Hume insiste sur le fait que les déductions mathématiques appliquées en philosophie expérimentale sont impuissantes à découvrir des lois de la nature indépendamment de toute expérience.

> Toutes les parties des mathématiques mixtes reposent sur la supposition que dans ses opérations la nature a établi certaines lois ; et l'on emploie le raisonnement abstrait soit pour assister l'expérience dans la découverte de ces lois, soit pour déterminer leur influence dans les cas particuliers où cette influence dépend d'un degré précis de distance ou de qualité [45].

L'expression « mathématiques mixtes » demande à être éclaircie car elle ne reflète plus aucun domaine des mathématiques contemporaines (pas même les mathématiques appliquées). On considère généralement que Bacon est l'auteur qui l'a introduite en 1605 dans *Du Progrès et de la promotion des savoirs*[46] comme un substitut aux « sciences composées » d'Aristote, c'est-à-dire à l'ensemble des études mathématiques des objets

43. I. Newton, *The Principia, Mathematical Principles of Natural Philosophy*, trad. angl. I. B. Cohen et A. Whitman, Oakland, University of California Press, 1999, « General Scholium », p. 589, nous traduisons à partir de cette version anglaise.

44. *EEH*, IV.I, § 12, p. 107.

45. *Ibid.*, § 13, p. 109.

46. F. Bacon, *Du progrès et de la promotion des savoirs* [1605], trad. fr. M. le Dœuff, Paris, Gallimard, 1991. Pour plus de détails sur l'histoire de l'évolution de la catégorie des mathématiques mixtes chez Bacon, on consultera avec profit G. I. Brown, « The Evolution of the term "Mixed Mathematics" », *Journal of the History of Ideas*, 52/1, janvier-mars 1991, p. 81-102.

physiques (optique, musique, astronomie). Bacon introduit ce terme dans son arbre de la connaissance par opposition aux « mathématiques pures » (arithmétique et géométrie) qui considèrent la quantité indépendamment de la matière et des principes de la philosophie naturelle. Les mathématiques mixtes sont donc à entendre comme les disciplines qui ont pour objet des principes et des parties de la philosophie naturelle et qui considèrent la quantité dans la mesure où elle aide à expliquer, démontrer et appliquer ces principes et ces parties de la philosophie naturelle. Hume se place donc, à nouveau, dans la lignée explicite de Bacon. Il ne s'agit pas ici d'une compréhension platonicienne du rôle des mathématiques, qui permettrait de découvrir des propriétés ontologiques par l'application de raisonnements *a priori*. Pour Hume, les raisonnements mathématiques *a priori* ne jouent donc qu'un rôle secondaire : dans l'application des principes et des lois de la philosophie naturelle ou pour établir ces lois, mais ces dernières ne sont découvertes qu'à travers l'expérience. Pour le dire autrement, la précision des raisonnements géométriques ne saurait compenser l'absence d'engagement ontologique qui caractérise les démonstrations concernant les relations d'idées. Sans ancrage expérimental, nos raisonnements mathématiques ne peuvent porter sur les choses de fait.

Cette conclusion en forme d'appel à l'orthodoxie expérimentale et à la modestie épistémique des philosophes naturels est sans aucun doute à rapprocher du faillibilisme lockéen développé dans le livre IV de l'*Essai sur l'entendement humain*[47], mais elle pousse la critique et le scepticisme plus loin en remarquant que seule l'expérience comprise comme résultat d'un apprentissage par l'expérience des sens et l'association des idées est à même de fonder la connaissance des choses de fait.

Cette première partie de la section IV peut donc être comprise comme un *credo* expérimentaliste, somme toute assez classique dans les positions qu'il adopte. Mais l'angle par lequel Hume parvient à ces thèses, la question principale qui lui donne l'occasion de clarifier son expérimentalisme, est originale (c'est ce qu'il revendique explicitement dans le début du § 3 de la section). La question de la nature de la justification de nos jugements sur les faits lorsqu'ils ne sont pas perçus actuellement ou consignés par la mémoire lui permet d'exclure à la fois la raison et

47. Le faillibilisme soutient que les connaissances que nous avons peuvent être considérées comme incorrectes (ou fausses) tout en conservant une valeur épistémique ou pragmatique. Locke peut être lu (par exemple dans Locke, *Essai*, *op. cit.*, t. 3, IV.III. 26, p. 84-85) comme ayant articulé une telle position.

l'expérience sensible pour leur préférer les leçons de l'expérience. La raison, comme instance de notre faculté de connaître, reste incapable de nous apporter la connaissance de la nature des choses par des intuitions ou des démonstrations (fussent-elles mathématiques) sur les contenus de nos perceptions. Parce que ces perceptions des choses ne nous livrent jamais la nature de leurs causes, nous devons nous appuyer sur l'expérience passée et sur la régularité des occurrences pour en inférer des causes supposées générales. Dès lors, la question se déplace à nouveau, la raison (non plus comme instance de notre faculté de connaître, mais comme norme du raisonnement) nous fonde-t-elle vraiment à inférer des causes générales de l'apparente régularité dont témoigne notre expérience ?

LE FONDEMENT INSAISISSABLE DE LA CROYANCE EN UN PRINCIPE D'UNIFORMITÉ DE LA NATURE

Hume résume très succinctement et très clairement ce qui a été établi dans la première partie de la section et présente la question qui fait l'objet de la deuxième partie dans son paragraphe introductif :

> Si l'on demande quelle est la nature de tous nos raisonnements portant sur les choses de fait, la bonne réponse semble être qu'ils sont fondés sur la relation de cause à effet. Si l'on demande derechef quel est le fondement de tous nos raisonnements et de toutes nos conclusions sur cette relation, il sera répondu d'un mot : l'expérience. Mais si l'on est d'humeur à vouloir tout éplucher et que l'on demande encore quel est le fondement de toute conclusion formée à partir de l'expérience, voilà une nouvelle question qui pourrait bien être plus difficile à résoudre et à tirer au clair [48].

Il s'agit donc maintenant pour Hume de déterminer ce qui justifie les conclusions tirées de l'expérience que nous avons des relations de cause à effet. Il retrouve ici le problème posé à toutes les théories empiristes de la connaissance, celui de la nature du fondement de notre confiance dans l'expérience. Les philosophes expérimentaux peuvent-ils se considérer justifiés à connaître les choses de fait sur la base de leur expérience ? La réponse de Hume intervient comme un choc dans le § 15 : « les conclusions que nous tirons de cette expérience ne sont pas fondées sur le raisonnement ni sur aucune opération de l'entendement »[49]. Si nous ne

48. *EEH*, IV.II, § 14, p. 111, italiques de Hume.
49. *Ibid.*, § 15, p. 111.

sommes justifiés ni par le raisonnement ni par aucune opération de l'entendement, cela signifie que nous ne sommes jamais fondés en raison à former des jugements sur les choses de fait que nous n'observons pas. C'est donc toute l'entreprise naturaliste de la science expérimentale (de la nature et de la nature humaine) qui est fragilisée.

Reprenant des éléments déjà évoqués dans la première partie, Hume rappelle que notre accès aux choses est limité à leurs qualités sensibles, « un petit nombre de qualités superficielles »[50], et que rien ne permet de tirer des idées que nous en avons la connaissance des « pouvoirs et [des] principes dont dépend entièrement leur action »[51]. Comme il l'a établi plus haut, seule l'expérience nous permet de nous orienter dans le monde, mais elle n'assure en rien la compréhension de ses mécanismes intimes, elle est muette quant aux principes pour lesquels les choses se produisent comme elles le font. Nous avons beau saisir par l'expérience sensible les qualités d'un objet, celles-ci ne nous révèlent pas les mécanismes de production de leurs effets sur nous ou sur les autres choses, pas plus qu'elles ne nous révèlent les pouvoirs et principes dont dépendent leurs actions. Pour autant, nous supposons sans cesse que les mêmes qualités sensibles sont liées à des « forces secrètes » qui produisent les mêmes effets. La question est donc maintenant précisée, il s'agit de déterminer comment nous en venons à former la croyance que la conjonction entre qualités sensibles et effets perçus doit être régulière, nomologique. Comment en venons-nous à nous attendre à ce que les mêmes choses dans des circonstances similaires, produisent les mêmes effets? Cette attente ne peut être fondée ni sur l'expérience présente, ni sur l'expérience passée puisque cette dernière ne nous informe de manière certaine que sur des événements passés particuliers. Rien ne permet dans cette expérience passée de justifier le saut inférentiel de prémisses concernant le passé vers des conclusions portant sur le futur. Les contraintes de la distinction des relations d'idées et des choses de fait (nécessité/contingence, déductibilité/observation) introduite au début de la première partie de la section interdisent d'établir une liaison qui n'est pas nécessaire du point de vue logique. Pourtant, c'est ce que nous faisons de manière répétée :

> [Il faut convenir] que l'esprit tire ici une conséquence, qu'il fait un certain pas, qu'il y a une opération de la pensée et une inférence qui restent à expliquer. Car les deux propositions que voici sont loin d'être les mêmes : *j'ai observé que tel objet a toujours été accompagné de tel effet*;

50. *EEH*, IV.II, § 16, p. 113.
51. *Ibid.*

et : *je prévois que d'autres objets qui sont en apparence semblables seront accompagnés d'effets semblables*[52].

Hume insiste sur le fait que bien que nous inférions la seconde de la première proposition « à bon droit »[53], ce ne peut être l'objet d'une connaissance au sens propre. Il y manque un moyen terme permettant de passer de la première à la seconde proposition de manière déductive ou, au moins, la saisie intuitive de la liaison entre les deux. Rappelons que l'intuition est la perception immédiate de l'accord ou du désaccord entre des idées ; puisque nous ne saisissons pas d'accord entre ces deux propositions de manière immédiate, il doit y avoir un raisonnement particulier qui permet de passer de l'une à l'autre, de les lier à travers un « moyen terme »[54]. Le cœur de l'argument de Hume est alors qu'il n'existe aucune prémisse capable de lier de cette manière les deux propositions.

Pour l'établir, et pour convaincre ceux qui pensent que cette prémisse existe mais nous échappe, Hume revient à la distinction initiale des relations d'idées et des choses de fait. Cette distinction est maintenant étendue aux types de raisonnements afin de montrer qu'une telle prémisse ne peut relever d'aucun domaine de la connaissance humaine. Les raisonnements sont, selon Hume, soit démonstratifs (lorsqu'ils portent sur des relations d'idées), soit moraux (lorsqu'ils portent sur « les choses de fait et les existences »[55]). Les raisonnements au sujet des choses de fait ne peuvent être démonstratifs (d'après ce qui a été montré en IV.I, § 2) parce qu'il n'y a pas de contradiction à concevoir que les liaisons causales dans le futur soient différentes de ce qu'elles étaient dans le passé. La démonstration exclut catégoriquement toute entorse à la nécessité parce que dans un tel cas les propositions seraient dépourvues de toute intelligibilité. En effet, lorsque nous raisonnons sur des existences ou des choses de fait, l'intelligibilité ou la concevabilité d'une proposition contraire à ce qui a été observé par le passé reste entière, elle n'implique donc pas contradiction. Ainsi, je peux « concevoir clairement et distinctement qu'un corps qui tombe des nuages et qui, à tout autre égard, ressemble à de la neige, ait pourtant le goût du sel ou le toucher du feu »[56]. La contingence des choses de fait exclut par conséquent que nous raisonnions par démonstration à leur propos. Aussi, si c'est par un raisonnement que nous passons de

52. *Ibid.*, p. 115.
53. *Ibid.*
54. *Ibid.*
55. *EEH*, IV.II, § 18, p. 117 et IV.II, § 21, p. 121.
56. *EEH*, IV.II, § 21, p. 121.

l'expérience passée à un jugement sur ce qui va se produire, ce raisonnement doit être moral et il n'aura pas la force de certitude d'une démonstration mais sera tenu dans les limites de la probabilité. On voit alors poindre la difficulté ultime de l'argument sceptique humien. Si le raisonnement qui justifie le passage de l'expérience passée à un jugement sur les existences futures est un raisonnement moral, alors il doit reposer sur la connaissance des causes et des effets qui dépend elle-même de notre expérience passée et du présupposé de l'uniformité de la nature.

> Vouloir donc prouver cette dernière supposition par des arguments probables ou des arguments d'existence, c'est manifestement tomber dans un cercle et prendre pour admis le point qui est en question [57].

Ajouter ainsi le principe d'uniformité de la nature, loin de sauver la possibilité d'un fondement rationnel de cette inférence, l'entraîne dans un argument circulaire. Précisons ce point. Le principe de l'uniformité de la nature est censé être la prémisse permettant d'inférer les existences futures à partir de nos expériences passées. Mais ce principe ne peut être établi que sur la base de notre expérience du passé et cette dernière n'a de valeur pour la connaissance qu'à la condition que le principe d'uniformité de la nature soit supposé vrai, etc.

> Il est donc impossible qu'aucun argument tiré de l'expérience puisse prouver la ressemblance du passé au futur, puisque tout argument de cette nature est fondé sur la supposition de cette ressemblance. Faites le cours des choses aussi régulier que vous voudrez jusqu'à maintenant; ce n'est pas assez, sans un nouvel argument ou une nouvelle inférence, pour prouver qu'il le restera à l'avenir. En vain prétendez-vous avoir été instruit de la nature des corps par votre expérience passée [58].

Le problème de l'induction est donc exposé dans son implacable évidence: le raisonnement probable à partir duquel nous pensons pouvoir établir des jugements sur les choses de fait futures suppose un principe d'uniformité de la nature qui ne peut être justifié sans être supposé dès le départ.

Tant que la constitution réelle des choses reste hors de notre portée épistémique, leurs pouvoirs causaux ne pouvant être déduits des qualités sensibles que nous percevons, nulle *connaissance* de l'évolution des faits dans le futur ne peut jamais être inférée rationnellement de la connaissance des régularités passées, aussi similaires que soient les circonstances de leur

57. *EEH*, IV.II, § 19, p. 119.
58. *Ibid.*, § 21, p. 123.

occurrence. L'expérience ne peut donc être le fondement d'une connaissance certaine des choses de fait, du monde, Hume retrouve ici le pessimisme épistémique d'un Locke lorsqu'il aborde les idées de substances dans le chapitre XXIII du livre II (voir en particulier les § 1-2 et 32) :

> Chaque fois que nous voulons aller au-delà de ces idées simples reçues de la sensation et de la réflexion, et plonger plus profondément dans la nature des choses, nous tombons aussitôt dans les ténèbres et l'obscurité, dans les embarras et les difficultés, et nous ne pouvons rien découvrir d'autre que notre propre aveuglement et notre propre ignorance[59].

Nos capacités de connaître les choses de fait sont donc limitées à ce que Locke appelait les essences nominales des choses[60] : la collection des idées de qualités sensibles régulièrement conjointes dans l'expérience sous une unique dénomination générale. L'expérience reste inévitablement un fondement faillible pour la connaissance. Malgré cela, la confiance que nous plaçons dans l'expérience pour guider nos actions dans le monde reste entière. Le fait que l'on ne puisse fonder en raison nos jugements sur les choses de fait n'interdit pas pour autant que l'on puisse régler nos actions sur l'expérience passée. C'est même là l'argument ultime avancé par Hume pour montrer que notre adoption du principe de l'uniformité de la nature ne repose jamais sur un raisonnement. Car « les paysans les plus ignorants, et les plus stupides, (…) les petits enfants et même les bêtes brutes font leur profit de l'expérience et apprennent à connaître les qualités des objets naturels en observant les effets qui en résultent »[61] sans jamais pouvoir fonder cette connaissance sur l'exercice de la raison puisqu'ils n'en disposent pas (ou au moins pas autant que le philosophe).

Ainsi, les doutes sceptiques soulevés par Hume contre notre prétention à connaître les choses de fait relèvent à la fois d'une critique de la raison et de l'expérience. La raison, comme faculté de l'entendement, ne peut sortir des limites du domaine des relations d'idées par l'intuition ou la démonstration; mais elle ne peut pas plus, comme norme du raisonnement, justifier la confiance que nous plaçons dans le passage de l'expérience des liaisons causales observées dans le passé vers leur généralisation aux temps futurs. L'expérience elle-même ne peut fonder notre connaissance des choses de faits puisque la confiance que nous plaçons en elle suppose un principe d'uniformité de la nature (les liaisons causales du futur seront similaires à celles du

59. Locke, *Essai*, *op. cit.*, II.XXIII, § 32, p. 487.
60. *Ibid.*, III.VI. 3-9.
61. *EEH*, IV.II. 23, p. 125.

passé) qui suppose lui-même un fondement expérimental. Comment ne pas être sensible au paradoxe apparent d'un philosophe qui a fait, dans la première section du même ouvrage, un plaidoyer pour l'adoption d'une philosophie expérimentale et qui met en doute, trois sections plus loin, la possibilité de fonder la connaissance sur l'expérience même. Le « choc sceptique » qui nous est asséné dans cette section IV n'est-il pas de nature à nous plonger dans les affres du pyrrhonisme ? Même si Hume nous assure que ce fondement imparfait est suffisant pour conduire notre action quotidienne, ne devons-nous pas comprendre que l'induction est toujours injustifiée et irrationnelle et que par conséquent nous devrions nous garder d'y recourir pour tout ce qui concerne la connaissance des choses de fait ?

LES LEÇONS À TIRER DU PROBLÈME DE HUME

La lecture la plus influente de la critique sceptique de l'induction est sans doute celle proposée par Karl Popper dans le premier chapitre de *La logique de la découverte scientifique*[62]. Elle consiste à voir dans la démarche sceptique de Hume une mise en garde contre les défauts de l'induction : ne pouvant être fondée de manière déductive, Hume aurait montré qu'elle était défectueuse et nous conduisait inévitablement à des conclusions erronées. Popper se sert de cette lecture pour embarquer Hume (référence centrale de la tradition empiriste) dans sa critique de l'inductivisme de Reichenbach.

Cette interprétation nous semble fautive parce qu'elle tend à surévaluer la critique du fondement rationnel de l'induction et à ignorer la critique de l'expérience elle-même menée par Hume tout au long de la section IV[63]. Mais, comme nous avons tâché de le montrer dans notre lecture de cette section, Hume ne retire pas à la raison toute prétention. Il lui conserve trois manières de contribuer à notre connaissance. Par *l'intuition* et par la *démonstration*, d'une part, la raison nous découvre des relations d'idées, nécessaires, de manière *a priori*. Il ne remet jamais cela en cause, il en limite seulement le champ d'application aux seules relations d'idées, c'est-à-dire sans recours à l'expérience effective. Par l'intuition nous saisissons de manière immédiate (sans raisonnement) l'accord ou le

62. K. R. Popper, *La logique de la découverte scientifique*, trad. fr. N. Thyssen-Rutten et P. Devaux, Paris, Payot, 1984, p. 25.

63. Il faut nuancer ce jugement en gardant à l'esprit que Popper appuie son interprétation du problème de Hume sur la version de l'argument offerte dans le *TNH* (I.III. 1-2 et I.III. 6) qui accentue effectivement la critique sceptique humienne du côté du rôle de la raison.

désaccord entre idées. Par la démonstration nous mettons également en évidence des relations d'idées, grâce à la médiation de raisonnements prenant pour prémisses les produits de l'intuition de l'accord ou du désaccord entre idées. Jamais l'intuition ni la démonstration ne nous informeront des choses de fait. À côté de ces activités de la raison pure (i.e. *a priori*), Hume reconnaît d'autre part le rôle des *raisonnements moraux* – qui infèrent des conclusions probables à partir de prémisses empiriques (*i.e.* tirées de l'expérience passée et présente) – dans les progrès de notre connaissance. Parce qu'ils sont déductifs, et donc vérifonctionnels, les raisonnements moraux, comme les raisonnements démonstratifs, doivent conduire à des conclusions qui sont certaines à l'égard des prémisses considérées. Mais, tandis que les raisonnements démonstratifs mènent à des conclusions nécessairement vraies puisque les prémisses sont fournies par intuition rationnelle, les raisonnements moraux restent, au mieux, suspendus à la simple probabilité des prémisses tirées de l'expérience. Les uns sont infaillibles quand les autres sont fondamentalement faillibles. L'induction est en ce sens une instance à part de raisonnement moral. Elle est à part, d'abord parce qu'elle n'est pas vérifonctionnelle, du fait de la contingence des choses de faits sur lesquelles elle repose. Elle est également à part, parce qu'elle est mobilisée de manière quasi permanente parce qu'elle est prise comme un équivalent (à défaut d'en être un fondement logique) de la croyance en un principe d'uniformité de la nature auquel notre recours général à l'expérience est rapporté. Comme pour Locke, l'objectif de Hume est de mettre en place les garde-fous de la méthode expérimentale contre l'*hybris* des philosophes de la nature et des métaphysiciens. L'expérience ne nous permet jamais d'atteindre une connaissance certaine au sens de nécessairement vraie. Notre connaissance est faillible, cela ne signifie pas qu'elle est défectueuse faute d'être fondée en raison. Notre présupposé de l'uniformité de la nature n'est pas fondé; ni sur une intuition, ni sur une démonstration, ni sur l'expérience (parce que dans ce dernier cas cela impliquerait une circularité de l'argument). Cependant, nous le posons comme une croyance clef de notre pouvoir limité – car seulement probable – de connaître les relations de cause à effet entre les choses de faits. Ce scepticisme attaché à la connaissance des choses de fait doit donc être pris comme un appel à la modestie épistémique des philosophes expérimentaux pour leur éviter les prétentions et les travers de la métaphysique et de la philosophie naturelle dogmatique. Le paradoxe soulevé par ces doutes sceptiques pour le fondement de la méthode expérimentale demande néanmoins à être traité, et c'est ce que Hume s'emploie à faire dans la section V de l'*Enquête*.

CLAIRE ETCHEGARAY

PREMIER TRAITEMENT, PREMIERS RÉSULTATS LA COUTUME ET LA CROYANCE (SECTION V)

NATURALISME ET SCEPTICISME

La section précédente a présenté un développement sceptique que l'on pourrait craindre *ruineux* pour toute croyance en une question de fait. On voit mal en effet comment la vie commune pourrait être encore possible si l'on en acceptait la conclusion, à savoir que *nos jugements sur les* matters of fact *ne sont pas fondés*[1].

La section V avance une première réponse, que la section XII viendra compléter et mettre en perspective : une remise en question *théorique* de nos jugements sur les faits peut être inoffensive dans la pratique[2]. Hume prétend même trouver cette solution dans un modèle inattendu, un *certain* scepticisme. Il s'agit du scepticisme de l'Académie à une époque où elle s'opposait vigoureusement aux stoïciens. Ainsi, de même que les sceptiques de l'Antiquité acceptaient de suivre le *peithanon*

1. Michel Malherbe traduit *matters of fact* par « choses de fait ». Une autre traduction usuelle est « questions de fait ». La traduction de Michel Malherbe a l'avantage de faire entendre une thèse solidaire de l'expression « in matter of » depuis Chillingworth : il s'agissait de traduire en anglais le principe d'une certitude *pro rerum diversate* (« according to the matter or things spoken of »). Hume distingue en effet des espèces d'évidence selon différents domaines d'objet. Les « choses de fait » (*matters of fact*) désigne le domaine des faits, et non des substances particulières.

2. Rappelons que par « fait » il faut entendre principalement ici les faits *non-perçus* et *non-souvenus*.

(le « persuasif », que Cicéron a traduit en latin par « probabile ») pour peu qu'on n'y voie point de vérité, il faudrait admettre que nos jugements dans les choses de fait (*matters of fact*) sont des croyances impossibles à fonder sur quelque raison première. Leur vérité ne peut être prouvée par la raison. Mais ce sont des croyances « instinctives » parce qu'elles se forment avant toute réflexion fondatrice de la raison, et qu'elles se maintiennent naturellement envers et contre l'échec des tentatives à les établir sur un fondement ultime.

Ainsi, l'examen de la section précédente est moins stérile qu'on ne pouvait le craindre : il met en évidence les conditions naturelles dans lesquelles ces croyances dans les faits non perçus ne manquent pas de se former. La *coutume* en est le principe psychologique naturel, bien qu'elle ne constitue pas un *fondement* au sens classique. Telle est la « solution sceptique » que Hume va proposer aux doutes développés dans notre section. Elle est donc une pièce maîtresse dans la défense que Hume pourra présenter contre les accusations de ses adversaires, qui pensent que la philosophie humienne sape les raisonnements de la vie commune et porte ses doutes sur l'action, la spéculation et la religion.

Le soupçon, d'ailleurs, n'a fait que croître, malgré les rééditions de l'*Enquête* dans la seconde moitié du XVIIIe siècle. Thomas Reid et James Beattie ont ainsi poursuivi la mise en accusation que le clergé avait lancée [3]. Ils ont parfaitement compris que l'évidence dans les faits non perçus est devenue, sous la plume de Hume, vulnérable car elle est réduite à un *effet* psychologique, un effet dont la valeur épistémologique n'est jamais garantie.

Hume prétend pourtant que l'*Enquête* donne une réponse « complète » à Reid et Beattie [4]. Il se défend de ruiner toute croyance commune. Dans la première partie de la section il tire le résultat positif de l'examen sceptique mené dans la section IV, un résultat que nous nommerons une « première vendange » (pour employer un terme expérimental baconien). Le scepticisme ne détruit pas les croyances dans les faits non perçus puisqu'en échouant à les fonder il en révèle le principe naturel (§ 1-2). Ce principe naturel qui nous permet de tirer de l'expérience une conclusion sur un fait

3. Selon Reid, l'auteur du *Traité* a édifié « un système entier de scepticisme qui ne laisse aucune raison de croire [*no ground to believe*] à une chose plutôt qu'à son contraire » (T. Reid, *Recherches sur l'entendement humain d'après les principes du sens commun*, trad. fr. M. Malherbe, Paris, Vrin, 2012, p. 24).

4. Lettre de David Hume à William Strahan du 26 octobre 1775, *Hume Letters*, éd. J. Y. T. Greig, 2 vol., Oxford, OUP, 1932, Lettre 509, p. 301.

non perçu, c'est la coutume (§ 3-5). Il suffit qu'un objet soit perçu ou souvenu pour croire à son concomitant en vertu d'une conjonction passée habituelle entre les deux (§ 6-8). À partir de là, dans la seconde partie, l'explication humienne en vient à considérer la nature de la croyance et de la conjonction coutumière.

Il faut donc évaluer la défense présentée par Hume : s'agit-il véritablement d'une *solution* aux doutes élevés dans la section IV ? Hume a-t-il raison de se trouver satisfait de sa réponse ? On peut d'ailleurs se demander pourquoi elle constituerait une meilleure défense que le *Traité* si les principaux arguments de celui-ci sont repris dans notre section. L'enjeu est de comprendre quel rapport entretiennent la thèse sceptique (selon laquelle nous ne parvenons pas à fonder notre croyance causale) et la thèse naturaliste (selon laquelle notre croyance causale est naturelle et inévitable en vertu des principes naturels tels que l'habitude)[5]. Le scepticisme de Hume lui fait-il admettre l'autorité de la croyance instinctive comme un fait ou comme une source de légitimité ? A-t-elle une valeur uniquement pragmatique ou une valeur épistémique, voire une valeur présumée de vérité *parce qu'*elle se révèle indispensable et utile en pratique ?

PARTIE 1
LA VENDANGE SCEPTIQUE

Le modèle du scepticisme académique (§ 1-2)

Notre section s'ouvre sur des considérations qui prennent pour modèle les « academics », c'est-à-dire les figures historiques de l'Académie qui ont défendu une forme de scepticisme : Arcésilas de Pitane (env. 315 av. J.-C.-240 av. J.-C.), Carnéade de Cyrène (env. 219 av. J.-C.-129 av. J.-C.) et Philon de Larissa (env. 159 av. J.-C.-84 av. J.-C.). L'Académie avait été fondée par Platon mais sous leur direction, elle a pris un tournant sceptique qui nous est principalement connu par *Les Académiques* de Cicéron[6]. Cette entrée en matière est un appel tactique à une autorité historique pour se

5. Voir *supra* p. 18-22 le chapitre introductif de ce volume.

6. Cicéron, *Les Académiques,* trad. fr. P. Pellegrin, Paris, GF-Flammarion, 2010. Cicéron étudia à l'Académie et put entendre les discours de Philon de Larissa, qui la dirigea et était lui-même sceptique.

défendre de tout excès pyrrhonien[7]. Il faut l'expliquer par le sens qu'a une telle étiquette dans le contexte classique et moderne.

Certains sceptiques de l'époque moderne, comme Louis-Simon Foucher (1644-1696) ou l'évêque Pierre-Daniel Huet (1630-1721), se rangeaient sous la bannière des *Académiques* de Cicéron pour éviter d'être inclus dans un scepticisme renonçant à toute recherche de la vérité. À l'époque, on qualifiait parfois de « pyrrhonien » le scepticisme qui renonçait à la vérité et se contentait d'une forme de bonheur dans l'ataraxie obtenue par le moyen des apories. Se placer dans la ligne d'un scepticisme « académique », c'était se défendre de tomber dans les excès du pyrrhonisme, ruineux pour la science et la religion. Ainsi, alors que chez Pierre Bayle l'aporie pyrrhonienne mettait en contradiction les suppositions de la raison et les dogmes de la foi chrétienne[8], l'académisme de Foucher et Huet montrait au contraire qu'il y a au cœur de la raison des croyances que la raison ne saurait fonder, *ergo* que la raison repose sur la foi. Certes, il semblerait bien étrange que Hume se range aux côtés de ces fidéistes. Il ne partage pas la conviction des sceptiques modernes que la faillite de la raison mène à l'apologie de la religion. D'ailleurs, dans ces premiers paragraphes, philosophie et religion reçoivent des traitements parallèles mais déconnectés. Prendre le modèle académique est simplement une manière pour lui de signaler qu'il existe une philosophie sceptique qui ne ruine pas la croyance.

Voyons maintenant quels arguments il retient. Il faut souligner que la référence de Hume aux penseurs de l'Antiquité est loin de leur être fidèle[9]. On aura également la prudence de supposer que le scepticisme historique de l'Académie ou le stoïcisme d'un Epictète ne se confondent pas avec la philosophie *d'esprit* académique ou *d'esprit* stoïcien qu'ils inspirent à Hume[10].

7. On sait que l'*Enquête* se termine sur une défense du « scepticisme mitigé » que Hume qualifie de « philosophie académique » pour le distinguer d'un pyrrhonisme excessif. Il faut donc interpréter le texte en ménageant une cohérence entre la section V et la section XII.

8. Pierre Bayle, article « Pyrrhon » dans le *Dictionnaire historique et critique* [1740], Genève, Slatkine Reprint, 1969 (5e éd., rev. et corr.), p. 99-100 et Rem. B, p. 103-104.

9. J. Annas, « Hume and Ancient Scepticism », *in* Juha Sihvola (ed.), *Ancient Scepticism and the Sceptical Tradition*, *Acta Philosophica Fennica*, t. 66, Helsinki, Philosophical Society of Finland, 2000, p. 271.

10. Dans l'*Enquête*, Hume parle parfois du stoïcisme de l'Antiquité pour traiter d'une philosophie *d'esprit* stoïcien comme celle de Hutcheson (par exemple en *EEH* VIII.II, § 34, p. 263). Dans notre paragraphe toutefois, il n'y a pas de raison de penser que la philosophie de Hutcheson soit particulièrement concernée par le repli sur soi.

Dans la section V, le scepticisme académique est présenté au travers d'une opposition avec les stoïciens. L'enjeu, frappant dès le § 1, est le rapport de la philosophie à la nature. « L'amour de la philosophie », en aspirant « à la magnanime fermeté du sage philosophe [*philosophic*] » et en tentant de se limiter aux seuls plaisirs intellectuels, pourrait bien flatter notre « indolence naturelle », c'est-à-dire notre tendance à nous retirer du monde. Il ne faut donc pas confondre avec « l'amour de la vérité » (mentionné quelques lignes plus bas au § 2), l'amour de la philosophie qui est biaisé par quelque tempérament asocial ou égoïste de sorte qu'il trouve satisfaction dans le repli autarcique plutôt que dans l'activité intellectuelle elle-même. À l'inverse, il n'y a pas à craindre que la philosophie « académique ou sceptique » ait semblable défaut car elle ne vient alimenter aucune autre passion naturelle que l'amour de la vérité, c'est-à-dire, chez Hume, la curiosité (ou le désir de savoir).

Ainsi ce n'est pas le scepticisme *en général* qui est accusé de ruiner la croyance mais – c'est un comble – son rival, le stoïcisme. Voilà un roque diablement bien joué [11]. Le stoïcisme qui se targuait pourtant d'avoir pour critère *ce qui convient* à la nature raisonnable et sociable devient ici l'exemple typique du travers (*inconvenience*) traditionnellement reproché au scepticisme.

En outre, se rangeant sous la bannière académique, Hume s'allie à ceux qui, comme Foucher et Huet, rejettent ce reproche sur un *autre* scepticisme que le leur, un scepticisme auquel Hume ne donne pas de nom ici mais que l'on nomme assez généralement à cette époque « pyrrhonisme ». Ce qui compte pour Hume ici n'est pas tant ce label que le travers dont le pyrrhonisme est largement accusé à l'époque classique et pour lequel notre auteur plaide non-coupable. Dans la section XII, il réservera le qualificatif de « pyrrhonien » à un type d'argumentation bien spécifique. Ne pas parler *explicitement* du pyrrhonisme dans notre section lui permet d'éviter d'être confondu avec le « pyrrhonisme mal compris » d'une double manière : en se réclamant de l'académisme et en ménageant une place à venir pour *un autre pyrrhonisme*, bien compris cette fois [12].

11. Aux échecs un roque consiste à déplacer deux pièces, le roi et la tour, en un seul coup de telle sorte que celle qui était à droite revient à gauche et inversement.

12. Dans la section XII, la philosophie académique sera présentée comme une forme de conséquence du pyrrhonisme. L'inversion de l'ordre historique confirmera alors que ce sont les philosophies *d'esprit* pyrrhonien et *d'esprit* académique qui intéressent Hume. Et l'on comprendra alors pourquoi la philosophie académique, contrairement à ce que le lecteur pourrait penser, ne se construit pas en opposition radicale avec le pyrrhonisme.

Les stoïciens, en faisant reposer toute vertu dans l'exercice d'une raison autarcique, flattent en réalité une inclination non raisonnée de la nature humaine à l'insociabilité. Ils prétendent par-là gouverner nos instincts et nos affections pour les rendre conformes à notre nature. Or cet idéal est vain. Hume parle ici d'expérience car il a souffert, dans sa jeunesse, d'une mélancolie philosophique due à un régime stoïcien très sévère qu'il avait voulu s'appliquer. S'il qualifie cette philosophie de « système plus raffiné d'égoïsme » ce n'est donc pas pour son contenu doctrinal (car Hume sait avec quelle éloquence le stoïcien dépeint les passions *sociales*) [13] mais pour ses conditions *d'exercice* (un exercice spirituel à la maîtrise du jugement, qui ne peut qu'être individuel). La qualification d'*égoïsme* (*selfishness*) est provoquante car depuis Hutcheson les Lumières écossaises réservent le nom d'égoïsme aux adversaires du stoïcisme, c'est-à-dire aux auteurs qui prennent pour critère moral l'intérêt privé, le plaisir personnel ou les conventions intéressées et qui sont pour cette raison qualifiés de *néo-épicurisme* [14].

Ayant en commun un idéal de perfection éthique, celui d'un bonheur obtenu au travers des seuls raisonnements (les apories pour les pyrrhoniens), le stoïcisme serait donc un égoïsme déguisé et le mauvais scepticisme (pyrrhonien) un dogmatisme qui s'ignore – tous deux, au fond, n'utilisant la raison que comme « prétexte » (*a pretence of reason*) pour justifier une tendance non rationnelle.

Cette tendance, présentée comme naturelle, est un trait du tempérament et non une propriété de notre constitution [15]. C'est donc un « *biais* » qui se forme par une complexion de caractère, variable selon chacun. Ainsi l'amour de la philosophie peut-il être biaisé. De même, l'amour de la religion est « tiré » dans le sens de la superstition lorsque la personne a déjà tendance à craindre les causes de nos malheurs, et dans le sens de l'enthousiasme lorsqu'elle est d'un tempérament cognitif présomptueux et d'une imagination facilement échauffée [16]. En somme, une philosophie qui prétend se retirer de la vie commune et de ses engagements, de la vie sociale et de ses attentes – donc de la pratique et de ses croyances – nourrit

13. « Le stoïcien », *E&T*, t. 1, p. 197-203, p. 201.

14. Hume reprendra d'ailleurs cette étiquette dans la seconde *Enquête*, lorsqu'il parlera de « l'hypothèse égoïste ». Cette fois il désignera par là la thèse selon laquelle l'appréciation est toujours motivée par un *intérêt* même quand elle est morale (*EPM*, V, § 2).

15. La naturalité de cette tendance au repli sur soi ne doit donc pas être confondue avec la naturalité de la croyance dans les faits.

16. « Superstition et enthousiasme » (1741), *E&T*, t. 1, p. 133-139.

une disposition au repli sur soi et au dogmatisme, un égoïsme autant cognitif que moral [17].

Le caractère inoffensif de la philosophie académique est, par contraste, souligné.

> [L]es philosophes de l'Académie parlent de doute et de suspension de jugement, du danger de se déterminer précipitamment, de se tenir dans les bornes étroites des enquêtes de l'entendement (*confining to very narrow bounds the enquiries of the understanding*) et de renoncer à toutes les spéculations qui ne sont pas comprises dans les limites de la vie et de la pratique communes [18].

Cette formule permet à Hume d'éviter les discussions, déjà présentes chez Cicéron, sur la possibilité ou non pour un sceptique *d'affirmer* quoi que ce soit. Ils n'affirment rien, ils parlent. Mais elle est aussi frappante par le résumé très *moderne* qu'elle fait du scepticisme académique. Partant de la notion de doute et de suspension du jugement elle en vient à des thèses proprement humiennes, qui ne trouveront un véritable sens qu'à la fin de la section XII : se tenir dans les limites étroites de l'entendement et renoncer aux spéculations qui dépassent « la vie et la pratique communes ». L'idée de confinement et celle de précipitation, au milieu de la citation, se trouvent déjà chez Cicéron [19], mais un lecteur contemporain de Hume les entendra en un sens cartésien. Le polissage est visible et le résultat très « inoffensif » (*harmless*) en effet.

L'envoi final de la plaidoirie argue que c'est son « innocence » qui « plus que tout expose [la philosophie académique] à la haine et au ressentiment » [20]. Face aux autres partis et aux autres sectes philosophiques, en

17. Dans « Un dialogue » en appendice de la seconde *Enquête*, Hume décrit deux figures pathologiques d'une tendance au repli sur soi, respectivement ancienne et moderne : Diogène le cynique, indépendant et arrogant, et Blaise Pascal, superstitieux et enfermé dans la haine de soi. Le tempérament du premier a rencontré la philosophie, celui du second la religion (*EPM*, trad. fr. M. Malherbe, « Dialogue », p. 187). Voir également A. Garrett, « Hume, Cicero, and the Ancients », *in* E. Kroeger et W. Lemmens (eds), *Hume's* An Enquiry Concerning the Principles of Morals. *A critical Guide*, Cambridge, CUP, 2021, p. 206-209.

18. *EEH* V.I, p. 131 (trad. mod.).

19. Cicéron, *Les Académiques*, I.XII.45, p. 111-113. À *continere temeritatem* et *praecurrere* font écho *confining* et *hasty determinations* dans la citation de Hume.

20. La haine est dans le *Traité* une passion indirecte qui est associée à un déplaisir et s'accompagne de la conception d'une *personne*, objet de haine, comme cause de ce déplaisir (*TNH*, II.II). Le ressentiment est une passion directe qui accompagne la haine et désire le mal de la personne par là conçue. Donc en parlant de haine et de ressentiment, ici, Hume dénonce la façon dont les controverses philosophiques prennent un tour *ad hominem*.

résonance avec les passions qu'on a décrites, la philosophie académique est peu audible. Elle a donc « peu de partisans » et fait l'objet d'attaques infondées qui « la déclarent libertine » pour son dérèglement de mœurs, « profane » pour son indifférence à la religion et même « irréligieuse » pour le danger qu'elle cause à cette dernière. Cette fois, l'accusation est graduée et précise. Des philosophes comme La Mothe Le Vayer en ont été la cible. Hume lui-même eut à défendre le *Traité* contre l'accusation d'athéisme, ce qu'il fit dans la *Lettre d'un gentleman*, au travers d'un pastiche où il prenait le rôle d'un narrateur fictif. Il soutient désormais en son nom propre un argument véritablement philosophique, qui vaut contre l'accusation plus générale :

> Et il ne faut pas craindre que cette philosophie, alors qu'elle s'occupe à borner nos recherches à la vie courante, puisse jamais saper les raisonnements de la vie courante et pousser ses doutes jusqu'à ruiner toute action en même temps que toute spéculation. La nature maintiendra toujours ses droits et triomphera tôt ou tard de n'importe quel raisonnement abstrait [21].

Pourquoi un tel passage n'a-t-il pas convaincu les philosophes du sens commun Reid et Beattie ? Apparemment ils ne disent pas autre chose : le scepticisme ne peut rien contre nos croyances communes parce qu'elles sont naturelles et même « instinctives ». Toutefois le *casus belli* entre la philosophie de Hume et la leur repose sur *la valeur de vérité* affectée à ces croyances. Toute la question est de savoir si *en tant que philosophe*, Hume admet la vérité de ces croyances. C'est là le véritable dissensus. La philosophie de l'esprit doit-elle admettre la *vérité* des croyances naturelles ? Il faut se demander si la force de la nature qui nous impose ces croyances (sans qu'on en puisse en donner de raison pleinement satisfaisante) est un pur fait auquel le philosophe se laisse aller, ou si le philosophe reconnaît à la crédibilité naturelle une portée cognitive. Le pyrrhonisme de Sextus Empiricus, tel que lu par ses adversaires, conduit au « laisser-aller », s'abandonnant au *peithanon*, suivant la nature, la coutume, et les lois, mais renonçant à la vérité. Le naturalisme de Reid [22] défend que tout un chacun reconnaît *dans ses pratiques* (qu'elles soient quotidiennes ou intellectuelles) la valeur cognitive de l'évidence, y compris le sceptique même s'il

21. *EEH*, V.I, § 2, p. 131.

22. Ce naturalisme de Reid a été projeté sur Hume par Norman Kemp Smith (voir notre introduction, *supra*, p. 20-21).

ne veut pas le dire. La position de Hume est pour sa part, sur ce sujet comme sur d'autres, sur une ligne de crête[23].

Il ne faut pas tomber dans un versant pour éviter l'autre. La philosophie de Hume ne se prononce pas sur la véracité de la naturalité. Elle ne nie pas la possibilité qu'elle ait une valeur cognitive car ses succès pratiques la rendent vraisemblable, mais elle n'exclut pas non plus que son autorité (les « droits » qu'elle a sur nous dans la citation) soit *de facto*[24].

Le principe naturel de l'inférence dans un fait non perçu : la coutume (§ 3-6)

Si le raisonnement par lui-même ne peut pas concevoir une raison première le conduisant à inférer un fait non perçu, comment expliquer que

23. L'introduction du volume a rappelé que le conflit d'interprétation qui divise la littérature secondaire oppose les commentateurs qui lisent la philosophie humienne comme sceptique et ceux qui y voient un naturalisme. L'un des principaux enjeux de ce débat est d'interpréter la *croyance* définie dans notre section V. N. K. Smith y voit une « croyance naturelle » au sens naturaliste (c'est-à-dire au sens où Reid pense que nos croyances réalistes, instinctives, sont vraies). Au contraire, quand R. Popkin a réinscrit Hume dans une voie néo-pyrrhonienne, il faisait courir le risque que la « croyance naturelle » revienne en fait au *peithanon* pyrrhonien. C'est la raison pour laquelle J. P. Wright a un temps préféré éviter le vocable de « croyance naturelle » à propos de Hume, et a conçue la croyance chez Hume comme une supposition *prima facie* (autorisée en l'absence d'évidence contraire). Wright pensait d'ailleurs que cette conception était typique de la philosophie *académique* proposée par Hume, ainsi distinct du pyrrhonisme comme du naturalisme. Récemment K. Meeker est pour sa part revenu à une interprétation plus sceptique, qui s'appuie sur la section V pour montrer que Hume est un « égalitariste sceptique ». L'interprétation de la notion d'*instinct*, à la fin de la section, dépend pour partie de la façon dont on conçoit l'articulation entre le scepticisme et le naturalisme (et leurs sens respectifs). Mais, dans l'espace de cet article, plutôt que de signaler une nouvelle voie sur la cartographie générale des interprétations, nous la traçons par une exploration du texte même.

24. Un conflit d'interprétation similaire porte sur un passage du *Traité* que les commentateurs nomment le « Principe d'autorité » (*the Title Principle*) : « Where reason is lively and mixes itself with some propensity, it *ought* to be assented to. Where it does not, it can never have any title to operate upon us » (*TNH*, I.IV. 7, § 11, nous soulignons). Toute la question est d'interpréter *ought*. Don Garrett y voit une normativité épistémique et Kevin Meeker une normativité exclusivement pragmatique. Notre lecture consiste à prendre au sérieux l'embarras lui-même : le scepticisme de Hume réside dans notre incapacité à trancher sur le droit qu'a la raison de suivre la nature. Il y a incontestablement un intérêt vital et pratique pour elle à le faire. Mais cela prouve-t-il ou se double-t-il d'une justification épistémique ? Voilà qui reste impossible à nier ou affirmer. Voir D. Garrett, « Hume's Conclusions in "Conclusion of this Book" », *in* S. Traiger (ed.), *The Blackwell Guide to Hume's* Treatise, Oxford, Blackwell Publishing, 2006, p. 169-170 et K. Meeker, *Hume's Radical Scepticism and the Fate of Naturalized Epistemology*, Basingstoke, Palgrave Macmillan, 2013, chap. V.

son inférence ait du « poids » ou de l'« autorité » sur nous (§ 2) ? Ces deux notions (« poids » et « autorité ») pourraient sembler distinctes, l'une connotant une force psychologique et l'autre une légitimité épistémique. Toutefois, la différence entre les deux devient indiscernable dès lors qu'elles signifient la force d'une inférence opérée par la *raison* (certes), mais sans reposer sur un fondement premier. Le critère de distinction entre la croyance *de facto* et la croyance *de jure* s'efface. À vrai dire, Hume peut jouer sur une certaine superposition lexicale entre le fait et le droit due à l'usage de ces deux termes, puisque l'évaluation d'un poids se traduit par une notion épistémique, la *pondération* (qui désigne aussi l'évaluation de probabilités), et inversement la notion d'*autorité* a un usage dans le champ rhétorique qui renvoie au simple pouvoir des opinions d'autrui. Or, que nous soyons incapables de savoir si ce poids/cette autorité est *fiable*, c'est-à-dire si cette force naturelle nous fait avoir une croyance vraie ou justifiée, n'empêche pas au philosophe de pouvoir repérer, par sa méthode expérimentale, ce qui est à son principe. Il lui suffit de mettre en évidence les invariances au travers de la variété de toutes nos croyances dans les faits non perçus.

Ce qui apparaîtra alors, au principe de notre inférence, sera-t-il une cause ou une justification de nos croyances ? Cela est une fois encore indécidable en *philosophie*. Mais, comme on va le voir, nous sommes toujours déjà plongés dans l'expérience même, engagés dans la vie doxastique, et c'est la coutume qui nous permet de concevoir (ce que nous tenons pour) de bonnes raisons de nos croyances.

Pour le montrer Hume emploie une expérience de pensée qui prend la forme d'une variation expérimentale (§ 3-4) et il en tire ce que Bacon nommait une « première vendange », c'est-à-dire la circonstance régulièrement impliquée dans la *présence du phénomène* et qui manque dans les cas d'*absence* du phénomène[25]. Ici le phénomène est l'inférence d'un fait, et la circonstance à son principe est la coutume (§ 5).

Le scénario imaginé pour concevoir l'absence du phénomène est une situation de *prime expérience*. Ce n'est pas la première fois dans l'*Enquête* que Hume a recours à une telle expérience par la pensée. La situation d'Adam à la section IV avait le même but expérimental : gommer la coutume et l'expérience passée. Imaginons une personne observant pour la première fois une succession continuelle d'objets, elle serait incapable *d'attendre* un autre événement (un effet dans le futur). Mais ici Hume ne

25. La structure de l'argument reprend donc la procédure baconienne des tables de présence et d'absence.

s'en tient pas à cette conclusion, déjà établie par le scénario d'Adam. Ce qui l'intéresse dans notre section, c'est qu'une telle personne serait incapable « d'atteindre l'idée de cause et d'effet ». Il lui manquerait l'expérience à partir de laquelle l'idée de cause se tire puisque toute « idée » dérive d'impressions, et que l'observation d'une succession n'est clairement pas l'observation d'une *action causale*. Notre personne imaginaire fait la prime expérience d'une relation de contiguïté qui ne saurait par elle-même lui faire concevoir la relation de causalité. Supposons que cette personne soit, pour les besoins de notre argument *a fortiori*, « douée des meilleures facultés de raison et de réflexion ». Elle ne saurait donc confondre conjonction et causalité, antécédent et cause, conséquent et effet. La raison donc, à son meilleur, ne suffit pas pour penser des causes et des effets ou attendre un fait comme l'effet d'un autre, même en présence d'une succession. Pourtant, d'après la section IV, la relation causale est la seule relation permettant d'inférer un fait non perçu[26]. Une telle personne serait donc incapable de faire cette inférence. Accordez-lui une excellente *aptitude* à faire des raisonnements *a priori* ou des raisonnements *a posteriori*, si elle ne s'appuyait pas sur *des habitudes effectives* à constater des conjonctions semblables, cette aptitude serait vaine pour juger des faits non perçus.

La seconde partie du scénario introduit cette fois la circonstance présumée en cause : « supposez maintenant qu'elle ait acquis davantage d'expérience… ». Ne disons pas une *nouvelle aptitude rationnelle* mais uniquement qu'elle ait acquis une expérience de conjonctions semblables. Elle fait bel et bien cette inférence. Elle n'a *toujours pas acquis* l'idée de cause néanmoins. En d'autres termes, elle n'établit pas *d'abord* que *A* est « cause » de *B* pour inférer *B* de *A*. Ayant vu que les faits ressemblant à *A* étaient régulièrement suivis de faits ressemblant à *B*, elle infère de *A* un *B* qui ressemblera aux subséquents passés. Donc la *relation* établie par association est première par rapport à l'idée de *cause* : c'est parce que l'esprit *passe de A à B*, sous l'effet d'une habitude, qu'il en viendra à concevoir *A* comme une cause. La section VII reprendra l'analyse de l'idée de cause à ce point du raisonnement. La personne imaginaire ne saurait concevoir la propriété de *A* par laquelle *B* s'ensuit : elle n'a pas besoin de concevoir d'*énergie* causale en *A* pour attendre *B*. Dit encore plus simplement, il ne

26. Hume dit au § 3 « rien de plus que ce qui était immédiatement présent à sa mémoire ou à ses sens ». Il faudrait effectivement parler de *faits non perçus et non souvenus*, c'est-à-dire de tout ce qui n'est pas une impression présente ou une idée dérivée de cette impression dans le souvenir.

lui est pas nécessaire de penser explicitement *A* comme une cause ou (comme le dirait Kant) de subsumer *A* sous le concept de cause. Cette simple remarque suffit à comprendre que Hume pour sa part n'ait pas eu besoin de postuler un *concept a priori* de cause pour penser nos jugements d'expérience. En appeler à l'*originarité* de l'idée de cause, comme Reid le fera plus tard, n'est pas davantage une option. Car ce que Hume découvre dans notre section (ou redécouvre, car il l'a découvert dans le *Traité*, I.III. 3) ce n'est pas seulement que l'on n'a pas d'impression de la cause – point sur lequel il reviendra dans la section VII – mais *que l'on n'a pas besoin de l'idée de cause* pour faire une association (causale) nous permettant d'étendre notre champ des faits. Le *cours de pensée* (*course of thinking*) est ce *de quoi* nous tirons nos idées de causes, et non l'inverse : ce n'est pas en appliquant l'idée de cause que l'on établit des relations causales.

> Et fût-elle convaincue que son entendement n'a point de part dans l'opération, elle persisterait néanmoins dans le même train de pensée [27].

L'association causale s'opère *naturellement*, sans être régie ou réglée par l'entendement. Plus encore : l'entendement n'opère lui-même que sur la base de ces associations. Tous ses raisonnements sont l'œuvre d'une capacité à *passer* de la conception de *A* à celle de *B* qui n'attend jamais d'être un acte de déduction parfaite. *La naturalité* de nos inférences échappe à l'ambition fondationnaliste de nos raisonnements. C'est cette naturalité, plutôt que l'origine de la connaissance, qui est ici en question.

Ainsi il serait trompeur de présenter Hume comme celui qui a découvert que l'idée de cause n'a pas son origine dans l'expérience et à qui il aurait suffi d'accepter que des idées (et en particulier l'idée de cause ou celle de substance) soient *a priori* pour sortir de ses paradoxes sceptiques. Non seulement un *fait de la raison* pour les Lumières écossaises ne peut signifier qu'un *fait de nature*, mais la nature de l'esprit humain, selon Hume, s'éprouve dans une passivité au travers de laquelle un raisonnement se constitue.

Le principe « qui détermine » l'opération de l'entendement n'est donc pas l'entendement mais ce qui est absent dans la prime expérience, et présent quand on réintroduit la longue expérience passée : « la coutume ou l'habitude » (§ 5). Le sens de cette détermination varie selon le parti-pris interprétatif. Il serait celui d'un *commandement* de la nature infaillible si notre auteur était un théiste écossais. Ou à l'inverse, s'il était pyrrhonien, ce serait une nécessité aveugle à laquelle l'esprit n'aurait plus qu'à se laisser

27. *EEH*, V.I, § 4, p. 135.

aller. Mais pour Hume qui ici n'a pas encore élucidé l'idée de nécessité et qui, quand il le fera, sera sceptique à son propos, le sens de cette détermination est *indéterminé*. Le statut du texte de Hume est ployable dans le sens d'une *épistémologie normative* ou d'une *psychologie cognitive*; il ne se réduit donc à aucune des deux. À tout le moins, reconnaître le rôle de la coutume dans nos croyances ne saurait remettre en cause la vie pratique puisque c'est elle, au contraire (§ 6), qui explique nos succès pratiques. Cette explication ne saurait suffire à garantir qu'elle soit source de vérité, mais ces succès pourraient également être signes d'une fiabilité épistémique. La question reste ouverte. Hume peut dire que la coutume est « le grand guide de la vie humaine » parce qu'elle a des effets pratiques et pragmatiques indéniablement bénéfiques et même vitaux, mais de là à dire si notre nature est *providentielle* ou non, si elle est faite *pour la vérité* ou non, voilà un pas métaphysique dont il est loin d'être sûr que Hume l'accomplisse. La fin de la section nous invitera à y revenir.

Les termes « coutume » (*custom*) et « habitude » (*habit*) sont proches. *Custom* peut d'ailleurs être traduit par « accoutumance ». Dans la suite du texte « habit » disparaît et Hume n'emploie plus que « custom ». S'il faut faire une nuance, on peut avancer que la coutume désigne plutôt une pratique répétée, observable en troisième personne, tandis que l'habitude est la disposition à faire quelque chose de plus en plus naturellement ou facilement sous l'effet de cette pratique, une disposition éprouvée en première personne. À tout le moins, la coutume avancée par le philosophe ne saurait être un principe métaphysique de répétition à l'identique[28]. C'est un *principe de la nature humaine*, c'est-à-dire une cause conçue par le philosophe à partir d'une régularité constatée : il n'y a régulièrement pas de croyance en un fait non perçu sans l'habitude d'avoir constaté une conjonction passée. Surtout, la coutume ne saurait être la cause *première* (un fondement) de l'habitude. L'introduction du *Traité* avait déjà annoncé que la méthode expérimentale devait remonter aux « principes les plus universels que possible » sans prétendre aller au-delà de ce que l'expérience nous permettait d'induire à titre de cause : il fallait rejeter « toute hypothèse

28. Le même (*same*) est ici l'expression d'une relation de *ressemblance*. La relation d'identité (qui est certes facilement confondue avec la relation de ressemblance) ne concerne que l'identité *numérique* d'une chose à elle-même (*TNH*, I.I. 5, p. 58). Ainsi s'il est possible de faire des généralités c'est précisément en raison de la coutume qui associe à un mot identique des idées semblables (*TNH*, I.I.7, § 6, p. 65).

qui prétend découvrir les qualités originelles et ultimes de la nature humaine »[29].

Par conséquent, dire que la coutume est un principe naturel ce n'est pas dire qu'elle est *phusei* au sens ancien[30]. C'est seulement rappeler qu'elle doit être comprise au travers de cette méthodologie expérimentale. Ce qui est conçu par la « coutume » ici c'est quelque chose qui *par nature* nous « dispose » à renouveler le même acte ou la même opération, opération qui n'est pas contrainte (*impelled*) par un raisonnement parce qu'elle *est* le raisonnement. Pourquoi la coutume a un tel effet, voilà qui reste inconnu. Ainsi les *bornes de l'entendement* sont-elles constatées par le philosophe. Ce dernier utilise le raisonnement que nous opérons naturellement dans la vie courante pour trouver le fondement de la croyance et il ne peut lui-même faire d'inférence sur les faits et les causes de notre esprit que s'il dispose d'expériences. Sans observation ou expérience par la pensée lui permettant de repérer la circonstance qui, dans la coutume, est suivie de cette croyance, il ne peut remonter plus loin. Conformément à la méthode expérimentale qui cherche, après avoir induit des principes, à expliquer de nouveaux phénomènes, Hume peut dire :

> Cette hypothèse semble même être la seule qui explique pourquoi nous tirons de milles cas une inférence que nous ne sommes pas capables de tirer d'un cas unique, pourtant semblable à tous égards[31].

Il faut se méfier d'un contresens ici. Hume ne dit pas que l'homme du commun, plongé dans l'expérience, ne peut pas faire d'inférence à partir d'un cas unique (A). Il dit seulement que sans l'intervention de la coutume (c'est-à-dire s'il n'avait pas d'expérience passée), cet homme sera incapable de faire une telle inférence. Dans le *Traité* il a bien montré comment *l'expérience même de faire des inférences* développe une habitude de second ordre qui permet, devant un cas singulier (A), de s'attendre à un autre événement (B). Nos croyances sont elles-mêmes des expériences sur lesquelles nous pouvons faire une inférence et cette réflexion, disait-il,

29. *TNH*, introd., § 8, p. 35.

30. L'application humienne de la méthode expérimentale conduit à supprimer la distinction que les Anciens faisaient entre *nomos* et *phusis*. Mais si tout phénomène est *phusei* chez Hume, ce n'est pas au sens ancien d'une *phusis* finalisée et définie par son essence ou sa rationalité. La nature dont la coutume est un *fait* ne peut pas être connue dans son essence indépendamment des phénomènes dont on fait l'expérience et que l'on *tient* pour cause ou effet.

31. *EEH*, V.I, § 5, p. 135.

« produit la coutume d'une manière oblique et artificielle »[32]. Mais dans notre paragraphe, le scénario de l'*Enquête* est celui d'une prime observation; il exclut donc qu'aucune habitude ait pu se développer, que ce soit par l'expérience sur les faits ou l'expérience sur nos croyances dans les faits.

On devine alors une confusion susceptible d'être commise par une théorie de l'esprit qui négligerait la différence entre les raisonnements *a priori* sur les idées et les raisonnements *a posteriori* concluant un fait non perçu. Les premiers ne font pas appel à l'expérience comme à une *raison* de leur conclusion, soit. Les seconds voient en l'expérience une raison de croire. Fort bien. Un art de la pensée (un art de croire) peut même être possible. Lorsque nous tentons de penser méthodiquement, nous réfléchissons sur nos croyances et la coutume opère de façon *artificielle*: conscients de l'habitude, nous prêtons attention à ce qui procure des croyances *régulièrement* confirmées et nous en tirons des règles de croyance[33]. Mais il se peut également que la coutume opère de façon *oblique*, en ayant développé une habitude *de pratiquer les inférences* d'une certaine façon. Dans ce cas, l'habitude se fait oublier. L'art de croire devient spontané, irréfléchi. L'effet *autodissimulateur* de l'accoutumance rend l'action habituelle de moins en moins forcée; en l'occurrence cette action est l'inférence, qui devient plus facile parce qu'une réflexion n'est plus nécessaire. Dès lors l'inférence que nous tirons à partir d'un cas paraît *a priori* parce que nous ne sentons plus *l'effort de la réflexion à mener* à partir de l'expérience passée *de nos inférences*. Elle est pourtant bien *a posteriori*. L'*Enquête* a rappelé cette autodissimulation de la coutume dans la section IV[34]. Elle explique maintenant le cas où une réflexion qui est volontairement opérée passera pour *a priori*, alors qu'elle met en jeu la coutume.

C'est pourquoi Hume ajoute ici une longue note faisant la critique des théories qui, sur les faits, prétendent mener un raisonnement purement *a priori*, et qui confondent donc une inférence menée par une habitude devenue insensible et une inférence indépendante de toute habitude.

32. *TNH*, I.III. 8, § 14, p. 170.

33. « Artificiel » signifie ici « intentionnel » : on utilise volontairement nos habitudes de croyance pour en tirer des règles. Cet art de la pensée est exactement ce que Hume entendait par la *logique* en matière de causes et d'effets dans une section du *Traité* (I.III.5). Mais cette section, qui prétendait énoncer un ensemble de règles *logiques*, ne se retrouve pas dans l'*Enquête*. En lisant cette dernière on en vient à douter que l'art de croire puisse jamais être une *logique*, entendue comme une science systématique.

34. *EEH*, IV.I, § 8, p. 103.

La note sur la distinction entre raison et expérience

C'est une note qui pourrait surprendre le lecteur négligent. La « fourche » exposée au début de la section IV distinguait en effet entre les raisonnements *a priori* et les raisonnements dans les choses de fait (*matters of fact*). Or dans cette note Hume juge « erronée » et « superficielle » la distinction radicale entre l'argumentation *a priori* ou l'argumentation *a posteriori*. Mais il n'y a nulle contradiction car cette fois, seules les seules choses de fait sont envisagées. Cela explique que Hume ne traite ni de mathématiques ni de géométrie ici. Sa cible est la prétention à distinguer en politique, en morale ou en physique une argumentation purement rationnelle et une argumentation tirée de l'expérience. En outre, il ne conteste pas toute distinction mais uniquement celle qui verrait une contrariété absolue entre la raison d'un côté et l'expérience de l'autre pour traiter des faits. Il soutient en revanche la thèse selon laquelle un argument sur les faits peut être *plus ou moins* fondé sur l'expérience et à l'inverse s'approcher *plus ou moins* d'une comparaison *a priori* entre idées (sans jamais s'y identifier). La « fourche » du début de la section IV n'est donc pas invalidée. Il s'agit seulement de raffiner les considérations sur l'une de ses branches, celle qui concerne les *matters of fact*. Certains auteurs distinguent parmi les preuves d'un fait celles qui sont expérimentales et celles qui sont purement rationnelles. Hume pense que ce n'est pas une distinction absolue et qu'elle n'est pas toujours pertinente.

Une telle distinction radicale, en physique, en morale ou en politique, est certes plausible. Elle est un avantage pour les auteurs qui veulent composer un système. C'est le cas des *Discours* de Galilée, des *Principia* de Newton en physique[35], dont la structure pourrait se lire au travers de la distinction épinglée par Hume : la raison établit les principes universels *a priori*, aussi nommés *axiomes*, sur le modèle des *Éléments* d'Euclide, et l'expérience permet de son côté de faire les prévisions de faits particuliers. En politique, le républicaniste Algernon Sidney commence par se donner pour fondement les « notions communes » de la liberté, d'où il déduit que le

35. Les *Discours et démonstrations mathématiques concernant deux sciences nouvelles* (1638) portent sur la science des matériaux et la mécanique. Les parties III et IV posent des axiomes, en déduisent des théorèmes et des problèmes. Les *Principia mathematica philosophiae naturalis* (1687) d'Isaac Newton comprennent une partie où les axiomes universels (que Newton les appelle les lois du mouvement) sont exposés, au début du premier livre. Ensuite, les *Principia* en explorent les conséquences mathématiques dans les deux premiers livres, et le troisième confronte ces résultats à l'expérience que nous avons du mouvement des astres (aux lois de Kepler).

principe d'un droit illimité du monarque (conçu par Filmer et avant lui, par Hobbes) est en contradiction avec la liberté du peuple; par ailleurs il a aussi recours aux exemples de gouvernements historiques depuis l'Antiquité pour induire les principes du meilleur gouvernement politique[36]. C'est l'exemple pris par Hume ici. En morale, on peut également penser à l'écossais George Turnbull, dont le système commence par poser quelques faits collectés par observation (sur le pouvoir) pour ensuite en déduire par la raison des lois morales.

Mais selon Hume les prérogatives de l'*a priori* dans le domaine des faits généraux ne se justifient pas car les conclusions qui les concernent ne sont pas d'une autre nature que les attentes qui naissent de l'histoire et de l'expérience passées. Il n'y a pas d'universalité (« en tout lieu et en tout temps ») qui puisse être affirmée en dehors d'une généralisation à partir d'une *ressemblance* entre les lieux et les temps. Seul l'effet autodissimulé de la coutume suscite une croyance en l'*a priori*. D'ailleurs, il ne faut pas se tromper sur les raisons d'une supériorité, parfois concédée, de l'expérience sur la raison dans la pratique[37]. Ce n'est pas que l'expérience sert à découvrir ou présumer les maximes que la raison est seule capable d'établir avec certitude par ailleurs. Ce n'est pas l'expérience qui, pour avoir une supériorité en pratique, doit déjà flairer l'universel; c'est la raison qui n'aurait pas de valeur théorique si elle n'avait toujours déjà à son principe la coutume. L'expérience est donc *le fond* toujours déjà-là de l'activité de l'esprit. Elle n'est pas seulement l'*origine* de nos idées ou de nos raisonnements; elle est notre condition humaine et c'est à ce titre que son statut d'origine doit être compris.

La seconde condition de la croyance en une question de fait (*§ 7-8*)

La coutume est donc indispensable à nos croyances dans les questions de fait (car même lorsque nous n'avons jamais rencontré de faits semblables, notre croyance dépend tout au moins des habitudes formées au travers de nos expériences de croyances). C'est une première circonstance dégagée Hume. Il y a une autre circonstance qui se retrouve en toutes les croyances en une question de fait : il faut que nous soyons en présence (par la sensation ou le souvenir) d'un objet semblable à l'un de ceux qui furent conjoints par le passé.

36. A. Sidney, *Discourses Concerning Government*, Indianapolis, Liberty Fund, 1996.
37. Aristote, *Métaphysique*, A. 1, trad. fr. J. Tricot, Paris, Vrin, 1991.

Cette seconde circonstance est ce à quoi nous faisons naturellement référence quand nous sommes interrogés sur les *raisons* de notre croyance. Ainsi le mot « reason » vient nommer le *sens d'une réponse* à une question sur nos croyances. Une raison c'est ce que vous devez me donner lorsque je vous demande pourquoi vous croyez en un fait non perçu. Je n'attends pas que vous me parliez des *causes* de cette croyance, mais de ce qui, à vos yeux, constitue un juste motif de croyance. Au XXe siècle, Elizabeth Anscombe a brillamment analysé la notion d'intention comme ce qui est exprimé dans certains types de réponse à la question « pourquoi avez-vous agi ainsi ? ». Hume conçoit déjà, au XVIIIe siècle, la *raison de croire* comme le sens d'une réponse attendue à la question « pourquoi croyez-vous que *B* ? » (§ 7). Par exemple, « pourquoi croyez-vous qu'il y a du feu si vous ne le voyez pas ? ».

C'est dans un cadre d'interlocution que le sens normatif de *l'évidence* apparaît dans le texte de Hume : l'habitude d'avoir observé la succession *A*-*B* a pour effet que la rencontre d'un objet semblable à A apparaît comme une *bonne raison* de croire qu'un objet semblable à *B* existe. Hume ne saurait, en tant que philosophe, avoir les moyens de *ruiner* le sens normatif de l'évidence, sens normatif qu'elle a dans les situations d'interlocution quotidiennes. Il ne fait que constater son émergence dans des circonstances données, sans pouvoir le justifier ou le réfuter par la philosophie.

Or, interrogée sur sa croyance, la personne répondra qu'elle est en présence de A (« je vois de la fumée »). Si nous ne faisions pas l'expérience d'une présence (par la perception sensible), nos réponses à la question « pourquoi croyez-vous que *B* ? » seraient en défaut. Hume illustre l'importance d'une mise en présence sur le cas d'une croyance en une question de fait un peu particulière, la croyance testimoniale. C'est déjà ce que le *Traité* faisait[38]. Pourquoi croyons-nous que César fut tué aux ides de Mars ? Parce que nous le lisons sur les pages d'un livre. De son côté, l'*Enquête* identifie la raison de notre croyance aux témoins la mort de César. En réalité, les deux ne s'opposent pas. Vous tenez l'écriture pour un effet très éloigné des témoins de la mort de César. Dans les deux cas la croyance testimoniale consiste à passer *de la perception* de l'écriture à l'idée de ceux qui ont livré le premier témoignage, par inférence causale. Si vous supposez le livre fiable, son écriture est pour vous l'effet-trace d'un témoin qui lui-même tenait son récit d'autres témoins, jusqu'aux premiers témoins oculaires (*eyewitnesses*). La condition psychologique du *savoir historique* est d'être en présence aujourd'hui avec ce que nous croyons être les traces de

38. *TNH*, I.III.4, § 2, p. 144-145.

perceptions ou souvenirs passés. On pourrait sans doute se demander si la croyance en un fait historique ne nécessite pas d'abord de justifier la croyance que nous sommes en présence de *traces*. L'on entrerait alors dans la critique des sources historiques. Or, comme Hume le montrera dans la section X, ce sont là encore des *matters of fact*, sur lesquelles on raisonne uniquement à partir de l'habitude développée à travers l'expérience de croire le témoignage des autres, laquelle fut démentie et ou confirmée selon les circonstances.

On a parfois interprété la position de Hume, sur la croyance testimoniale, comme un *vérificationnisme*[39]. Cette interprétation pourrait être réévaluée à l'aune de la section X. Mais déjà ici (en V.i, § 7), on peut noter que Hume ne dit pas qu'il faut vérifier un témoignage pour y croire. Il dit que croire un témoignage historique, c'est croire qu'il est l'effet d'une perception passée. La raison de cette croyance n'est telle qu'en vertu de *l'habitude* de lire des livres de tel éditeur, de tel écrivain. Cela permet de comprendre comment nous *constituons* le monde des faits à partir de notre expérience présente. La mise en présence diffuse le sentiment de réalité sur ce qui lui est causalement relié, en une chaîne qui s'étend au plus loin de nous, spatialement et temporellement.

À l'issue de cette première partie, il faut reconnaître que les questions soulevées par la *naturalité* de l'inférence restent entières[40]. Hume peut bien déclarer que toutes nos inférences sur les faits non perçus sont « des instincts naturels » (§ 8), rien ne dit que ces instincts soient épistémiquement fiables. Nous n'en sommes pas au même point qu'au début de la section toutefois car nous savons désormais que naturellement, nous reconnaissons à nos croyances particulières des *raisons* lorsque nous sommes engagés dans la vie sociale et commune. Nous savons en outre que le philosophe ne saurait réfuter ni confirmer leur valeur épistémique. Il décrit les principes naturels de l'évidence dans les questions de fait sans la ruiner ni la fonder, sans supprimer ces raisons et sans chercher de nouvelles raisons. Mais peut-on juger de ces raisons et dire si elles sont plus ou moins suffisantes ? Peut-on discriminer entre des croyances plus ou moins probables ? Ce seront les questions traitées dans la section VI.

39. C. A. J. Coady, *Testimony : A Philosophical Study*, Oxford, Clarendon Press, 1992.

40. J. Benoist, « Le naturalisme, avec ou sans le scepticisme ? Après Hume », *Revue de métaphysique et de morale*, 2003/2, p. 127-144.

PARTIE 2
L'ANATOMIE DE LA CROYANCE

La seconde partie de la section V s'engage dans une analyse des principes de la croyance. Hume prévient qu'un lecteur qui n'en aurait pas le goût, c'est-à-dire qui n'apprécierait pas cette analyse *profonde* et serait plus enclin à la une philosophie facile et claire, pourrait la « passer ». C'est une parenthèse propre à plaire à ceux qui cèdent à leur curiosité.

Le désir de vérité, en la matière, ne trouvera peut-être pas pleine satisfaction mais la quête curieuse procure le plaisir de la chasse, si ce n'est de la prise[41]. En l'occurrence, elle s'avance sur un terrain où la raison, même définie au sens humien, ne peut plus fonder ses conclusions par des observations directes de croyances. Car de telles observations directes ont conduit, par méthode expérimentale, à la vendange de la circonstance déterminante : la coutume. Est-il encore possible d'approfondir la recherche ? On peut, dit Hume, poursuivre les « explications et analogies » (§ 9) pour préciser les principes de la croyance. Dans un premier temps, on commencera par considérer ce qui fait la différence entre la fiction et la croyance (§ 10 à 12). Elle n'est qu'un *sentiment* spécifique. Mais quel sentiment et pourquoi ? Comme la variation expérimentale ne peut pas remonter plus loin que l'association décrite dans la première partie de la section, l'enquête sur les causes de la croyance doit se poursuivre en utilisant un autre procédé, *l'analogie*. Cela permet à Hume de tirer une « loi générale » valant pour toutes les associations qui produisent semblable sentiment (§ 13-20) : elles conduisent à concevoir *plus fermement* et plus *vivement* le fait non perçu. Pour terminer, Hume revient sur l'explication de la coutume qui pourrait être donnée d'un point de vue *finaliste* : nous sommes en effet portés à concevoir la régularité dont nous avons l'habitude comme l'effet d'une providence naturelle (§ 21-22).

En somme, dans cette seconde partie, Hume fait une *anatomie de la croyance*. Dès la section I, il faisait l'analogie entre le rapport du peintre à l'anatomie des corps et celui du philosophe moral à l'analyse des principes pour montrer l'utilité de cette dernière[42]. Simplement, une philosophie peut être plus ou moins facile, c'est-à-dire s'en tenir plus ou moins à ce qui est manifeste (*obvious*) dans l'expérience de la croyance, et donc, inversement, plus ou moins abstruse, selon que l'analyse des principes l'éloigne plus ou moins de ces considérations faciles et évidentes. C'est pourquoi la

41. *TNH*, II.III.10.
42. *EEH*, I, § 8, p. 43.

seconde partie, anatomique, de notre section est en quête d'exactitude plus fine sur la nature de la croyance, mais doit continuer à référer à son expérience vécue.

La différence entre la croyance et la fiction (*§ 10 à 12*)

Hume commence par exclure une explication de la croyance qui serait justement contraire à l'expérience manifeste. Croire en un fait ne consiste pas à joindre une idée à la simple conception de ce fait, parce que sinon – comme l'esprit a la capacité de varier les relations entre idées dans le cas des faits –[43], il pourrait *se faire croire* que le fait existe, au gré de ses fantaisies. Or l'expérience que nous faisons de nos croyances montre que croire à la réalité qui nous entoure et aux faits que nous tenons pour admis ne dépend pas des caprices de notre fantaisie. Ce doit donc être un sentiment (*sentiment*) ou une manière d'éprouver la conception (un *feeling*)[44].

Hume rejette ainsi une définition de la croyance que la logique des idées, développée dans le sillage de Port Royal ou de Locke, avait rendu plausible. Rappelons-nous ce que Locke observait dans sa correspondance avec Edward Stillingfleet. Dès lors que l'on définit la connaissance sensible ou la croyance comme la présomption d'un accord (*agreement*) entre idées, n'est-on pas conduit à dire que la croyance en l'existence d'une chose met en rapport l'idée de cette chose avec l'idée de réalité ou d'existence? C'est à tout le moins l'option que Hume exclut. Concevoir une chose c'est toujours la concevoir comme un *être* (une existence possible) mais l'existence réelle à laquelle je crois n'est pas une idée que j'ajoute à la conception de la chose. Je peux penser à un centaure – c'est l'œuvre de cette capacité d'unir les idées à ma fantaisie. Je le conçois comme un être existant, mais d'une existence possible. Je ne pas peux y *croire* car le jugement réaliste ne se réduit pas à ajouter l'idée d'existence. Une existence idéelle ne sera jamais qu'une existence conçue, seulement

43. *EEH*, II, § 4-5 et III.

44. Dans ces paragraphes 11 et 12, *feeling* est rendu par « impression » dans la traduction de Michel Malherbe et par « sensation » dans celle de Didier Deleule. Les deux options peuvent se justifier. La première interprète le *feeling* comme une impression de réflexion qui procure un sens de la présence analogue aux impressions de sensation. La seconde peut s'autoriser du *Traité* (I.III.8) où le raisonnement sur les faits non perçus est dit être une « sensation ». Mais comme Hume emploie l'anglais *impression* plus loin pour signifier quelque chose d'un peu différent, nous préférons éviter la première. Quant à la notion de *sensation*, effectivement employée par Hume dans le *Traité*, elle pourrait aussi prêter à confusion avec les perceptions des cinq sens. Nous conserverons donc le terme de *feeling*.

possible[45]. Une idée est donc l'idée d'un être concevable ou possible, et l'idée d'existence ne peut pas nous faire croire à son existence réelle[46].

Pour autant Hume a-t-il raison de penser que la seule option restante est celle du sentiment ?

Hume fait comme si la seule alternative était la suivante : soit la croyance est l'union d'une idée à l'idée d'existence, soit elle est un sentiment. Cela a été explicitement présenté dans l'*Appendice* au *Traité*, lorsque Hume tentait de préciser ce qu'il avait voulu dire dans le *Traité* en soutenant que la croyance en un fait non perçu était une « une manière de concevoir » ou encore « une *manière* particulière de former une idée »[47]. Dans une section du *Traité* en effet, il insistait sur le fait expérimental suivant : la croyance a le même *contenu conceptuel* que la fiction (I.iii. 7). L'objet conçu est le même, que l'on y croie ou non. C'est pourquoi la croyance doit consister uniquement dans la *manière* de concevoir. L'esprit y vient, ajoutait la section suivante (I.iii. 8), par un raisonnement qui relève plus de la *sensation* que de la *cogitation*. Ce sont ces textes que Hume cherchait à clarifier en 1740, dans l'*Appendice*, conscient qu'il était face à un « dilemme »[48].

Car parler de *sentiment* ou de *feeling* pourrait aussi laisser le lecteur insatisfait. Ces termes nous renvoient à une expérience phénoménale si intime qu'on ne peut rien en dire. En outre, une telle définition ignore souverainement les distinctions que les anciens comme les modernes étaient inquiets de préserver : la distinction entre logique et rhétorique, entre entendement et affectivité, entre conviction et persuasion. Pascal les avait élégamment rappelées au début de *L'art de persuader* :

> Personne n'ignore qu'il y a deux entrées par où les opinions sont reçues dans l'âme, qui sont ses deux principales puissances, l'entendement et la volonté. La plus naturelle est celle de l'entendement, car on ne devrait jamais consentir qu'aux vérités démontrées ; mais la plus ordinaire,

45. Le principe de concevabilité apparu au début de la section IV établit que tout ce qui est concevable est possible.

46. Voir *supra*, p. 79-83, la contribution d'Angélique Thébert (sur *EEH*, III, § 15-17).

47. *TNH*, I.III. 7, p. 160 et p. 162. Hume prenait un exemple loin d'être anodin : l'idée de Dieu. Croire que Dieu existe n'ajoute rien au contenu de *ce qui est conçu* (contenu idéel). La preuve *a priori* de l'existence de Dieu s'en trouve anéantie. Kant dira encore : l'existence n'est pas un prédicable (*Critique de la raison pure*, « Dialectique transcendantale », III, 4e section, trad. fr. A. Renaut, Paris, GF-Flammarion, 2001, p. 532-533).

48. *TNH*, Appendice, p. 371.

> quoique contre la nature, est celle de la volonté. Car tout ce qu'il y a d'hommes sont emportés à croire non par la preuve, mais par l'agrément[49].

Or, selon Hume, il n'y a pas deux entrées, mais une seule, naturelle : le sentiment. Le domaine de l'assentiment rationnel n'est plus préservé du sentiment que les penseurs classiques disaient *confus*. Le conflit des interprétations trouve là un terrain propice à s'exercer. Avec cette notion de *sentiment* ou de *feeling*, Hume neutralise-t-il toute valeur épistémologique et ontologique à la croyance dans les faits ? Il serait sceptique. Ou bien veut-il dire que notre réalisme ordinaire, étant un simple *feeling*, est impossible à analyser philosophiquement car *ce que cela fait* de croire au réel, l'on ne peut le connaître qu'en l'éprouvant ? Il partagerait alors avec Reid une forme de naturalisme.

En réalité, le texte est, dans sa lettre, plus prudent. D'abord, Hume ne prétend pas ruiner la différence entre la fiction et la croyance en un fait puisqu'il cherche au contraire ce qui fait cette différence : il les ramène à des sentiments distincts. Son scepticisme n'est pas absolu. Il présente une différence d'espèce (de sentiment) et une différence de degrés (en force). La première vaut entre la fiction que nous forgeons volontairement (par exemple une fiction littéraire du type de celles qu'il a envisagées dans la section III) et la croyance que nous avons involontairement en un fait. La seconde tient à la vivacité de la présence à laquelle on croit[50]. En elle-même cette seconde différence laisse ouverte la possibilité d'une suggestion acataleptique[51]. Ainsi, face à une pensée dont nous ne savons pas si nous l'avons forgée volontairement comme une fiction ou si elle s'impose à nous, le risque de prendre des fictions pour des croyances n'est pas écarté. Bien que Hume ne mène pas cette argumentation acataleptique ici, il a déjà constaté que sa possibilité caractérise notre condition, et,

49. B. Pascal, *De l'esprit géométrique*, « L'art de persuader », éd. Sellier, Paris, Classiques Garnier, 2011, p. 695.

50. Que la vivacité des impressions ou d'un souvenir soit une croyance, c'est ce que le *Traité* affirmait : « Il apparaît que la *croyance* ou l'*assentiment* qui accompagne toujours la mémoire et les sens n'est rien d'autre que la vivacité des perceptions qu'ils présentent, et que cela seul les distingue de l'imagination. Croire, c'est, en ce cas, éprouver une impression immédiate des sens ou la répétition de cette impression dans la mémoire » (*TNH*, I.III.5, p. 148). Sensation, souvenir et croyance dans un fait attendu ont tous une vivacité, c'est-à-dire que ce sont des sentiments de présence. Pensez au souvenir encore « vif » d'un premier baiser ou d'une première gifle.

51. Voir *TNH*, I.I. 1 et *EEH*, II, ainsi que *supra*, p. 46, la contribution d'A. Thébert.

en même temps, que les différents sentiments sont suffisamment discriminants pour la vie commune[52].

Que la différence réside dans un sentiment « qui ne dépend pas de la volonté et ne se commande pas à plaisir », voilà qui est implicitement une manière de refuser une autre approche philosophique de la croyance, moins intellectualiste que l'analyse logique, mais plus volontariste, celle qui définit la croyance comme *l'assentiment volontaire* à une simple conception ou idée. Le fait, déjà invoqué, que l'on ne se fait pas croire à volonté, suffit à l'écarter. Hume ne prend pas la peine de développer sa réfutation ici. La théorie des *deux actes* est pourtant massive dans l'histoire de la philosophie. Elle définit la croyance ou le jugement comme le résultat d'un acte de volonté, de consentement libre ou d'affirmation active sur une idée ou acte de conception passive propre à l'entendement[53]. Hume ne s'étend pas. Il aura l'occasion de développer sa critique de l'idée de libre-arbitre (qui exclut implicitement la conception cartésienne d'un assentiment libre) dans la section VIII.

Il a donc écarté la définition de la croyance par la logique des idées classique et celle que procurait la théorie métaphysique des deux actes. Quelles sont alors les circonstances dans lesquelles la croyance naît immanquablement? Il faut qu'en présence d'un objet, la « force de la coutume » nous conduise à concevoir ce qui lui a été le plus régulièrement joint. Il est impossible de savoir si cette coutume correspond à une uniformité dans la nature des choses hors de nous. Mais c'est la seule force de

52. *L'Appendice* au *Traité* a déjà noté que la poésie et la folie confèrent aux idées une vivacité qui ne dérive que « de l'humeur et de la disposition présente de la personne », même si la vivacité procurée par l'éloquence « n'est pas éprouvée comme l'est celle qui naît dans l'esprit quand nous raisonnons » (p. 379), et conséquemment que « les passions [sont] très différemment éprouvées selon qu'elles sont suscitées par des fictions poétiques ou engendrées par la croyance et la réalité » (Appendice à I.III.10, § 10, p. 279). C'était déjà une façon de répondre à Reid : il y a différentes sources de *vivacité* et différents sentiments de vivacité, celle des *passions* suscitée par l'éloquence n'est pas éprouvée de la même façon que celle de notre *jugement* (croyance dans une question de fait).

53. La théorie des deux actes suppose que le jugement est formé par un acte de percevoir et un acte d'élire. Elle a renouvelé la controverse sur la nécessité de l'assentiment (laquelle opposait déjà les sceptiques anciens et les stoïciens) car la question se pose : l'assentiment est-il nécessité par l'évidence apparente ou est-il une adhésion souveraine et volontaire à ce qui est cru ? L'option intellectualiste est traditionnellement attribuée à Thomas d'Aquin et Occam (parfois aussi au Descartes des *Regulae*), l'option volontariste à Augustin et on la retrouve chez le Descartes des *Méditations* (*Méditations métaphysiques. Objections et réponses*, dans *Œuvres complètes*, éd. J-M. Beyssade et D. Kambouchner (dir.), Paris, Gallimard, 2018, « Méditation IV »).

détermination que la philosophie expérimentale puisse mettre en évidence. Car la détermination de notre assentiment sur un fait, comme l'a montré la section IV, ne peut pas reposer sur la relation invariable entre ces deux objets. Seule une relation invariable entre deux idées expliquerait que nous ne puissions concevoir le contraire, comme dans la proposition mathématique que *trois fois cinq font la moitié de trente*. Dans les choses de fait (*matters of fact*), il est toujours possible de concevoir le contraire. Notre croyance est donc déterminée à concevoir le fait selon la force de la coutume. Et c'est cette force *que nous éprouvons* quand nous croyons.

Pour l'illustrer Hume reprend l'exemple des boules de billard emprunté à Malebranche dans la section IV. Cette fois il sert à mettre en évidence que la conception de l'effet s'éprouve différemment (« it feels very differently »). Nous pouvons imaginer tout ce qui est distinctement concevable, certes, mais nous ne pouvons croire que ce que la coutume nous fait plus ou moins fortement concevoir.

La caractérisation de ce sentiment est un véritable défi pour la philosophie. Car le *feeling* a une dimension *expérientielle* et *phénoménale* qu'il est impossible de faire entendre à ceux qui ne l'auraient pas eu. C'est la pure expérience vécue. En ce sens-là il est aussi indéfinissable que le rouge ou le bleu. La définition, entendue comme ce qui *fait connaître la signification* d'un mot à quelqu'un qui n'a pas eu l'expérience, est en échec[54]. Mais Hume ne renonce pas à décrire *l'effet que cela fait de croire* (c'est-à-dire l'expérience même de croire et ses effets). Il a déjà utilisé, dans la section II, un terme pour désigner cette *phénoménalité* indéfinissable : la *vivacité*. La croyance se caractérise comme une « vivid, lively, forcible, firm, steady conception ». Tous ces termes connotent une force ou une intensité pour décrire une expérience que l'on ne connaît qu'en la vivant. En même temps, le vocabulaire de la force, la vivacité, la solidité, la fermeté, et la stabilité emprunté à la rhétorique et la physique, a une résonance objectivante. Il permet d'expliquer les effets de la croyance : le « poids » dans la pensée et la « forte » influence sur les passions. Mais il n'a de sens qu'en référence à l'expérience vécue, c'est pourquoi ces termes semblent « si peu philosophiques » : il faut avoir éprouvé ce *sens de la présence* pour les comprendre. Hume réussit donc le tour de force de

54. Puisque la signification d'un terme est une idée et que toute idée dérive de l'expérience, aucune définition ne saurait donner la signification d'un terme à celui qui n'en a pas eu l'expérience. Chez Locke, on retrouve un argument similaire à propos du *rouge*, dont aucune définition ne saurait donner l'idée à un aveugle (Locke, *Essai*, III.IV. 11, trad. fr. J.-M. Vienne, Paris, Vrin, 2006, Livres III et IV en un vol., p. 76).

trouver des termes à la fois *phénoménaux* et *expérimentaux* pour caractériser la croyance[55]. Cela a un coût : le lexique de la force semble réduire la distinction entre la simple conception et la croyance à une différence de *degrés*. C'est une telle réduction que Reid reprochera à Hume[56]. La croyance ne serait, dans la théorie de Hume, qu'une simple conception (une idée) *plus ferme* ou *plus vive*. Toutefois Hume n'ignore pas la différence entre différents types de croyance. La croyance littéraire, qui nous fait sentir les actes d'Ulysse comme si on y était, ne se laisse pas confondre, dans la vie commune, avec la croyance en un fait non perçu[57]. En mobilisant la théorie de l'association que la section III illustrait par la composition littéraire, les paragraphes qui suivent se permettent de l'expliquer. Ainsi Hume distingue différents sens de la présence, tout en en donnant une explication générale.

L'explication du sentiment par une analogie (§ 13-20)

Toute croyance est le sentiment d'une conception ferme ou vive. Mais d'où vient ce sentiment ? Les éléments de l'anatomie de l'esprit présentés dans la section II semblent insuffisants. La conception d'un fait non perçu ne peut être ni une *impression* de sensation (on ne voit pas le feu auquel on croit) ni une idée encore vive (le feu auquel on croit n'est pas un *souvenir*).

55. Parmi toutes les caractérisations de la croyance, on a pu se demander si l'une d'elles était plus cruciale que les autres. Louis Loeb a ainsi considéré la stabilité de la croyance (le fait que la conception soit *steady*) comme centrale (*Stability and Justification in Hume's* Treatise, Oxford-New York, OUP, 2002). Bien avant Loeb, cette caractéristique reconnue à la croyance par Hume avait retenu l'attention de Charles Sanders Peirce. Ce dernier utilisait ce trait pour dépasser une distinction selon lui insuffisante, distinction qui se contenterait de dire que le sentiment de doute fait poser une question alors que le sentiment de croyance fait faire un jugement. Le trait principal de la croyance selon Peirce est que plus l'on croit, plus l'on est disposé à agir d'une certaine façon (C.-S. Peirce, « The Fixation of Belief », *Popular Science Monthly*, 12, novembre 1877, trad. fr. *Revue philosophique*, décembre 1878, p. 553-569). En somme, différentes manières de nouer le sentiment de croyance et les effets de la croyance peuvent être envisagées. Le pragmatisme, pour sa part, s'est particulièrement appliqué à lier l'aspect affectif et l'aspect pratique en conceptualisant la croyance comme disposition. D'ailleurs, dans le célèbre article de Peirce, on retrouve, en écho à Hume, le rôle de l'habitude (procurant des *guiding principles*) et une caractérisation affective de la croyance, calme et satisfaite, à l'opposé du malaise et de l'insatisfaction propres au doute (voir V. M. Girel, *Croyance et conduite dans le pragmatisme*, thèse de Doctorat, soutenue à l'université Paris I, 2007). C'est sur le doute que Hume et Peirce semblent plus divergents. Peirce n'a peut-être pas reconnu le mérite particulier du scepticisme mitigé promu par Hume dans la section XII, scepticisme qui se caractérise justement par des dispositions pratiques et intellectuelles.

56. T. Reid, *Recherches*, *op. cit.*, p. 30-31.

57. *TNH*, I.III. 10.

Ce doit être une idée qui n'a par elle-même aucune vivacité puisque son objet n'est ni perçu ni souvenu. Mais cette idée est pourtant *crue,* c'est-à-dire *conçue de manière vive*. Voilà qui est mystérieux.

Le mystère se dissipe si on prête attention à un phénomène mis en évidence dans la section III, à savoir la capacité de l'association à *transmettre de la vivacité* à une simple idée. Hume l'a alors montré dans le cas des compositions littéraires. Il faut maintenant que cette propriété de l'association explique tous les types de *vivacité conférée à une idée*. Pour chacune des relations associatives présentées dans la section III, Hume multiplie les illustrations lui servant à prouver expérimentalement cette propriété[58].

D'abord, la ressemblance *avive* une idée : il suffit d'être en présence du portrait d'un ami absent pour que son idée ait une vivacité plus forte. Ici il ne s'agit pas de *croire en l'existence* de cet ami, mais seulement de ressentir plus vivement les passions de l'amitié. À la vue de son portrait, la joie ou le plaisir que son idée nous donne sont avivées. Or, selon Hume, la religion catholique et la superstition ont su exploiter ce principe psychologique. Car, autant le portrait d'un ami ne nous porte pas à croire en son existence *présente* parce que nous savons que le portrait est l'effet seulement de son existence passée lors de la pose devant le peintre, autant les cérémonies religieuses s'appuient sur ce transfert de vivacité pour susciter un *sens de la présence* : tout est fait pour que l'idée avivée soit sentie comme une présence actuelle, à partir de la mise en présence de « figures et images » sensibles. Ici la différence entre les fictions forgées volontairement et les croyances dans les questions de fait (la *première* différence que nous évoquions plus haut) ne suffit pas à l'esprit crédule pour les discerner car il n'en est pas l'auteur volontaire. Le degré de vivacité emporte son adhésion. C'est le principe psychologique d'une religion *iconographique* qui est ici découvert, avivant l'idée d'êtres suprasensibles par la relation de ressemblance, en présence d'images. Comme tel, il est bien différent de celui d'une religion *naturelle* qui, par un raisonnement causal, avive l'idée d'une cause du monde, à partir de l'expérience du monde[59].

58. Une illustration importante donnée dans le *Traité* (I.III. 9) disparaît de l'*Enquête :* les hommes ne se soucient pas de leur vie post-mortem, bien qu'ils déclarent y croire, parce que cette vie post-mortem ne ressemble pas suffisamment à la vie présente. Ils n'y croient pas vraiment, donc. La disparition de cet exemple peut s'expliquer par le choix de la concision dans l'*Enquête*, et la place faite à une critique plus radicale de la religion dans les sections X et XI.

59. Hume montrera dans *L'histoire de la religion naturelle*, comment ces deux associations peuvent se composer. La superstition forge l'idée d'un ou plusieurs êtres

La contiguïté *avive* également une idée. Plus nous sommes proches d'un lieu, plus nous sommes vivement touchés par son idée. Hume l'illustre par la proximité de l'*oikos* (la maison) : une proximité qui n'est jamais uniquement contiguë, mais toujours aussi sociale et affective. Plus j'en suis distant et plus je suis à distance de mes proches (de ceux qui entrent dans la sphère de l'*oikeiosis*) – c'est-à-dire que je ressens moins vivement l'affection que j'ai pour eux. Une seconde illustration, en note, porte sur les lieux qu'ont occupés ceux que nous admirons, et qui nous transportent en leur présence par une sorte de voyage dans le temps. C'est la citation de Cicéron, exprimant son émoi en se promenant dans les jardins de l'Académie où se trouvait Platon. La muséification des ruines et des lieux historiques, de nos jours, répond au même principe.

Enfin, la causalité a le même effet, dès lors qu'elle s'opère à partir d'une impression présente (§ 18-20). Jusqu'ici, insistons-y, les associations avivent leurs idées sans être une inférence dans les *matters of fact*. Elles peuvent en donner l'illusion (comme dans le cas des cérémonies religieuses) mais elles n'en sont pas. En revanche, elles *présupposaient* l'existence de leur objet (l'ami, l'être suprasensible, le proche ou Platon) et donc elles se surajoutaient à une première association, causale. Or – Hume l'a établi aux paragraphes de la section IV – seule la causalité peut nous faire concevoir un fait non perçu. Ainsi, le sentiment d'une *conception vive*, quand il s'agit de la croyance en un *matter of fact*, s'explique par le principe que l'on a vu à l'œuvre : la vivacité propre à l'impression présente (du tableau, de l'image, de la maison ou du jardin) est transmise par association à une idée. Dans le cas de la croyance factuelle, l'association qui s'accompagne du transfert de vivacité vient de l'habitude passée.

L'explication est-elle entièrement satisfaisante ? Elle ne parvient certes pas à une cause première : pourquoi, sous l'habitude passée de voir *A* et *B*, nous en venons à concevoir plus vivement *B* en voyant *A*, voilà qui est un fait de nature inexpliqué[60]. Mais le nombre et la diversité des illustrations ont un effet de familiarité qui rend l'hypothèse d'un transfert de vivacité extrêmement convaincante. Pour autant, Hume n'a pas une seule fois

suprasensibles sur le modèle de *causes cachées* – mais le sens de leur présence est donné par la ressemblance. La religion naturelle infère une cause du monde – mais par *analogie* avec des phénomènes mondains supposés ressemblants (la production artisanale d'une œuvre, la génération d'un être vivant, etc.).

60. Bien sûr, la section VI donnera de nouveaux éléments sur ce point : plus l'expérience de la conjonction entre *A* et *B* est régulière et plus forte est notre attente de *B*. Mais pourquoi l'habitude (acquise sur le passé) nous fait transférer la vivacité sur un événement futur, voilà qui reste un fait de nature.

confondu les phénomènes psychologiques si finement décrits : le fait de se représenter un ami absent, la croyance superstitieuse, l'attachement à la maisonnée, la visite d'un lieu qui nous plonge dans le passé et la croyance factuelles sont discernés par l'anatomie de l'esprit. L'écrasement entre croyance et fiction, dénoncé par Reid, ne se trouve décidément pas dans ces lignes. Mais il est certain que l'anatomie de l'esprit, par sa description psychologique, suspend l'application de tout critère métaphysique : ce qui distingue la croyance en un fait de la fiction n'est pas la présence de l'objet, son être ou sa réalité mais *le sentiment* de cette présence, de cet être ou réalité.

La régularité, effet d'une providence naturelle ? (§ 21-22)

Dans cette section très expérimentale, Hume insère une *coda* en apparence étrange. Pour finir en effet, il semble faire fi de toute prudence expérimentale et envisager une origine métaphysique de la croyance. Les deux paragraphes finaux considèrent « une sorte d'harmonie préétablie » entre le cours de la nature et le train de nos pensées, qui pourraient même faire plaisir aux finalistes :

> Si un objet n'avait immédiatement par sa présence suscité l'idée des objets qui lui sont joints d'ordinaire, toute notre connaissance se serait fatalement limitée à la sphère étroite de notre mémoire et de nos sens ; et nous n'aurions jamais été capables d'ajuster les moyens aux fins ou d'employer nos facultés naturelles pour produire le bien et éviter le mal. Ceux qui se plaisent à découvrir et à contempler les *causes finales*, ont ici amplement de quoi s'émerveiller et admirer[61].

Prenons l'humour de Hume au pied de la lettre. Il ne dit pas qu'il partage la position de ceux qui se plaisent à affirmer des causes finales. Il prétend seulement que le finalisme répond à une *forme de plaisir* esthétique, qui trouverait ici de quoi être suscité. Hume ne se déclare ni leibnizien ni providentialiste. Il n'est pas, en cela, ironique. En réalité, il est ici encore *philosophe expérimental*, c'est-à-dire qu'il applique *au phénomène même de la croyance naturelle*, expliquée par association, un raisonnement cherchant à en inférer la cause. L'habitude de chercher les causes est viscéralement ancrée chez le philosophe. Ce n'est pas en tant que telle une habitude vicieuse. Simplement le finalisme qui présuppose que les objets ont une réalité indépendante de nous fait un pas *hors* de notre

61. *EEH*, V.II, p. 161.

expérience puisque, pris dans les filets de nos croyances, nous ne pourrons jamais savoir ce que sont les choses en soi.

Si en revanche, le philosophe fait ce raisonnement *en étant conscient* qu'il n'émet qu'une croyance naturelle, il n'est pas blâmable. L'expérience nous apprend en effet à distinguer nos idées des objets, parce que – comme Hume l'a montré dans le *Traité* (I.IV. 2) – la ressemblance entre différentes perceptions nous pousse à supposer que ce que nous concevons existe continuellement malgré l'interruption de nos perceptions. De là naît la croyance en des objets indépendants de nous, c'est-à-dire à un champ de faits qui soit d'une nature différente de la nature humaine : une nature physique. Hume a regretté que des philosophes soient allés plus loin : ceux dont l'ontologie affirme une *double existence* (celle des objets d'un côté et celle des perceptions (impressions et idées) de l'autre) se sont laissés prendre à cette croyance. En somme il faut distinguer la croyance naturelle en l'existence d'objets indépendants et l'hypothèse *ontologique* de la double existence. Hume peut souscrire à l'une sans tomber dans l'autre, à condition précisément de n'y voir qu'une croyance.

Que le train de nos idées ne soit pas chaotique, que la nature physique en laquelle on croit présente des régularités, voilà des affirmations qui ont une évidence expérimentale. Qu'il y ait une correspondance entre cette succession et les régularités que l'on croit être naturelles, voilà qui est une croyance naturelle. L'origine de l'harmonie qu'on croit établie n'a pas à être divine, finaliste, ou même métaphysique. Elle est psychologique. Mais en tant que philosophe, Hume n'a pas besoin d'affirmer l'existence de pouvoirs dans les objets : on peut très bien se contenter d'affirmer des régularités. Sa philosophie n'a pas davantage besoin d'affirmer que la succession de nos idées correspond à ces pouvoirs.

L'hypothèse métaphysique d'une harmonie établie est, si l'on veut, l'analogue de l'hypothèse ontologique de la double existence : elle prétend garantir une croyance naturelle (donnée et expérimentalement expliquée) alors qu'elle ne peut s'autoriser que de cette croyance naturelle. Personne, pas davantage le philosophe, ne *sait* s'il y a des pouvoirs dans les objets. Il reviendra d'ailleurs à la section XI de montrer que la croyance en une providence doit être l'objet d'une analyse critique. Mais engagé dans la vie ordinaire, le philosophe croit en des faits non perçus et s'il réfléchit aux principes de sa croyance sans cesser d'être pris dans la vie doxastique, il ne peut que tenir son instinct pour « infaillible » (*sic*, § 22). C'est ce que Reid fait. Il n'est pas merveilleux qu'une telle philosophie du sens commun *croit* que la cause ultime de la croyance soit la providence. Mais Reid ne veut pas voir qu'existent de véritables expériences de doute en lesquelles la croyance, sans être suspendue, est perturbée. C'est ce qu'il reviendra à Hume de montrer dans la section XII. Après l'expérience d'un tel trouble dans la croyance, peut-être sera-t-il moins aisé de dire que c'est un instinct « infaillible »[62].

Concluons. La section V de l'*Enquête* a proposé une solution à la mise en doute de la croyance dans les choses de fait (*matters of fact*) en montrant que la thèse selon laquelle cette croyance repose sur la coutume ne menace pas la vie commune et la pratique, et ne ruine pas la distinction entre nos opérations mentales, en particulier entre la fiction et la croyance factuelle. L'enquête devra se poursuivre. Indiquons deux directions qui prolongent ce que nous avons vu. D'abord, puisque toutes nos croyances sont naturelles, sont-elles toutes acceptables de la même façon ? On aimerait trouver un moyen de distinguer celles qui sont justifiées et celles qui ne le sont pas, celles qui sont probables et celles qui le sont moins. Ce sera la tâche de la section VI. Par ailleurs, il faudra clarifier le statut du *scepticisme* revendiqué dans le titre de notre section : quel doute ce scepticisme académique met-il en œuvre et quel est son rapport avec le pyrrhonisme ? C'est ce que Hume précisera dans la section XII.

62. Les considérations sur l'instinct reviennent dans la section IX.

Jean-Pierre Cléro

LA PROBABILITÉ
(SECTION VI)

Ce qui frappe d'emblée, dans la section VI, c'est sa brièveté : deux pages et demie[1]. Même la section qui porte sur La raison des animaux est plus longue. Il ne faudrait pas en tirer la conclusion que la section VI est inessentielle dans l'économie de l'*Enquête sur l'entendement humain*, car son contenu résonne dans tout l'ouvrage : au niveau de la réflexion sur la nécessité, du jeu de la nécessité et de la liberté, des miracles, de la providence; et la notion désignée par son titre *Of Probability* est centrale dans l'ensemble de l'œuvre. Pourquoi cette brièveté ? Et d'abord, comment s'effectue cette abréviation ? Car le texte de la section VI de l'*Enquête* se présente comme une sorte de concentré du contenu d'une section homologue que l'on trouve, sous le même titre, dans le *Traité de la nature humaine*, réparti entre les sections XI, XII, XIII et XV de la troisième partie du livre I.

Hume est spécialiste du raccourci et il sait donner, sans avertir le lecteur, comme des textes nouveaux, des abrégés d'œuvres plus anciennes. C'est le cas, par exemple, de la *Dissertation sur les Passions* qui réduit en trente-cinq pages un livre du *Traité* qui en compte plus de deux-cents; sans que son texte n'en paraisse un résumé, puisqu'il a sa logique propre; il semble ne rien perdre d'essentiel et conserver les détails les plus subtils, alors même que les abandons et suppressions peuvent signifier de très profonds déplacements théoriques. Pour s'instruire de ces déplacements, il faut être aussi vigilant qu'un psychanalyste à l'égard des récits différents

1. Deux pages dans l'édition d'*An Enquiry concerning Human Understanding*.

du même événement que lui fait son analysant qui n'avertit pas du sens de leurs différences.

Ainsi, les pages de la section VI sur « La probabilité » condensent au moins deux sections du *Traité*. Le texte sur la probabilité des chances ne fait qu'un tout petit peu plus d'une page dans l'*Enquête;* dans le *Traité*, il en fait sept. Le texte sur la probabilité des causes fait une page et demie dans l'*Enquête*; il en fait quatorze aussi dans le *Traité*. Les deux textes sur les probabilités – des chances et des causes – étaient, dans le *Traité*, complétés par une section sur les probabilités non philosophiques qui a disparu. À leur suite, l'ordre est le même, mais on perd, de la section XV, les « règles par lesquelles juger des causes et des effets ». Il est vrai que, au sein même de cette section XV du *Traité*, Hume s'interrogeait sur la valeur d'une telle logique que les « principes naturels de l'entendement » auraient pu remplacer. Il paraît avoir tranché la question en ne leur laissant plus aucune place.

Peut-on dire ici que le propos est seulement raccourci? Certes, des portions de phrases du *Traité* circulent intactes dans l'*Enquête*, comme, par exemple, l'expression sur l'accoutumance à transférer le passé au futur passe du paragraphe 9 du premier au paragraphe 4 de la seconde[2]. Le traducteur A. Leroy le note pour quelques sections, par exemple pour la section VIII; mais le procédé se reproduit dans toutes les sections et la section VI n'échappe pas à cette pratique humienne. L'introduction de T. L. Beauchamp montre comment s'effectuent ces excavations sur les phrases du *Traité*[3]. Toutefois ces phrases, ainsi transposées, ne fonctionnent plus de la même façon dans un contexte aussi raréfié. S'imposant de retirer du texte, l'auteur est porté à enlever tous les passages un peu longs et compliqués qui faisaient notre délice intellectuel dans le *Traité*. Le texte assène plus sèchement ses résultats, dès lors qu'il est privé de ce qui peut apparaître comme ses méandres méthodologiques mais qui constitue en réalité les points hautement spéculatifs du dispositif des preuves de chaque affirmation. L'*Enquête* ne dit certes pas le contraire du *Traité*, mais l'allure de ce dernier est plus libre, plus « chercheuse » que celle de la première qui, plus directe, paraît sauter les étapes des chemins qui conduisent aux affirmations essentielles. Ce qui est très gênant quand il s'agit, au bout du compte, de la défense du scepticisme philosophique, lequel reste la visée de l'*Enquête* comme elle était celle du *Traité*.

2. *EEH*, VI, § 4, p. 47, l. 18 ; *TNH*, I.III. 12, § 9, p. 205.
3. *EHU*, p. LXVII-LXVIII pour ce qui est de la section VI.

Le *Traité* poussait plus loin l'analyse. Ce n'est pas parce qu'on allège de ses prétendues obscurités un texte qui paraît difficile en raison de ses spéculations qu'il devient plus clair[4]. On pourrait même se demander si le jeu de l'*Enquête* ne va pas exactement en sens inverse : celui de compresser en faisceaux et de synthétiser des propositions différentes qu'on aurait eu intérêt à maintenir distinctes; le jeu est dangereux en philosophie, quand bien même il serait habilement pratiqué. Il est risqué de regrouper des phrases que l'analyse avait séparées et d'en tirer des conséquences qui, au mieux, sont adaptées aux unes mais pas aux autres; de toute façon, en laissant s'infiltrer des erreurs, parfois sur des points principaux; ainsi est-ce une gageure de traiter de la même façon l'induction qui transfère des informations du passé au futur et l'induction qui passe de la considération d'une collection d'individus à celle d'un seul individu. On ne temporalise pas le problème comme on le logicise. Hume qui, très probablement, a fréquenté les œuvres de mathématiciens probabilistes – les traces d'une lecture de Jacob Bernoulli l'attestent –, attache probablement trop de prix à la temporalisation sans avoir vu toute l'importance du problème inverse de celui qui est résolu par la loi des grands nombres. Si cet attachement s'explique par l'objectif de Hume qui est de montrer que ce qu'on croit être proprement scientifique n'en est pas moins dépendant de croyances de sens commun, il ne permet pas de traiter de la même façon les aspects les plus « logiques » du calcul des probabilités. Enfin, du *Traité* à l'*Enquête*, on ne perd pas seulement en analyse quand bien même on gagnerait en clarté rhétorique; on perd aussi en dialectique : l'entre-tissage des deux types de probabilité – des chances et des causes – perd quelques-unes de ses dimensions les plus importantes.

L'UNIQUE NOTE DE LA SECTION VI

Hume commence par une note attachée au titre même de la section VI pour contester une distinction lockéenne. Locke distingue les démonstrations qui ont lieu, par exemple, en mathématiques et qui se caractérisent par leur certitude absolue, même si elles traitent de probabilités, et les arguments probables, qui dépendent de l'expérience, alors que les premières – ce qui est d'ailleurs assez litigieux dans la philosophie de

4. C'est le cas des paragraphes 19 et 20 (*THN*, I.II. 11) qui ont été retirés sans résumé du texte de l'*Enquête*.

Locke – n'en dépendent pas[5]. Hume fait ressortir que le caractère d'empiricité ne suffit pas à caractériser les arguments probables. Il faut distinguer, parmi les arguments empiriques, ceux dont la certitude est totale, comme, par exemple, que les hommes meurent ou que le soleil se lèvera demain, de ceux auxquels on ne peut assigner qu'un degré ou qu'une fraction de certitude. Bien des situations sont incertaines : elles n'en font pas moins l'objet d'arguments probables (comme les chances d'être soigné par tel ou tel traitement, les chances qu'une guerre soit évitée, etc.). Hume propose de leur donner le statut de preuves en les définissant lui-même comme des « arguments tirés de l'expérience [c'est ce qui les distingue des démonstrations] tels qu'ils ne laissent aucune place au doute ou à la contestation »[6], donc qui ne sont pas seulement probables. La probabilité laisse toujours et essentiellement place au doute ou à des expériences qui permettraient de poser un jugement contraire ; sinon on ne parlerait pas de probabilité.

Il faut profiter de cette définition de la preuve et de celle de la probabilité qui en dérive, car il n'y aura pas, chez Hume, de définition expresse du probable. Ni dans le *Traité* ni dans l'*Enquête*, dont la note de la section VI reprend la discussion des premiers alinéas de la section XI de la troisième partie du premier livre.

Hume délaisse des pans entiers de la discussion menée par Locke sur la probabilité. Il ne dit rien, dans cette section, du témoignage, par lequel un phénomène, un événement, est rapporté par quelqu'un d'autre. Ce dernier point n'intéressera Hume que dans la discussion des miracles lorsqu'il s'agira de savoir quelle valeur accorder au rapport qui nous est fait d'un événement d'un degré de certitude très faible (une résurrection, une transsubstantiation), puisqu'il s'oppose directement aux lois physiques, si tant est qu'il faille prendre cette opposition en un sens autre que métaphorique.

Il laisse complètement de côté aussi dans l'*Enquête* une discussion importante du *Traité* qui semble aller à l'opposé du reproche fait à Locke de traiter de la même façon les probabilités et les preuves, puisqu'il s'agit de ne pas trop séparer les démonstrations, les preuves et les probabilités ; car, encore qu'une démonstration ne doive rien à l'expérience, elle est toutefois assez liée à toutes sortes de circonstances pour nous convaincre, pour convaincre autrui, pour qu'on s'en souvienne en totalité ou en partie et donc pour qu'elle dépende, dans ses processus d'acquisition ou

5. J. Locke, *Essai philosophique concernant l'entendement humain*, trad. fr. P. Coste, Paris, Livre de Poche, 2009, IV. XV, p. 947-952.

6. *EEH*, VI, note a, p. 165.

d'effectuation, de l'expérience. C'était en grande partie l'affaire des « probabilités non philosophiques » de permettre la discussion de l'étrange position lockéenne selon laquelle toutes nos idées dérivent de l'expérience, sans exception, mais qui n'en distingue pas moins radicalement les jugements *a priori* des mathématiques des jugements empiriques des autres sciences.

LE PREMIER ALINÉA (§ 1)

Le premier alinéa réserve plusieurs surprises. Dans un texte aussi court que celui que Locke consacre au même sujet – deux pages et demie –, Hume ne définit pas la probabilité ; à la différence de Locke qui la définit comme « l'apparence d'une convenance ou disconvenance [entre deux idées] par l'intervention de preuves dont la connexion n'est point constante et immuable, ou du moins n'est pas aperçue comme telle, mais est ou paraît être ainsi le plus souvent, et suffit pour porter l'esprit à juger que la proposition est vraie ou fausse plutôt que le contraire »[7]. Hume n'en dit rien, peut-être parce qu'il pense que cette définition en contient plusieurs à la fois ; ce qui la rend équivoque. On peut supposer que Hume tient la probabilité pour indéfinissable, même si les éléments apportés par Locke dans sa définition sont à peu près ceux dont Hume va se servir pour caractériser la probabilité. On aura de bonnes raisons de confirmer cette supposition.

En tout cas, il choisit délibérément la moins « réaliste » des deux versions qui se jouxtent dans la définition lockéenne. Il affirme alors de façon péremptoire qu'il n'existe pas de hasard dans le monde. Ce qui est étrange : car qu'est-ce qui lui permet de dire que le hasard n'est pas de ce monde, ne s'inscrit pas dans les choses mêmes et donc de se contenter de l'attribuer à nos seules appréciations des choses ? Et pourtant il ne s'agit pas d'une affirmation dogmatique dans cette proposition d'allure concessive qui ne fait que traduire le consensus scientifique de son temps : Hume s'en tient à nier que le hasard existe.

On notera que *hasard* – qui traduit ici l'anglais *chance* – est mis en italiques. C'est la notion de hasard qui est mise en cause. Il n'y a pas lieu de parler de hasard comme étant dans les choses elles-mêmes. Mais dire que la probabilité n'existe pas ne permet nullement de dire que c'est la nécessité qui existe. Nier la réalité ontologique du probable ne donne aucun droit d'affirmer celle d'une nécessité inhérente aux choses. Hume n'affirme pas

7. J. Locke, *Essai*, IV.XV, p. 948.

le déterminisme absolu, comme le fera Laplace avec une grande imprudence dans son *Traité analytique des probabilités*, quand bien même Laplace le ferait sous la forme d'une hypothèse : si une intelligence était assez immense pour connaître les lois du monde et une situation initiale dans son intégralité, elle pourrait savoir ce qui s'est passé comme ce qui se passera. Hume dit simplement que ce n'est pas dans le monde que le hasard a lieu, mais plutôt dans nos façons de le penser et d'organiser nos perceptions. Parler de hasard, même si nous visons le monde n'est pas parler du monde mais de nos perceptions du monde et des rapports qu'elles entretiennent entre elles.

Le hasard est une incertitude qui ne peut pas, sans anthropomorphisme, être attribuée au monde. Le monde n'est pas incertain ; cela ne veut pas dire qu'il est certain du point de vue d'une autre intelligence que la nôtre - comme celle qu'imagine Laplace -, car nous n'en savons rien. Cette intelligence peut bien être fantasmée comme supérieure à la nôtre : elle n'est pas la nôtre et il ne nous avance à rien d'en produire le fantasme. La certitude que pourrait avoir cette intelligence n'est rien pour nous. Nous n'avons pas à prendre ce par quoi nous mesurons le monde pour le monde lui-même.

Mais là intervient un retournement. Si l'on ne peut affirmer que le hasard vienne des choses, tout se passe néanmoins comme s'il venait des choses. On ne peut pas distinguer ce hasard qui vient de nous, appréhendant le monde et considérant les choses, du hasard qui viendrait des choses. Ne pas connaître le monde comme certain revient à penser que le monde est incertain, puisque c'est pratiquement la même chose.

Dès lors, la probabilité, le hasard, la chance, l'espérance constituent une structure que nous installons par l'imagination et l'entendement pour y insérer et disposer nos expériences du monde et suppléer ainsi un défaut de connaissance. De ce point de vue, la probabilité ne fait, comme chez Locke, que suppléer un défaut de connaissance[8]. Le savoir de la probabilité n'est pas un savoir des choses du monde, mais un savoir réflexif sur notre rapport au monde et, en particulier, sur la connaissance que nous pouvons en avoir. Parler de hasard, c'est ne parler que de ce que nous percevons des événements et des choses du monde.

Déjà, quatre ou cinq choses peuvent être remarquées.

D'abord, les remarques précédentes sur les probabilités consonnent avec ce que Hume dit du savoir, qui n'est pas savoir du monde, mais un savoir de nos représentations du monde; et avec sa conception des mathé-

8. J. Locke, *Essai*, IV. XV, § 4, p. 950.

matiques qui ne donnent aucun savoir sur le monde mais qui mettent en forme l'ordonnancement de nos représentations qui concernent ce monde.

Le deuxième point est évidemment que Hume échappe totalement à l'antinomie dont la thèse serait que le monde existe par hasard ou que le hasard y joue un grand rôle et l'antithèse que le monde obéit à une nécessité totale. Aucune des deux propositions n'est vraie; mais tout se passe comme si la première était plus conforme à notre expérience du monde; encore que, sans nécessité, le hasard ne se laisserait jamais calculer.

En troisième lieu, Hume ne parle pas de sujet (et d'objet). Il parle de l'effet ou de l'influence que produirait sur l'entendement – ou sur l'imagination, qui lui est sensiblement équivalente – un monde où les (des ?) événements arriveraient par hasard, c'est-à-dire sans connaissance de leur cause réelle. Il ne précise pas que l'entendement est l'entendement d'un sujet et il ne dit même pas que les probabilités sont « subjectives », quoique, d'une certaine façon, cela puisse se déduire de son propos. Un mathématicien contemporain le dirait dans ces circonstances.

Enfin, nous dirions volontiers, même si Hume ne s'exprime pas directement ainsi, que le mode d'existence de la probabilité est celui d'une fiction. Elle n'« existe » pas, mais c'est par elle que nous pouvons parler de ce qui existe ou tenter de le faire du moins. Il faudrait pouvoir dire que la probabilité n'a de sens que par un discours sur le monde; nous verrons que cette possibilité n'est que partiellement vraie.

LA PROBABILITÉ DES CHANCES (§ 2)

Hume entre dans la « curious speculation »[9], celle même que Pascal avait qualifiée de « stupéfiante » près d'un siècle auparavant: on peut calculer avec précision ce qui n'est pas, de telle façon que cela serve à la connaissance ou à la pratique de ce qui est[10]. En quelques décennies, l'émotion est un peu retombée à l'égard de la géométrie du hasard; néanmoins la question demeure : comment peut-on faire la géométrie de ce qui n'existe pas et n'existera jamais dans les phénomènes, mais qui pourtant concerne leur existence ?

Car, dans son analyse de la probabilité, Hume tire profit aussitôt d'un détail de la définition qu'en donne Locke. Outre qu'elle ne porte pas sur les

9. *EEH*, VI, § 2, p. 167.

10. B. Pascal, *À la très illustre Académie Parisienne des Sciences*, dans *Œuvres Complètes de Pascal*, Paris, Gallimard, 1954, p. 1403.

choses du monde même, il est certain que la probabilité qualifie inégalement nos perceptions des événements ou ce que nous attendons d'elles. Elle est une notion quantitative, numérique, sur nos appréciations du monde.

La probabilité est en effet un rapport qui peut s'exprimer par un nombre, lequel résulte de la division du nombre de fois qu'un événement est arrivé par le nombre de fois qu'il n'est pas arrivé. On ne peut parler ainsi que dans une structure de perceptions du monde où l'on attend, sur le compte d'un objet, quelque chose qui peut se produire ou ne pas se produire. L'objet – dont il est question dans l'exemple du dé, si toutefois il ne s'agit que d'un exemple – est ce qu'on a identifié comme un ensemble délimité d'événements déterminés qui peuvent arriver ou ne pas arriver. Loin d'être donné, cet objet doit être construit de telle sorte qu'il permette de laisser s'affronter la présence d'un événement et son absence. Il faut fixer l'identité de quelque chose qui donne lieu à des êtres qui peuvent arriver de telle façon que, s'ils ne sont pas arrivés, ils auraient pu arriver dans le passé ou pourraient arriver à l'avenir. Dans le cas du dé bien équilibré, que prend Hume comme thème d'analyse, en présupposant que le dé ne soit pas pipé – mais comment le sait-il s'il n'a pas fait auparavant de nombreux lancers ? –, je puis dire que l'as a une chance sur 6 de sortir. Si je lance le dé et que le 2 ou le 3 sort, je n'en avais pas moins une chance sur 6 que l'as sorte. On vérifie par-là que, si je vise le monde dans mon discours, je ne parle toutefois pas directement du monde mais seulement de ma visée même du monde. Car si la probabilité quantifie un possible, le possible ne saurait être un constituant du monde ; il ne s'immisce dans le monde que par les visées d'un entendement ou que par la volonté d'y faire quelque chose. La potentialité du monde n'est faite que de nos attentes, de nos supputations, de nos espérances.

L'exemple du dé et les conditions de la probabilité des chances

L'exemple du dé vaut ici pour une description beaucoup plus abstraite que Hume a manifestement voulu éviter dans l'*Enquête*. Le dé figure un événement global, quelque chose comme un ensemble d'événements qui donne un critère qui permet de distinguer ceux qu'il faut inclure dans ces limites de ceux qu'il en faut exclure. Les événements divers auxquels il donne lieu sont constitués par des aspects ou des constituants de cet ensemble que sont les faces que le dé présente.

Si différentes que soient, les unes des autres, les structures de probabilité, il semble toutefois qu'il faille toujours fixer un ensemble d'événements et des sous-ensembles d'événements – ceux que Hume appellera, au paragraphe suivant, des « événements particuliers » que l'on puisse rapporter à cet événement principal et général. Pour faire le décompte des événements qui ont lieu ou qui n'ont pas lieu, qui ont eu lieu ou qui n'ont pas eu lieu, qui auront lieu ou qui n'auront pas lieu, il faut être capable d'identifier un objet auquel ils arrivent et qui fonctionne comme posant la possibilité, lorsqu'un événement arrive, qu'il n'arrive pas ; ou – plus délicatement – lorsqu'il n'arrive pas, qu'il aurait pu arriver. Ce possible fait la liaison entre l'existence et la non-existence. Il doit être supposé pour qu'on puisse rapporter les unes aux autres ces existences et non-existences.

Il y a plus : le jeu de nombres est complexe dans les probabilités ; il ne s'applique pas directement à des événements du monde mais à la façon que nous avons de nous y rapporter. Si je puis compter des représentations du monde de même type et éventuellement compter les fois où ces représentations n'ont pas eu lieu et auraient pu avoir lieu, le produit du rapport de ces deux nombres est plus imaginaire, plus réflexif, que réel. Ce nombre n'est pas forcément stable, du moins quand on commence le décompte. Il augmente ou baisse en fonction de notre expérience du monde et, « curieusement », ce nombre finit par se stabiliser au bout d'un grand nombre de lancers alors même que nous ne savons toujours pas si, à quelque lancer suivant, c'est telle face du dé qui se présentera plutôt qu'une autre.

Trois implications

Telles sont les conditions qui rendent possible ou plausible la notion de probabilité. Elles font apparaître trois choses.

La *première* est que l'on comprend de mieux en mieux pourquoi le premier alinéa se permettait d'être aussi péremptoire en affirmant qu'il n'y a pas lieu de penser que les choses mêmes, que le monde même, soient découpés de cette façon et que seule l'opération de la pensée et du raisonnement – leur « process » – doit être prise en compte pour donner un statut au hasard. On en déduit aussi que ce qu'on appelle « expérience » n'est pas seulement un contact immédiat – de sensation – avec l'hétérogénéité du monde, mais tout autant une réflexion de cette expérience ; ou plutôt des expériences, pour autant qu'on les ait faites, et des expériences qui sont à faire. La probabilité est un nombre qui concerne un certain état, non pas du monde, mais de notre expérience du monde.

La *seconde* concerne ce que nous avons appelé le statut de « fiction » de la probabilité. La probabilité n'existe que par rapport à un découpage que nous faisons par l'imagination et par l'entendement. Hume, à la différence de Bentham, ne dit pas que la probabilité n'a de sens que dans un discours ; elle ne prend, chez lui, le sens que d'une croyance ou de ce qu'il appelle une « expectation »[11]. Notons ici que, si la traduction d'*expectation* par *attente* – solution trouvée par A. Leroy –, conserve le caractère sensible de la notion, elle ne convient toutefois pas. Ce n'est pas l'attente qui est en cause, mais l'*elpis*, l'*espérance*, par laquelle j'attache un certain prix à un événement et me demande avec quelle chance il va se produire.

Le fonctionnement de la probabilité est celui d'une fiction. Ce qui est réel, c'est le dé avec ses six faces marquées d'un nombre de points différents ; c'est aussi tel événement qui est celui de la sortie constatable de l'as, ou de 2, du 3, etc. Ce qui n'existe pas, en revanche, pas comme le dé en tout cas, ni comme ses faces, c'est la probabilité de sortir l'as ou tout autre nombre, laquelle, quoique concernant l'expérience, ne se prouve cependant par aucune expérience singulière. Et pourtant l'existence d'un effet réel de ce qui n'existe pas, de ce qui n'a pas existé et n'existera jamais n'est guère contestable. C'est probablement ce que Hume appelle « curieux ».

La *troisième* est qu'ensemble et sous-ensembles peuvent être constitués non pas seulement d'un événement unique et de sous-événements dans la position d'existants et de non existants, mais par un jeu de deux événements en position de cause et d'effet. L'objet n'étant plus un événement général auquel il arrive toutes sortes d'événements particuliers, mais une consécution (ou une subséquence) d'événements, qui a plus souvent lieu qu'elle n'a pas lieu. Ce dernier point sera approfondi dans le quatrième alinéa.

La loi de Bernoulli ou loi des grands nombres (§ 3)

Hume se livre à une description du fonctionnement de l'esprit quand il calcule des probabilités, dont on apprendra vite que leur étude quand il s'agit des probabilités des chances ne sert guère que de propédeutique à la réflexion sur les probabilités des causes. Peut-on qualifier cette description de « psychologique » ? Oui, si l'on entend par là négativement que ce qu'on dit, quand on parle de probabilité, ne concerne pas le monde. Mais peut-on

11. *EEH*, VI, § 2, p. 166, l. 3.

qualifier pour autant cette psychologie fondamentale de transcendantale? Non certes, parce que, quand bien même il s'agirait de comprendre comment se constitue la causalité dans l'entendement ou dans l'imagination de chacun, elle reste de l'ordre du fait; et la description du jeu de forces qui conduit à la production de la probabilité des causes ne légitime pas cette production sous l'angle de la vérité des opérations logiques que le jeu permet. Hume constate comment les choses se passent pour parler de cause plus ou moins probable, mais la question de la vérité des opérations par lesquelles on passe est problématique.

C'est évidemment son point de désaccord avec Locke qui, dans l'*Essai philosophique concernant l'entendement humain*, déclare: «Nous n'avons aucun droit de douter qu'une relation qui assure qu'une chose a été, ou que toute affirmation qui pose qu'elle arrivera encore de la même manière, ne soit véritable» [12]. C'est précisément ce que Hume va mettre en question: en nous exprimant dans la langue de Locke, on ne saurait tenir une probabilité, fût-elle de degré très élevé, pour une connaissance.

Ce point, qui ne fait pas problème à Locke, comme à la plupart des philosophes et des mathématiciens d'ailleurs, fait problème à Hume. On peut s'étonner de l'exception humienne: pourquoi la commensurabilité, admise pour un événement, entre se passer et ne pas se passer (que nous avons vu s'opérer avec le possible) ne semble-t-elle pas lui faire difficulté, alors que le passage du décompte des événements passés aux événements futurs ferait particulièrement problème? Pourquoi l'hétérogénéité entre le passé et le futur serait-elle plus délicate que celle qui existe, pour un événement, entre avoir lieu et ne pas avoir lieu? Le calcul pascalien des partis, qui fut la première pièce universellement admise du calcul mathématique des probabilités, a préconisé, pour donner une issue à une rupture fortuite de jeu, la construction d'un arbre qui ne fait pas de différence modale ou qualitative entre la situation présente qu'il s'agit de régler et l'ensemble des situations futures qui se laissent toutes calculer, quoiqu'elles fussent futures. Hume semble faire grand cas du passage de ce qui est dit des événements passés à ce qui est dit des événements futurs; mais les mathématiciens ne voient pas plus de difficulté à faire se ressembler un événement passé avec un événement futur qu'à faire se ressembler un événement passé avec un autre événement passé.

À vrai dire, c'est là où nous trouvons trois problèmes entrelacés qui risquent de se mêler. Le premier est celui du rapport qu'entretient l'explication psychologique d'une force qui porte à croire à telle probabilité avec

12. J. Locke, *Essai*, IV. XVI. 6, p. 957-958.

la vérité de l'opération logique qu'elle sous-tend; le second est celui de la possibilité du transfert de ce qui a été constaté dans le passé à ce qu'on s'apprête à trouver dans le futur; le troisième, qui concerne plutôt la probabilité des causes – dont il sera traité dans le quatrième alinéa –, touche au fait et au droit de passer d'un grand nombre d'événements semblables passés à ce que l'on peut s'attendre en fait et en droit sur le compte d'un événement futur. Voyons ces trois problèmes.

Le premier est celui de l'évidence de l'équiprobabilité. Hume se met par-là de plain-pied avec les mathématiciens de son temps et avec les chercheurs qui ont besoin des mathématiques des probabilités pour structurer leur savoir (commerce, histoire, esthétique, philosophie de la religion). Quand je ne sais rien sur le fait qu'un événement se produise ou ne se produise pas, j'accorde à cette production ou à cette non-production une égale chance. Il s'agit là du fondement « psychologique » de ce qui est aussi ordinairement tenu pour un axiome ou un postulat par les mathématiciens des probabilités. L'axiome d'équiprobabilité des mathématiciens s'inspire et dépend d'une conduite de sens commun.

Quand on ne sait rien d'un événement, sinon qu'il peut arriver ou ne pas arriver, on tient et on doit tenir pour équiprobable son advenue ou sa non-advenue. Le *Traité*, plus proche que l'*Enquête* des sceptiques grecs, parle de l'entière indifférence de l'esprit comme étant de l'essence du hasard[13]. L'expression ne sera pas reprise dans l'*Enquête*. Sur un plan plus épistémologique, on peut dire qu'on n'a pas de raison de favoriser un côté plus qu'un autre quand on ne sait rien sur leurs sorties respectives. Il ne s'agit là toutefois que d'une position de départ; car plus il y a d'occurrences du même événement d'un côté et plus l'esprit croit que les choses vont se passer, à l'avenir, conformément à cet avantage d'occurrences. Mais, s'il n'a pas de raison de favoriser une position plutôt que la position contraire quand il ne sait rien sur une situation donnée, en a-t-il davantage lorsque les expériences qui s'accumulent semblent « favoriser » un côté plus qu'un autre? Sont-ce des raisons qui nous y portent? Pourrait-on produire le raisonnement qui nous permette de dire avec certitude que, puisque les lancers de dé passés ont « favorisé » telle face plutôt que telle autre, alors les lancers à venir seront conformes à ce qu'ils ont été dans le passé, quand il nous sera loisible d'en faire la somme? L'induction à partir des lancers passés pour dire ce qu'il en sera des lancers à venir n'a pas, aux yeux de Hume, de fondement rationnel. Il s'agit d'un phénomène de croyance, mais non pas de raison: la croyance se divise au fur et à mesure que les

13. *TNH*, I.III.11, § 4-7, p. 194-195.

événements brisent l'équiprobabilité de départ, laquelle est la nature même du hasard.

Toutefois, s'il n'y a pas de rationalité à se conduire ainsi, il y a au moins une rationalisation possible de cette croyance; un peu de la même façon que le sentimentalisme proposé par Hume en morale est paradoxalement une rationalisation du sentiment moral dès lors que se trouve prouvée l'impossibilité pour la raison de nous donner le critère du bien et du mal, on trouve ici un problème qui n'est pas sans similitude : si les chances ont été telles dans le passé, avec quelle chance d'avoir raison puis-je affirmer que les chances pour les lancers à venir (ou dans le passé) seront les mêmes (ou ont été les mêmes) ? Je n'en sais absolument rien, mais je puis, en réduisant l'hétérogénéité des événements futurs aux événements passés ramener le problème à une question de combinaisons; il le faut si je veux résoudre logiquement le problème. Certes, c'est par une « inexplicable contrivance of nature » [14] qu'une mécanique me porte à croire que le plus grand nombre de vues dans le passé l'emportera aussi à l'avenir sur le plus petit. Je puis, en traitant logiquement la question, oublier la différence entre passé et futur pour compter des combinaisons (existence / inexistence); il n'en reste pas moins que si, ayant fait des milliers de lancers, je constate que le nombre de fois où chacune des faces s'est présentée est devenu à peu près le même, rien n'empêche qu'à l'avenir, ce nombre puisse se mettre brusquement à changer.

Le second problème consiste précisément à considérer comment l'équiprobabilité passe d'un niveau à un autre. Comme, au début du jeu, je n'avais aucune raison de favoriser une face plus qu'une autre, quand le jeu est lancé depuis assez longtemps – et que les inégalités se creusent là où je n'avais initialement aucune raison d'en poser, au fur et à mesure que je m'éloigne du début du jeu – je n'ai pas de raison d'exclure, mais pas de raison non plus de supposer, que l'inégalité se mette brusquement à changer d'allure ou à changer de camp. L'équiprobabilité se conserve en devenant alors la raison de celui qui n'a pas de raison d'envisager que les choses changent. On a, par la loi de Bernoulli, un principe de conservation de ce qui change comme on en avait un avec les lois physiques de style newtonien. Le *Traité* figurait la probabilité d'un événement comme une sorte de compte ouvert, avec débit et crédit [15]. Les débuts de ce compte

14. *EEH*, VI, § 3, p. 166.

15. *TNH*, I.IV.1, § 3, p. 262. On vérifie, ici encore, par cette image, que ce sont des pratiques commerciales, administratives, gestionnaires, juridiques, qui ont permis le calcul des probabilités. Leur choix n'est évidemment pas fortuit.

présentaient un rapport de l'existence et de l'inexistence de l'événement assez chaotique; seul le grand nombre des lancers stabilise le rapport des chances. La loi des grands nombres établit que si l'équiprobabilité est une manière d'exprimer une stabilité à la phase initiale où l'on probabilise un événement, elle change graduellement de sens en cours de processus car en inscrivant les événements selon qu'ils ont lieu ou n'ont pas lieu, on obtient peu à peu une relative stabilité du rapport des cas favorables aux cas défavorables qui, après avoir oscillé, tend graduellement vers une limite[16]. Certes cela ne change pas le caractère aléatoire de ce que sera le coup d'après, et rien n'exclut qu'il puisse se passer quelque chose d'absolument inattendu, mais plus il y a de lancers, plus le rapport se fixe et se cale autour d'une valeur qui ne change plus guère. C'est tout le sens de la loi des grands nombres[17], laquelle met en forme rationnelle ce de quoi il est impossible de donner raison. De même que la loi classique introduit une stabilité dans le mouvement et le changement, de même la loi de Bernoulli est un stabilisateur de ce qui n'obéit pas à des lois. Ce qui est stupéfiant, c'est de trouver une règle à ce qui est déréglé. En tout cas, Hume tient à cette notion de confiance ou de sécurité (« reliance or security »)[18]. À préférer les choix les plus improbables aux plus probables, on se mettrait en difficulté du point de vue de la *security* ou de la *reliance*. Mais ces considérations ont plus à voir avec les valeurs pratiques qu'avec la vérité.

16. Prenons garde ici que si, pour la facilité de l'exposition, nous donnons une tournure « objectiviste » et « réaliste » à la loi des grands nombres, la probabilité n'existe pas plus pour Bernoulli, quand il la calcule, qu'elle n'existe pour Bayes ou pour Hume et elle est alors une fraction de certitude de portée psychologique: « On considère la *certitude* d'une chose quelconque ou bien objectivement en elle-même : le mot ne signifie alors rien d'autre que la vérité de l'existence présente ou future de cette chose ; ou bien on la considère subjectivement [*subjective*], dans son rapport à nous, et elle est la mesure de notre connaissance touchant cette vérité ». Tels sont les premiers mots de la quatrième partie de l'*Ars conjectandi* (Bâle, Thurnisiorum, 1713). Bernoulli déclare que les choses sont régies par des processus nécessaires ou par ce qu'il appelle « une certitude totale ». Mais, ne pouvant connaître cette nécessité, nous comptabilisons des expériences d'événements, non pas les événements eux-mêmes, dont nous ne connaissons qu'une très petite partie, quand bien même ils nous seraient donnés par l'expérience à profusion, à la différence de ce qui se passe dans la règle de Bayes qui ne traite que de petits nombres d'événements accessibles. La probabilité est alors « un degré de certitude et en diffère comme la partie diffère du tout ».

17. Nous avons de bonnes raisons de penser que Hume la connaissait pour l'avoir lue dans la quatrième partie de l'*Ars conjectandi* de Jacques Bernoulli. Locke la connaît déjà et, si elle n'a pas été publiée avant 1713, Bernoulli l'a établie depuis longtemps et cette loi a circulé chez les « philosophes ».

18. *EEH*, VI, § 3, p. 166, l. 27.

Enfin, le troisième problème consiste à distinguer ce que l'*Enquête* tend peut-être davantage que le *Traité* à traiter de façon identique. En tout cas, certaines formules ambitionnent de traiter les deux problèmes à la fois. Or Hume veut-il parler d'une certaine conformité (sous l'angle de la probabilité) des événements à venir avec les événements du passé que nous connaissons? (Dans ce premier cas, il s'agit de la loi que nous venons d'esquisser chez Bernoulli). Ou veut-il parler de tel événement singulier dont la production ou la non-production sont imminentes? (Dans le deuxième cas, il s'agit de ce que les mathématiciens appelleront bientôt la règle de Bayes; c'est le cas de Price qui la présente)[19]. Le *Traité* distinguait ces deux formulations (le transfert du passé au futur; le passage de données concernant le collectif à l'individuel et du droit que nous avons d'étendre une connaissance qui vaut pour le collectif à l'individuel). Il semble que l'*Enquête* ait cherché à n'en faire qu'une seule – ce qui est assez dangereux. Car, si le transfert du passé à l'avenir ne rentre pas dans les compétences des mathématiques, en revanche, le droit d'appliquer à une situation individuelle ce que l'on sait d'une collection d'éléments auxquels elle ressemble sera très vite traité avec élégance par les mathématiciens, même s'ils ont beaucoup de mal à faire entendre la différence qui existe entre un énoncé de statistique et un énoncé de probabilité quand celui-ci concerne un événement singulier.

Il est regrettable que la brièveté du propos de l'*Enquête* ait provoqué l'abandon de la discussion du *Traité* sur la ressemblance des événements que l'on confronte dans les calculs de probabilité[20]. Il faut que les événements coïncident pour pouvoir s'amalgamer et constituer des forces nouvelles capables de transformer les gravures, qui résultent du poids des images anciennes accumulées les unes sur les autres, en schèmes pour informer les événements semblables nouveaux. Tout se passe comme si cette accumulation de représentations fabriquait dans le même cadre une

19. Car si Thomas Bayes (1702-1761) a eu le temps d'exposer sa Règle devant la Royal Society de Londres, il n'a pas pu publier, par lui-même, dans le volume LIII des *Philosophical Transactions of the Royal Society of London* (en 1764 pour 1763). La mort l'en a empêché et c'est Richard Price (1723-1791) qui le fera en complétant le texte par deux autres règles, sous le titre : *Essai en vue de résoudre un problème de la doctrine des chances. Méthode de calcul de la probabilité exacte de toute conclusion fondée sur l'induction*, puis sous celui de *Supplément* à cet *Essai* (en 1765 dans le volume LIV des *Philosophical Transactions*). Il n'y a pas de trace directe d'une connaissance de Bayes par Hume ; en revanche, Hume et Price ont polémiqué sur des questions de philosophie religieuse.

20. *TNH*, I.III.12, § 11, p. 206.

dimension nouvelle qu'aucune d'elles n'a singulièrement mais qui finit par se transférer aux représentations nouvelles.

La probabilité des causes (§ 4)

Hume l'a dit tout net dans le *Traité* : « la probabilité des chances ne peut servir à d'autres fins qu'à nous aider à expliquer la probabilité des causes »[21]. La probabilité des chances n'est envisagée que comme une propédeutique à la probabilité des causes. On peut concevoir celle-ci non plus sous la forme du lancer d'un dé qui n'aurait que six faces avec des points différents sur chacune de ses faces, mais sous celle du lancer d'un dé qui aurait une multitude de faces et qui porterait sur chacune d'entre elles l'inscription d'une liaison entre l'événement A et l'événement B. Trois positions sont possibles : A se produit, B – son subséquent – se produit; A se produit, B – son subséquent – ne se produit pas; A ne se produit pas, B se produit. (Nous laissons de côté la possibilité théorique, qui est sans intérêt pour notre propos : A ne se produit pas, B ne se produit pas, dont la subséquence ne saurait être repérée). On peut supposer un dé qui comporterait de multiples faces et qui présenterait sur chacune de ses faces : ou : A-B; ou : A- non B; ou : non A-B. En lançant le dé plusieurs fois, on verrait qu'il a présenté A-B un certain nombre fois; A-non B, un autre nombre de fois; et non A-B un autre nombre de fois encore. La relation entre ces nombres de fois, d'abord chaotique, tant que le nombre de lancers est petit, finit par se stabiliser au fur et à mesure que ce nombre grandit. Hume comprend parfaitement que ce qui intéresse le calculateur de probabilités, c'est toujours ce qui « stabilise » le changement; et, quand la stabilisation du changement s'avère elle-même mobile, c'est ce qui stabilise cette mobilité nouvellement découverte. Le travail scientifique, qui n'est pas la négation du mouvement, en est toujours plus ou moins l'ordonnancement qui, lui, ne se meut pas et peut être stable. Mais, cette fois, le système se complexifie. Nous ne l'avons que trop simplifié en ramenant le problème de la probabilité des causes au problème de la probabilité des chances. Ce qui fait difficulté, c'est de savoir quel A et quel B relier dans l'infinité des connexions possibles entre les événements; et, de cela, l'expérience seule ou plutôt un certain nombre d'expériences peut nous assurer.

21. *TNH*, I.III.12, § 1, p. 201.

En effet, en passant du paragraphe 3 au paragraphe 4, l'objet devient plus complexe. Il n'est pas constitué d'un seul objet (le dé regroupant toutes ses faces); il se compose d'au moins deux objets. Ce qui fait objet désormais dans ce type de causes, c'est la jonction de deux événements ou de plus de deux: certaines causes sont composites; de même le sont certains effets.

La gamme des concomitances est très diverse; elle va des plus constantes – qui ne comportent pas d'exceptions – aux plus irrégulières en passant par toutes sortes de degrés. Parmi les concomitances très constantes, on trouve que le feu a toujours brûlé[22]; que l'eau asphyxie les créatures humaines. En revanche, les indices de maladie ne donnent pas lieu, chez tous les individus, aux mêmes développements pathologiques. Comment expliquer ces oscillations? Doit-on les attribuer à la nature même? Nous n'en savons rien ou, plus exactement, il n'y a pas lieu de penser que les choses de la nature fonctionnent comme les objets que nous construisons pour en rendre compte. En revanche, le jeu des causes et des effets varie selon que leur analyse est diversement poussée. Les lois du mouvement et de la gravitation, qui ont fait l'objet d'une analyse très fine, sont stables et paraissent fiables. Quand les causes et les effets sont mal analysés, nous obtenons des variations beaucoup plus grandes. L'effet purgatif de la rhubarbe varie d'un individu à l'autre. L'opium fait dormir l'un mais pas l'autre. Parfois, nous avons de la chance: même mal analysés, le feu et la brûlure restent en concomitance aussi stable que le jeu des planètes. De même, la concomitance de l'eau et de l'asphyxie de la créature humaine est une liaison à la fois incontestable et mal analysée: les animaux qui ont des poumons risquent d'être noyés par l'eau. Le jugement demande à être raffiné. Mais la conjonction reste bonne; ce n'est toutefois là que de la chance car, la plupart du temps, le jeu des causes et des effets apparaît moins stable et l'analyse permet d'expliquer cette instabilité.

Mettre en relation la cause C et l'effet E, c'est moins lier deux phénomènes uniques que lier une nuée de causes ($C = c_1, c_2, c_3 \ldots c_n$) et une nuée d'effets ($E = e_1, e_2, e_3 \ldots e_n$), parmi lesquelles certaines relations de causes et d'effets comptent plus que d'autres. Mais ni les causes, ni les effets ne peuvent être ordinairement désolidarisés des circonstances, beaucoup plus indéfinies, dans lesquelles ils ont lieu. Certains peuvent l'être et donner lieu à des constantes; la plupart du temps, ils ne le peuvent pas et on a l'impression d'un jeu de causes et d'effets perturbé, et de certaines liaisons

22. Le même exemple sera repris dans la section suivante (*EEH*, VII, p. 181). Locke s'en était servi dans *Essai* (*op. cit.*, p. 958).

de causes et d'effets qui cachent d'autres liaisons qui seraient plus « pures » si les premières n'étaient pas là. Il est des causes plus efficaces que d'autres, mais il est souvent difficile de les discerner parce qu'elles ne sont pas séparables des autres. Ainsi, derrière la relation de causalité entre C et E, c'est peut-être c_2 qui se lie de façon privilégiée à e_2 ou à e_3 ou à e_n; mais e_2, e_3, ou e_n ne sont pas séparables de toute la nuée des effets qui constituent E, pas plus que c_2 ne l'est de toute la nuée des causes qui constituent C. Nous avons nécessairement une impression d'imperfection, mais elle n'est liée qu'au fait que nous attendions, bien imprudemment, des lois idéales[23], lesquelles n'existent (provisoirement d'ailleurs) que dans quelques secteurs du savoir et auxquelles Hume n'a jamais cru[24].

Plusieurs remarques peuvent ici être faites.

Ne nous leurrons pas d'abord: l'univers de Hume n'est pas celui du *Nouvel esprit scientifique*; il reste un univers classique, loin d'être celui d'un « précurseur » des probabilités de la micro-physique : Hume ne songe nullement à des lois qui seraient intrinsèquement probabilistes. Il n'en a pas les moyens mathématiques. Le calcul des probabilités ne sert, comme chez Laplace d'ailleurs, qu'à détecter des lois et c'est bien elles qu'il s'agit d'écrire dans leur pureté ou de recueillir dans leur simplicité. L'*Enquête* fournit, de ce point de vue, l'exemple du risque d'avoir, dans nos contrées, des journées de gel en janvier: un savant, mieux versé en astronomie que celui qui se contente d'avoir regardé chaque année son calendrier et qui voit confirmé de toutes parts qu'il fait froid en janvier, pourra comprendre, après avoir observé qu'il fait de plus en plus froid à mesure que l'on se déplace vers le pôle nord, que l'inclinaison de l'axe de la terre par rapport au plan de l'écliptique est l'une des causes cachées qui échappent à celui qui ne sait pas faire l'analyse de ce phénomène. Toutefois l'écriture des lois n'est nullement une compréhension intime de la raison des phénomènes. Il y a plus : nous ne saurions dire qu'elles sont vraies. Les mathématiques, si elles sont remarquables pour stabiliser les concomitances, ne rendent pas raison des phénomènes. Elles peuvent bien combiner une attraction avec

23. Nous entendons par là des lois qui rendraient exactement compte de l'organisation des phénomènes en termes mathématiques, comme Newton a pu en donner l'espoir et l'image ; peut-être sans trop y croire lui-même. En tout cas, Hume n'y croit guère et conteste que les mathématiques – il parle plus particulièrement de la géométrie – puissent « nous conduire à la connaissance des causes dernières avec toute cette précision de raisonnement qui la rendent si justement célèbres » (*EEH*, IV, fin de la première partie).

24. Le *Traité* est explicite sur ce point dans le paragraphe 16, central (*TNH*, I.III.12, § 16, p. 208).

une inertie dans les proportions que l'on voudra ; mais elles ne donnent pas la moindre connaissance de ce que sont attraction et inertie.

Ensuite, la cause ne fonctionne pas différemment en physique ou en mécanique et en biologie, en psychologie, en économie ou en histoire. Simplement, les phénomènes que l'on repère comme causes ou ceux que l'on repère comme effets se présentent moins détachables les uns des autres en biologie, en psychologie, en économie et en histoire qu'en physique. Les fibres de concomitance que les faisceaux de la causalité relient entre elles sont plus solidaires dans certains cas que dans d'autres.

De manière générale, l'explication, se fît–elle par les moyens les plus sophistiqués, ne dépasse pas la mise en concomitance dont nous n'apercevons pas que c'est nous qui l'avons faite. C'est bien là où nous trouvons le point de différence entre Bentham et Hume que nous cherchions pour oser parler de la probabilité humienne comme d'une fiction : contrairement à ce que soutiendra Bentham, Hume explique très bien que la probabilité et la causalité ne sont pas verbales[25]. Dès que C apparaît, sans laisser le moindre laps de temps à la réflexion, E apparaît, en un glissement, qui ne se verbalise ni ne se symbolise, de l'association en connexion. La façon d'articuler les causes ou les probabilités causales repose sur une croyance commune plus que sur une raison.

D'ailleurs, on aurait tort de croire que Hume ne tire de cette réflexion que des remarques épistémologiques. L'art de la politesse est aussi un usage habile des nuées de causes et d'effets : une brute va droit au but pour humilier ou pour faire savoir qu'elle est humiliée. En revanche, une personne raffinée utilisera le détour des circonstances pour parvenir plus délicatement à un résultat supérieur par des sous-entendus.

Toute classique que soit sa conception des lois, Hume n'en pense pas moins que la science est une action, sans doute très fine (en raison de son lien privilégié avec l'analyse) mais qui, pour aller à la rencontre des choses, n'en est pas pour autant leur savoir. Laplace partagera la même opinion lorsqu'il prendra les lois pour des sortes de contrats entre chercheurs plutôt que comme des réalités ontologiques. Ce n'est assurément pas par un surcroît de connaissances des choses que les savants – les « philosophes » comme Hume les appelle, se postant à la lisière de leur cercle – se distinguent du sens commun. Ils « poussent leur examen un peu plus loin »[26] ; ils sont plus analytiques que lui. Mais ils ont les mêmes préjugés ; et, pour peu qu'on s'oriente du côté des principes, on les trouve aussi

25. *TNH*, I.III.12 § 7, p. 204.
26. *EEH*, VI, § 4, p. 195.

injustifiables du côté des « philosophes » que du côté du sens commun : les ressorts du fonctionnement de la cause ne sont pas rationnels. L'induction, qui consiste à transférer le passé au futur, selon le raccourci humien, ne peut être rationnellement justifiable. La légitimité de ce transfert est indémontrable et pourtant nous la supposons en toutes nos actions. Tout en gardant la même formule, le *Traité* ajoutait, plus ontologique : l'avenir ressemble au passé[27]. *L'Enquête* ne garde plus que l'activité ; ou plutôt, elle fait mieux : en laissant ressortir le côté actif de la science, elle précise toutefois que les fondements de celle-ci sont des actions-affects ou des actions-passions, car si la probabilité des causes est un transfert, si elle permet de contrôler et régler les événements futurs, comme il sera dit dans la section suivante, elle est à la fois un sentiment[28]. C'est d'ailleurs ce sentiment qui favorise une expression ontologique.

L'exemple des bateaux, que l'on trouve dans le *Traité*, pose un autre problème[29]. S'il n'est pas à proprement parler une erreur, il mêle toutefois dangereusement ce qu'il faudrait ne surtout pas confondre : les statistiques et les probabilités. Si je sais que, sur vingt bateaux qui prennent la mer, il y en a un qui ne revient pas au port, je puis me dire, voyant vingt bateaux partir qu'il y en a un qui ne reviendra pas. « Là-dessus, ponctue l'auteur, il ne peut y avoir de difficultés ». L'exemple ne sera pas reproduit dans l'*Enquête*, peut-être en raison de l'ambiguïté du petit commentaire ajouté ; car s'il veut dire que le calcul sommaire de l'observateur des vingt bateaux ne fait pas de difficultés parce qu'il est vrai, l'auteur a grand tort, puisqu'on ne peut passer aussi directement qu'il le fait de considérations statistiques à la probabilité d'une situation singulière et qu'on a des chances de se tromper en le disant, même si elles sont mesurables. Il peut y avoir deux bateaux qui sombrent, il peut aussi n'y en avoir aucun : on peut seulement mesurer avec quelle chance d'avoir raison ou tort on peut faire ces présomptions. Mais s'il veut dire qu'il n'y a pas de difficultés à expliquer ce phénomène mental du passage de statistiques à des probabilités, il a pleinement raison ; c'est ce que nous faisons spontanément. On remarquera qu'à aucun moment Hume n'endosse, sous l'angle de la vérité, la

27. *THN*, I.III. 12, § 9, p. 205.

28. *EEH*, VII, § 29, p. 209.

29. *TNH*, I.III.12, § 11, p. 206. On doit probablement cet exemple à la lecture très plausible que Hume a faite de l'*Ars Conjectandi* de J. Bernoulli, en particulier de sa quatrième partie qui, pour expliquer le second axiome du chapitre II qui concerne la pesée des arguments de conjecture, prend l'exemple de trois bateaux qui quittent le port, dont l'un va sombrer et sur lesquels on conjecture celui auquel ce malheur est arrivé (J. Bernoulli , *Ars Conjectandi*, *op. cit.*, p. 214-215).

prédiction de l'observateur comme si elle était la sienne. Hume, qui nous demande de distinguer les « raisons » et la « manière » nous a lui-même beaucoup appris sur la manière dont se faisait ce genre de prédiction[30]. Ne se sent-il pas incompétent pour les raisons ? Il a raison ; il faut, pour pouvoir les donner, un puissant mathématicien : D'Alembert n'y a pas suffi, même s'il a compris le problème, à travers la question de l'inoculation par exemple, mieux que Diderot qui, obnubilé par la morale, ne l'a pas vu.

Reste le défi de modestie par lequel se termine le texte. Descartes proposait sa méthode et ne demandait pas qu'on la suive. Hume n'a pas d'explication à proposer de notre croyance à l'induction. Il fait état de sa perplexité ; ce qui ne l'empêche pas de faire de ce scepticisme une machine à mesurer la valeur explicative des autres « théories courantes ». À qui pense-t-il particulièrement, lorsqu'il parle de « leur indigence extrême » ? Certainement à Locke avec lequel nous l'avons souvent vu en rupture ; assurément à Malebranche, dont il sera question de la philosophie des causes occasionnelles dans la section suivante. Avant eux, aux Aristotéliciens qui parlent de potentialité. À Descartes qui, en choisissant, en toutes choses pratiques, la voie moyenne également distante de tout excès, fait un très mauvais usage des probabilités ? À Spinoza, pour qui le hasard n'est qu'une idée fausse et que de la nécessité inaperçue ? À vrai dire, il n'a guère l'occasion de faire grand cas de quelque philosophie sur ce point, puisqu'aucune – à l'exception de celle de Locke – ne développe une théorie du probable. C'est pourtant la pierre de touche : qu'est-ce que ces philosophies disent des degrés de probabilité ? Leur réponse permet de se faire une idée de leur valeur et même de la mesurer. Ne font-elles que feindre d'expliquer ce qu'elles n'expliquent pas mieux que le sens commun ?

L'habileté de Hume est de placer le critère pour juger des philosophies, non pas dans leur capacité à expliquer comment notre esprit fonctionne, mais dans la raison des jugements qu'il produit. C'est le problème de la vérité qui l'intéresse. Avons-nous raison de porter à l'avenir ce que nous avons saisi dans le passé et dans les mêmes proportions ? Avec une autre question : avons-nous raison de traiter un cas singulier qui nous est présenté ou qui se présente à nous selon les proportions que l'expérience accumulée nous a livrées dans le passé ? C'est moins des philosophes que la solution va venir que des mathématiciens ou plutôt – ce qui sera le cas de Bayes – des mathématiciens s'ils sont philosophes ou des philosophes s'ils sont mathématiciens. Car prenons garde que Newton, dont le génie mathématique est incontestable, est appelé « philosophe » par Hume. Beaucoup

30. *TNH*, I.III.12, § 8, p. 205.

plus tard – et pour d'autres problèmes de probabilité que celui qui est traité par Bayes et Price –, Harsanyi dira à peu près, sans citer Hume, ce qu'avait dit le *Traité*; pas tout à fait dans les mêmes termes[31]. Il faut assurément moins d'efforts pour apercevoir l'imperfection des hypothèses ordinaires que pour résoudre les questions qui viennent d'être posées.

En conclusion, nous retiendrons une idée aussi importante que paradoxale chez Hume dont nous avons vu la dialectique permanente entre les recherches de psychologie fondamentale et la logique de l'induction : elle est celle que Popper a su pointer dans sa *Logique de la découverte scientifique* et que Harsanyi a soulignée pour la nuancer. Harsanyi repère en effet chez Popper « la défense de la règle méthodologique qui veut que, de plusieurs hypothèses alternatives également cohérentes avec les données empiriques, [il vaut toujours mieux choisir] celle qui possède *le plus bas degré* de probabilité *a priori* »[32]. Une proposition dont la probabilité est très faible peut se révéler paradoxalement plus vraie qu'une thèse de probabilité plus lourde[33]. L'esprit peut « établir un argument sur une expérience isolée, si elle est préparée et examinée comme il se doit. Ce qu'une fois nous avons vu résulter d'un objet donné, cela, concluons-nous, en résultera toujours; et si cette maxime n'est pas toujours établie comme certaine, ce n'est pas faute d'un nombre suffisant d'expériences, mais parce que nous rencontrons fréquemment des exemples du contraire »[34].

31. *TNH*, I.III.12, § 20, p. 210-211. Voir note suivante.

32. J. C. Harsanyi, *Essays on Ethics, Social Behavior, and Scientific Explanation*, Dordrecht-Boston-London, Reidel, 1976, p. 243.

33. *Ibid.* : « De plusieurs hypothèses compatibles avec les faits empiriques connus, on commence par choisir l'hypothèse *a priori la moins probable* dans le but d'en pousser le plus loin possible la vérification empirique. On tentera alors de l'*accepter comme vraie* seulement si elle survit à tous ces tests, c'est-à-dire si elle reste compatible avec tous les faits empiriques connus, même quand tous ces tests ont été accomplis. Et, bien entendu, on maintiendra son statut d'hypothèse acceptée aussi longtemps que la recherche ultérieure ne se mette pas à produire des faits nouveaux qui seraient incompatibles avec elle ».

34. *TNH*, I.III.12, § 3, p. 202.

Philippe Hamou

L'IDÉE DE POUVOIR ET DE LIAISON NÉCESSAIRE (SECTION VII)

Introduction

La section VII consacrée à l'origine de notre idée de liaison nécessaire (*necessary connexion*) vient parachever le long argument de Hume sur la relation causale commencé au début de la section IV. Si l'on peut estimer que l'essentiel des sections IV à VI se déployait sur un terrain « épistémologique », s'efforçant de répondre à la question : comment en venons-nous à faire (et justifier) nos inférences causales?, la section VII déplace le questionnement sur un terrain plus « analytique » interrogeant la source de notre idée de cause, et en particulier de cet ingrédient définitionnel[1] essentiel dont il semble qu'on ne puisse se dispenser quand on parle de cause : le fait que nous nous représentions toujours une cause comme possédant en soi un « pouvoir », une « force » ou une « énergie » en vertu

1. Le *Traité de la nature humaine* avait été plus explicite que l'*Enquête* sur la *définition* de la cause : la cause est cet objet ou cet événement qui entretient avec son effet une relation de contiguïté, d'antériorité temporelle et de liaison nécessaire (cf. *TNH*, I.III.2, p. 134-136). On notera que dans l'*Enquête,* Hume ne prend pas la peine de *définir* la relation de causalité, ni au moment où il l'introduit dans la section III (*EEH*, p. 75), ni lorsqu'il affirme dans la section IV (*EEH*, p. 99) qu'elle se trouve à l'arrière-plan de la plupart de nos raisonnements portant sur les faits. Il semble alors considérer que chacun sait de quoi il s'agit. Dans la section VII, les circonstances externes (visibles) que sont la contiguïté spatiale des causes et des effets et l'antériorité temporelle des causes sur les effets ne sont plus mentionnées comme des critères définitionnels, la liaison nécessaire (invisible) est présentée comme l'ingrédient principal, voire unique.

duquel, la cause étant posée, l'effet doit *nécessairement* se produire. Ces différents termes (pouvoir, force, énergie...), qui renvoient certainement à des usages et des traditions distincts[2], sont traités par Hume comme des termes « métaphysiques » (entendons ici abstraits et obscurs), à peu près interchangeables[3], parce que renvoyant tous à la même idée « obscure et incertaine » de quelque chose qui serait contenu dans la cause et en vertu duquel l'effet *devrait* se produire nécessairement. Comme l'indique Barry Stroud[4], la section VII ajoute donc un élément important aux précédentes en ce que seule elle aborde la dimension « modale » de nos croyances causales : notre croyance n'est pas seulement que l'effet va se produire, mais que l'effet en question *doit* se produire *nécessairement.* Hume n'a cessé de dire que les relations de fait, dont la relation causale fait partie, se distinguent des relations d'idées, en ce que leur contraire est *concevable*[5]. Nous pourrions concevoir par exemple que l'eau ne suffoque pas, tandis qu'il nous est impossible d'imaginer que 2 et 3 ne fasse pas 5. Et pourtant la « nécessité » appartient bien au vocabulaire causal : lorsque nous caractérisons une relation de fait comme causale, alors même que nous pourrions imaginer qu'un autre effet se produise, ce que nous voulons dire est précisément que *le lien* de la cause et de l'effet n'est pas contingent, ne peut pas physiquement (ou dans l'ordre naturel des choses) être autre que ce qu'il est. Il est clair que ce qui est en jeu ici est la conviction (héritée de la science moderne) de l'existence d'un *ordre légal et déterministe* de la nature. Hume illustrera ce point dans le chapitre suivant en proposant une définition de la nécessité physique, faisant référence aux « lois de la nature » (telles les lois du choc) : « tout effet naturel est si précisément déterminé par l'énergie de sa cause qu'aucun autre effet, dans les mêmes circonstances particulières n'aurait pu en résulter »[6]. La présupposition contenue dans

2. L'idée de pouvoir (*power*) fait l'objet du long chap. II.xxi de *l'Essai* de Locke et elle est centrale pour la caractérisation de nos idées complexes de substances naturelles; l'idée de « force » (*vis*) est mobilisée dans la mécanique rationnelle moderne, et fameusement appliquée par Newton à l'inertie (*vis insita*) et aux forces imprimées que sont les forces d'impulsion et d'attraction; l'*énergie* n'a pas encore reçu au XVIIIe siècle le sens physique réglé qu'il prendra dans la mécanique et la thermodynamique du XIXe siècle, le terme est encore marqué par l'étymologie antique (*energeia*) et l'usage majeur qui en est fait chez Aristote pour désigner le processus selon lequel, la puissance (*dynamis*) se réalise ou s'actualise.

3. Il explique dans le *Traité* qu'étant tous « à peu près synonymes », il serait absurde « d'employer l'un d'eux pour définir les autres » (*TNH*, I.III. 14, p. 232).

4. *Cf.* B. Stroud, *Hume*, London, Routledge, 1981, p. 78.

5. *Cf.* en particulier l'ouverture de la section IV.

6. *EEH*, VIII, § 4, p. 221.

l'usage du vocabulaire causal est donc que les incertitudes éventuelles que nous pourrions avoir sur la possibilité qu'un effet se produise plutôt qu'un autre, ne découlent pas d'une forme de contingence ou de faiblesse inhérentes aux pouvoirs causaux mais seulement de l'ignorance où nous sommes des lois de la nature et des interactions complexes qui, dans le cas considéré, déterminent l'effet à être *nécessairement* ce qu'il est[7].

En bref, dès lors que nous pensons en termes de causes et d'effets, nous supposons l'existence d'une liaison nécessaire. Ce point est pour Hume incontestable mais reste mystérieux pour autant qu'au terme des six premières sections de l'*Enquête* nous ne savons toujours pas de quelle « impression » cette idée de nécessité causale dérive. La théorie des idées développée dans la section II (toute idée doit dériver d'une impression dont elle n'est qu'une copie affaiblie) impose donc ici une nouvelle recherche qui porte spécifiquement sur *l'impression à l'origine de notre idée de cause*, plus sans doute que sur l'origine de la croyance causale.

Le plan de la section VII

La section est divisée en deux parties. Dans la première, après un préambule sur les mérites et difficultés comparées des sciences morales et des sciences mathématiques, Hume se met en quête des sources dont pourrait découler l'impression originaire dont dérive l'idée de pouvoir causal. Il examine et critique tout d'abord la possibilité que cette impression puisse découler d'une source sensorielle (§ 6-8). Il montre en second lieu qu'elle n'est pas tirée non plus d'une source réflexive, que celle-ci porte sur la causalité psycho-physique à l'œuvre dans le mouvement volontaire (§ 9-15), ou sur la causalité mentale à l'œuvre dans la production des idées (§ 16). Il s'attache enfin à montrer que les difficultés indiquées pour identifier la source du « pouvoir » causal des créatures ne peuvent être résorbées en assignant ce pouvoir à la seule cause première, comme avait tenté de le faire Malebranche dans sa doctrine des causes occasionnelles (§ 17-25).

La seconde partie tire la conclusion des analyses négatives de la première et propose d'identifier la source de notre idée de pouvoir comme située non pas dans la cause elle-même, mais dans la transition coutumière de l'imagination et le sentiment de détermination mentale qu'elle suscite. C'est ce « pas de côté », situant l'impression à l'origine de notre idée de pouvoir causal dans des circonstances extrinsèques à la cause, qui

7. Voir sur ce point tout particulièrement la section VI.

détermine les deux nouvelles définitions de la cause sur lesquelles s'achève cette section (§ 26-30).

LE PRÉAMBULE : DISTINCTION DES SCIENCES MORALES ET MATHÉMATIQUES (§ 1-5)

La section, d'une manière qui est caractéristique du style de « l'essai » propre à l'*Enquête*, s'ouvre par un préambule sur la distinction et les mérites comparés des sciences morales et mathématiques. Celui-ci va permettre à Hume de justifier l'importance du complément d'enquête « analytique » sur la source de notre idée de cause qu'il va proposer dans cette section. Les difficultés définitionnelles sont en effet caractéristiques des sciences morales, lesquelles, contrairement aux sciences mathématiques, ne sont pas assurées de manipuler des termes dont la signification, pouvant être stipulée ou donnée dans une forme d'immédiateté sensible, serait parfaitement stabilisée.

L'expression « sciences morales » doit s'entendre au sens large que Hume retient dans la phrase d'ouverture de l'*Enquête*[8], non pas simplement comme science des mœurs, mais sciences de la nature humaine en général, incluant la connaissance de l'esprit humain et la compréhension réflexive des notions qu'il manipule pour décrire le monde. Qu'il s'agisse bien du sens visé ici est confirmé dans la référence à ces objets des sciences morales que sont les « sentiments plus raffinés de notre âme », les « opérations de l'entendement », les « divers mouvements [*agitations*] des passions » dont Hume dit qu'ils nous échappent facilement quand la réflexion s'en saisit[9]. De ce point de vue, l'*Enquête* introduit un écart sensible entre les vertus épistémiques de la sensation et celles de la réflexion – ces deux sortes d'opérations de l'esprit, sens externe et sens interne, dont Locke faisait les sources parallèles de nos idées simples. La première, mobilisée en géométrie, lorsqu'on présente ses objets aux sens, *via* par exemple des diagrammes ou des représentations symboliques, est en mesure de s'assurer de son objet et de pouvoir y revenir à tout moment. La seconde ayant affaire à ces êtres transitoires, changeants, évanouissants, que sont les impressions, les idées et les passions, donne

8. *EEH*, I.1, p 34.

9. *EEH*, VII, 1 § 1, p. 173. Cf. *EEH*, I, 13, p. 49 : « c'est une chose remarquable que les opérations de notre esprit, si intimement présentes qu'elles nous soient, semblent s'envelopper de ténèbres quand elles deviennent un objet de réflexion ».

facilement matière à confusion et ambiguïté. La théorie humienne des idées comme copies ou échos affaiblis de nos impressions contribue d'ailleurs à faire de l'obscurité (la « pâleur ») un trait définitoire de nos contenus mentaux, dès lors que la réflexion, en s'appliquant à eux, les sort d'un régime de présence, d'immédiateté ou de vivacité qui est le privilège de l'impression irréfléchie.

On notera, dans cette caractérisation des raisonnements mathématiques, dont tous les exemples sont empruntés à la géométrie, qu'il n'est pas fait mention de la thèse avancée dans le *Traité* selon laquelle la géométrie, la science de l'extension spatiale, ne serait pas une science aussi exacte et parfaite que l'arithmétique, parce qu'intimement associée à la mesure de l'espace physique, et donc à une forme d'indétermination à l'origine des paradoxes de la divisibilité[10]. Dans la section XII (§ 18), Hume reviendra sur le caractère « apparemment absurde » des conclusions de ces raisonnements géométriques pourtant « irréprochables » qui établissent l'existence de quantités infinitésimales. Dans le présent passage cependant, les idées géométriques sont présentées comme parfaitement claires et déterminées, ne souffrant pas plus d'équivoque que les idées de la quantité discrète. Il est possible que Hume ait, à l'époque de l'*Enquête*, modifié ou adouci ses vues très critiques sur le traitement géométrique de l'espace[11]. En tout état de cause, ces considérations sont passées sous silence dans ce passage, sans doute pour répondre aux besoins d'une comparaison suffisamment claire et tranchée qui associe l'avantage des mathématiques sur les sciences morales à la clarté des idées et des termes que nous manipulons, et leur relative infériorité à la longueur et complexité des inférences.

À l'arrière-plan de cette comparaison entre sciences mathématiques et sciences morales, on reconnaît des considérations analogues de Locke dans le livre IV de *l'Essai sur l'entendement humain*. Locke insistait aussi sur le fait que, les idées morales étant plus complexes et plus mixtes que les idées relatives à la quantité, l'ambiguïté se glisse aisément dans nos raisonnements moraux : nous pouvons y oublier quelque aspect essentiel de la définition des mots que nous utilisons, tandis qu'il ne nous arrive jamais d'oublier de compter un angle lorsque nous manipulons en mathématicien et représentons par des « marques sensibles » l'idée complexe de

10. *TNH*, I.II.4, p. 94-107.

11. Voir V. Batitsky, « From Inexactness to Certainty : The Change in Hume's Conception of Geometry », *Journal for General Philosophy of Science/Zeitschrift Für Allgemeine Wissenschaftstheorie*, 29/1, 1998, p. 1-20.

l'heptagone[12]. Hume semble concourir avec ces considérations lorsqu'il écrit « l'isocèle et le scalène se distinguent par des limites plus exactes que ne le font le vice et la vertu, le bien et le mal »[13]. Cependant, pour Locke, il est clair que l'imprécision qui affecte les sciences morales vient fondamentalement de l'usage du langage et non d'une obscurité qui serait inhérente à l'expérience que nous avons des phénomènes mentaux. À ses yeux la manipulation des idées morales pourrait donner matière à une science tout aussi démonstrative que la géométrie elle-même, si seulement l'on pouvait parvenir à clarifier notre langage. Hume ne paraît pas avoir ce type d'optimisme. S'il reconnaît que les objets dont s'occupe la science morale sont « des choses réellement distinctes par elles-mêmes » (§ 2), les idées que nous en avons sont obscures pour des raisons qui ne tiennent pas seulement à des malentendus définitionnels, mais à la nature même de ces objets et celle des facultés qui nous permettent de les appréhender.

Hume rappelle dans le § 4 le principe méthodologique qu'il entend suivre dans son enquête sur l'idée de pouvoir : élucider le sens d'une notion complexe c'est d'une part examiner les idées simples dont elle est composée, et d'autre part remonter de ces idées simples aux impressions originaires dont elles dérivent selon le principe de copie. Pour l'examen de cette doctrine « génétique » de l'analyse des idées, et la part qu'elle emprunte à Locke, nous renvoyons ici au commentaire de la section II à laquelle Hume se réfère explicitement. Remarquons seulement l'insistance de Hume sur la distinction entre penser et sentir : « il nous est impossible de *penser* à quoi que ce soit que nous n'ayons d'abord *senti* par nos sens externes ou internes »[14]. L'écart était indûment minoré par Locke qui semblait estimer que le travail de réduction des idées complexes aux idées simples issues de la sensation ou de la réflexion suffisait à en déterminer l'origine. C'était sans compter sur le fait que certaines des idées sur lesquelles vient s'achever notre analyse des notions complexes ne sont que très obscurément liées à la sensation ou l'impression originelle dont elles dérivent. L'idée de « pouvoir » est l'une de celles pour lesquelles l'analyse bute ainsi sur une idée qui, bien qu'elle soit en un sens *indécomposable*, n'a pas la clarté requise. Il s'agit donc non pas seulement de tirer au clair une définition en la réduisant à ses éléments mais de mieux voir la nature de ces constituants. La métaphore du nouveau « microscope » ou de « l'optique

12. J. Locke, *Essai sur l'entendement humain* [désormais *Essai*], trad.fr. P. Coste, Paris, Le Livre de Poche, 2009, IV.III. 19, p. 808-811.

13. *EEH*, VII.I, § 1, p. 173.

14. *EEH*, VII, § 4, p. 177, souligné par Hume.

nouvelle » s'applique ainsi fort bien à la stratégie qui consiste à recourir à la recherche de « l'impression originelle » comme à une sorte d'instrument grossissant permettant de mieux identifier la nature de l'idée simple qu'on cherche à cerner.

EXAMEN DE LA SOURCE SENSORIELLE (§ 6-8)

La section IV avait déjà montré qu'il n'y a pas de « raison » de conclure, sur un cas unique, d'une cause donnée à un effet donné. Pas de raison *a priori*, mais pas non plus de raison empirique, dérivé d'une « impression » spécifique qui correspondrait directement à un « pouvoir » ou à une « force » que nous verrions s'exercer pour ainsi dire *à même* la cause[15]. La section VII va préciser cette conclusion en envisageant, selon un partage lockéen, deux sources possibles pour notre idée de pouvoir : la sensation externe qui porte sur les opérations des corps les uns sur les autres, et la réflexion qui considère les opérations internes de la pensée – et tout particulièrement la volition. Dans la première édition du *Traité de la Nature humaine*[16], c'est la première source qui avait été exclusivement considérée. Dans l'appendice, ajouté en 1740, Hume avait proposé un *addendum* à sa démonstration, un paragraphe expliquant que ce qui avait été montré pour la matière (qu'elle ne nous livre aucune impression de pouvoir) valait aussi bien pour l'esprit, et ceci contrairement aux suggestions de « certains » qui ont affirmé « que nous ressentions une énergie, c'est-à-dire un pouvoir, en notre propre esprit, et qu'ayant ainsi acquis l'idée de pouvoir, nous transférions cette idée à la matière, en laquelle nous ne sommes pas à même de la découvrir immédiatement »[17]. L'*Enquête* pour sa part va s'attacher de manière beaucoup plus approfondie à cette hypothèse d'une source réflexive ne consacrant que trois brefs paragraphes à l'examen de la source sensorielle.

Il convient de remarquer que dans le *Traité*, l'examen des possibles sources sensibles de notre idée de liaison nécessaire encadrait toute l'enquête sur la causalité dans la troisième partie du livre I. Il s'ouvrait dans la section II et se refermait dans la section XIV au terme de longues recherches au cours desquelles Hume s'était proposé de « battre la

15. Cf. *EEH*, IV.II, § 16, p. 113.

16. *TNH*, I.III. 2 et I.III. 14.

17. *Appendice au Traité de la nature humaine*, *TNH*, I, p. 381. Locke figure incontestablement parmi les auteurs visés, nous y reviendrons.

campagne », examinant d'autres questions dans l'espoir d'y trouver une suggestion permettant d'éclaircir la difficulté. Celle-ci avait été exposée dans la section II par un argument général (qu'on ne retrouve pas dans l'*Enquête*) courant à peu près sur les lignes suivantes[18] : comme tout objet existant, quel qu'il soit, peut, à quelque égard, être cause ou effet ; comme les objets sont tous très différents, et comme il n'existe pas une seule qualité qui soit commune à tous, ce ne peut pas être dans les qualités (sensibles) des objets qu'on pourra trouver une « impression » de pouvoir causal. Ceci compris, on pouvait tenter de se retourner et rechercher la source de l'impression causale dans les relations accessoires des causes et des effets que sont la contiguïté et la priorité temporelle. Mais il est évident que des objets contigus et successifs ne sont pas toujours vécus comme causes et effets les uns des autres. Il y a des conjonctions accidentelles, où l'on trouve réunies ces conditions, et que nous ne considérons pas comme causales. D'où la conclusion que ce ne sont ni les qualités sensibles ni ces relations accessoires qui peuvent nous donner accès à l'impression causale.

L'*Enquête* ne reprend pas cet argument abstrait, mais propose plutôt de convoquer les leçons de l'expérience : un cas isolé de relation causale ne nous a jamais donné aucune impression de pouvoir causal. L'exemple malebranchiste des boules de billard, déjà présenté dans les sections IV et V, est de nouveau convoqué pour en attester. Hume invite à le considérer dans sa stricte phénoménologie (suspendant implicitement toute référence à des croyances ou des attentes préalables au sujet de ce qui se passe ordinairement dans l'impulsion des corps) : tout ce que « de fait » nous voyons dans le choc de deux corps est seulement que le mouvement de l'un suit l'autre (« the one does actually, in fact, follow the other »)[19]. L'accent (presque redondant) porte sur la factualité : la succession des mouvements épuise tout ce qu'il est possible de percevoir par nos sens externes. Hume à cet égard retrouve l'esprit d'une remarque maintes fois faite par ses prédécesseurs, notamment par Locke et par Malebranche : en dépit du privilège d'intelligibilité qu'on peut reconnaitre aux explications *mécanistes* de l'action des corps les uns sur les autres, la communication du mouvement par impulsion conserve quelque chose d'obscur : « nous ne concevons autre chose par là qu'un mouvement qui passe d'un corps à un autre corps, ce qui est, je crois, aussi obscur et aussi inconcevable, que la manière dont notre esprit met en mouvement ou arrête notre corps par la pensée, ce que

18. Cf. *TNH*, I.III. 2, p. 134.
19. *EEH*, VII.I, § 6, p. 178.

nous voyons qu'il fait à tout moment »[20]. Dans le paragraphe 8, Hume explique pourquoi il doit en être ainsi : les qualités des objets matériels sont « toutes complètes par elles-mêmes et n'indiquent aucun autre événement qui en pourrait résulter ». L'argument repose donc sur ce qu'on pourrait appeler la complétude gnoséologique des qualités sensibles et de leurs relations : tout ce qu'elles nous donnent à connaître (ou même « imaginer » ou « conjecturer ») est inclus dans l'impression qu'on en a. Il n'y a pas en elles de recel ou de recul où pourraient se loger la puissance, l'efficace, l'énergie de la cause. La chose vaut sans doute pour toutes les qualités des corps mais Hume mentionne particulièrement la « solidité », « l'étendue », les « mouvements », autrement dit ces « qualités premières » que la philosophie naturelle mécaniste considérait comme seules requises pour l'explication des phénomènes matériels.

Cette référence aux qualités premières permet de situer le contexte et la portée de la position critique défendue ici par Hume. La physique mécaniste prétendait tout expliquer dans la nature matérielle par « figures et mouvements ». Or, puisque ces qualités des corps ne nous donnent aucune impression de « pouvoir actif », nous en sommes réduits à un aveu d'ignorance quant « au pouvoir ou la force qui meut toute la machine ». Dans le *Traité*, Hume avait bien identifié les deux manières modernes de circonvenir cet aveu[21] : soit, comme le font les Cartésiens, en affirmant l'essentielle passivité de la matière, et donc en situant la source active du mouvement dans le seul premier moteur; soit comme le font par exemple les Platoniciens de Cambridge tel Cudworth, mais aussi Clarke, Newton et Locke, en admettant l'existence de causes secondes[22], et pour cela en supposant l'existence sous les qualités connues de la matière, de qualités inconnues, « natures plastiques », « forces », « pouvoirs actifs » doués d'une efficience réelle[23]. De telles « qualités occultes » ou « pouvoirs cachés » ne pourraient, pas plus que les vertus dormitives des scolastiques

20. Locke, *Essai*, II. XXIII. 28, p. 490-49.

21. *TNH*, I.III. 14, p. 235.

22. Dans la métaphysique scolastique dont le vocabulaire continue à irriguer la pensée moderne, Dieu est la « cause première » de toutes choses, mais les créatures sont douées d'une puissance ou d'un pouvoir propre qui font d'elles des « causes secondes ».

23. Hume mentionnera Cudworth, Newton, Clarke et Locke dans la note f de la section 25, signalant que tous, sans prendre seulement la peine d'examiner la doctrine de « l'efficace divine » insinuée par Descartes et défendue par Malebranche comme le fondement de sa philosophie, supposèrent que « la matière a une force, quoique subordonnée et dérivée ».

dont les Modernes se sont tant gaussés[24], nous faire quelque impression réelle dont notre idée de pouvoir pourrait être tirée.

Cette explication permet aussi de mieux comprendre la note que Hume adjoint à ce paragraphe dans laquelle il critique l'usage que Locke fait de la notion de «pouvoir». Il se réfère à la doctrine selon laquelle l'identification des «pouvoirs» requiert un «raisonnement»[25] et il la confronte à cette autre thèse lockéenne, à laquelle Hume lui-même est entièrement acquis : « aucun raisonnement ne peut jamais nous donner une idée simple nouvelle et originale»[26]. La conséquence est que les pouvoirs tels que Locke les définit ne sont et ne peuvent être en aucune façon des idées simples, ou *primitives*, quand bien même Locke avoue parfois vouloir les mettre sur le même pied que les qualités sensibles, les traitant comme des données originelles et irréductibles, dans lesquelles viendraient se résoudre nos idées complexes de substance[27]. À tout prendre, le «power» de Locke n'est qu'un mot pour désigner notre ignorance au sujet de ce qui, dans la constitution des choses reste, est voué à rester, *occulte*, irréductible à des qualités connues, et partant incapable de donner matière à une impression, au sens que Hume donnera à ce terme.

24. Leibniz, fameusement, critiqua la force d'attraction newtonienne, comme l'illustration d'un retour malheureux des modernes aux qualités occultes «à la scholastique», *Correspondance Leibniz Clarke*, éd. A. Robinet, Paris, P.U.F., 1957, p. 64.

25. Ce «raisonnement», tel que Locke le présente n'est autre que le constat que nous dérivons notre idée de pouvoir du repérage des conjonctions constantes et des anticipations qu'elles produisent. Il n'est donc pas exagéré de dire que toute la réflexion de Hume sur la causalité constitue une méditation critique de ce passage de Locke : « L'ESPRIT étant instruit tous les jours, par le moyen des sens, de l'altération des idées simples, qu'il remarque dans les choses extérieures; et observant comment une chose vient à finir et à cesser d'être, et comment une autre, qui n'était pas auparavant, commence d'exister; réfléchissant, d'autre part, sur ce qui se passe en lui-même, et voyant un perpétuel changement de ses propres idées, causé quelquefois par l'impression des objets extérieurs sur ses sens, et quelquefois par la détermination de son propre choix, et concluant de ces changements qu'il a vu arriver si constamment, qu'il y en aura à l'avenir de pareils dans les mêmes choses, produits par de pareils agents et par de semblables voies, il vient à considérer dans une chose la possibilité qu'il y a qu'une de ses idées simples soit changée, et dans une autre la possibilité de produire ce changement; et par là l'esprit se forme l'idée que nous nommons *puissance* [power]» (*Essai*, II.xxi. 1, p. 391).

26. *EEH*, VII.I, note b, p. 181. Comparer à Locke, *Essai*, II.II. 2.

27. En réalité, Locke met les pouvoirs au nombre des «idées complexes de relation», mais leur inscrutabilité, et le fait qu'on ne peut y accéder qu'en se référant à l'altération régulière des idées simples de qualités le conduit souvent à les traiter comme s'il s'agissait de qualités irréductibles, productrices d'idées simples (cf. *Essai*, II.XXIII. 7, p. 473).

EXAMEN DE LA SOURCE RÉFLEXIVE (§ 9-20)

Dans les § 9 à 20, Hume va montrer que l'observation réflexive de nos opérations mentales, qu'il s'agisse du mouvement volontaire ou de la production de la pensée, ne nous donne pas plus l'idée de pouvoir que celle des objets extérieurs. Cet argumentaire est, dans son détail, tout à fait spécifique à l'*Enquête*. Il témoigne tout à la fois d'une dette et d'une critique envers un certain nombre de thèses et d'arguments importants sur ces sujets que Hume aura pu lire chez Locke et chez Malebranche, auteurs avec lesquels ces quelques pages sont en dialogue constant.

Le § 9, couché dans un vocabulaire lockéen[28], donne la substance d'un argument qu'on trouve dans *l'Essai sur l'entendement humain*, notamment au chapitre XXI du livre II. Locke y expliquait que l'idée d'un « pouvoir actif » ne nous est pas clairement donnée par les corps extérieurs dont nous voyons seulement qu'ils reçoivent passivement le mouvement et le transmettent dans le choc et l'impulsion. C'est, écrit Locke « une idée bien obscure de la puissance, que celle qui ne s'étend point jusqu'à la production de l'action, mais est une simple continuation de passion. Or tel est le mouvement dans un corps poussé par un autre corps »[29]. Selon Locke, c'est de la réflexion sur les « opérations » de notre propre esprit que nous tirons une idée *plus claire* du pouvoir actif, c'est-à-dire d'un pouvoir producteur. Comme l'écrit Hume, évoquant certainement Locke,

> on alléguera peut-être que nous sommes à tout moment conscients d'un pouvoir intérieur, puisque nous nous sentons capables, par le seul commandement de la volonté de mouvoir les organes de notre corps ou de diriger les facultés de notre esprit[30].

Locke pour sa part écrivait ceci :

> l'idée du commencement du mouvement, nous ne l'avons que par le moyen de la réflexion que nous faisons sur ce qui se passe en nous-mêmes, lorsque

28. Les termes « consciousness » et « ideas of reflexion » en particulier signalent l'emprunt, comme le fait remarquer S. Bergont (« Ce qu'atteint l'expérience du vouloir : Hume, Locke, Malebranche », *Astérion* [En ligne], 14, 2016). Il faut sans doute entendre *consciousness* ici, au sens que Locke donne à ce terme, comme une forme de connaissance intime et immédiate de nos propres pensées, connaissance dont la vérité n'a pas à être établie par un raisonnement. S. Bergont note toutefois avec raison que Locke ne mobilise pas le lexique que la *consciousness* lorsqu'il évoque la source *réflexive* de notre idée de pouvoir actif.

29. Locke, *Essai*, II.XXI. 3, p. 392-393.

30. *EEH*, VII, § 9, p. 183.

> nous voyons par expérience qu'en voulant simplement mouvoir des parties de notre corps qui étaient auparavant en repos, nous pouvons les mouvoir[31].

Il convient, avant d'examiner la critique à laquelle Hume soumet cette thèse de préciser sa portée exacte chez Locke. Sur l'expérience réflexive des « pouvoirs » de l'esprit, Locke affirme deux choses qu'il faut entendre solidairement. D'une part cette expérience est indubitablement celle d'une opération active prise à sa source, ou à son commencement. C'est là pour Locke quelque chose de factuel : dans l'acte de volonté suivi d'effet, dans la « commande » mentale d'un mouvement (ou d'une pensée), se donne à voir une activité véritable, en ce sens précis que le mouvement produit résulte de la pensée, n'existerait pas si la pensée, la volition qui le précède avait été autre. Cette expérience d'être soi-même à l'origine de l'action produite s'atteste dans le sentiment « contrefactuel » de l'indifférence de notre faculté productrice : *si nous l'avions voulu*, nous aurions pu ne pas faire ce que nous avons fait, et c'est en ce sens qu'il faut dire que le mouvement est notre fait, ou encore qu'il est accompli « librement » : il découle de notre volonté[32]. D'autre part cette expérience réflexive bien qu'elle soit pour Locke parfaitement claire et factuelle ne laisse pas de nous dévoiler un phénomène qui, en lui-même, reste tout à fait inintelligible. Locke, là encore, est explicite. Comment le changement d'une simple « pensée de mon esprit » peut-il produire un changement dans notre corps, cela est en un sens aussi abscons que le miracle de la Création lui-même : « Expliquez comment cela se fait, rendez-le intelligible, et vous pourrez par même moyen comprendre la Création »[33].

31. La position décrite ici n'est pas spécifique à Locke : elle s'exprime aussi de manière très insistante chez Descartes qui écrit par exemple à Arnauld « qu'une expérience très certaine et très évidente nous montre chaque jour » que l'esprit, qui est incorporel, peut « mouvoir le corps », et qu'il s'agit là d'une de ces choses « qui sont connues par elles-mêmes et que nous obscurcissons toutes les fois que nous les voulons expliquer par d'autres » (Descartes, Lettre du 29 juillet 1648, dans R. Descartes, *Œuvres philosophiques*, éd. F. Alquié, Paris, Bordas, 1989, t. III, p. 863-864).

32. Selon Locke (*Essai*, II.XXI) un homme qui peut faire ou ne pas faire quelque chose conformément à sa préférence (c'est-à-dire sa volonté) est libre. Il n'y a pas de sens en revanche à parler de « liberté de la volonté », car la volonté est toujours déterminée par l'inquiétude qui prévaut au moment du choix, elle n'est pas en mesure de s'autodéterminer. Sur ce point Hume rejoindra Locke (*cf.* en particulier *EEH*, VIII, § 22, note a, p. 247-249).

33. Locke, *Essai*, IV.X. 19.

Hume va donc examiner successivement les deux sortes de productions volontaires assignées par Locke à l'esprit : celle du mouvement corporel et celle des idées. Dans les deux cas, trois arguments sont avancés, avec un certain parallélisme : le premier argument pointe le caractère incompréhensible du pouvoir invoqué ; le second son caractère relatif et limité, et le troisième l'ignorance des mécanismes qui en permettent l'exercice.

La production volontaire du mouvement (§ 10-15)

Le point de départ est le constat général, donné dans le § 10 selon lequel l'influence de la volition sur le corps est une relation de *fait*, et comme telle connue seulement par expérience. Nous sentons que certains mouvements suivent de manière régulière de nos volitions. À cet égard le mouvement volontaire n'est qu'une illustration parmi d'autres de notre expérience des relations causales, soumis aux mêmes limitations épistémiques : nous constatons l'existence d'une relation factuelle régulière entre une idée de réflexion (la conscience de notre propre volition) et le sentiment de notre corps qui se met en mouvement, mais nous ne percevons pas plus ici que dans les relations des objets extérieurs ce « pouvoir » qui, s'il était connu, permettrait de *prédire a priori* l'action à venir. Si toutefois Hume ne s'arrête pas là, et juge utile de développer un argumentaire pour renforcer cette conclusion, sans doute est-ce parce que le mouvement volontaire n'est pas une relation causale comme une autre. Il existe en effet une différence importante entre une volition et un événement corporel tel le mouvement d'une boule de billard : la boule de billard ne nous montre rien de son effet. La volition en revanche représente et *vise son effet* – nous dirions aujourd'hui qu'elle a un contenu intentionnel : et il se trouve que ce contenu est précisément l'action qui doit résulter de l'acte volontaire. En d'autres termes, lorsque nous sommes conscients de nos volitions, nous « anticipons » pour ainsi dire l'action à venir, que nous nous représentons comme la fin à atteindre. C'est ce trait tout à fait spécifique (la cause représente son effet) qui explique qu'il puisse être tentant, parmi toutes les choses auxquelles nous prêtons un pouvoir causal, de donner à l'action volontaire un statut épistémique singulier et supérieur.

Notons qu'en dépit de la critique qui va suivre, Hume témoigne dans sa mise en place du problème d'une double allégeance à Locke. D'une part, il reprend l'idée que la réflexion délivre un contenu factuel qu'on peut mettre sur le même plan que les contenus sensoriels – on se rappellera que Locke décrivait la réflexion comme un « sens intérieur »[34]; et d'autre part il s'inscrit assez clairement, dans les pas du *volitionnisme* de Locke : agir volontairement c'est agir en conséquence d'une « commande de l'esprit », commande qui prend la forme d'une pensée particulière, une « volition », dirigée intentionnellement vers la chose à faire, précédant l'action et la déterminant causalement[35]. Classique et presque incontestée aux XVIIe et XVIIIe siècles, l'approche « volitionniste » de l'action ne rencontre plus aujourd'hui l'assentiment général. On peut estimer que la volonté et son résultat corporel ne sont pas deux choses distinctes logiquement. En tout cas, il n'est sans doute pas vrai qu'un mouvement volontaire (comme le fait de lever le bras) soit toujours précédé d'une « commande mentale » car le plus souvent, commande et action motrice forment ensemble une réalité indivise. Quant à la « conscience » que nous avons de nos volontés, elle intervient souvent non pas avant mais paradoxalement *après* l'initiation du mouvement volontaire, comme l'ont montré au cours du XXe siècle de fameuses expériences de neuropsychologie[36]. En revanche, il reste toujours possible de dire que l'effet visé, autrement dit le résultat du mouvement volontaire dans le monde (je lève le bras pour attraper la tasse dans le buffet) est bel et bien logiquement distinct de l'action volontaire qui le produit. Et c'est sans doute en ce sens qu'il faudrait adapter l'argumentaire humien pour analyser la relation causale à l'œuvre dans le mouvement volontaire.

Les paragraphes 11 à 14 développent trois arguments qui vont permettre à Hume de dissiper l'illusion de la supposée supériorité épistémique de l'approche réflexive des pouvoirs. Le premier argument est indirect et pour ainsi dire *ad hominem* car il s'appuie sur une représentation métaphysique de l'âme et du corps héritée de Descartes, que Hume lui-

34. Locke, *Essai*, II.I. 4, p 217.

35. Cette volition est une commande mentale, mais Hume, contrairement à une longue tradition, ne la pense jamais comme un commandement qui pourrait s'abstraire des passions et leur imposer la voix de la raison. Si la raison n'est que l'esclave des passions, c'est précisément parce que la volonté ne saurait être un *commandement rationnel* – elle n'est rien d'autre que la manière dont le jeu des passions s'impose à l'esprit.

36. Il s'agit en particulier des expériences réalisées dans les années 1980 par Benjamin Libet, montrant que le début de l'activité neuronale enclenchant l'action motrice précède de plusieurs fractions de seconde la conscience que nous prenons de la « décision » motrice.

même n'endosse pas mais qu'il présente comme « supposée » : celle de deux substances de nature opposée – l'âme, substrat d'une pensée dite ici « subtile » (pour ne pas dire « immatérielle »), et le corps, fait d'une matière « grossière ». Comme l'expliquait Descartes chaque substance peut être conçue distinctement et donc séparément l'une de l'autre. Mais, et c'est un point sur lequel les héritiers occasionnalistes de Descartes vont aussi s'accorder, leur union ne paraît pas pouvoir donner matière à une conception distincte. Comment une chose dénuée de solidité et d'extension pourrait-elle agir sur la matière, lui imprimant un mouvement? Et comment cela pourrait-il être compatible avec les lois de conservation du mouvement? Il semble, si nous devions rester fidèles à Descartes, que nous ne puissions que le *constater* sans jamais pouvoir le comprendre. Descartes lui-même semble en faire l'aveu dans ses lettres à Elisabeth: l'union de l'âme et du corps est une chose que chacun « éprouve en soi-même sans philosopher »[37], autrement dit c'est seulement l'expérience de la vie, l'action et la perception sensible, qui nous convainc que notre pensée peut mouvoir le corps et sentir les accidents qui lui arrivent. Dès lors, *et c'est sur ce point que porte l'argument de Hume*, il semble qu'il y ait bien une contradiction interne, entre affirmer l'hétérogénéité réelle des deux substances, et affirmer que l'action volontaire nous donne une idée distincte du « pouvoir » de la volonté, car la possession d'une telle idée devrait nous conduire à dire que nous *comprenons* comment l'âme agit sur le corps.

Pour faire mieux ressortir l'incompréhensibilité de l'influence physique de l'âme sur le corps, Hume propose une extrapolation qui n'est pas anodine : l'homme qui aurait le pouvoir de déplacer les montagnes ou de contrôler les planètes sur leurs orbites par un seul vœu de sa volonté ne laisse pas en effet d'évoquer le Dieu de Newton qui lui aussi agit dans l'espace comme dans son « sensorium », et règle ainsi le mouvement des astres[38]. Hume toutefois fait jouer l'analogie newtonienne à rebours : l'action de l'âme sur le corps ne sert plus ici à nous familiariser avec celle d'un Esprit partout actif et immanent au monde, mais c'est plutôt

37. Lettre du 28 juin 1643, *Œuvres de Descartes*, éd. C. Adam et P. Tannery, Paris, Vrin, 1996, t. III, p. 694.

38. Comparer à I. Newton, *Traité d'optique...*, trad. fr. P. Coste, Paris, 1722, Question 31, p. 490-491 : « vous conviendrez que tout cet artifice ne peut être que l'effet de la sagesse et de l'intelligence d'un Agent puissant, et toujours vivant, qui, par cela qu'il est présent partout, est plus capable de mouvoir par sa volonté les corps dans son sensorium uniforme et infini, et par ce moyen de former et réformer les parties de l'univers que nous ne le sommes par notre volonté, de mettre en mouvement les parties de notre propre corps ».

l'inconcevabilité d'une telle représentation métaphysique qui engage à nous déprendre de la familiarité que nous avons avec le mouvement volontaire, familiarité qui nous empêche d'en percevoir le caractère extraordinaire et incompréhensible.

À l'argument indirect viennent s'ajouter dans les paragraphes 11 à 15 les deux arguments directs suivants. 1) Le pouvoir que nous avons sur notre corps est limité : nous ne savons pas pourquoi notre « pouvoir » s'exerce sur certains organes et non sur d'autres, ce pouvoir peut d'ailleurs être illusoire, comme dans le cas des amputés qui ont l'impression de pouvoir bouger leurs membres coupés. 2) Les mécanismes corporels qui permettent à ce pouvoir de s'exercer nous sont très largement inconnus (c'est l'argument, connu des Cartésiens, dit du « défaut de connaissance » : « ce dont tu ne sais comment cela se fait, tu ne peux le faire »[39]). Il faut bien comprendre l'intention de ces deux arguments tels que Hume les mobilise, sans quoi l'on risque de se méprendre sur leur valeur[40]. Ainsi ne s'agit-il pas pour Hume de contester, sous prétexte que notre corps n'obéit pas en tout à notre volonté, qu'il puisse exister une relation causale réelle (une liaison nécessaire) entre nos volontés et nos actions. Et il ne s'agit pas non

39. « Quod nescis quomodo fiat, id non facis », il s'agit là de la formulation du cartésien hollandais Arnold Geulincx qui donnait à l'argument une portée très générale, puisqu'il estimait qu'il devait s'appliquer à toutes les sortes de causes. Hume a certainement pris connaissance de cet argument chez Malebranche qui lui donne une portée plus limitée, le mobilisant pour l'examen des liens entre volonté et mouvement corporel. Dans *L'empreinte cartésienne* (Paris, Garnier, 2018, p. 211-256), S. Roux a mis en évidence les deux versions malebranchistes de l'argument, l'une mettant en avant les exigences relatives au *faire* (on ne peut faire ce que l'on ne sait pas faire), l'autre relative au *vouloir* : on ne peut vouloir ce qu'on ignore (pouvoir faire). Les deux arguments donnent lieu à des discussions distinctes chez Malebranche, respectivement dans le chapitre II du livre VI de la *Recherche de la vérité* et dans le XVe éclaircissement. Ils sont parfois regroupés comme dans ce passage des *Méditations chrétiennes et métaphysiques*, VI, § 11 (N. Malebranche, *Œuvres complètes*, éd. A. Robinet, Paris, Vrin/Éd. du CNRS, 1967, t. X, p. 62), cité par S. Roux, *L'empreinte cartésienne, op. cit.*, p. 219-220 : « Peut-on faire, peut-on même vouloir ce *qu'on* ne sait point faire ? Peut-on vouloir que les esprits animaux se répandent dans certains muscles, sans savoir si on a des esprits et des muscles ? On peut vouloir remuer les doigts, parce qu'on voit et qu'on sait qu'on en : mais peut-on vouloir pousser des esprits qu'on ne voit point et qu'on ne connaît point ? ».

40. Voir l'intéressante mise au point de R. F. A. Hoernlé, « Broad and Hume on Causation and Volition », *The Journal of Philosophy*, 24/2, 1927, p. 29-36, rétablissant la véritable portée des arguments humiens contre la lecture à charge que le philosophe C. D. Broad en faisait (dans le chap. III de *The Mind and its place in nature,* London, Routledge, 1925). Broad qui les présentait comme visant à établir l'impossibilité de l'interaction physique dans l'action volontaire, les jugeait à cet effet inopérants, pour ne pas dire simplement stupides (« simply silly »).

plus d'affirmer que, sachant que nos actions volontaires dépendent d'une mécanique corporelle inconnue, la simple volonté serait peut-être nécessaire mais non pas suffisante pour l'action causale. Hume ne cherche pas à établir ces points (qui, entre les mains d'un autre philosophe, pourraient contribuer à saper sa position volitionniste), mais il poursuit sa réflexion sur ce que devrait impliquer une authentique « conscience » ou « connaissance immédiate » du « pouvoir causal », et en particulier sur les traits épistémiques qui devraient caractériser cette appréhension que nous aurions de la connexion secrète de la cause et des effets. Il suggère que cette conscience ou connaissance[41] serait d'une part 1) définitoire de ses propres limites : nous apprendrions non par l'expérience (comme c'est de fait le cas) mais *a priori* quels organes de notre corps sont ou ne sont pas accessibles à notre volonté ; 2) garantie par soi-même (la « conscience » dont il est dit ici qu'elle « ne se trompe jamais » est présentée à la manière lockéenne, comme l'instrument d'une connaissance par accointance, et partant infaillible), ce qui devrait normalement exclure des situations dans lesquelles nous nous attribuons à tort un pouvoir sur notre corps (illusion de l'amputé (§ 13)) 3) absolument transparente : si nous étions réellement *conscients* du pouvoir causal, celui-ci devrait nous être connu sans aucune forme d'opacité – le sentiment de pouvoir devrait donc s'articuler à une connaissance des moyens requis pour parvenir à la fin proposée. Or les organes qui concourent à l'action volontaire ne nous sont pas connus, nous n'avons pas de conscience achevée de la structure de notre corps, et chacune des actions volontaires dépend d'une chaîne d'événements corporels dont nous ne sommes absolument pas conscients (§ 14). L'argument du « défaut de connaissance » emprunté à Malebranche, apparaît donc ici dans sa portée réelle : non pas comme une objection à l'idée *qu'il existe un pouvoir causal de la volonté* (Hume, contrairement aux occasionnalistes ne se prononce pas sur ce point), mais que ce pouvoir serait connu par soi, par la seule conscience que nous en prenons.

Dans la note du § 15 qui vient conclure cette chaîne d'arguments, Hume ne nie pas que l'exercice de la volonté sur le corps puisse s'accompagner, dans certains cas, d'un sentiment (anglais : « sentiment ») de « résistance » et d'effort (« nisus »). Ce sentiment, explique-t-il, compte pour beaucoup

41. Il est clair que cet usage du terme « conscience » n'est pas malebranchiste, ne désignant pas le sentiment obscur que nous avons des affections de l'âme, mais il renvoie plutôt à une compréhension de l'expérience réflexive qu'on trouve chez Descartes et Locke : la conscience y est le vecteur d'une connaissance de soi immédiate, infaillible, claire et distincte.

dans l'idée vulgaire que l'on se fait du pouvoir, y compris lorsqu'on l'applique par « projection » aux corps extérieurs[42]. Mais Hume conteste néanmoins que ce sentiment d'effort puisse être l'original de notre idée de « pouvoir » causal, arguant que nous sommes spontanément enclins à étendre celle-ci à des êtres et des situations où nous savons pertinemment que la force s'exerce sans qu'aucune résistance ne soit éprouvée (il n'est supposé d'efforts ni dans l'action de Dieu, ni dans celle de l'esprit sur le corps lorsque le mouvement est facile, ni dans celle de l'esprit sur ses propres idées, ni dans celle de la matière inanimée). À ce défaut d'exhaustivité, s'ajoute le fait que la conscience que nous avons d'un tel sentiment (pas plus que celle que nous avons de nos volitions) ne nous donne moyen d'en prévoir *a priori* l'effet à venir, ce qui évidemment le disqualifie pour remplir le rôle d'impression originaire pour notre idée de pouvoir.

La production volontaire des idées (§ 16-20)

Une structure argumentative analogue est mobilisée pour l'examen de la seconde sorte d'opération ou pouvoir que nous prêtons à l'esprit : sa capacité d'éveiller volontairement une idée, ou de fixer son attention sur un cours de pensée. Hume considère ici assez spécifiquement ce qu'on pourrait appeler (avec Locke) l'activité contemplative : la capacité que nous avons de conduire volontairement notre pensée dans le travail d'examen rationnel d'une idée ou d'une conception, et s'il le fait, c'est sans doute parce que la dimension *volontaire* dans la conduite du train de pensée y paraît plus marquée que dans le simple exercice de l'imagination ou de la mémoire, exercice au cours duquel le flux des idées est souvent déterminé à notre insu, par les lois d'association. Ce travail de la pensée contemplative ferait donc de l'esprit un être « actif ». Notons que l'action de production des idées par la volition était déjà chez un auteur comme Berkeley conçue comme la seule forme d'action causale intelligible et donc authentique – permettant de désigner métaphysiquement l'esprit comme la seule sorte d'être « actif »[43]. Locke pour sa part concevait aussi la production de la

42. Hume reviendra sur le *nisus* et l'instinct anthropomorphe qui nous porte à le projeter sur le monde dans la dernière note de la section VII. Notons que cette projection du sentiment animal de « l'effort » trouva grâce dans la métaphysique spiritualiste d'un Maine de Biran, qui élevait le sentiment interne de l'effort au rang de fait primitif. Sur la manière dont Maine de Biran a pu lire Hume, on pourra consulter J.-L. Marion, *Cours sur la Volonté*, Louvain, Presses Universitaires de Louvain/Open Edition Books, 2017, « cours du 4 déc. 2002 ».

43. Voir notamment G. Berkeley, *Principes de la connaissance humaine*, trad. fr. D. Berlioz, Paris, GF-Flammarion, 1991, § 27-28, p. 79-81.

pensée comme le témoignage d'un pouvoir actif : « le pouvoir que nous avons de rappeler, quand nous voulons, des idées absentes, et de comparer ensemble celles que nous jugeons à propos, est véritablement un pouvoir actif »[44], tout en reconnaissant cependant que l'esprit (humain) était probablement un mixte d'activité et de passivité[45].

L'argument de Hume va s'appuyer sur des considérations qui mettent bien en évidence cette mixité, ou cette dualité de l'actif et du passif : l'empire que l'esprit a sur lui-même est limité. Ce thème était l'un des constats les plus saillants de l'ouvrage posthume de Locke, la *Conduite de l'entendement*, qui insistait sur le fait qu'en dépit de la croyance selon laquelle nous serions maîtres de nos représentations, il n'y a en fait, bien souvent, « rien de plus ingouvernable que nos pensées »[46]. La pensée en outre est soumise aux aléas du corps, en vertu d'une psychosomatique sur laquelle la médecine de l'époque commence à se pencher et que Hume mobilise ici en évoquant les effets de la maladie, de la fatigue physique, de la diète ou du sommeil sur la « vigueur » de nos pensées et nos capacités d'attention. Ces constats partagés sont cependant une fois encore l'occasion d'une critique : la causalité mentale ne nous est pas plus intelligible lorsqu'elle s'exerce sur les idées que lorsqu'elle s'exerce sur le corps, sans quoi nous devrions avoir une connaissance de notre propre esprit, des limites de son pouvoir et des ressorts (et conditions corporelles) de son action, connaissances que manifestement nous ne possédons pas, puisque nous devons nous contenter de constater le fait que nos idées s'enchaînent de manière plus ou moins fluide, ou que nous les gouvernons de manière plus ou moins efficace.

Dans le paragraphe conclusif (§ 20) le motif théologique de la Création que Locke avait utilisé pour manifester l'inintelligibilité de la production volontaire du mouvement est réappliqué par Hume à la production des idées : notre volition lorsqu'elle semble produire des idées nouvelles est aussi incompréhensible que le « fiat » (le « ainsi soit-il ») du Créateur lorsqu'il tire le monde du néant :

> Loin d'avoir conscience d'une pareille énergie dans la volonté, il ne nous faut pas moins qu'une expérience aussi sûre que celle que nous en avons,

44. Locke, *Essai*, II.XXI. 72, p. 457.

45. *Ibid.*, II.XXI. 2, p. 392.

46. *Id.*, *De la conduite de l'entendement*, trad. fr. Y. Michaud, Paris, Vrin, 1975, § 45, p. 112.

> pour nous convaincre que des effets aussi extraordinaires résultent d'un simple acte de volition [47].

En d'autres termes, si notre expérience des effets de la volition n'était pas aussi constante, aussi assurée par l'usage, nous ne pourrions les croire possibles tant ces effets, bien considérés, paraissent excéder le genre de pouvoirs qu'il est d'usage d'attribuer aux créatures. Hume réitère ici l'affirmation du § 17 : « il s'agit d'une véritable création, de la production de quelque chose à partir de rien, ce qui implique un pouvoir si grand qu'on est tenté de le refuser à tout être autre qu'infini » [48]. L'énoncé, qui ne laisse pas d'évoquer un mouvement d'idées malebranchiste [49], offre déjà une ouverture vers la troisième et dernière option considérée par Hume pour identifier la source du pouvoir causal : l'option favorisée par les métaphysiciens occasionnalistes, attribuant au seul être infini, autrement dit à Dieu, la capacité d'agir causalement en toute chose, et déniant ainsi toute efficace causale aux créatures.

Ce point doit nous conduire à souligner, pour conclure sur cette séquence de paragraphes, combien Hume y apparaît redevable aux analyses critiques de Malebranche et en particulier à celles qu'on trouve dans le XVe éclaircissement de la *Recherche de la vérité*. Les constats sur l'obscurité de la connaissance de soi, sur le défaut de connaissance des mécanismes et organes qui président à l'action volontaire ou des raisons qui rendent notre volonté capable de déterminer certains mouvements et non d'autres, sont, chez Malebranche, couchés quasi dans les mêmes termes [50]. De manière générale Hume paraît malebranchiste lorsqu'il insiste sur le fait que nous ne voyons jamais des pouvoirs dans les actions des créatures, qu'il s'agisse des corps ou des esprits. Cet « usage » de

47. *EEH*, VII.I, § 20, p. 193.

48. *Ibid.*, § 17, p. 191.

49. S. Bergont (« Ce qu'atteint l'expérience du vouloir », art. cit.) y voit un décalque presque littéral de ce passage de Malebranche, *Recherche de la Vérité*, *op.cit.*, III.II, chap. 3, p. 328 : « [les idées] sont pourtant des êtres & des êtres spirituels ; & les hommes n'ayant pas la puissance de créer, il s'ensuit qu'ils ne peuvent pas les produire. Car la production des idées de la maniere qu'on l'explique, est une véritable création ».

50. Voir par exemple ces passages du XVe éclaircissement : « les philosophes aiment mieux imaginer une nature et certaines facultés, comme cause des effets qu'on appelle naturels, que de rendre à Dieu tout l'honneur qui est dû à sa puissance » (N. Malebranche, *Recherche de la Vérité*, *op. cit.*, p. 969). « Nous connoissons par sentiment intérieur, que nous voulons penser à quelque chose, que nous faisons effort pour cela, & que, dans le moment de notre desir & de notre effort, l'idée de cette chose se présente à notre esprit. Mais nous ne connoissons point par sentiment intérieur, que notre volonté ou notre effort produise notre idée » (*ibid.* p. 992).

Malebranche doit être cependant relativisé : il est clair qu'en dépit de l'identité des constats, les arguments ne sont pas les mêmes : là où Malebranche entendait montrer que les causes secondes ne sont que des causes apparentes parce que dénuées d'efficace, Hume entend lui simplement dire que l'efficace des causes secondes nous est inintelligible, sans se servir de ce constat pour se prononcer sur la réalité de cette efficace. Non seulement, en bon sceptique, il se doit de reconnaître qu'il peut y avoir des choses qui, quoique incompréhensibles, ne laissent pas d'être ; mais en outre, il semble que dans l'*Enquête* tout du moins, il ne soit pas très enclin à donner beaucoup de poids à l'hypothèse métaphysique selon laquelle les pouvoirs pourraient n'avoir aucune existence réelle, il paraît plutôt vouloir abonder dans le sens du commun, pour lequel l'existence des causes secondes et l'interaction physique de la pensée et de la matière ne peuvent pas réellement faire l'objet de doute[51].

LA CAUSE PREMIÈRE, UNIQUE SOURCE DE L'EFFICACE CAUSALE ? (§ 21-25)

Hume introduit l'examen de la solution (ou l'échappatoire) occasionnaliste par des considérations très proches de celles qu'il mobilisera dans son *Histoire naturelle de la religion.* Dans la continuité de la remarque du § 17 mentionnée plus haut, il propose ainsi une généalogie des motifs qui conduisirent à l'élaboration de la métaphysique malebranchiste – esquissant une sorte « d'histoire naturelle » de la métaphysique, de fait assez similaire à l'histoire naturelle de la religion, et recourant à des arguments analogues. Avec Malebranche culmine un mouvement d'idées assez « extraordinaire »[52], mais dans lequel se manifeste une errance

51. Hume lui-même, en dépit de son scepticisme, peut-il être étiqueté comme un « réaliste causal », reconnaissant l'existence de pouvoirs causaux inconnaissables ? C'est la thèse des défenseurs du « new Hume », Galen Strawson, Janet Broughton, ou John P. Wright, objet dans les dernières décennies d'importants débats de commentateurs. Pour une présentation sommaire de ces débats, cf. *supra* notre introduction, p. 22-24.

52. *Cf.* note f du § 25, dans laquelle Hume juge « extraordinaire » le sort des opinions philosophiques à la faveur duquel a pu gagner crédit parmi les « métaphysiciens modernes » une opinion, l'occasionnalisme, que les auteurs de la génération précédente, tels Locke ou Cudworth, n'avaient pas seulement pris la peine d'examiner. Il mentionne que Newton lui-même, bien qu'il ait fameusement déclaré qu'il ne faisait pas d'hypothèse sur la nature des forces, n'aurait jamais voulu « priver les causes secondes de toute force ou énergie », comme en témoigne le fait qu'il ait continué à rechercher un médium, un « fluide éthéré actif » pour expliquer la force d'attraction. Hume reprend ici un argument que le mathématicien écossais

typique de la métaphysique. Cette dimension archétypale est soulignée en ce que Hume ici ne nomme pas Malebranche spécifiquement mais parle en général des «philosophes». L'errance dénoncée consiste dans une sorte d'universalisation d'un mouvement de pensée propre à la superstition populaire, laquelle attribue à l'action de puissances supérieures les effets naturels que les hommes ne parviennent pas à comprendre. Le polythéisme naquit aussi dans ce refuge d'ignorance : les hommes inventèrent des divinités pour expliquer les «prodiges», et les conjurer[53]. Mais lorsqu'il apparaît à l'examen précis et abstrus que les événements les plus ordinaires doivent être tenus eux-mêmes pour tout aussi mystérieux que les tremblements de terre ou les pandémies (comme de fait Hume vient de le montrer au sujet des actions ordinaires de la pensée et de la matière), il est tentant d'en renvoyer l'explication à Dieu, d'une manière qui, au fond, n'en reste pas moins superstitieuse et non-philosophique. On se retrouve donc ici typiquement dans le taillis obscur et inextricable de la métaphysique, où Hume, prenant les armes de la philosophie abstruse, se proposait d'aller débusquer, sur son terrain, l'erreur et la superstition[54]. Les doutes sceptiques sur notre idée de liaison nécessaire nous ont plongés dans la perplexité au sujet des relations causales ordinaires dans lesquelles pourtant « la plupart » des hommes ne voient aucun mystère. Hume partage ces doutes avec Malebranche, mais il est conscient qu'ils peuvent conduire l'esprit métaphysique à des solutions proprement extravagantes. Ce sont celles qu'il va s'attacher à décrire assez longuement dans toute la seconde partie du § 21. On peut y reconnaître un exposé assez fidèle de la métaphysique malebranchiste – son théocentrisme et sa doctrine des causes occasionnelles, qui consiste à renvoyer à l'Être Suprême toute l'efficience causale, ne reconnaissant dans ce que nous appelons des causes que des « occasions » pour son action; et l'application de cette doctrine à l'expérience mentale, celle du mouvement volontaire et celle de la pensée contemplative, décrite *in fine* comme « une révélation qui nous est faite par notre auteur », où le lecteur instruit peut reconnaître la théorie de la « vision en Dieu ».

Colin McLaurin avait opposé aux thèses du métaphysicien Andrew Baxter. Ce dernier (dans *An Enquiry into the Nature of the Human Soul*, London, 1737 [2e éd.]) enrôlait Newton dans le camp occasionnaliste, pensant trouver chez lui l'idée que la matière est essentiellement « inerte », inactive, et que tout mouvement qui s'opère en elle doit donc être causé directement par une puissance immatérielle, en l'occurrence Dieu-même.

53. *Cf.* D. Hume, *Histoire naturelle de la religion*, trad. fr. M. Malherbe, Paris, Vrin, 1996, p. 44 *sq*.

54. *EEH*, I, § 11, p. 47.

Hume va utiliser de nouveau trois arguments pour montrer que cette « réponse » occasionnaliste au problème de la liaison nécessaire n'est pas acceptable. Le premier est, de l'aveu de Hume, peu philosophique en ce qu'il est de nouveau purement *ad hominem* – empruntant à l'adversaire pour le combattre une thèse, la toute-puissance de Dieu, que Hume ne peut réellement cautionner. La doctrine des causes occasionnelle n'est pas comme le voudrait Malebranche une thèse « apologétique », à la gloire de Dieu, car il y aurait certainement plus de puissance en Dieu à communiquer de l'efficace aux choses qu'à n'en pas communiquer. Hume se souvient peut-être ici de la justification thomiste de la réalité des causes secondes, mais il est clair qu'à ses yeux la considération de la toute-puissance de Dieu, notion obscure s'il en est, ne peut constituer un argument « philosophique » sérieux.

Le second argument en appelle au sens de la vraisemblance : il pointe l'étrangeté d'une théorie qui ne pourra jamais emporter une conviction ou être assimilable au sentiment naturel. Le monde malebranchiste, où tout est agi par un *deus ex machina,* est semblable au « pays des fées », il rend indiscernable le naturel et le surnaturel. À cette occasion Hume engage une réflexion sur les limites de la raison qu'il approfondira dans la section 12, et dans les *Dialogues sur la religion naturelle*, réflexion dont on peut se plaire à croire que Kant l'a méditée : lorsqu'en spéculant ainsi sur l'action de Dieu, nous nous éloignons à ce point de ce que l'expérience nous enseigne, « nous n'avons plus de raison de nous fier à nos méthodes ordinaires d'argumentation, ni penser que nos analogies et nos probabilités habituelles gardent quelque autorité »[55]. Au-delà du champ de l'expérience il n'est plus permis d'extrapoler nos méthodes de raisonnement ordinaire. Il y a donc, dans la pratique de la métaphysique illustrée dans le malebranchisme, une forme de confiance dogmatique dans les pouvoirs de la raison, que Hume, fidèle à la leçon du pessimisme épistémique lockéen (« notre sonde est trop courte pour de si puissants abîmes »)[56], ne peut que dénoncer.

Enfin le dernier argument énonce ce qui apparaît comme l'évidence même, à savoir que le « pouvoir » n'est certainement pas plus visible ou intelligible en l'esprit de Dieu (un être que nous ne pouvons nous représenter que par une extrapolation imaginative des pouvoirs de notre propre

55. *EEH*, VII, § 24, p. 199.
56. *Ibid. Cf.* Locke, *Essai*, *op. cit.*, « Avant-propos », § 6, p. 130.

esprit) qu'il ne l'est dans l'esprit des hommes ou dans les choses[57]. Si notre ignorance, explique Hume, était une bonne raison de rejeter quoi que ce soit, cela nous pousserait à récuser la puissance en Dieu même. La clause conditionnelle est importante, car elle montre une nouvelle fois que le doute sceptique n'est pas hyperbolique : il ne doit pas conduire à nier l'existence de ce que nous ne comprenons pas. L'ignorance ou la connaissance ne sont pas la mesure de ce qui est.

LA SECTION II :
CONCLUSIONS ET SOLUTION SCEPTIQUE (§ 26-30)

Une source inexplorée : la transition coutumière de l'imagination (§ 26-28)

Le § 26 par lequel s'ouvre la section II récapitule l'ensemble de l'argumentaire précédent, en insistant sur la distinction conceptuelle entre « liaison » et « conjonction ». Nous voyons la seconde mais jamais la première, la succession temporelle des phénomènes mais non pas leur liaison causale. Il conclut donc sur un constat d'échec apparent :

> il *semble* nécessaire de conclure que nous n'avons aucune idée de liaison ou de pouvoir et que ces mots sont totalement dépourvus de sens, qu'on les emploie dans des raisonnements philosophiques ou dans la vie courante.

Le verbe « semble » est souligné par Hume lui-même et témoigne que cette conclusion reste, à ses yeux, problématique. La métaphysique abonde certes de mots dénués de sens, de mots qui ne renvoient à aucune *idée* et partant, à aucune impression. Mais l'idée de pouvoir ou de liaison nécessaire n'est pas seulement une idée de métaphysicien, c'est aussi, de toute évidence, une idée de la vie commune, essentielle non seulement à notre représentation du monde, mais aussi, comme Hume l'explique un peu plus loin, au « contrôle et gouvernement » des événements futurs, la « seule utilité immédiate des sciences » Ainsi « nos pensées et nos recherches roulent à tout moment sur cette relation », et c'est par elle que nous nous orientons dans l'existence[58]. Or c'est précisément parce que l'idée de cause et de pouvoir causal est si commune, qu'il paraît difficile d'imaginer qu'elle

57. On peut souligner que Malebranche lui-même ne prétendait pas que l'esprit humain fût en mesure d'accéder à cette intelligibilité du pouvoir divin.

58. *EEH*, VII.II, § 29, p. 209.

puisse être un pur *flatus vocis*, un simple mot, et qu'elle n'ait pas une source stable dans la nature humaine.

Hume indique alors qu'il va explorer une dernière source pour comprendre d'où nous vient cette idée. La chose est étrange car Hume semblait, quelques lignes plus haut, déclarer que l'enquête était achevée, qu'il avait recherché l'idée de pouvoir « dans toutes les sources où l'on pouvait espérer la prendre ». L'explication de cette bizarrerie intervient très vite cependant : la nouvelle source en effet ne se trouve pas dans le monde où nous observons les relations causales se produire, ni dans l'esprit en tant qu'il peut être considéré lui-même comme une cause (du mouvement ou de la pensée) mais seulement dans une circonstance mentale extérieure à la relation causale considérée, cette « transition coutumière de l'imagination » dont Hume a déjà fait état à maintes reprises et notamment dans la section V, cette propension à nous représenter l'effet attendu que nous *sentons* en notre esprit lorsque, après la répétition de cas semblables, nous sommes « portés par habitude, quand un événement se présente, à attendre celui qui l'accompagne ordinairement et à croire qu'il existera »[59]. Ce sentiment de *transition aisée* de la représentation de la cause à la représentation de l'effet se trouve être, de fait, *la seule différence ressentie* que nous puissions identifier entre le cas unique (lorsque nous n'avions encore aucune idée de liaison nécessaire) et le cas précédé d'une expérience répétée de cas semblables (au terme duquel l'idée de liaison nécessaire nous paraît devoir s'imposer). Ainsi : « quand nous disons qu'un objet est lié à un autre nous voulons seulement dire qu'ils ont acquis une liaison dans notre pensée et qu'ils suscitent cette inférence qui fait de chacun d'eux la preuve de l'existence de l'autre ». Hume, qui s'appuie ici sur l'argumentaire des sections IV et V, en prolonge la conclusion : non seulement la transition coutumière de l'imagination explique notre propension à l'inférence causale, mais encore cette transition se voit, pour ainsi dire, projetée sur les événements du monde que nous considérons, et nous sommes donc enclins à les voir comme animés par des pouvoirs et des énergies, soumis eux aussi à une transition facile et directe. Hume est parfaitement conscient que cette conclusion est « *assez extraordinaire* »[60]. Elle l'est parce que cette source putative de notre idée de liaison nécessaire entre la cause et l'effet est entièrement extrinsèque aux choses dans le monde ou dans l'esprit que nous considérons comme des causes et des effets. Il ne tarde pas à tirer la conséquence sceptique de cet argumentaire.

59. *EEH*, VII.II, § 28, p. 207.
60. *Ibid.*

Le fait qu'on soit conduit à cette caractérisation tout à fait *anormale* du pouvoir causal est un exemple insigne de la faiblesse de l'entendement humain, qui se voit donc contraint d'admettre qu'il ignore entièrement le fondement d'une relation qui se trouve pourtant au cœur de la vie, indispensable à l'action et à la connaissance.

L'ensemble de l'argumentaire appelle un certain nombre de remarques. On notera d'abord que la « solution » de Hume ne doit son élection à aucun argument positif : si elle s'impose ici c'est seulement parce que toutes les autres sources possibles pour notre idée de pouvoir ont été exclues, la transition coutumière de l'imagination s'étant avérée le seul dénominateur commun « impressionnel » de toutes les situations où nous prononçons des jugements causaux.

Seconde remarque : cette transition de l'imagination ne peut jouer le rôle qui lui est prêté ici que si elle est bel et bien l'objet d'une impression. La chose n'est pas évidente, car il faut supposer qu'il existe un *feeling* spécifique qui s'attache à la réflexion que nous faisons sur elle : un sentiment que Hume décrit (dans le *Traité*) comme le sentiment d'une « détermination » mentale, d'une facilité dans le passage d'une idée à l'autre[61]. Il serait tout à fait erroné cependant de confondre cette « détermination » avec ce que les paragraphes précédents ont présenté comme le « pouvoir » que l'esprit aurait de produire des idées dans l'exercice de la contemplation volontaire. La détermination ici est celle de l'imagination. À tout prendre, elle manifeste plutôt qu'une activité, une passivité de l'esprit, sa soumission à la loi naturelle de l'association, et aux effets de la répétition et de la superposition dans la mémoire des cas semblables. En ce sens ce phénomène mental de « détermination » est lui-même pris dans un complexe causal, il est un fait de la nature humaine. Dans le *Traité*[62] Hume indiquait à cet égard que

> l'impression [de l'objet qui se présente à nos sens] est à considérer comme la cause, l'idée vive [de l'effet attendu] comme l'effet, et leur liaison nécessaire est cette nouvelle détermination que nous éprouvons à passer de l'idée de l'une à celle de l'autre.

Cette formule n'est pas reprise dans *l'Enquête*, sans doute parce qu'elle se prêtait aisément au contresens selon lequel la liaison « nécessaire » serait

61. *TNH*, I.III.14, p. 241 : « La nécessité est donc l'effet de cette observation et n'est qu'une impression interne de l'esprit, ou une détermination à porter nos pensées d'un objet à l'autre ».

62. *Ibid.*, p. 246.

perçue dans la réflexion que nous faisons sur la détermination mentale. Ce n'est pas le *pouvoir* même de l'esprit que nous percevons ici, mais seulement une *liaison aisée* dont le principe nous reste aussi peu intelligible que celui qui prévaut dans l'univers des corps. On peut sans doute estimer que l'insistance nouvelle de l'*Enquête* sur l'impossibilité de trouver une source réflexive de l'impression de nécessité causale visait à prémunir le lecteur de ce contresens, que les formulations du *Traité* et son examen presque exclusif des causalités externes pouvaient faire naître.

Il faut souligner enfin au sujet de cette conclusion, un point essentiel et néanmoins peu développé dans l'*Enquête* : pour que l'impression de détermination mentale puisse jouer le rôle que Hume lui prête ici, il faut que l'esprit en vienne à penser que cette liaison interne des idées se produise hors de lui dans le lieu même où les événements reliés causalement sont situés. Dans le *Traité,* il avait évoqué plus explicitement ce penchant que l'esprit a de se répandre sur les choses :

> c'est une observation courante que l'esprit a une certaine tendance à se répandre sur les objets extérieurs et à leur associer les impressions internes qu'ils provoquent et qui font toujours leur apparition au moment où ces objets se révèlent aux sens[63].

Hume donnait à cette occasion, l'exemple des impressions des sons et des odeurs (des « idées de qualités secondes » selon Locke)[64] que l'esprit a tendance à localiser sur les objets, parce que nous percevons ceux-ci comme toujours accompagnés par ces impressions. Il en irait donc de même pour la liaison mentale de nos idées : le sentiment d'une transition aisée de nos idées dans l'imagination, serait pour ainsi dire *projeté* sur les choses, de sorte qu'il nous donnerait l'illusion qu'une pareille transition *aisée* prévaut dans la relation des objets. Ce penchant était décrit par Hume comme la source du préjugé ou de la prévention qui, nous inclinant si fortement à croire que nous voyons au-dehors la détermination que nous sentons en nous, explique pourquoi la solution humienne au problème de la liaison nécessaire apparaisse si extraordinaire.

63. *Ibid.*, p. 243. Un passage de *l'Enquiry concerning the principles of morals* évoque aussi ce penchant, cette fois au sujet du goût : « [taste] has a productive faculty, and gilding or staining all natural objects with the colours, borrowed from internal sentiment, raises in a manner a new creation » (*EPM*, Appendix 1, § 21).

64. Locke lui-même avait souligné au sujet des qualités secondes cette illusion projective, évoquant notre penchant à nous figurer que nos idées de couleurs ou de saveurs sont des « ressemblances de quelque chose qui existe réellement dans les objets », faute de percevoir en elles les qualités réelles qui causent ces idées dans nos esprits (*Essai*, II.VIII. 25, p. 266).

§ 29-30. Les deux définitions de la cause

Le § 29 conclut en expliquant qu'en vertu de l'incapacité où nous sommes de percevoir la liaison nécessaire, il nous est impossible de bien définir ce qu'est une « cause » sinon en nous référant à des circonstances extrinsèques à la relation causale. Il propose à cette fin ces deux définitions imparfaites d'une « cause » :

C 1 : « *un objet qui est suivi d'un autre de telle sorte que tous les objets semblables au premier sont suivis par des objets semblables au second. Ou, en d'autres termes, de telle sorte que le second objet n'aurait jamais existé sans l'existence du premier.* »

C 2 : « *un objet qui est suivi d'un autre et qui, lorsqu'il paraît, porte toujours la pensée à cet autre.* »

Les deux définitions sont remarquables en ce que ni l'une ni l'autre ne font référence à la liaison nécessaire qui est pourtant bien *l'idée* que nous avons dans notre esprit lorsque nous nous représentons une cause. L'on peut dire que ces deux définitions ne sont pas des définitions « réelles », mais seulement des définitions « nominales » : elles nous font voir *l'extension* de la dénomination mais ne capturent pas l'essence du défini. Les deux définitions n'ont pas pour but de dire que la conjonction constante et l'association psychologique sont les seules relations[65] qui existent entre les causes et les effets, mais que, en dépit de leur caractère accidentel, ce sont les seules auxquelles nous recourons de fait pour l'identification de cette relation, et ce sont les seules qui peuvent régler notre usage du vocabulaire causal. Une autre manière de dire ceci est que les idées qui passent pour définitoires de la cause, comme l'idée de « pouvoir », ou de liaison nécessaire sont des idées « relatives ». La première partie de la note ajoutée au § 29 précise ce point. En dépit des apparences, l'idée de pouvoir ne décrit pas un principe interne que l'on pourrait connaître comme l'on connaît une qualité inhérente à l'objet que l'on considère, sans passer par l'appréhension et la mesure de ses effets sur d'autres objets ou sur notre esprit. Hume mobilise à cette fin un argument tiré des sciences physiques, évoquant le débat contemporain sur la mesure des forces vives[66], débat

65. Dans le *Traité*, Hume distinguait ces relations : la première est une relation philosophique (fondée sur la comparaison, cf. *TNH*, I.I.5) tandis que la seconde est une relation naturelle (fondée sur l'association).

66. Initié par Leibniz qui proposait, contre Descartes, de caractériser la force vive (nous l'appellerions aujourd'hui l'énergie cinétique) comme proportionnelle à la masse et au carré de la vitesse du corps en mouvement (mv2) et non à la masse et la vitesse simple

qu'il considère comme un symptôme même de ce qu'il cherche à établir, à savoir que nous ne pouvons pas connaître la nature, ni même la grandeur du pouvoir (ici la force vive) en l'appréhendant directement sur le corps en mouvement, (un peu comme on mesurerait la propriété intrinsèque d'un corps, comme une grandeur ou une température) mais seulement indirectement en comparant les effets que l'impulsion communiquée par des mobiles lancés à différentes vitesses produisent sur un corps donné. Ceci témoigne bien que l'idée de force ou de pouvoir n'est connue qu'au titre d'une relation, jamais comme une propriété inhérente ou substantielle de la matière.

Les deux définitions « par défaut » de la cause proposées par Hume soulèvent de nombreuses questions interprétatives. Prises individuellement, il semble clair qu'elles sont trop peu spécifiques – si C1 était vraie ne faudrait-il pas dire par exemple que le jour est la cause de la nuit, puisqu'elle le suit toujours et qu'un jour ressemble toujours à un autre jour ? (ce fut là une objection de Reid) ; et par ailleurs, il semble que C2 ne puisse s'appliquer que si tous les hommes réagissent psychologiquement de la même manière à la conjonction constante, ce qui n'est pas assuré. Par ailleurs non seulement les définitions ne sont pas logiquement équivalentes (elles ne répondent pas à un critère sémantique de substituabilité *salva veritate*), mais elles apparaissent même comme non-coextensives, en ce qu'il est fort possible que certains items satisfassent à l'une mais non à l'autre : ainsi des régularités inobservées (ces causes cachées et secrètes, que Hume est souvent enclin à évoquer) satisferaient C1 mais non C2 ; et réciproquement des régularités bel et bien observées mais seulement dans un sous-ensemble de faits non représentatif, pourraient satisfaire C2 mais non C1 : c'est le cas lorsque, sur la base d'une expérience insuffisante, nous nous faisons une fausse idée de la cause, comme par exemple lorsqu'un médecin fait une erreur de diagnostic en s'appuyant sur un ensemble de symptômes insuffisamment discriminants.

(le *momentum*, mv), le débat fait encore rage au milieu du XVIIIe siècle, comme en témoignent plusieurs textes contemporains de l'*Enquête* que Hume pouvait avoir lu ou connaître indirectement, notamment trois articles de James Jurin publiés dans les *Philosophical transactions*. Dans son *Account of Sir Isaac Newton's Discoveries*, le compatriote de Hume, Colin McLaurin consacre au débat de longues pages. Il y écrit notamment : « Force is defined to be that power of acting in a body which must be measured by its whole effect till its motion be destroyed », (*An Account...*, London, 1750 [2e éd.], p. 144). *Cf.* sur ces points, L. Laudan, « The Vis viva Controversy, a Post-Mortem », *Isis*, 59/2, 1968, p. 130-143.

Pour certains lecteurs, ces difficultés suggèrent qu'il ne faut pas lire C1 et C2 comme des *définitions*, mais plutôt comme décrivant les *raisons de croire* qu'il existe une relation causale. Faute de pouvoir répondre à la question analytique « qu'est-ce qu'une cause ? » on retomberait finalement sur la réponse déjà donnée dans les sections IV et V à la question épistémologique : « sur quelle base infère-t-on un effet d'une cause ? ». On peut cependant éviter cette issue (dont l'inconvénient est de suggérer que Hume écrirait ici de manière particulièrement imprécise) en soulignant le fait que ce qui caractérise une bonne définition pour Hume, tout comme pour Locke dont il est proche sur ce point, a une dimension pragmatique : une bonne définition est celle qui est capable de rappeler à la mémoire de qui l'énonce ou l'entend l'ensemble des idées qui ont été retenues comme ressemblances pertinentes entre des choses particulières au moment de la stipulation définitionnelle. Quel est donc l'ensemble d'idées ressemblantes que le terme *cause* « ravive » lorsque je l'entends prononcer ? Deux réponses sont possibles : la réponse C2 renvoie à ma représentation *présente* de la relation causale, elle me permet d'identifier toutes les choses que je considère présentement (à tort ou à raison) comme des causes, puisque ce sont toutes les choses qui déterminent dans mon esprit le type d'association mentale requis. La réponse C1 renvoie elle à la représentation mentale de l'ensemble des cas que le mot *cause* raviverait si j'avais eu accès à une expérience illimitée, et partant si toutes les relations de succession régulières avaient fait leur effet sur mon esprit. La question de la coextensivité des deux définitions peut semble-t-il être réglée à partir de cette dualité de lectures : ou bien, comme on vient de le proposer ici, C1 est lue comme concernant tous les cas en tout lieu et temps, et dans ce cas la coextensivité requiert que C2 soit lue comme concernant un spectateur idéal ; ou bien C2 concerne l'expérience présente, subjective, d'une personne réelle, et dans ce cas C1 doit être lue comme tacitement restreinte aux seuls cas observés[67].

67. Je m'inspire, pour l'argument présenté ici, des considérations stimulantes de Don Garrett dans le chapitre « Two Definitions of Cause », in *Cognition and Commitment in Hume's Philosophy*, Oxford, OUP, 1997, p. 96-117. Le chapitre donne une bonne idée de l'intensité des débats et l'étendue des différends interprétatifs suscités par ces « deux définitions ».

Éléonore Le Jallé

DE LA LIBERTÉ ET DE LA NÉCESSITÉ
(SECTION VIII)

En philosophie de l'action contemporaine, on qualifie aujourd'hui de « compatibiliste » la position que Hume a voulu développer dans cette huitième section de l'*Enquête*, en ce sens que Hume veut établir que la liberté et la nécessité sont compatibles, à condition bien entendu de leur accorder les définitions adéquates qu'il leur donne, c'est-à-dire une définition proprement humienne de la nécessité établie dans la section précédente, et une définition minimale (que certains trouveront réductrice) de la liberté, identifiée à l'absence de contrainte, autrement dit une identification de la liberté à la seule liberté de spontanéité, comme l'appellent les scolastiques. Il me semble important de comprendre que, dans cette section, Hume veut construire une forme de compatibilisme, comme on l'appelle aujourd'hui, et ne s'en tient pas à une défense de la seule nécessité. Pour le philosophe contemporain Donald Davidson, ce compatibilisme humien est une solution qui se situe sur le même plan que le compatibilisme kantien, bien qu'évidemment les deux solutions diffèrent profondément par leur contenu. Il écrit ainsi que

> Hobbes, Locke, Hume, Moore, Schlick, Ayer, Stevenson et quantité d'autres auteurs ont fait tout ce qui était possible, ou tout ce qui a jamais pu être nécessaire, pour dissiper les confusions qui ont pu faire penser que le déterminisme frustrait la liberté [1].

1. D. Davidson, « Liberté d'action », *Actions et événements,* trad. fr. P. Engel, Paris P.U.F., 1993, p. 93.

De ce point de vue, il semble que Davidson considère que le « compatibilisme » affiché par Hume tant dans le *Traité de la nature humaine* que dans l'*Enquête sur l'entendement humain* est un véritable compatibilisme (autrement dit, qu'il n'est pas inférieur à celui de Kant).

Ne soyons donc pas obnubilés en lisant cette section par la négation du libre arbitre qu'elle contient. Concentrons-nous aussi sur la définition positive de la liberté que Hume y propose et qui suit celle de Hobbes[2] et de Locke[3]. La liberté est « *un pouvoir d'agir ou de ne pas agir selon les déterminations de la volonté*; c'est-à-dire, si nous choisissons de rester au repos, nous le pouvons; si nous choisissons de nous mouvoir, nous le pouvons aussi »[4]. Et Hume traduit cette définition en précisant, dans la lignée de Hobbes cette fois, que cette liberté « appartien[t] à quiconque n'est pas en prison ou dans les chaînes »[5].

La controverse sur la nécessité et la liberté fait partie de ce que Hume appelle les disputes verbales et, dans le genre des disputes verbales, à l'espèce des disputes que l'on peut résoudre grâce à des définitions. Il y a en effet une autre espèce de disputes verbales d'après Hume, qui sont quant à elles insolubles ou « incurablement ambigües », à savoir les disputes portant sur les degrés de qualités : Cléopâtre est-elle belle, très belle, très très belle; Hannibal fut-il un grand, très grand, très très grand homme; le principe d'ordre de l'univers ressemble-t-il un peu, assez, significativement, beaucoup, de manière frappante, à l'esprit humain[6] ? À l'inverse, la dispute verbale sur la nécessité et la liberté est de l'espèce « soluble », ce qui est une autre manière, plus textuelle, d'indiquer le projet compatibiliste de Hume dans cette section.

Un autre point est essentiel pour aborder cette section. Elle se situe à l'intérieur d'une enquête sur *l'entendement humain*, mais elle est en fait au croisement de la théorie humienne de l'entendement et de la théorie

2. T. Hobbes, *Les questions concernant la liberté, la nécessité et le hasard*, trad. fr. L. Foisneau et F. Perronin, Paris, Vrin, 1999, p. 366 : « Un agent libre est celui qui peut faire s'il le veut et s'abstenir s'il le veut ».

3. J. Locke, *Essai sur l'entendement humain*, livre II, chap. 21, § 8 : « dans la mesure où un homme a un pouvoir de penser ou de ne pas penser, de se mouvoir ou de ne pas se mouvoir selon la préférence ou la direction de son esprit, dans cette mesure il est *libre* » (trad. fr. J.-M. Vienne, Paris, Vrin, 2001, p. 379).

4. *EEH*, VIII.I, § 23, p. 249-251.

5. *Ibid. Cf.* T. Hobbes, *Léviathan*, chap. XXI : « c'est ainsi qu'on a coutume de dire des créatures vivantes, lorsqu'elles sont emprisonnées ou retenues par des murs ou par des chaînes (…) [qu'elles] n'ont pas la liberté de se mouvoir de la manière dont elles le feraient en l'absence de ces obstacles extérieurs » (trad. fr. F. Tricaud, Paris, Sirey, 1971, p. 221).

6. Voir sur ce point *DRN*, XII, trad. fr. p. 213-214.

humienne des passions et de l'action. D'ailleurs, dans le *Traité de la nature humaine*, la section qui porte le même titre et qui est l'ancêtre de cette section de l'*Enquête* se situait au livre II du *Traité* consacré aux passions[7]. Précisons également que dans ce livre II, la section sur la liberté et la nécessité précédait une section consacrée aux « motifs qui influencent la volonté »[8], où Hume développe une position célèbre affirmant que les passions sont les seules causes motivantes de nos actions, tandis que la raison n'est que l'instrument ou « l'esclave » de ces passions. Or cette position consistant à identifier les motifs de la volonté aux seules passions se retrouve en fait implicitement dans la huitième section de l'*Enquête*, par exemple dans le passage suivant :

> Les mêmes motifs produisent toujours les mêmes actions (...). L'ambition, l'avarice, l'amour de soi, la vanité, l'amitié, la générosité, l'esprit public, toutes ces passions (...) ont été depuis le début du monde et sont encore aujourd'hui la source de toutes les actions et de toutes les entreprises qu'on a pu observer chez les hommes[9].

La théorie humienne de la motivation est donc impliquée dans cette section bien qu'on puisse parfaitement comprendre cette dernière sans connaître tous les détails de la première. De même, comme je le montrerai, la théorie humienne concernant l'origine de la morale, qui est d'après Hume l'objet de sentiments, est concernée par cette section VIII de l'*Enquête*, qui déborde donc l'examen du seul entendement dans deux directions, à savoir les passions et la morale.

En même temps, la place de cette section dans l'*Enquête*, juste après la découverte de l'origine de l'idée de liaison nécessaire est évidemment essentielle. Hume veut en effet emporter son lecteur dans un mouvement de conviction qui doit d'abord lui faire reconnaître que la nécessité n'est finalement qu'une détermination intérieure de l'esprit à passer de l'idée d'un objet à celle de son concomitant nécessaire, sur la base de leur constante conjonction passée, puis lui faire admettre les mêmes circonstances à propos du lien entre les motifs des actions, assimilés à des causes, et les actions elles-mêmes, assimilées à des effets. Il y avait exactement ce même lien conceptuel dans le *Traité*, entre, d'une part, l'élucidation de la nécessité à travers celle de l'inférence causale au livre I et, d'autre part, son application à l'action humaine au livre II, mais pas

7. *TNH*, II.III.1.
8. *TNH*, II.III.3.
9. *EEH*, VIII.I, § 7, p. 223.

l'enchaînement direct qui fait toute la saveur de la disposition et de l'ordre court adoptés dans *l'Enquête*.

Il est un autre résultat essentiel de cette section, outre l'applicabilité de l'idée de liaison nécessaire à l'action humaine, et en plus de la découverte d'une définition de la liberté compatible avec elle : il s'agit du fait que la nécessité naturelle et la nécessité morale (celle qui touche les actions humaines) sont cimentées entre elles. La causalité est pour Hume le ciment de l'univers au sens où elle est la plus importante des formes de l'association des idées[10]. Et la causalité est en outre le ciment de l'univers physique et de l'univers moral (humain), en tant qu'ils sont présents à notre esprit, c'est-à-dire, sous la forme d'impressions et d'idées. Cette thèse est illustrée par le texte remarquable du paragraphe 19 de la présente section, à propos du prisonnier qui anticipe sa mort prochaine aussi bien en enchaînant des idées morales (portant sur les motifs et les actions) que des idées portant sur les objets extérieurs et leurs qualités.

Historiquement, la position de Hume et sa critique de la volonté libre est proche de la contestation par Hobbes de la thèse de John Bramhall. Ce dernier auteur, un évêque anglican, défendait l'absolue liberté de l'action humaine au sens de la liberté d'indifférence, dans l'ouvrage *Defence of True Liberty*. Cette discussion entre Hobbes et Bramhall est d'ailleurs retranscrite dans un ouvrage de Hobbes qui porte le même titre que la section de Hume : *De la liberté et de la nécessité* (1654). Pour Hobbes comme pour Hume, la volonté est nécessairement déterminée à vouloir ce qu'elle veut.

Plus largement, Hume entend mettre fin à une controverse métaphysique qui remonte aux Anciens, au moins à l'*Éthique à Nicomaque* d'Aristote. Hume la considère comme « la plus contentieuse des questions qui se soient élevées dans la plus contentieuse des sciences, la métaphysique »[11]. Le moyen selon lui de résoudre cette controverse est de donner des définitions intelligibles des deux notions qu'elle met en jeu : nécessité et liberté, le but (conciliateur) étant de montrer que, si l'on fixe correctement le sens de ces mots, « tous les hommes se sont toujours accordés sur les doctrines de la nécessité et de la liberté »[12]. En réalité, étant donné que la

10. Cf. *TNH*, « Abstract », § 35 : « Car puisque c'est seulement par le moyen de la pensée qu'une chose, quelle qu'elle soit, agit sur nos passions, et puisque ces principes sont les seuls liens de nos pensées, ils sont vraiment *pour nous* le ciment de l'univers, et toutes les opérations de l'esprit doivent, dans une large mesure, en dépendre » (trad. fr. D. Deleule, Paris, Aubier Montaigne, 1971, p. 87).

11. *EEH*, VIII.I, § 23, p. 249.

12. *Ibid.*, § 3, p. 221.

liberté va être définie en un sens étroit (mais non pas *nul*), uniquement comme l'absence de contrainte physique, comme le fait de ne pas être « prisonnier et enchaîné », Hume veut montrer pour l'essentiel que les actions volontaires sont nécessairement déterminées par leurs motifs.

La première partie de la section a pour objet de montrer que la liaison entre les motifs et les actions humaines est de même nature que la liaison qui relie les causes et les effets naturels. Hume y compare ainsi l'« évidence morale » et l'« évidence naturelle », puis montre qu'elles sont elles-mêmes cimentées. La deuxième partie établit que la théorie humienne de la nécessité morale est parfaitement compatible avec la moralité (au sens, cette fois, de l'éthique) et avec la religion.

PREMIÈRE PARTIE
L'ACCORD SUR LA NÉCESSITÉ ET LA LIBERTÉ

Depuis 2000 ans que dure la controverse touchant la liberté et la nécessité, on n'a toujours pas été capable d'après Hume de fixer le sens des termes en question, et de chercher ensuite à régler la controverse à partir de définitions exactes. C'est encore le problème de l'ambiguïté des idées qui se trouve ici en question, comme dans la section VII sur l'idée de liaison nécessaire. Hume y demandait de « fixer le sens précis » des termes de pouvoir, force, énergie ou liaison nécessaire, ce qui revenait à rechercher l'impression d'où est copiée l'idée de liaison nécessaire ou l'idée de pouvoir, etc., tous ces termes étant en fait synonymes. Dans la section VIII, le projet de définition claire de *deux* termes est en outre d'emblée présenté comme compatibiliste : « j'espère faire voir que tous les hommes se sont toujours accordés *à la fois* sur la doctrine de la nécessité et sur celle de la liberté [*in the doctrine both of necessity and of liberty*] »[13]. Enfin, Hume déclare que le sujet de la liberté et de la nécessité peut être abordé en droit puisqu'il tombe dans la sphère de l'expérience et de la vie courante, seul domaine de connaissance possible comme Hume l'a annoncé dans la section I et comme il le redira dans la section XII.

Son but est de montrer que tout le monde, en réalité, a la même opinion sur ce sujet apparemment controversé. Tous les hommes s'accordent à la fois sur la doctrine de la nécessité et sur celle de la liberté, d'où une division naturelle de cette première partie de la section en deux étapes : l'accord réel sur la nécessité (§ 4-22), puis celui touchant la liberté (§ 23-25).

13. *Ibid.* (trad. légèrement mod.).

L'accord sur la doctrine de la nécessité

La relation de cause à effet et l'idée de nécessité n'adviennent à l'esprit de l'homme que pour la raison suivante : plusieurs événements de l'univers présentent une similitude, autrement dit des espèces d'événements sont récurrentes. Si l'on attribue la nécessité à la matière, c'est que, premièrement, on peut observer une uniformité dans les opérations de la nature – il y a une conjonction constante d'objets similaires; deuxièmement, la coutume pousse l'esprit à former des inférences entre un objet et un autre. Ce sont là les deux circonstances de la nécessité, parallèles aux deux définitions de la cause données à la section VII[14]. Or Hume montre que toute l'humanité accorde que ces deux circonstances se retrouvent dans les actions volontaires des hommes.

a) Il y a, premièrement, conjonction constante entre motifs et actions.

Tout d'abord, les principes de la nature humaine sont constants et uniformes d'une nation à une autre, d'une époque à une autre et les motifs font partie de ces principes. Le projet humien de science de l'homme est bien sûr à l'arrière-plan, mais Hume n'y fait pas directement allusion; il n'a d'ailleurs pas été mis au premier plan de l'*Enquête* comme c'était le cas dans l'Introduction du *Traité*. Hume se concentre donc surtout sur le repérage d'une uniformité des motifs humains en tout temps et en tout lieu. Partout, les mêmes passions primitives jouent: ambition, avarice, amour de soi, vanité, amitié, générosité, esprit public. Hume a déjà indiqué (du moins dans les deux premières éditions de l'*Enquête*) que leur partition en intéressées et désintéressées n'a pas grand sens, comme Butler l'avait montré[15]. On voit ici que leur mélange se retrouve dans toutes les circonstances où l'humanité est placée. C'est pourquoi on suspectera un voyageur qui prétendrait avoir rencontré une nation qui serait entièrement dépourvue de l'une ou de l'autre de ces composantes. C'est aussi pourquoi celui qui a une longue expérience de la nature humaine donnera à la vertu et à l'honneur un poids raisonnable parmi ces motifs, sans se laisser abuser par les déclarations publiques, partisanes ou personnelles, d'un parfait désintéressement. Le mélange des motifs dits intéressés et désintéressés est, en effet, hautement plus probable que la seule présence des seconds. Les mêmes actions résultent alors de ces motifs constants. C'est pourquoi l'histoire, en découvrant la nature humaine dans une variété de situations,

14. *EEH*, VII, § 29, p. 209-211.

15. *EEH*, I, § 14, note ajoutée uniquement dans les éditions de 1748 et 1750, « Variantes », p. 415-416.

est un recueil d'expériences qui instruit sur les ressorts constants de la nature humaine : les actions ne font que traduire ces motifs.

Hume n'est pas dogmatique dans l'affirmation de cette uniformité des motifs humains. On relèvera la réserve du § 7 : seule *la plupart* (Hume souligne lui-même le terme) des observations faites *hic et nunc* sur les hommes sont transposables ailleurs et en un autre temps, et réciproquement. Hume a peut-être ici en tête l'importance des « causes morales » qui en plus du caractère et des motifs personnels, jouent sur le type d'actions des hommes. Ce thème des « causes morales » est présent dans les *Essais* (« Le caractère des nations »)[16] et dans l'*Histoire d'Angleterre*, où des appendices sont consacrés à l'état du gouvernement, des mœurs, de l'économie, etc. dans la mesure où il s'agit de facteurs causaux non négligeables : un homme sous un gouvernement absolu n'agit pas de la même façon exactement que sous un gouvernement libre; un homme n'agit pas identiquement si les mœurs nationales sont guerrières ou pacifiques, si le luxe règne ou bien plutôt la frugalité nationale, etc. La même réserve se retrouve au § 8 : on ne croirait pas celui qui nous parle d'hommes *entièrement* différents de ceux que nous connaissons; la variété est donc bien entendu possible, à l'intérieur de certaines limites. Relevons que Hume aborde déjà au passage, et implicitement, le problème du témoignage, au cœur de la section suivante sur les miracles, en indiquant que le voyageur ou l'historien relatant des faits surnaturels (« des miracles et des prodiges ») est aussi peu à croire que celui qui invoque un courage surhumain.

Ces deux réserves sont reprises par une déclaration en bonne et due forme au § 10 : l'uniformité n'est pas l'identité stricte, « dans le détail ». Comme dans la nature, remarque Hume, l'uniformité n'est pas absolue. Hume ne le précise pas d'emblée, mais tout ce qui est insolite relève d'après lui de l'interposition de causes cachées : si une montre qui donne l'heure habituellement ne marche plus, c'est qu'un grain de poussière agit à notre insu; si la rhubarbe qui habituellement purge, ne purge pas, c'est qu'une complexion particulière (une constipation chronique) contrebalance son action. Et il en est exactement de même lorsqu'il s'agit des motifs et des actions. L'uniformité est donc, certes, relative, comme l'écrit

16. Cf. *EMPL*, 1re partie, trad. fr. p. 242 : « J'appelle causes morales toutes les circonstances qui peuvent agir sur l'esprit comme autant de motifs ou de raisons, et qui nous accoutument à certaines mœurs particulières; comme sont la nature du gouvernement, les révolutions qui affectent les affaires publiques, l'état d'abondance ou de pénurie d'un peuple, la situation d'une nation relativement à ses voisins et d'autres circonstances de cette sorte ».

Didier Deleule dans une note de son édition de l'*Enquête*[17], mais elle l'est, ajouterai-je, pour nous. De fait, à peine la variété concédée, Hume indique qu'elle cache l'action uniforme et nécessaire de causes générales (§ 11). Ainsi, l'observation de la diversité des comportements, elle-même due à la diversité des caractères humains, est encore une base expérimentale pour former des maximes plus spécifiques sur l'action humaine. Ces maximes spéciales supposent encore un certain degré d'uniformité. Par exemple, la différence des mœurs selon les époques et les pays instruit de la force de la coutume et de l'éducation, lesquelles, au côté de la sympathie, ce principe de communication affective, façonnent le caractère personnel comme les caractères nationaux. Ainsi, la variété des actions d'une même personne selon son âge fait apparaître que des maximes différentes règlent l'action et l'inclination humaine à chaque âge, autrement dit que l'âge est un facteur uniforme d'action. Quant aux cas des actions apparemment très irrégulières et extraordinaires, il ne fait pas problème selon Hume puisqu'on en trouve un équivalent dans les actions de la matière où la nécessité est pourtant universellement reconnue. C'est le texte que j'ai anticipé ci-dessus : le grain de poussière agit à l'insu du paysan, mais l'artisan ne conclurait certes pas que l'arrêt de la montre est dû au hasard, il inférerait la présence de ce grain ; de même le médecin ne nierait pas que la rhubarbe agit nécessairement à chaque constipé chronique qu'il tente de soigner. Dans ces deux exemples, on voit que l'irrégularité n'est qu'apparente : elle procède de l'interposition de causes cachées et inconnues qui, si on en tient compte, lèvent l'irrégularité supposée. Un médecin, un artisan ou un philosophe n'attribuent pas une irrégularité dans le cours de la nature à une contingence dans la cause : ils l'attribuent à « la secrète opération de causes contraires »[18]. De la même façon, les résolutions les plus étranges se trouvent parfaitement expliquées par ceux qui connaissent les circonstances particulières où se trouve la personne qui agit de manière insolite. On entre déjà alors dans la critique humienne du libre arbitre. En effet, tout acte insolite, y compris l'acte que l'on croit, à tort selon Hume, gratuit, s'explique en droit sinon en fait par des motifs cachés : nous y reviendrons à propos de la critique de la fausse expérience de la liberté d'indifférence. Mais voyons déjà un premier retournement de l'objection d'irrégularité, que Hume reproduira ensuite : même quand une action ne peut être expliquée par l'agent ou par les observateurs, « nous savons,

17. D. Hume, *Enquête sur l'entendement humain*, éd. D. Deleule, Paris, Le Livre de Poche, 1999, n. 1 p. 171.

18. *EEH*, VIII.I, § 13, p. 231.

d'une manière générale, que les caractères humains font preuve jusqu'à un certain point d'inconstance et d'irrégularité » et que cette irrégularité du caractère est « le caractère constant de la nature humaine »[19]. La nécessité des principes ne se trouve donc pas remise en cause par les bons observateurs, ni surtout par les philosophes; seul le vulgaire en reste à la première apparence des choses et croit au hasard (ou, comme on le verra, croit au libre arbitre, à l'indifférence de la volonté).

b) Deuxièmement, sur la base de cette uniformité, des inférences sont tirées à propos des actions humaines.

La quasi-totalité des actions humaines sont accomplies en fonction d'une attente qui concerne d'autres actions humaines. Ainsi, chaque citoyen ne travaille que parce qu'il peut escompter que sa propriété est sous la protection du magistrat. Chaque marchand n'accepte ce moyen d'échange qu'est l'argent que parce qu'il s'attend à ce que d'autres l'accepteront contre des denrées dont, à son tour, il a besoin. *Toute l'humanité s'accorde donc en pratique sur la définition de la nécessité avancée par Hume*. Ce point est essentiel : les définitions quc propose Hume pour lever la controverse sont pour ainsi dire agies, c'est-à-dire appliquées dans la vie courante. Or l'expérience, pour une philosophie expérimentale comme se veut la science de la nature humaine de Hume, est la seule pierre de touche de la vérité des principes (voir l'introduction du *Traité*)[20]. En outre, l'homme en tant qu'être spéculatif, sujet qui réfléchit et qui connaît, et pas seulement en tant qu'être actif, forme des inférences entre motifs et actions sur la base de l'observation d'une constante conjonction. Ainsi, la science morale n'a de fondement que parce que les sentiments moraux sont constamment produits par certaines qualités des caractères humains (en l'occurrence d'après Hume l'agrément et l'utilité des caractères pour eux-mêmes ou pour les autres)[21], de sorte que des inférences entre ces qualités et ces sentiments moraux sont possibles, ce qui permet à la science morale de formuler des propositions générales du type : si un caractère est agréable à lui-même, il suscite la sympathie étendue et désintéressée d'un « spectateur judicieux », et s'attire ainsi une approbation morale. De même, la science historique n'a de force de conviction que parce que les lecteurs des historiens comptent sur la véracité de ces derniers, véracité qui reflète ici la véracité de l'homme en général tant qu'aucun intérêt personnel ne s'y

19. *EEH*, VIII.I, § 15, p. 235.
20. *TNH*, « Introduction », § 7, p. 34.
21. Cf. *TNH*, III.III.I, § 30, p. 214.

oppose, par exemple, comme Hume le montrera dans la section suivante, l'intérêt qu'il y aurait à propager la religion, en se déclarant faussement un témoin de miracles. Ainsi, le lecteur d'un texte historique infère une action – un récit véridique des faits – à partir d'un caractère – le caractère d'historien dont il suppose qu'il est mû par l'amour de la vérité plutôt que par un intérêt à mentir, ce qui est en général le cas des hommes qui témoignent : *en général*, car Hume montrera que les adeptes d'une religion peuvent se comporter autrement pour défendre leur cause.

L'analyse de l'inférence entre motifs et actions se termine par une considération sur l'étroite connexion qui unit les inférences de ce type (inférences morales) aux inférences qui concernent les événements naturels. L'évidence morale – le fait de tirer des inférences touchant l'action humaine[22] – est si semblable à l'évidence naturelle – le fait de tirer des inférences touchant les phénomènes naturels –, qu'elles tendent à se combiner dans nombre de nos raisonnements. Le condamné à mort conduit à l'échafaud présume sa mort prochaine aussi bien de l'inflexibilité de ses gardes que de l'opération de la roue. Un homme qui a laissé tomber sa bourse à Charing-Cross peut aussi bien s'attendre à la trouver à sa place qu'imaginer qu'elle va s'élever dans l'air comme une plume : dans les deux cas, la probabilité est nulle. Nécessité physique et nécessité morale sont donc cimentées[23]. « Nous pouvons changer le nom des choses » et répugner à appeler la seconde nécessité, leur nature et leur opération sur l'entendement sont cependant identiques. Ici, le repérage de la liaison, dans des mêmes chaînes inférentielles, de maillons de nature morale (la fidélité des gardiens *qu'on n'a pas les moyens de soudoyer*, l'amour du gain des passants : remarquons d'ailleurs que c'est le même motif, essentiel selon Hume puisqu'il explique par ailleurs l'origine de la justice[24], qui intervient, directement ou non, dans les deux cas !) et de maillons de nature

22. Voir la définition de l'« *évidence morale* » dans le *Traité* : elle « n'est rien d'autre qu'une conclusion touchant les actions des hommes, tirée de la considération de leurs motifs, de leur caractère et de leur situation » (*TNH*, II.III.1, § 15, p. 259).

23. « Cement[ed] together » est l'expression que Hume utilisait dans le *Traité* à propos de ces deux espèces d'évidence (*THN*, II.III.1, § 17, p. 261) ; on lit dans le paragraphe de l'*Enquête* qui reproduit presque à l'identique ce passage du *Traité* sur le prisonnier que ces formes d'évidence « link together » (*EEH*, VIII.I, § 19, p. 239). Rappelons que selon un passage de l'Abrégé du *Traité* que j'ai cité en Introduction, le « ciment de l'univers » est, « pour nous », l'association des idées, soit l'union des idées dans l'esprit.

24. L'amour du gain est selon Hume une passion « insatiable, perpétuelle, universelle et directement destructive de la société », mais elle est néanmoins capable de se contraindre, et de mieux se satisfaire, grâce à « l'institution de la règle qui vise la stabilité de la possession » (*TNH*, III.II.2, § 12-14, p. 92-93). Telle est « l'origine de la justice ».

physique (la pesanteur de la bourse de pièces, le poids de la lame tranchante, l'inflexibilité des barreaux), cette liaison donc, implique que la nécessité admise touchant les opérations de la nature doit être également admise touchant les actions humaines.

c) Hume donne la raison de la prédominance de la doctrine de la liberté touchant les actions humaines.

Avant de proposer une définition de la liberté compatible avec celle de la nécessité, Hume explique avant cela pourquoi les hommes ont tant de mal à reconnaître le déterminisme de l'action (§ 21-22). Hume explique cette erreur en deux temps, ou plutôt, il montre qu'elle s'avère être le résultat d'une précédente erreur.

Les hommes commettent une première erreur : ils pensent que pour ce qui est des phénomènes naturels, ils pourraient percevoir une liaison nécessaire entre une cause et son effet indépendamment de l'expérience de leur conjonction constante, en pénétrant plus avant les pouvoirs de la nature. Ils croient que la nécessité ou la causalité est dans les choses alors qu'il ne s'agit que d'une détermination de l'esprit, confronté au cours uniforme de la nature, à enchaîner des idées, à inférer. Ce faisant, ils se refusent à conclure à l'ignorance humaine concernant un pouvoir dans les choses, concernant une liaison dans la matière. Cela les entraîne dans une deuxième erreur.

Ne ressentant pas en eux, c'est-à-dire entre leurs motifs et leurs actions, cette liaison nécessaire qu'ils placent, à tort, dans les objets, ils en concluent que la liaison nécessaire ne s'applique pas aux actions humaines. Mais si on définit rigoureusement la liaison nécessaire par ses deux véritables caractéristiques – la conjonction constante et l'inférence de l'esprit qui s'ensuit – alors, on voit qu'il y a connexion nécessaire en physique et en morale. Hume explique donc qu'il y a une seule méthode pour résoudre la controverse sur la nécessité et de la liberté. Il faut d'abord, comme il l'a fait, montrer sceptiquement la nature de la liaison nécessaire dans les phénomènes naturels et ensuite voir s'il y a quoi que ce soit de plus dans les actions volontaires des hommes. On devra alors admettre qu'il n'en est rien : actions de la matière et actions de l'esprit réunissent les mêmes circonstances ; conjonction constante et tendance à inférer se retrouvent dans les deux cas. Dans les deux cas, il y a donc liaison nécessaire, au sens où Hume l'entend.

En note, Hume donne une deuxième raison de la prédominance de la doctrine de la liberté dans l'action humaine, doctrine qu'il conteste : il s'agit ici encore de l'affirmation d'une liberté d'indifférence, qui revient à nier la nécessité. Cette deuxième cause d'erreur consiste en une « fausse sensation ou apparente expérience » de la liberté[25]. Les hommes ont une fausse expérience de l'indifférence en tant qu'agents. Cela se produit en effet non pas lorsqu'ils considèrent les actions d'autrui, ou lorsqu'ils réfléchissent en général sur les actions humaines, mais lorsqu'ils réfléchissent sur leurs propres actions volontaires. Cette expérience tient en ceci : en produisant une image de notre volonté du côté où elle ne s'est pas déterminée, on croit ressentir que la volonté elle-même n'est soumise à rien et on fonde sur cela une soi-disant « preuve intuitive » de la liberté humaine. On peut même, pour aller plus loin dans la preuve, accomplir la velléité contraire à notre désir premier et spontané et passer ainsi à l'acte. Or, montre Hume, le « désir fantasque » de nous prouver notre liberté est ici le motif déterminant de notre exercice imaginaire ou de notre action insolite. Un spectateur extérieur qui connaîtrait nos motifs secrets le conclurait aisément ou mieux, conclurait qu'il le pourrait s'il en avait connaissance. Cet argument s'appuie à la fois sur une expérience de pensée (un observateur qui verrait nos motifs secrets) et sur l'idée qu'il y a une habitude générale de l'uniforme conjonction des motifs et des actions, de même qu'il y a une habitude générale de l'uniformité de la nature. Hume en parle dans le *Traité* : on peut former une inférence même sur la base d'une seule expérience dans la mesure où on est en général habitué à l'uniformité de la nature, au fait qu'elle se répète[26]. De même ici, on est en quelque sorte habitué au caractère constant de la liaison entre des motifs et des actions : de sorte que même si nous ignorons les motifs de telle action, nous savons que les actions sont toujours issues de motifs. Or c'est là toute la conception de la nécessité que Hume prétend appliquer aux actions humaines, à savoir une inférence fondée sur l'observation d'une constante conjonction entre motifs et actions. C'est le retournement de l'objection de l'irrégularité, que j'évoquais plus haut : nous savons que les caractères humains sont à un certain degré irréguliers, donc l'irrégularité n'est pas une objection. De même ici : nous savons que les actions proviennent constamment de motifs, donc une action sans motif connu (de nous, observateurs) n'est pas une objection. Mais le retournement le plus remarquable reste l'argument massue selon lequel le désir d'un agent de se prouver sa propre liberté motive en réalité son action apparemment libre, motive ce qu'on appelle, à tort, son acte gratuit.

25. *EEH*, VIII.I, § 22 n., p. 247.
26. Cf. *TNH*, I.III.8, § 14, p. 170-171.

L'accord sur la doctrine de la liberté

Conformément à ce qui a été montré à propos de la nécessité, les hommes ne sauraient, lorsqu'ils qualifient les actions volontaires de « libres », vouloir dire qu'il n'y a aucune connexion entre ces actions et « les motifs, les inclinations ou les circonstances » de l'agent[27]. On n'entend donc par le terme de liberté qu'un « *pouvoir d'agir ou de ne pas agir selon les déterminations de la volonté* »[28]. Une telle définition implique, même si c'est implicite, que la volonté elle-même n'est pas libre. Ainsi, dire que la volonté est libre ou indifférente, reviendrait selon Hume à nier qu'elle soit soumise à des causes, autrement dit à l'identifier au « hasard » (*chance*) que Hume définissait dans le *Traité* comme « la négation d'une cause »[29], et dont il ajoute dans l'*Enquête*, à deux reprises, que, « de l'aveu général, [il] n'a pas d'existence », dans la mesure où « rien n'existe sans qu'il y ait une cause à cette existence »[30]. Cette même dénégation de la liberté de la volonté était sous-entendue dans la note déjà citée sur la liberté d'indifférence, dans laquelle Hume écrit que « nous *nous figurons* (*imagine*) sentir que la volonté elle-même n'est soumise à rien »[31], alors qu'en réalité seule notre ignorance de la cause véritable produit cet effet. Selon Hume, la liberté ne s'applique dès lors qu'aux « actions volontaires », et ce, au sens très précis d'actions *non soumises à la contrainte* et non pas, une fois de plus, au sens où elles seraient sans connexion causale avec les motifs et la situation de l'agent. La nécessité (de l'action issue de nos motifs) et l'absence de liberté de la volonté elle-même se trouvent donc incluses dans la définition même de la liberté (dès lors compatible avec elles) : « un pouvoir d'agir ou de ne pas agir, *selon* les *déterminations* de la volonté ». La nécessité de l'action est dans le « selon », la négation de la volonté libre ou indifférente dans le terme « déterminations ». Si l'on y ajoute la définition humienne de la volonté (ou plutôt, précise Hume, sa « description »), absente comme telle de l'*Enquête*[32], mais présente dans le *Traité*, comme n'étant « rien d'autre que l'impression interne que nous

27. *EEH*, VIII.I, § 23, p. 249.

28. *Ibid.*

29. *TNH*, I.III.11, § 4, p. 194.

30. *EEH*, VIII.I, § 25, p. 253-254. Cf. *EEH*, VI, § 1, p. 165.

31. *EEH*, VIII.I, § 22 n., p. 249 (nous soulignons).

32. Le passage suivant s'en approche néanmoins : « l'empire qu'exerce la volonté tant sur les organes du corps que sur les facultés de l'âme » (*EEH*, VII, § 9, p 183), cette toute dernière opération consistant plus précisément à pouvoir « suscit[er] une nouvelle idée, fix[er] sur elle notre attention, la tourn[er] de tous les côtés, avant de la quitter pour passer à une autre » (*ibid.*, § 16, p. 189).

sentons et dont nous sommes conscients, lorsque nous suscitons sciemment un nouveau mouvement de notre corps ou une nouvelle perception de notre esprit »[33], on comprend qu'elle est fort éloignée d'une puissance ou faculté rationnelle de choisir, sans y être affectivement déterminé[34].

C'est à Hobbes que Hume emprunte l'idée que la seule liberté qui existe est le fait de pouvoir faire une chose si on en a la volonté, et s'abstenir si on le veut, tout comme l'idée que « l'humanité entière » reconnaît cela, tout comme enfin l'idée qu'une telle liberté appartient à celui qui n'est pas prisonnier ou enchaîné, c'est-à-dire qui ne rencontre aucun « empêchement externe »[35]. Hume a donc restreint la liberté au pouvoir physique d'agir, de passer à l'action. Car celui qui serait enchaîné serait matériellement contraint de ne pas agir, même si ses motifs le poussaient à le faire. La position de Hume sur la liberté est donc une *identification de la liberté à la possibilité d'agir sans contrainte, mais sous conditions causales*.

En résumé, la liberté ne s'oppose qu'à la contrainte, et non à la nécessité. Une liberté qui s'opposerait à la nécessité serait le hasard qui, selon Hume, n'a pas d'existence car, dans les faits, il n'y a jamais absence de cause mais seulement, comme on l'a vu à propos du paysan et de la montre, une éventuelle ignorance de la cause cachée (il s'agit là d'un nouvel emprunt à Hobbes)[36]. La soi-disant liberté d'indifférence est telle le hasard, ce serait l'absence de cause : pour Hume, la première n'existe pas plus que ce dernier.

DEUXIÈME PARTIE
EXAMEN DES CONSÉQUENCES DE LA DOCTRINE DE LA NÉCESSITÉ ET DE LA LIBERTÉ SUR LA MORALE ET LA RELIGION

Hume commence par une réserve de taille : la considération de ce genre de conséquences n'est en fait pas essentielle pour déterminer la vérité ou la fausseté d'une doctrine[37]. Il accepte néanmoins de soumettre ce qu'il vient

33. *TNH*, II.III.1, § 2, p. 253.

34. Cf. *TNH*, II.III.3, § 1, p. 269 : « La raison ne peut jamais être à elle seule un motif pour une action de la volonté [et] elle ne peut jamais s'opposer à la passion pour diriger la volonté ».

35. *Cf.* Hobbes, *Les questions concernant la liberté, la nécessité et le hasard*, *op. cit.*, p. 45, p. 238 et p. 349, où sont respectivement énoncées ces trois idées.

36. *Ibid.*, p. 229 : « Par contingent, les hommes n'entendent pas ce qui n'a pas de cause, mais ce qui n'a pas pour cause une chose que nous percevions ».

37. Il s'agit là d'un nouvel emprunt à Hobbes, qui écrivait que « la vérité reste la vérité », quels que soient les inconvénients de la doctrine que l'on soutient (*ibid.*, p. 175). Pour cet

d'avancer à ce test. Hume va plus loin qu'une conformité au critère : la double doctrine n'est pas seulement compatible avec la moralité et la religion, elle leur est indispensable. Visiblement, Hume tient à se soustraire aux accusations d'athéisme et d'immoralisme qui frappèrent Hobbes ou Spinoza, deux déterministes comme lui.

La défense de Hume est très poussée : sa doctrine touchant les actions humaines est parfaitement orthodoxe et, s'il y a révolution de sa part, c'est plutôt du côté de l'idée de liaison nécessaire touchant les actions de la matière qu'il faudrait selon lui la repérer.

En effet, moralité et religion s'appuient sur un système de lois, de récompenses et de châtiments. Or cela présuppose que des motifs déterminent uniformément les actions sans quoi celles-ci seraient récompensées ou punies alors qu'elles ne traduiraient rien de constant dans un caractère. L'objet de la vengeance du magistrat ou de Dieu ne peut être qu'une personne consciente. En elles-mêmes, les actions sont temporaires, elles ne sont signifiantes qu'en tant qu'indices des motifs et du caractère de la personne, ce que Hume déclare très clairement dans le troisième livre du *Traité* consacré à la morale :

> Il est évident que lorsque nous louons des actions, nous ne considérons que les motifs qui les engendrent et nous tenons ces actions pour des signes ou des indices de certains principes présents dans l'esprit ou dans le tempérament. L'accomplissement de l'action n'a aucun mérite. C'est au-dedans qu'il nous faut chercher pour découvrir la qualité morale [38].

Si elles n'étaient pas l'effet de motifs, celui qui accomplit des actions ne pourrait donc en répondre. Celui qui nie la nécessité et la causalité dans les actions humaines affirme donc qu'un homme est aussi innocent lorsqu'il a accompli un crime horrible qu'au moment de sa naissance. Au contraire, admettre la nécessité, c'est admettre l'imputabilité des crimes, c'est admettre la responsabilité humaine.

emprunt ainsi que celui de trois avantages pour la moralité examinés par Hume, voir É. Le Jallé, « La réception humienne du nécessitarisme de Hobbes », *Dix-huitième siècle*, 46, 2014, p. 399-415, plus part. p. 407-415. Ces trois avantages consistent à pouvoir expliquer 1) l'influence des récompenses et des punitions sur l'esprit, 2) la juste punition, laquelle vise, *in fine*, le caractère, et 3) les variations de la responsabilité. Hume en a ajouté un quatrième : la définition (hobbesienne) qu'il a retenue de la liberté permet d'expliquer que les actions faites sous la contrainte ne soient ni louables ni condamnables : *EEH*, VIII.II, § 34, p. 263.

38. *TNH*, III.II.1, § 2, p. 75.

La variation de la responsabilité s'explique elle aussi très bien par la doctrine de la nécessité. Si l'on est moins coupable d'une action faite à la hâte que d'une action préméditée, c'est qu'un tempérament impétueux est une cause d'action mais ne correspond pas à l'ensemble des motifs d'une personne, à l'ensemble de son caractère, contrairement à la délibération (ou alternance de motifs) qui correspond à une mise en jeu du caractère tout entier, d'où le fait qu'une action mauvaise et préméditée soit particulièrement blâmée. De même, le repentir accompagné d'une réforme du comportement n'efface les crimes antérieurs que parce qu'un tel changement de comportement traduit un changement de principes dans l'esprit : les actions passées ne sont plus alors des indices adéquats du caractère présent de la personne. Ainsi, seule la doctrine de la nécessité explique l'effacement de la criminalité ou l'atténuation de la criminalité dans la mesure où elle seule explique la criminalité elle-même, l'imputabilité et la responsabilité.

Hume écarte ensuite deux objections qui touchent cette fois à la religion autant qu'à la moralité. Un objecteur pourrait dire que la doctrine de la nécessité appliquée aux actions humaines rend Dieu responsable de tout, si l'on suppose qu'il est à l'origine de la chaîne des causes et des effets qui se termine dans l'action. En ce cas soit les actions humaines n'ont aucune turpitude, elles sont toutes bonnes puisque l'Auteur de l'univers est bon, soit le créateur est le coupable ultime et on doit lui retirer l'attribut de bienveillance. Ces deux positions sont absurdes et impies (à mon avis la première est plutôt absurde, la seconde plutôt impie), de sorte que la doctrine de Hume le serait également. Pour échapper à cette redoutable conclusion, Hume répond à l'objection en deux temps, conformément aux deux hypothèses de l'adversaire : il reprend donc les deux branches du dilemme[39].

Premièrement, imaginer que les actions humaines sont toutes bonnes parce que leur auteur ultime est bon implique de considérer que tout le mal moral (de même que le mal physique) est un effet de surface dans le meilleur des mondes possibles. On reconnaît là l'argument classique des théodicées : des stoïciens, que Hume cite et dont il évoque le type de « consolations »[40], à Leibniz que Hume ne cite pas ici mais qu'il cite ailleurs et qu'il a lu. Mais, répond Hume, les spéculations qui touchent l'équilibre général de l'univers et le fait qu'un mal moral est toujours

39. Ce dilemme avait été opposé à Hobbes par l'évêque Bramhall, voir É. Le Jallé, « La réception humienne », art. cit., p. 413.

40. *EEH*, VIII.II, § 34, p. 263.

contrebalancé par un bien plus grand n'entrent pas du tout en ligne de compte lorsque les hommes font des distinctions morales. Telle action sera décrétée vicieuse si elle contrevient *directement* au bien public ou au bien privé; son insertion dans l'équilibre global d'un système de l'univers généralement bon ne suffit pas à la faire qualifier de vertueuse autrement dit à la déclarer bonne. Les sentiments moraux naturels de l'humanité ne sauraient donc être altérés par une pure spéculation philosophique comme l'est toute entreprise de théodicée. La doctrine déterministe de Hume est donc parfaitement compatible avec l'existence d'actions mauvaises et appréciées comme telles, comme on le voyait déjà exprimé dans la première partie de la section: «quel fondement aurait *la morale* si certains caractères n'avaient pas le pouvoir indéniable et déterminé de causer certains sentiments et si ces sentiments n'avaient pas un effet constant sur les actions?»[41].

Reste, deuxièmement, l'hypothèse selon laquelle, d'après la doctrine de la nécessité de l'action humaine, le Créateur est seul coupable de tous les péchés de l'homme, puisque, ayant tout prévu et ordonné, il est la cause ultime des actions humaines, même des mauvaises. Cette objection n'admet pas de réponse très satisfaisante, écrit Hume. On entre ici dans des sujets embrouillés et donc soustraits à la connaissance humaine. La compatibilité entre les décrets absolus de Dieu et son absence de turpitude excède les limites de la raison humaine: elle relève du mystère. Mais Hume ajoute que cette compatibilité n'est pas plus mystérieuse que celle qu'il y aurait entre la liberté d'indifférence et la prescience divine, c'est-à-dire le fait que Dieu connaisse d'avance toutes les actions de tous les hommes: l'objection est ainsi retournée contre l'adversaire défenseur du libre arbitre qui, pour sa part, doit nécessairement nier l'attribut d'omniscience, ou plutôt ne peut en rendre compte, ce qui ne vaut pas mieux que de ne pouvoir expliquer, comme Hume, la bonté de Dieu malgré le fait qu'il est cause dernière de toute action. C'est une raison de plus pour confiner l'enquête philosophique à la sphère de la vie courante, seul domaine de certitude. Autrement dit, comme l'écrit Hume dans la section XII de l'*Enquête*, ce type d'objections et les réponses qu'elles appellent devraient nous inciter à ne jamais partir dans le «pays des fées», à ne pas suivre l'imagination spéculative ravie «de tout ce qui est lointain et extraordinaire» et à nous attacher au contraire à rendre «les réflexions de la vie commune (...) méthodiques et corrigées»[42].

41. *EEH*, VIII.I, § 18, p. 239.
42. *EEH*, XII.III, § 25, p. 405-407.

Une analyse méthodique des raisonnements courants : voilà ce que Hume a proposé d'une manière exemplaire dans cette section sur la liberté et la nécessité en approfondissant et en définissant d'une manière plus méthodique les notions communes que les hommes se font de la liberté et de la nécessité quand ils agissent, raisonnent, anticipent les actions des autres, et en jugent moralement, quitte à leur ôter quelques préjugés et illusions tenaces, comme celle du libre arbitre ou celle d'une connexion causale dans la matière.

CLAUDE GAUTIER

LA RAISON DES ANIMAUX
(SECTION IX)

En dépit de sa brièveté, la Section IX est décisive pour la qualification du scepticisme de Hume. Elle l'est d'autant plus qu'elle met en œuvre, sans déployer aucun discours de justification, un certain naturalisme que nous pouvons résumer par cette formule lapidaire : « *le raisonnement expérimental lui-même (...) n'est rien qu'une espèce d'instinct* »[1].

En sorte qu'il est difficile de prendre à la lettre son propos introductif lorsqu'il affirme seulement vouloir étendre, par « analogie », la pertinence de sa théorie de la connaissance[2]. C'est incontestablement le cas, et sur ce plan, il réplique un geste identique à celui que nous trouvons dans le *Traité*[3]. Mais il y a autre chose qui engage l'interprétation de la doctrine en son ensemble : scepticisme *et* naturalisme sont étroitement liés[4] et orientent sa philosophie de manière profonde. Le problème est alors de comprendre en quel sens nous pouvons parler ici de naturalisme.

1. *EHU*, IX, § 6 : « *[T]he experimental reasoning itself* (...) *is nothing but a species of instinct* ».

2. *EEH*, IX, § 1.

3. *TNH*, I.III.16, § 2. Le terme d'« analogy » apparaît seulement dans l'*Enquiry;* celui qui est employé dans le *Treatise* est « resemblance ».

4. Sur ce point nous suivrons les analyses de N. Kemp Smith, *The Philosophy of David Hume. A Critical Study of its origins and Central Doctrines* [1941], with an introduction by D. Garrett, London, Palgrave Macmillan, 2005. Cette hypothèse est discutée. Pour un exemple qui actualise les enjeux de cette lecture, voir B. Stroud : « The Constraints of Hume's Naturalism », *Synthese,* 152/3, octobre 2006, p. 339-351.

Il est possible de distinguer au moins deux visées critiques propres à la comparaison entre humain/non humain[5]. D'une part, elle intervient comme un moyen de récuser la distinction ontologique entre les hommes et les animaux en rappelant l'origine animale de l'homme et en le coupant de tout dessein divin[6]. Ce qui revient, *de facto*, à disqualifier la thèse du dualisme « âme »/« corps »[7]. Un tel rapprochement s'inscrit dans la veine d'une *anthropologie sceptique* que nous pouvons relier à Montaigne au moins[8]. Hume montre ainsi que la seule justification possible d'une thèse portant sur l'immortalité de l'âme ne peut être que théologique et, ici, relever de l'Évangile[9].

D'autre part, la comparaison intervient dans un autre cadre qui est celui de la conception déflationniste de la « raison » comme « raisonnement *expérimental* ». Dès lors, l'« analogie » (*EEH*, IX) ou la « ressemblance » (*TNH*, I.III. 16) entre les termes comparés donne à l'expérience productrice d'habitudes une importance de tout premier plan. Cette médiation par l'expérience permet d'éviter, comme on le verra, d'user d'un concept de nature ontologiquement dense. Le naturalisme dont il s'agira de cerner quelques contours y est plutôt *fonctionnel*.

Tom L. Beauchamp, dans son article « Hume on the Nonhuman Animal » réduit ce second type de comparaison critique aux termes d'une

5. Les références où intervient la comparaison humain/non humain dans le *Treatise* et l'*Enquiry* sont les suivantes. En *TNH :* 1.III. 16; 2.I. 12; 2.II. 12 § 8; en *EEH*, IX; dans les *EMPL*, I, XI, « Of the Dignity or Meanness of Human Nature », p. 80 *sq.*, notamment les paragraphes II-XI. 5-6, *E&T*, t. 1, « De la dignité ou de la bassesse de la nature humaine », p. 141 *sq.*, § 5-6; *Essays withdrawn and unpublished* [désormais *Essay*], X : « Of the immortality of the soul », 4-10.37, p. 590 *sq.*, *E&T*, t. 2, « De l'immortalité de l'âme » (non publié), p. 265 *sq*. Pour une présentation plus systématique de ces occurrences, on pourra se reporter à T. L. Beauchamp, « Hume on the Nonhuman Animal », *Journal of Medecine and Philosophy*, 1999, p. 322-335, notamment p. 324-326.

6. Voir *EMPL*, III, X « Of the immortality of the soul ».

7. *Essays*, 10, 37 : « The souls of animals are allowed to be mortal; and these bear so near a resemblance to the souls of men, that the analogy from one to other forms is a very strong argument ».

8. Montaigne, *Apologie de Raymond Sebond*, *Essais*, II, 12, p. 486, éd. Villey, « Quadrige », Paris, P.U.F., 1992 (orthographe modernisée) : « Ce n'est par vrai discours, mais par une fierté folle et opiniâtreté, que nous nous préférons aux autres animaux et nous séquestrons de leur condition et société ». Pour un aperçu de la généalogie de cette anthropologie sceptique, voir F. Brahami, *Le travail du scepticisme. Montaigne, Bayle, Hume*, Paris, P.U.F., 2001.

9. *Essays*, 10-1 : « But in reality, it is the gospel, and the gospel alone, that has brought life and immortality to light ». Cet essai fait partie, faut-il le rappeler, de ceux qui n'ont pas été publiés.

«*psychologie de la raison*»[10] reconduisant l'argument classique selon lequel le cœur de l'analyse humienne de l'inférence causale serait d'ordre *psychologique* et se limiterait à justifier le « sentiment d'attente » comme état mental efférent de la réitération. Il ne s'agit là, selon nous, que d'un aspect du problème[11].

L'EXPÉRIENCE DES « OBJETS EXTÉRIEURS » UNE MANIÈRE D'ÊTRE AFFECTÉ PAR L'ENVIRONNEMENT

Le premier paragraphe, liminaire, justifie, par la mobilisation de la deuxième et troisième règle des *Principes mathématiques de la philosophie naturelle* de Newton[12], le recours à la méthode analogique[13]. Commentant l'énoncé de la deuxième règle, Newton prend l'exemple de la respiration de l'homme et des bêtes, Hume, celui de la circulation du sang[14].

Ce dernier élargit cependant le domaine de pertinence de la fonction analogique[15] et propose de prendre en considération les cas où celle-ci n'est pas aussi «exacte». Ce qui permet de passer du terrain des «observations anatomiques» à celui de l'entendement et ses «opérations». La comparaison revêt alors une autre dimension et c'est là qu'elle paraît le moins acceptable!

La démarche comparative se sert des non humains comme d'un *terrain d'expérimentation* pour mettre à l'épreuve certaines des hypothèses

10. T. L. Beauchamp, « Hume on the Nonhuman Animal », art. cit., p. 326 :« This expectation is the psychological basis of causal inference in all animals alike, the human not excepted ».

11. Nous reviendrons sur ce point plus loin.

12. I. Newton, *Philosophiae naturalis principia mathematica*, Londres, 1687, trad. fr, Marquise du Châtelet, *Principes mathématiques de la philosophie naturelle*, Paris, 1759, t. II, livre III « Du système du Monde. Règles qu'il faut suivre dans l'étude de la Physique », p. 471.

13. Règle 2 : « Les effets du même genre doivent toujours être attribués, autant qu'il est possible, à la même cause » ; règle 3 : « Les qualités des corps (...) qui appartiennent à tous les corps sur lesquels on peut faire des expériences, doivent être regardées comme appartenant à tous les corps en général » (*ibid.*).

14. *Cf.* W. Harvey, *Exercitatio anatomica de motu cordis* (1628) pour la découverte de la circulation sanguine.

15. Sur la question de la proportionnalité des termes comparés par analogie, on pourra également se reporter à la première partie des *Dialogues Concerning Natural Religion*, § 10, éd. J. C. A. Gaskin, Oxford, OUP, 1993, p. 36-37.

établies dans les sections précédentes de l'*Enquête*. L'extension de leur domaine de pertinence vaudra gain d'« autorité »[16].

Ce qui est comparé n'est cependant pas l'entendement *en général*, mais en tant qu'il est « raisonnement *expérimental* » et fonde sur « l'expérience » et « l'observation » la possibilité même d'une connaissance des « faits »[17]. Comme il l'affirme encore dans la section IV de l'*Enquête*, « la connaissance de cette relation [de fait] n'est jamais obtenue par des raisonnements *a priori*, mais [elle] vient *entièrement* de l'expérience »[18].

Cette justification d'ordre méthodologique et le cadre en lequel doit opérer l'analogie étant donnés, il est possible d'aborder le premier plan de la comparaison.

Les paragraphes suivants (§ 2 à 4) rappellent comment se constituent les habitudes chez les animaux. Ces derniers, « comme les hommes », apprennent à « inférer », c'est-à-dire à anticiper la proximité spatiale et temporelle de deux sollicitations sensibles.

L'expérience[19] y est alors mobilisée une première fois (§ 2) pour indiquer, *a minima*, ce rapport aux « objets extérieurs » qui en manifeste les « propriétés » : la dureté, la chaleur, etc. C'est par la répétition que se construit l'idée sensible d'une relation causale, à savoir la « conjonction » et l'anticipation ou « inférence »[20].

Ces affections réitérées, ces « expériences », constituent alors une « connaissance » *pratique* permettant d'ajuster *in situ* la conduite immédiate de l'animal. En ce sens, il y a bien un *apprentissage* de l'inférence (§ 4), c'est-à-dire élaboration d'une disposition à l'anticipation qui satisfait au principe vital de conservation et qui permet l'évitement ou

16. Un tel gain peut d'ailleurs jouer pour les deux termes de la comparaison. On trouve ainsi, à propos de la bienveillance désintéressée, cette comparaison entre l'homme et l'animal et le raisonnement qui en découle : « si nous admettons qu'il y a une bienveillance désintéressée dans les espèces inférieures, d'après quelle règle d'analogie peut-on refuser qu'elle existe dans l'espèce supérieure ? » '(*Enquête sur les principes de la morale*, « Appendice » 2, trad. fr. Ph. Baranger, Ph. Saltel, Paris, GF-Flammarion, 1991, p. 223); voir Hume, *An Enquiry concerning the Principles of Morals*, « Appendix » 2, « Of Self-Love », 8, p. 167.

17. Les « matters of fact » (*EEH*, IV, § 1).

18. *EHU*, IV, § 6 : « [T]he knowledge of this relation is not, in any instance, attained by reasonings *a priori*; but arises *entirely* from experience » (nous soulignons). Voir également *TNH*, Introd., § 9-10.

19. Pour une présentation plus exhaustive de ce concept chez Hume, voir C. Gautier, « Expérience et relation chez Hume », dans L. Perreau (éd.), *L'expérience*, Paris, Vrin, 2010, « Théma », p. 41-64.

20. *EEH*, V, § 5-6.

l'attraction vis-à-vis des objets extérieurs de sollicitation. Cette description ne nécessite rien d'autre, sur le plan de l'analyse, que la mise en rapport d'un organisme vivant, l'animal, avec son environnement.

Hume peut ainsi opérer une distinction dont le but est de faire valoir, une fois encore, la dimension productive de l'expérience du point de vue de la constitution des habitudes. Entre le jeune animal qui ajuste immédiatement sa conduite et l'animal « habitué », le « vieux lévrier » par exemple, il y a toute la distance d'un certain apprentissage qui enrichit l'aptitude à inférer en ajoutant au principe premier de conservation celui d'économie de l'effort.

L'animal, en tant que vivant non humain, est ici caractérisé par *son aptitude à construire des habitudes* et c'est cet ensemble d'habitudes qui est désigné par le terme de « connaissance » (« knowledge »).

Au paragraphe suivant (§ 3), le contenu de l'expérience désignant le rapport de l'animal à son environnement est une seconde fois mobilisé et implique la relation humain/non humain comme relation d'éducation ou de « discipline ».

C'est l'interaction homme-animal qui est alors la source principale de production de nouvelles habitudes pouvant aller même contre la réaction instinctive – domestication[21]. Le propre de la relation d'éducation est le choix et la maîtrise par l'homme des sollicitations *associées* : la conjonction d'une attitude à une récompense ou une punition. La réitération consolide la perception de la conjonction et l'inférence qui s'y rapporte.

Dans le premier cas (§ 2), c'est la situation ou l'environnement qui produit la sollicitation, dans le second (§ 3), c'est l'interaction homme-animal. L'animal (§ 4), tout comme l'homme, est susceptible d'apprendre l'inférence, c'est-à-dire d'adopter, en situation, une conduite ajustée. Cet ajustement de la conduite est intégralement tributaire de l'expérience « passée », et sur ce plan, rien ne le sépare ontologiquement de l'homme.

Le début du paragraphe suivant (§ 5) permet de requalifier le plan sur lequel porte la comparaison et souligne la pertinence du rapprochement entre humain et non humain. De quel type d'inférence s'agit-il alors ? Il ne s'agit pas d'un raisonnement qui, sur fond d'expériences passées, pourrait, par une chaîne d'arguments (« a process of argument »), poser la *généralité* de l'inférence. Cette *généralisation* échappe à l'analogie, celle-ci ne

21. Par domestication, il faut entendre l'acquisition d'habitudes comportementales qui résultent directement de l'interaction homme-animal.

concernant que ce qui relève de l'inférence pratique, toujours située, et donnant prise à l'opérativité d'une habitude constituée.

En ce sens, l'homme ne serait pas un animal puisqu'il aurait la possibilité de redoubler l'inférence, c'est-à-dire de passer du plan *particulier* et situé de la conjonction sensible des sollicitations à un plan *abstrait*, déconnecté de la situation présente et qui, cependant, en affirmerait la validité générale. Cette forme de redoublement réflexif n'est pas attribuable à l'animal car rien dans les conditions de la mise à l'épreuve des hypothèses portées par la comparaison ne permet de le supposer.

En ce sens, l'analogie humain-non humain n'implique pas de thèse ontologique sur l'esprit de l'animal que l'on compare. Elle ne présuppose aucune capacité qui ne soit déterminée par le fait immédiat du rapport entre organisme et environnement.

C'est ce qu'indique la seconde proposition de ce paragraphe qui invoque la capacité à l'abstraction. Si la généralisation est bien un mode d'abstraction de la relation qui conjoint deux types donnés de sollicitation, alors celle-ci est, en première analyse, le *propre* de l'homme.

Il apparaît, cependant, que cette qualité, proprement humaine, est à son tour relativisée dans la généralité de ses *usages* lorsqu'il s'agit de comparer les humains *entre eux*. Telle est la dimension polémique de l'énumération qui suit.

Après avoir opposé l'entendement ordinaire au « génie philosophique » nécessaire à la « découverte » et à « l'observation » de ces généralités, Hume affirme qu'une telle disposition n'est pas du ressort des « enfants », du « commun des hommes », et même des « philosophes » qui ne le sont que par intermittence. Ce qui est une possibilité chez l'homme n'est, *de facto*, l'apanage que d'un petit nombre dans des circonstances particulières.

Pas plus que les animaux, les hommes ne sont, dans leurs actions ordinaires en général, « guidés par le raisonnement dans ces inférences ». Ce qui, sur le plan général, excédait les termes de l'analogie, se trouve en quelque sorte réduit au principe d'une capacité dont l'opérativité est tributaire de circonstances si particulières qu'elle ne se développe pas, pour ainsi dire, chez la plupart des êtres humains.

Dans les « parties actives de la vie », l'aptitude humaine à la généralisation n'est pas mobilisée. Elle ne l'est pas parce que, *ordinairement*, la connaissance requise ne l'exige pas.

Dès lors, rien ne vient distinguer la généralité des humains de celles des non humains : l'acquisition d'habitudes permettant d'inférer à partir de la conjonction régulière et réitérée de sollicitations est le propre du *vivant animal* et elle marque sa nature foncièrement adaptative à des environnements spécifiques[22] – y compris pour les « brutes ».

Comment le justifier ? La réponse donnée peut paraître étrange, elle ne l'est pourtant pas. La « *nature* [fournit] *quelque autre principe, d'un emploi plus accessible et d'une application plus générale* »[23]. Dans une perspective providentialiste, la « nature », autre manière de désigner le divin, aurait pourvu à cette insuffisance et ajusterait les hommes et les animaux à leur environnement ? Si tel était vraiment le cas, à quoi servirait le détour par la comparaison homme-animal laquelle, par ailleurs, permet précisément de remettre en cause ce type de lecture[24] ?

Le recours à la « nature » revêt donc une autre signification. Il faut le comprendre comme ce qui désigne, formellement, le lieu d'une adaptation fonctionnelle qui procède non pas de manière transcendante mais de manière immanente et émergente.

Ce n'est donc pas l'élaboration *a priori* de principes généraux qui permettent l'adaptation mais l'épreuve de l'environnement, c'est-à-dire *la série des expériences* qui, en raison de la nature des vivants, permet la constitution d'habitudes dont l'opérativité est portée par l'exigence de conservation et de reproduction.

C'est en ce sens qu'il est possible de dire que la « nature » a pourvu l'animal (et l'homme) d'un certain principe, celui de constituer des habitudes : « C'est la coutume seule qui pousse les animaux à inférer les suites ordinaires des objets qui frappent leur sens » (§ 5). La consolidation de l'inférence ou de la disposition, stabilisée par la répétition, rend possible la *liaison* entre deux sollicitations ; elle est ce qu'il convient d'appeler une « croyance ».

La coutume, comme habitude consolidée, est une croyance. Cette dernière n'est donc pas d'origine mentale – et c'est pourquoi, sur ce plan encore, la comparaison entre l'homme et l'animal est parfaitement adéquate –, elle est « *une manière particulière* » pour l'imagination d'être affectée par un objet extérieur. En cela, la « croyance » est bien une

22. C'est bien sûr sur la diversité de ces environnements qui fait que cette disposition commune à l'homme et à l'animal peut se différencier et, pour l'homme, devenir toujours plus complexe.

23. *EEH*, IX, § 5, p. 273.

24. Voir *EMPL*, « Of the Immortality of the Soul », p. 590 *sq*.

« habitude d'action »[25], et c'est la raison pour laquelle il est signifiant de dire que les animaux ont des « croyances ».

La note unique de la Section IX est destinée à rendre compte, une fois encore, des différences *entre* les entendements humains[26] pour mieux souligner la pertinence de la comparaison entre l'homme et l'animal[27]. Il n'y a pas plus d'écart entre les entendements humains qu'entre l'entendement de l'homme *en général* et celui de l'animal.

Tout comme il l'a déjà proposé au début du paragraphe 5 pour les *usages* de la capacité à abstraire, Hume rend compte des différences opposant les hommes pour ce qui est de leur capacité d'observation – et donc de raisonnement. Le principe de ces différences réside dans le développement plus ou moins précis de l'aptitude à regarder : « comme un homme peut surpasser grandement un autre homme en *attention*, en *mémoire* et en *observation*, cela fera une grande différence dans leur *raisonnement* »[28]. Ces différences dans la manière de porter l'attention, de mémoriser, en un mot de « raisonner », sont alors constitutives du caractère ou du tempérament de chacun. Et sur ce plan, entre les hommes, comme avec les animaux, les distinctions peuvent être infiniment variées. Autant de différences que les expériences individuelles vont pouvoir décliner et moduler à l'infini.

Dans un dernier paragraphe (§ 6), Hume ramasse les termes de la comparaison, revient sur la qualification de l'instinct et statue sur la nature du « raisonnement expérimental ». Les termes de la comparaison y sont une nouvelle fois inversés.

Dans les « occasions ordinaires », l'animal est spécifié comme un vivant dont la part des instincts permettant l'adaptation est plus importante que ce qui est acquis par le « raisonnement expérimental ». Ses capacités d'adaptation sont *prioritairement* instinctives et *secondairement* liées à l'apprentissage. Revenant alors à l'homme, ce qui le distingue en principe de l'animal, à savoir que la part de l'apprentissage y est la plus importante, se trouve relativisé au motif que cette capacité à raisonner « *n'est rien qu'*une espèce d'instinct ou de force mécanique »[29]. Entre l'instinct et le

25. C.-S. Peirce, « Comment se fixe la croyance ? », *Revue philosophique de la France et de l'Étranger*, 1978/3, p. 553-569.

26. Montaigne, *Essais*, *op. cit.*, I. 42 : « [I]l y a plus de différence de tel homme à tel homme qu'il n'y a de tel homme à telle bête ».

27. *EEH*, IX, § 5n.

28. Nous soulignons.

29. Nous soulignons.

raisonnement expérimental, il n'y a donc qu'une différence de degré, l'un et l'autre agissant comme des « forces mécaniques » qui imposent des formes situées d'adaptation.

Admettre que le raisonnement relève, dans sa constitution et dans son opérativité, de la force de l'instinct situe l'analogie sur le plan spécifique de la *fonction*. Le vocabulaire de la « fonction » n'est pas présent chez Hume; l'analogie homme-animal concernant le « raisonnement expérimental », pour être correctement décrite, suppose cependant de ne pas confondre « identité » et « ressemblance ». Même si la formule littérale du texte anglais affirme en un certain sens l'identité – « is nothing but » –, celle-ci demeure formelle. Ce qu'il s'agit d'indiquer par là est une identité de fonction : chez l'homme, tout comme chez l'animal, raisonner désigne une certaine aptitude à faire des inférences; rien n'est dit en cela de la nature et de la complexité des inférences en question. Le raisonnement *est donc comme* un instinct. Il produit *le même type de conséquence*, à savoir des adaptations fonctionnelles aux sollicitations des objets extérieurs, ces derniers devenant plus complexes et plus variés pour les hommes[30].

LA COMPARAISON HOMME-ANIMAL, UN NATURALISME ONTOLOGIQUE OU FONCTIONNEL ?

Le naturalisme de Hume est largement débattu depuis le travail pionnier de N. Kemp Smith[31]. Nous nous limiterons cependant à ce qui rend plus intelligible la Section IX de l'*Enquête*. L'article déjà cité de Tom L. Beauchamp est révélateur d'une certaine manière d'aborder la question de cette comparaison entre l'homme et l'animal[32]. Ce n'est pas la comparaison comme *instrument méthodologique* qui est envisagée, c'est

30. Comme il rappelle dans la note du paragraphe 5, la différence, entre les hommes, des entendements et des capacités à observer, est liée à la spécificité de l'environnement humain qui est aussi d'ordre culturel : « les livres et la conversation étendent la sphère de l'expérience et de la pensée des uns au-delà de celle des autres ».

31. Pour une critique de la lecture de N. Kemp Smith qui relie fonctionnellement « naturalisme » et « scepticisme », nous renvoyons à D. Garrett, *Hume*, New York, Routledge, 2015; à B. Stroud : « The Constraints of Hume's Naturalism », art. cit.; C. Gautier « L'identité personnelle chez Hume; l'idée d'un self relationnel et affectif », dans A. Charrier, C. Etchegaray (éd.), *Le soi. Nouvelles perspectives humiennes*, Paris, Hermann, 2020, p. 115-135.

32. Pour un autre exemple analogue, nous renvoyons à D. G. Arnold, « Hume on the moral difference between humans and other animals », *History of Philosophy Quarterly*, 12/3, 1995, p. 303-316.

un inventaire des « ressemblances » et des « dissemblances »[33] qui est reconstruit et doit permettre, *in fine*, d'établir la supériorité ou non du statut ontologique de la « nature humaine » vis-à-vis de celle de l'animal ; et cela, dans le domaine de la théorie de la connaissance comme dans celui du jugement moral. Ainsi est-il rappelé que si le « raisonnement expérimental » est partagé par l'homme et l'animal, la « raison démonstrative »[34], quant à elle, demeure le privilège du premier, etc.

Cette dimension ontologique du propos humien est indéniable ; mais elle n'en constitue cependant pas le tout et si nous déplaçons quelque peu le point de vue d'analyse pour considérer la comparaison en tant qu'instrument de lecture critique, alors sa fonction polémique y devient plus manifeste. Ce qui n'est pas toujours mis en évidence par la littérature de commentaire.

Par exemple, dans l'*Essai* « De la dignité ou de la bassesse de la nature humaine »[35] il s'agit de définir la perfection morale de la nature humaine. La comparaison homme-animal permet de proposer trois types de résultats. Le premier est favorable à l'homme qui, dans le domaine de la raison, s'y montre incontestablement supérieur. Le deuxième est défavorable à l'homme qui, comparé à l'idéal moral de « sagesse parfaite » se trouve ramené, en quelque sorte, à sa triste condition d'être réellement imparfait. Le troisième confronte cette distance absolue, posée par le moraliste, à la distance entre l'homme et l'animal :

> L'homme est bien plus éloigné de la parfaite sagesse, et même de ses propres idées d'une parfaite sagesse, que l'animal ne l'est de l'homme ; et pourtant *cette dernière différence est si considérable qu'il n'y a qu'une comparaison avec la première qui puisse la faire paraître de peu d'importance*[36].

La comparaison entre les deux types de différences permet, cela n'est suggéré qu'*en passant*, de relativiser la distinction entre l'homme et l'animal laquelle, pour être ontologiquement effective, n'est pourtant que relative quand elle est rapportée à ce qui oppose la perfection morale et la condition réelle des hommes.

33. « Hume on the nonhuman animal », voir II. « Species similarities », p. 324-326 et III. « Species dissimilarities », p. 326-330.

34. T. L. Beauchamp, « Hume on the Nonhuman Animal », art. cit., p. 327.

35. *EMPL*, « Of the Dignity or Meanness of Human Nature », I, XI. 5-6, p. 82-83 ; *E&T*, première partie, I, XI. 5-6, p. 142-143.

36. *E&T*, t. 1, XI. 6, p. 143 (nous soulignons).

Ce qui, dans un premier temps, démarque l'homme de l'animal, le rapproche dans un second temps. Si Hume admet l'évidence d'une distinction ontologique entre l'homme et l'animal, les termes de sa comparaison lui permettent cependant d'en relativiser la valeur, pour ne pas dire plus. Au-delà, c'est également une thèse critique qui est implicitement suggérée à l'encontre de la conception morale *idéaliste* de la « sagesse parfaite » et, avec elle, l'exigence épistémologique de modifier ce point de vue pour évaluer plus adéquatement ce qu'il faut entendre par « dignité » de la nature humaine.

Cet exemple montre que lire la comparaison homme-animal en insistant seulement sur la question ontologique des différences et des ressemblances risque de masquer sa fonction critique[37]. Dès lors, de telles considérations doivent conduire à poser autrement la fonction de la comparaison dans la Section « La raison des animaux ». Que permet-elle de dire, notamment, à propos de la nature qui s'y trouve convoquée de manière récurrente[38] ?

Pour le comprendre, il importe de distinguer deux aspects du problème. D'une part, rendre compte de ce qui peut se présenter comme un paradoxe, à savoir que la « nature » n'y est jamais véritablement définie alors qu'elle joue un rôle de premier plan dans le mouvement même de la comparaison. D'autre part, revenir à cette dernière pour préciser dans quelle mesure, *méthodologiquement*, « comparer » l'homme et l'animal, pour ce qui est du raisonnement expérimental, n'implique pas nécessairement de statuer sur la densité ontologique de ces termes, encore moins sur celui de « nature ». En ce sens, parler du naturalisme de la démarche ne revient pas, *ipso facto*, à postuler son caractère fondationnel.

Dans la section IX, sous sa forme adjectivée, « nature » permet de qualifier des « propensities », des penchants, des dispositions; sous sa forme substantivée, « nature » renvoie tantôt à la régularité des « opérations » dont elle procède, « the course of nature », tantôt à sa capacité à produire des effets ou à fournir un principe, « Nature must have provided some other principle »[39]. Ces occurrences ne vont jamais de pair, dans cette section, avec une *définition* situant *expressis verbis* le niveau d'analyse – ontologique, métaphysique, etc.

37. Il y a d'autres exemples comme celui déjà mentionné et proposé dans l'essai non publié « De l'immortalité de l'âme ».

38. Pas moins de quatre occurrences dans une section de 6 paragraphes.

39. « La nature doit avoir fourni quelque autre principe » (trad. mod.).

La position de Hume à l'égard du problème général de la définition des catégories, position qu'il esquisse dès le début du *Traité de la nature humaine* à propos des « idées » et des « impressions », qu'il rappelle au début du Livre II à propos des « passions », se soutient du rejet de toute démarche substantielle au profit d'une analyse dynamique de la production d'effets.

À ce titre, nous ne pouvons qu'être positivement frappés par l'absence de définition générale des impressions et des idées au profit d'une distinction fonctionnelle et opératoire. « Impressions » et « idées » sont du même *genre* et diffèrent seulement en *espèce* sous les auspices de l'intensité et de la vivacité : « La différence entre elles se trouve dans le degré de force et de vivacité avec lequel elles frappent l'esprit et se frayent un chemin dans notre pensée ou notre conscience »[40]. Cette distinction seule permet de poser les tout premiers éléments de sa théorie de la connaissance[41]. Il en est de même pour l'introduction des passions dont Hume se contente de rappeler la distinction entre impressions « originales » et « secondaires » : « Cette *division* des impressions est *identique* à celle que j'ai utilisée précédemment lorsque je distinguais entre les impressions de sensation et les impressions de réflexion »[42].

Cette récusation *de principe* du préliminaire définitionnel est une manière de mettre au second plan tout ce qui pourrait rapprocher le propos d'une démarche substantialiste, ontologiquement trop coûteuse, et de privilégier un mode de description qui fera apparaître *des différences dynamiques* dont les *conséquences* fourniront le substrat même de l'analyse[43].

Cette récusation est, en outre, en parfaite cohérence avec cet autre réquisit selon quoi il ne sert à rien de vouloir remonter aux premiers principes parce qu'une telle remontée conduit *au-delà de l'observation et de l'expérience* : « le seul fondement solide que nous puissions donner à

40. *TNH*, I.I. 1, § 1.

41. Ainsi en est-il, quelques lignes plus loin, toujours dans le même paragraphe, de la distinction entre « sentir » et « penser ».

42. *TNH*, II.I. 1, § 1 (nous soulignons). La division est celle qui est donnée « précédemment » au début du Livre 1 et qui est citée *supra*.

43. Tout le Livre II du *Traité*, « Les passions », illustre exemplairement ce parti pris méthodologique. Hume s'interdit de procéder à la manière des moralistes classiques en débutant par une liste de définitions des passions et en s'enfermant dans des « problèmes » de définition. Il s'agit d'aborder les passions comme un système (*TNH*, II.I. 2, § 2-4.; II.I. 6; II.II. 2 par exemple) dont la dynamique de constitution et de transformation est l'objet principal d'analyse. Ce ne sont donc pas des *définitions substantielles* qui sont nécessaires mais *des distinctions opératoires* permettant de rendre compte des conséquences affectives, morales et sociales que produisent ces systèmes.

cette ["science de l'homme"] doit reposer sur l'expérience et sur l'observation » car, ajoute-t-il dans le paragraphe suivant :

> l'essence de l'esprit nous étant tout aussi inconnue que celle des corps extérieurs, il doit être tout aussi impossible de constituer une notion quelconque de ses pouvoirs et de ses qualités *autrement que par des expériences soigneuses et exactes et par l'observation des effets particuliers* qui résultent des différentes circonstances et situations où il est placé[44].

Le rejet des définitions inaugurales, l'impossible remontée aux premiers principes et la priorité donnée à la description des effets et à leur généralisation par induction sont donc les termes de son *scepticisme théorisé* : la « science de l'homme », loin d'être rendue impossible par cette orientation sceptique, est, tout au contraire, positivement déterminée dans ces limites : il n'est de connaissance *au-delà* de ce que l'expérience et l'observation minutieuses dévoilent.

On comprend donc que, tout comme pour l'esprit dont l'« essence » nous est inconnue, et dont il faut comprendre les « pouvoirs » et les formes complexes d'opérativité par l'observation attentive de ses « effets particuliers », la nature ne peut pas plus être déterminée dans ses principes premiers. Elle doit être envisagée dans les effets particuliers qu'elle produit et, par généralisation, dont elle est susceptible. En ce sens, elle est une catégorie qui n'a pas à être définie ; ce qui doit l'être, entendons ce qui doit faire l'objet d'une description minutieuse par le recours à « des expériences soigneuses et exactes », sont les objets, les « matters of fact » qui l'impliquent.

Nous comprenons pourquoi, désormais, la nature, en ce qu'elle opère et produit des effets, lesquels sont les objets propres de l'observation, *ne peut pas* et *n'a pas à être* définie. Rien là que de conséquent et de compatible avec les orientations sceptique et critique que Hume donne à la « science de la nature humaine ».

Il est possible, maintenant, de revenir à la fonction critique de la comparaison qui structure l'ensemble de la section IX. C'est la dimension *méthodologique* de la comparaison qui retient notre attention. Elle permet, selon nous, un usage non ontologique de la catégorie de « nature » pour centrer l'observation et la réflexion philosophique sur le problème de la *transformation* ou du *changement d'état*.

44. *TNH*, Introd., § 8-9 (nous soulignons).

Comparer l'homme et l'animal permet, dans cette section « De la raison des animaux », de centrer le regard non pas d'abord sur les termes impliqués dans la comparaison mais sur ce qui les relie en commun, à savoir un type d'expérience, celui du rapport aux objets extérieurs, et la production de certaines habitudes ou de certaines coutumes lesquelles constituent « le raisonnement expérimental ».

La comparaison ainsi posée traduit en langage humien ce qu'affirmait Pascal, par exemple, dans la *Pensée* [89-419] : « La coutume *est* notre nature »[45]. La nature de l'homme comme la nature de l'animal – c'est sur ce plan *seul* que vaut la comparaison – rendent possible, sous conditions, la constitution d'habitudes.

La différence avec Pascal est cependant décisive : Hume ne se situe pas ici sur un plan ontologique. Il ne s'agit pas de dire que la nature *est* coutume mais de montrer, par l'observation et l'expérimentation – ce que dramatise le mouvement même de la comparaison –, que des habitudes se constituent et que cela est rendu possible par tout ce qui, *en commun*, relie les natures humaine et animale.

Le plan ontologique, qui est celui de Pascal, le conduisait alors à poser la question suivante dans la *Pensée* [93-126] : « Quelle *est* donc cette nature, sujette à être effacée ? La coutume est *une seconde nature* qui détruit *la première*. Mais *qu'est-ce que nature ?* »[46]. Autant de questions qui ne sont plus celles de Hume ; pas plus d'ailleurs que ce dernier ne mobilise, dans cette section, le vocabulaire de la première et seconde nature.

Le recours à une telle terminologie, en effet, ne peut qu'orienter l'analyse du côté de l'ontologie. Car, à supposer que nous puissions parler, comme le fait Pascal, d'une « seconde nature » comme étant coutume, il importe alors de poser le problème de la définition de ce qu'*est* la « première nature » sur quoi *se fonde* l'élaboration des coutumes.

Non seulement une définition de la nature (première) est requise mais, plus encore, elle *doit* servir de fondement sur lequel enter la nature (seconde). Le point de vue résolument substantiel s'expose alors à des difficultés insurmontables qu'évite la démarche comparative de Hume, dans cette section comme ailleurs.

Rapprocher ce qui, au premier abord, ne peut pas l'être, l'homme et l'animal, et interroger, par la comparaison, ce qui relève d'*un trait commun*, à savoir *faire l'expérience* des « objets extérieurs », constituer et

45. B. Pascal, *Pensées*, Paris, GF-Flammarion, 1976, selon le classement de Brunschvicg et de Lafuma, p. 77 (nous soulignons).

46. *Ibid.*, p. 78 (nous soulignons).

consolider *des manières d'être affectés* – des « croyances » –, rend sans objet la question des deux natures et son lot attenant de difficultés.

Tout en centrant l'analyse sur le problème que pose Pascal dans ses *Pensées*, Hume, par la comparaison, se donne les moyens de contourner l'écueil d'une définition ontologique de la nature. Celle-ci opère et intervient dans la *transformation* qui, en tant qu'elle en manifeste le *modus operandi*, donne prise au principe d'adaptation et de conservation des espèces vivantes, l'homme tout comme l'animal.

Pour toutes ces raisons, nous ne devons pas être surpris par cette affirmation que la raison expérimentale *n'est rien qu'*une espèce d'instinct. Il s'agit là d'une lecture déflationniste des pouvoirs de la raison en tout point conforme aux exigences de son scepticisme théorisé et de son naturalisme fonctionnel.

Paul Clavier

UN ARGUMENT DÉCISIF CONTRE LA SUPERSTITION (SECTION X)

Présentation de la section « Des miracles »

*Situation de la section dans l'*Enquête

Dès le début de l'*Enquête*, Hume discute plusieurs motifs de réhabiliter la « philosophie précise et abstruse »[1]. Jusqu'à ce jour, celle-ci « semble n'avoir encore servi que d'abri à la superstition et de refuge à l'absurdité et à l'erreur »[2]. Invitée à reprendre du service, sous le label de « philosophie abstraite et profonde »[3], son mérite sera désormais de débusquer « les craintes et les préjugés religieux »[4], afin de « ne pas laisser la superstition jouir tranquillement de sa retraite »[5]. Dans cette perspective, Hume expose un argument selon lui décisif, censé « réduire au silence la bigoterie et la superstition » et « mettre un frein perpétuel à toute espèce d'illusion religieuse »[6]. Alors que l'*Histoire naturelle de la religion* mettra à jour les causes qui font adopter des croyances religieuses, et s'occupera donc de l'origine de la religion dans la nature humaine, alors que les *Dialogues sur la religion naturelle* mettront en évidence les limites du théisme

1. *EEH*, I, § 3, p. 35.
2. *EEH*, I, § 17, p. 57.
3. *EEH*, I, § 7, p. 41.
4. *EEH*, I, § 11, p. 47.
5. *EEH*, I, § 12, p. 47.
6. *EEH*, X.I, § 2, p. 283.

expérimental, c'est-à-dire de la tentative de prouver rationnellement l'existence de Dieu sur la base d'analogies, la section X de l'*Enquête sur l'entendement humain* est consacrée à la question de la recevabilité de témoignages en faveur de miracles. Cette section n'est pas déconnectée des précédentes sections de l'*Enquête*. La section VI a déjà énoncé un principe de transposition des événements passés à l'attente des événements futurs, qui nous détermine à accorder à un événement une probabilité d'autant plus grande que sa fréquence passée a été plus élevée[7]. C'est ce principe de proportion que Hume va mettre en œuvre dans le contexte plus polémique qui est celui des motifs de crédibilité d'une religion. Les sections VII et VIII ont mis en exergue le rôle joué par « une longue suite d'expériences uniformes » dans nos inférences causales[8], ainsi que l'importance de la « liaison régulière entre les objets »[9] qui seule guide nos inférences dans les questions de fait. Cette liaison tend à privilégier une doctrine de la nécessité, renvoyant la conciliation du mal moral avec la causalité divine aux « mystères dont la simple raison, naturelle et privée de secours, est impuissante à traiter »[10]. Cette même section VIII abordait déjà la question de la détection des faux récits, « directement contraires au cours de la nature »[11]. La section IX insiste sur le rôle de « l'inférence entièrement fondée sur l'expérience passée »[12], et sur celui, prépondérant, de la coutume dans la formation de la croyance[13] tant pour l'homme que pour les autres animaux. Tout est donc en place pour établir l'irrecevabilité des récits de miracle.

Économie d'ensemble de la section

La *Première partie* de la section X se propose de formuler un critère de recevabilité des témoignages en faveur de miracles (X.I, § 1 à 13). Hume commence par énoncer un principe général de recevabilité des croyances. « Le sage, proclame Hume, proportionne donc sa croyance à l'évidence »[14] : c'est-à-dire qu'il accorde un degré de crédibilité proportionnel aux données ou indices, aux observations et expériences dont il dispose.

7. *EEH*, VI, § 4, p. 169.
8. *EEH*, VII.II, § 30, p. 215.
9. *EEH*, VIII.I, § 25, p. 251.
10. *EEH*, VIII.II, § 36, p. 267.
11. *EEH*, VIII.I, § 9, p. 225-227.
12. *EEH*, IX, § 4.
13. *EEH*, IX, § 5.
14. *EEH*, X.I, § 4, p. 285.

Nous sommes bien dans la continuité de la section sur la probabilité (VI, § 4). Ce principe général, Hume entend l'appliquer à la croyance aux miracles. La *Deuxième partie*, très longuement développée et documentée de très longues notes, se charge de montrer que l'application de ce principe réduit à néant les *raisons* de croire aux miracles sur la base de témoignages humains (X.II, § 14 à 41). La croyance au miracle ne pourra être que miraculeuse, en aucun cas rationnelle. Hume ira jusqu'à soumettre la crédibilité du *Pentateuque* à un test de recevabilité, en demandant si sa fausseté serait « une chose plus miraculeuse et plus extraordinaire que ne sont tous les miracles qu'il relate »[15]. Hume se prévaut alors du critère qu'il a accordé plus haut : « si la fausseté de son témoignage s'avère plus miraculeuse encore que l'événement qu'elle rapporte, alors, et seulement alors, cette personne peut prétendre gagner mon crédit et commander mon opinion »[16]. Habilement, Hume n'en conclut pas à la fausseté du *Pentateuque*, mais à son irrecevabilité « comme production d'un écrivain et d'un historien purement humain ». Il ne pourra jamais être reçu que « comme la parole ou le témoignage de Dieu lui-même »[17] ! Il en va de même pour la religion chrétienne, dont la crédibilité dépend continûment de miracles. De sorte que ni l'habitude, ni l'expérience, ni la raison n'en sauraient être les garants[18]. Hume défend donc (au moins ironiquement) une conception de la religion dans laquelle aucun témoignage humain n'est recevable. Comment y parvient-il ? C'est ce qu'on se propose de restituer paragraphe après paragraphe.

PREMIÈRE PARTIE
CONSTRUCTION D'UN CRITÈRE

§ 1 : L'affaire Tillotson

Le § 1 entreprend l'éloge d'un argument de Tillotson contre le dogme catholique de la transsubstantiation. D'après ce dogme, les corps et le sang de Jésus sont substantiellement présents dans le pain et le vin consacrés lors de l'eucharistie. Au moment d'entreprendre le procès en irrationalité de la croyance religieuse, il est judicieux, dans un contexte anglican, de s'en prendre à l'adversaire politico-religieux qu'est le catholicisme. Hume est coutumier du fait : dans une section du *Traité* intitulée « Des causes de la

15. *EEH*, X.II, § 40.
16. *EEH*, X.I, § 13, p. 297.
17. *EEH*, X.II, § 40.
18. *EEH*, XI.I, § 41.

croyance», il mentionnait le culte des images et des reliques comme des moyens superstitieux de revivifier une idée au moyen d'une impression présente[19], et l'exemple est repris dans notre *Enquête* où, pour prouver la force de la ressemblance et de la contiguïté, Hume moque la dévotion superstitieuse des catholiques romains[20]. Dans l'*Enquête sur les principes de la morale*, Hume dénigre les subtilités morales des casuistes sur la direction de l'intention et son application dans l'église de Rome[21]. Cette fois, Hume se couvre de l'autorité de John Tillotson (1630-1694), doyen du cabinet de Guillaume III d'Orange, fait archevêque de Cantorbéry en 1694. Hume l'écossais montre ainsi patte blanche et se drape dans les habits de la Glorieuse Révolution, qui voulait en finir avec les Stuart catholiques originaires d'Écosse. Hume encense le «savant prélat» et le crédite d'avoir produit «un argument (…) aussi concis, aussi élégant et fort qu'on en puisse imaginer contre une doctrine qui mérite si peu d'être sérieusement réfutée». Mais alors, peut s'interroger le lecteur, quel mérite y a-t-il à produire un argument contre une doctrine indigne de réfutation? Tillotson lui-même remarquait «combien est déraisonnable la tâche que nous impose ici la hardiesse téméraire [*bold confidence*] de nos Adversaires à contester un fait qui est du ressort des Sens [*to dispute a matter of Sense*]»[22]. Tillotson charge de tous les maux le dogme de la transsubstantiation : il cause « un tort infini à la religion chrétienne », par « son absurdité et sa monstruosité insupportables»: barbarie, idolâtrie, schismes. Mais c'est l'épistémologie du témoignage des sens qui intéresse ici Hume. Tillotson pose en effet: «Quiconque en est une fois venu à contredire le témoignage de ses sens, ou à en douter, doit renoncer à toute certitude; car de quoi pourra-t-on être assuré, si on ne l'est pas de ce qu'on voit?»[23]. La certitude des sens est donc épistémiquement première et même le témoignage en faveur des miracles devra reposer sur elle. L'argument de

19. *TNH*, I.III. 8.

20. *EEH*, V, § 16 et § 18.

21. *EPM*, III.II, § 16.

22. *Sermons sur diverses matières importantes* [désormais *Sermons*], par feu Mr. Tillotson…, trad. fr. Barbeyrac, vol. 3, Amsterdam, chez Marc-Michel Rey, 1747, p. 348. Les citations suivantes sont toutes tirées du Sermon XXVI, dans la traduction de Barbeyrac, vérifiée sur le texte original de 1684. À propos des interventions humiennes sur la superstition, on lira avec profit É. Le Jallé, «Enthousiasme et superstition à partir de l'*Histoire d'Angleterre* de Hume», *Revue de métaphysique et de morale*, 59/3, 2008, p. 351-363. Notons que *l'Essai sur la superstition et l'enthousiasme* (1741) laisse de côté la question des miracles au profit d'une habile dialectique politico-religieuse.

23. J. Tillotson, *Sermons*, p. 422.

Tillotson se résume ainsi : 1) « les miracles sont sans contredit la plus forte preuve extérieure de la vérité du Christianisme » ; 2) « pour croire un miracle, il faut nécessairement se fier à ses propres sens »[24] ; 3) les miracles sont « fondés sur la certitude des Sens, qui renverse entièrement & directement la *Transsubstantiation* »[25]. Affirmer le Dogme de la transsubstantiation, c'est, selon Tillotson, renoncer à l'usage de ses sens, donc à tous les miracles. Or Hume, en se prévalant du raisonnement de Tillotson, entend mettre dans le même sac tous les miracles, et pas seulement ceux dont l'Église de Rome revendique l'authenticité. L'éloge de Tillotson ressemblera, rétrospectivement, à un compliment empoisonné, puisque Hume finit par disqualifier tout motif rationnel de crédibilité des miracles.

Dans le premier paragraphe de la section, Hume peut donc reprendre à son compte : a) le primat du témoignage oculaire des miracles (phrase 2) ; b) la dégradation inévitable de l'évidence de ce témoignage, à mesure qu'il est transmis, de sorte que « l'évidence que nous avons de la vérité de la religion chrétienne est moindre que l'évidence qui supporte la vérité de nos sens » (phrase 3) ; c) le principe selon lequel « une moindre évidence ne peut jamais détruire une évidence plus forte » avec son corollaire : « aussi clairement que la doctrine de la présence réelle eût été révélée dans l'Écriture, il serait directement contraire aux règles du raisonnement de lui accorder son assentiment » (phrase 4). Hume souligne (phrase 5) l'insurpassable évidence des sens, contre lesquelles l'Écriture et la Tradition ne peuvent rien, « quand elles sont considérées comme des preuves externes [fondées sur la crédibilité du témoignage] et qu'elles ne sont pas introduites dans le cœur de chacun par l'opération immédiate du Saint-Esprit ». Hume annonce ainsi le dénouement de toute la section : il n'y a jamais de raison de reconnaître un miracle, de sorte que la foi au miracle ne pourra résulter, dans le meilleur des cas, que d'une intervention immédiate de Dieu.

§ 2 : le grand ménage

Hume déclare s'inspirer de cet argument pour réduire au silence bigoterie et superstition (phrase 1). Il se flatte « d'avoir découvert un argument de même nature qui, s'il est juste, sera pour les sages et les savants un frein perpétuel à toute espèce d'illusion superstitieuse » (phrase 2). Notons que, si la nature de l'argument est semblable à celle de Tillotson, sa portée est

24. *Ibid.*, p. 425

25. *Ibid.*, p. 426.

autrement plus forte. Hume vante en outre sa durée illimitée. Le frein perpétuel [*everlasting check*] offrira ses services « tant que le monde durera ». En effet (phrase 3), Hume n'envisage pas la cessation des récits de miracles et de prodiges. La découverte de cet argument remonte au moins au séjour de Hume à la Flèche (1735-37). Hume confiera en effet à George Campbell avoir conversé avec un Jésuite qui lui vantait l'accomplissement d'un miracle dans sa communauté. Sur la base du *Traité* qu'il était alors en train d'écrire, Hume aurait émis des objections contre la crédibilité dudit miracle. Surtout, il aurait reconnu que ces objections fonctionnaient tout autant contre les miracles de l'Évangile que contre ceux de la religion catholique[26]. Tel est justement le propos d'ensemble de la section X : ce n'est pas seulement tel miracle catholique – la transsubstantiation – c'est tout miracle ou prodige qui va se voir retirer tout motif humain de crédibilité. Hume jette le bébé miraculeux avec l'eau du bain tillotsonien.

§ 3 : l'expérience comme unique guide

Le paragraphe suivant réactive les considérations épistémologiques de la section V (« la coutume [= l'habitude], grand guide de la vie humaine »)[27] que Hume va affiner :

a) « l'expérience est notre seul guide dans nos raisonnements sur les choses de fait » ;

b) ce guide n'est pas totalement infaillible (il arrive que le temps estival soit pourri) ;

c) mais ce n'est pas l'expérience qui est en cause, puisqu'elle-même nous familiarise avec une certaine incertitude et contrariété des événements ;

d) nos raisonnements sur les choses de fait ont donc un degré variable d'assurance, selon qu'ils portent sur des événements joints constamment ou sur des attentes déçues.

En somme, Hume souligne que l'expérience (l'habitude des conjonctions d'événements passées) ne permet pas toujours de conclure avec certitude. C'est ce qui lui permet d'introduire une règle de proportion, qui va être énoncée à la manière d'un proverbe au § 4. Cette règle tient

26. *The Letters of David Hume*, éd. J. Y. T. Greig, Oxford, OUP, 1932, vol. 1, p. 361.
27. *EEH*, V, § 6.

compte du fait que l'expérience, n'étant pas toujours uniforme, ne permet pas toujours d'inférer infailliblement que tel effet suivra de telle cause.

§ 4 : une métrique de la croyance

La formule initiale de ce paragraphe (« Le sage proportionne donc sa croyance à l'évidence ») semble inspirée de Locke (*Essai* IV.XIX. 2, où Locke estime qu'il faut « exiger l'assentiment de l'esprit par sa seule autorité, c'est-à-dire *à proportion de l'évidence* que la vérité emporte avec elle »). Cette formule va désormais servir de canon de recevabilité de la croyance. Par évidence, il faut entendre ici non pas l'évidence de raisons géométriques, mais les données, les indices, les preuves dont nous disposons lorsque nous prédisons la venue d'un événement. Comme annoncé dans le § 3, l'expérience passée peut être infaillible, quand elle atteste un cours parfaitement uniforme, et la preuve (la raison de croire que tel événement va se produire) est complète (phrase 1). Dans d'autres cas, « l'évidence ne dépasse pas ce qui s'appelle proprement *probabilité* » (phrase 2). Hume explicite alors le lien entre probabilité et proportionalisation de l'adhésion (phrase 3), à l'aide d'un exemple numérique : à cent expériences contre cinquante, l'attente de l'événement reste douteuse (deux tiers/un tiers) ; à cent contre un, il est raisonnable d'attendre l'événement avec assurance (phrase 4). Hume met donc en place une métrique de l'assentiment, fondée sur la comparaison du nombre d'expériences qui vont dans un sens, avec celui des expériences contraires (phrase 5).

§ 5 : Application au témoignage humain

Hume va appliquer ces considérations au témoignage humain, en examinant la relation entre fait et témoignage. Pour ce faire, Hume commence par annoncer le rôle indispensable (le « plus commun », le « plus utile », le « plus nécessaire ») des inférences que nous faisons à partir du témoignage humain, direct ou indirect (récit) (phrase 1). Hume refuse de se prononcer sur la nature causale de ces inférences (phrases 2 et 3). Nul besoin donc de mobiliser les résultats de la section VII. Il lui suffit de mettre en évidence les principes de liaison ou d'association des idées explorés dans la section III. Hume rappelle d'abord un fait d'observation : c'est « la conformité habituelle des faits avec le récit des témoins » qui nous inspire la confiance dans la véracité du témoignage. Tel sera le principe qui nous assure que nous pouvons inférer un fait d'un témoignage (phrase 4). Hume souligne alors avec force que cette liaison entre témoignage et fait n'est qu'un cas particulier des liaisons que nous établissons entre deux objets quelconques, et qu'à ce titre elle repose exclusivement sur « l'expérience que nous avons de leur conjonction régulière et constante ». Il n'y a pas de privilège épistémologique du témoignage humain (phrase 5). La confiance dans le témoignage humain repose sur un constat d'usage : nous nous souvenons des déclarations entendues ; en général nous cherchons et disons la vérité ; un mensonge découvert nous couvre de honte. Sans l'expérience que nous faisons de ces dispositions, nulle confiance dans le témoignage humain (phrase 6). A contrario, l'autorité du témoignage d'une personne réputée folle ou fausse est nulle (phrase 7). Ainsi, la question de la recevabilité du témoignage dépend du grand principe d'association des idées.

§ 6 : En quête d'uniformité

Le § 4 a établi le principe de proportion de l'assentiment à l'évidence. Le § 5 a rappelé que l'évidence du témoignage est elle-même proportionnée à la crédibilité du témoin, qui elle-même dépend des expériences passées de conformité du témoignage avec le fait rapporté. Le § 6 en déduit que l'évidence du témoignage humain est susceptible de degré. Selon que la conjonction observée entre narration et fait aura été trouvée constante ou variable, elle aura force de preuve ou seulement d'indication probable (phrase 1). Le lecteur peut ici remarquer un problème de procédure. Si le sage prend pour critère le degré de corrélation (la fréquence de la conformité) entre témoignage et fait, il doit disposer d'une source de vérification des faits indépendante de tout témoignage. Pour contourner ce problème, Hume argue du grand nombre de facteurs à prendre en compte, et s'en remet à l'expérience et à l'observation comme ultime pierre de touche (phrase 2). Hume prend soin de déclarer que l'investigation du témoignage humain connaît les mêmes variétés que « toute autre espèce d'évidence ». L'expérience convoquée pour évaluer tel témoignage et tel fait peut être uniforme comme elle peut être hétérogène (phrase 3). De fait « nous hésitons souvent sur les rapports d'autrui » (phrase 4). Ce qui semble se dessiner avec cette brève remarque, c'est que la seule conjonction fiable est celle dans laquelle je crois mes propres impressions. Le paragraphe se conclut en décrivant la pratique de la pondération (« nous mettons en balance les circonstances opposées »), et la résultante de cette pesée est d'autant plus faible que l'écart entre les considérations opposées est faible (phrase 5). Nous sommes toujours dans l'application du principe de pondération des expériences passées et des observations, en vue de déterminer un juste degré d'assurance. On peut aussi se demander ce que Hume entend par expérience plus ou moins uniforme, tant du côté de la narration que du côté du fait rapporté. On ne peut quand même pas s'attendre à ce que les témoins fassent toujours le même récit, ni que les événements se répètent à l'identique. Ce qui important, c'est de savoir si tel témoin a uniformément rapporté la vérité. Mais alors, cette fois encore, il faut disposer d'un accès au fait rapporté indépendant du témoignage. Il pourrait donc sembler que le concept d'uniformité n'est pas ici très opératoire. Pourtant, les sections suivantes vont révéler la portée de ce terme : la nature étant définie par son uniformité, par le cours uniforme d'expériences passées, elle prévaudra toujours contre tout témoignage qui irait dans le sens de la violation de ses lois[28]. C'est cette uniformité que Hume a en vue. Sur ce point, un ami et correspondant de Hume se montrera sévère :

> Je laisse à l'auteur, écrit George Campbell, le soin d'expliquer comment il peut être cohérent en affirmant que les lois de la nature sont établies par une expérience uniforme (laquelle résulte principalement de témoignages), et en même temps admettre que presque toutes les histoires humaines abondent en récits de miracles et de prodiges, qui sont des violations de ces lois[29].

Mais Hume, on le verra, se fait fort d'expliquer cette divergence.

§ 7 : circonstances atténuantes ou exténuantes du témoignage humain

Hume clarifie, en l'illustrant, la notion de « contrariété d'évidence », c'est-à-dire, en l'occurrence, de témoignages contraires, ou de toute circonstance qui vient affaiblir voire annuler la force d'un témoignage. Hume commence par lister : l'opposition des témoignages, le nombre et le caractère des témoins, la façon dont les témoignages sont donnés (phrase 1). Puis il illustre chacun de ces items en énonçant les situations-type correspondantes (« quand les témoins se contredisent » « quand les témoins sont peu nombreux ou d'une personnalité douteuse » ; « quand ils sont intéressés », ou encore quand ils se montrent hésitants ou trop violents (phrase 2). La liste des situations n'est pas close : dans tous les cas « la force des arguments qu'on tire du témoignage humain » sera atténuée, voire exténuée (phrase 3). Voilà qui s'inscrit parfaitement dans la perspective fixée au § 4. En déployant cette perspective, Hume va désormais prendre en compte les témoignages de miracles.

28. *EEH*, X.I, § 12.

29. G. Campbell, *Dissertation on Miracles containing an examination of the principles advanced by David Hume, Esq; in an Essay on miracles* (1762), p. 32.

§ 8 : la métrique à l'œuvre

Hume est donc en mesure de fournir un cadre d'évaluation de la crédibilité du témoignage en faveur d'un fait qui « tienne de l'extraordinaire ou du merveilleux ». Remarquons qu'il n'est pas encore ici question de miracle. Le « merveilleux » peut ici désigner les curiosités, les découvertes inattendues dont les journaux savants de l'époque, comme les *Philosophical Transactions*, sont friands. Il faudra attendre le § 11 pour qu'on passe du *wonder* au *miracle*. L'expression *tenir de* est ici capitale, car examiner un témoignage en faveur d'un fait directement qualifié d'extraordinaire ou de merveilleux, ce serait interroger la fiabilité du témoignage en présupposant que le fait est avéré. Moyennant ce biais explicite, Hume peut appliquer les résultats du § 7, en remplaçant extraordinaire et merveilleux par inhabituel : « l'évidence qu'apporte le témoignage perd plus ou moins de force, selon que ce fait est plus ou moins habituel » (phrase 1). C'est bien le critère de la fréquence qui servira de jauge pour la conformité du témoignage au fait. Au risque de commettre une pétition de principe, on accordera d'autant plus de crédit à un témoignage que le fait qu'il rapporte est probable, parce que fréquent, donc proche de l'uniformité attendue du cours des événements. La deuxième phrase va insister sur le caractère, déjà annoncé au § 5, de la liaison entre témoignage et réalité : elle n'est pas découverte *a priori*, mais établie *a posteriori* par l'habitude d'une conformité plus ou moins régulière (phrase 2). Hume va alors donner une première formulation de la maxime générale qui conclut la première partie[30]. Cette formulation résulte des deux premières phrases du paragraphe : a) la force du témoignage est proportionnelle à la fréquence du fait rapporté; b) la crédibilité du témoin est proportionnelle à la conformité habituelle de ses récits aux événements; il y aura donc conflit « entre deux expériences opposées » lorsqu'un témoin recevable rapporte un fait inhabituel. Le degré de croyance dans le témoignage sera le résultat d'une soustraction : on retirera au crédit du témoin ce qu'il y a d'inhabituel, d'extraordinaire ou de merveilleux dans sa déposition (phrase 3). Hume prend soin de placer cette opération sous l'autorité d'un « principe de l'expérience », qui prévaut depuis le § 3 dans l'examen du témoignage humain. Il énonce plus clairement encore ce principe d'équilibre dynamique entre tel « degré d'assurance en faveur de la déposition des témoins », et tel « autre degré d'assurance, cette fois en défaveur du fait qu'ils essaient d'établir » (phrase 4). On peut juger ce critère très restrictif,

30. *EEH*, X.I, § 13, p. 297.

puisqu'il donne à la notion de probabilité d'un événement un contenu strictement empirique, lié aux témoignages passés. Un problème théorique surgit : comment évaluer un premier témoignage, pour lequel nous ne disposons d'aucune statistique quant à la crédibilité du témoin, ni quant à la fréquence du fait rapporté ? Et comment pourrions-nous ajouter foi à un second témoignage, à moins qu'il ne soit pas conforme au premier ? On devine combien Hume est éloigné de ces questions théoriques : il donnera raison au prince indien qui refuse de croire que l'eau gelée puisse supporter le poids d'un éléphant. C'est tout ce dont Hume a besoin pour « mettre un frein perpétuel à toute espèce d'illusion superstitieuse »[31], ce qui constitue, rappelons-le, l'objectif de cette section.

§ 9 : l'autorité d'un proverbe

Le bref aliéna 9, un ajout dans l'édition de 1756, s'autorise d'un proverbe tiré des « *Vies parallèles de Plutarque*, Vie de Caton », XIX, 4. Précisons qu'il s'agit de la vie de Caton le Jeune (95-46 av. J.-C.), et non celle de son bisaïeul Caton l'ancien (234-149 av. J.-C.). Le contexte est intéressant : Plutarque vient de mentionner qu'un orateur aurait fait valoir aux jurés « qu'il n'était pas juste d'avoir égard à la déposition d'un témoin unique, quand ce serait Caton lui-même ». C'est le principe *testis unus, testis nullus* (un seul témoin ne compte pour rien). Et Plutarque de signaler l'usage proverbial :

> Et beaucoup de gens se mirent à dire, en manière de proverbe, au sujet de bruits incroyables et extraordinaires (περὶ τῶν ἀπίστων καὶ παραδόξων) : « On ne peut pas croire cela, même si Caton l'affirmait (τοῦτο μὲν οὐδὲ Κάτωνος λέγοντος πιθανόν ἐστι) ! ».

Hume ne rappelle pas le contexte juridique (que, lecteur de Plutarque, il connaît forcément) : ce n'est pas le nombre, mais la qualité des témoins qui l'intéresse. Hume tire argument du proverbe dans un sens bien particulier : l'incrédibilité d'un fait a raison du témoin le plus crédible (phrase 2). Hume instaure donc un primat épistémique du fait incrédible sur le témoin accrédité. Ce qui rend un fait incrédible n'est pas son impossibilité logique (et pour cause : il est selon Hume impossible de démontrer l'impossibilité d'un fait), mais sa rareté dans le cours de l'expérience. C'est ce critère qui permettra de ruiner la crédibilité du miracle, même si quelque Caton bigot déposait en sa faveur.

31. *EEH*, X.I, § 2, p. 283.

§ 10 : Hume corrige Locke et Butler

C'est pour renforcer le primat de l'incrédibilité du fait sur le crédit des témoins que Hume va ajouter sa propre variation sur un lieu philosophique : l'histoire du prince d'Asie qui refuse de croire aux témoignages relatant l'effet du froid glacial sur l'eau. Hume commence par une allusion à l'anecdote supposée connue (« ce prince indien qui refusa de croire aux premières relations qu'on lui fit des effets du gel… »). Hume valide le raisonnement de ce prince indien : l'expérience constante et uniforme qu'il a de la persistance de l'eau sous forme liquide justifie, selon le critère du § 8, sa défiance (phrase 1). Mais Hume va introduire une nuance de taille. Il va corriger la présentation que Locke puis Butler font de cette anecdote. Locke définit la probabilité comme une connaissance supplétive : elle est « l'apparence de la convenance sur des preuves qui ne sont pas infaillibles »[32]. « La *Probabilité*, écrit encore Locke, est la vraisemblance qu'il y a qu'une chose est véritable, ce terme même désignant une Proposition pour la confirmation de laquelle il y a des *preuves* propres à la faire passer ou recevoir pour véritable »[33]. La probabilité (c'est-à-dire le degré de croyance, d'assentiment ou d'opinion que nous accordons à une proposition), repose sur deux fondements :

> la conformité d'une chose avec ce que nous connaissons, ou avec notre Expérience. En second lieu, le témoignage des autres appuyé sur ce qu'ils connaissent, ou qu'ils ont expérimenté. On doit considérer dans le témoignage des autres, 1. le nombre; 2. l'intégrité; 3. l'habileté des témoins; 4. le but de l'Auteur lorsque le témoignage est tiré d'un Livre; 5. l'accord des parties de la Relation & ses circonstances; 6. les témoignages contraires[34].

Voyons comment Locke expose l'exemple repris par Hume. « Si je vois moi-même un homme qui marche sur la glace », j'ai une connaissance directe, et non une simple probabilité. Si quelqu'un me rapporte « qu'il a vu en Angleterre un homme qui au milieu d'un rude hiver marchait sur l'Eau durcie par le froid, c'est une chose si conforme à ce qu'on voit arriver ordinairement, que je suis disposé par la nature même de la chose à y

32. J. Locke, *Essai*, IV.XV. 1, trad. fr. P. Coste (1735), établissement du texte, présentation, dossier et notes par Ph. Hamou, Paris, Le Livre de Poche, Librairie Générale Française, 2009, p. 947.

33. *Ibid.*, XV, 3, p. 949.

34. *Ibid.*, XV, 4, p. 950.

donner mon consentement ». En cas de conformité avec le cours ordinaire et accoutumé des événements, la probabilité repose sur la nature du fait.

> Mais si, continue Locke, on dit la même chose à une personne née entre les deux Tropiques, qui auparavant n'ait jamais vu ni ouï dire rien de semblable, en ce cas toute la Probabilité se trouve fondée sur le témoignage du Rapporteur : & selon que les Auteurs de la Relation sont en plus grand nombre, plus dignes de foi, & qu'ils ne sont point engagés par leur intérêt à parler contre la vérité, le Fait doit trouver plus ou moins de créance dans l'Esprit de ceux à qui il est rapporté[35].

Il y a donc trois degrés selon Locke : l'assentiment complet fondé sur la parfaite conformité du fait rapporté avec notre expérience ; la probabilité qui, faute de conformité avec l'expérience, reposera tout entière sur la crédibilité du rapporteur ; la défiance fondée sur la contrariété entre l'expérience et le fait rapporté. C'est le cas du Roi de Siam qui estime que le rapport qu'on lui fait d'hommes qui marchent sur l'eau durcie par le froid est contradictoire avec ce qu'il connait des propriétés de l'eau par expérience. Joseph Butler, de son côté, va reproduire le raisonnement de Locke. L'introduction de l'*Analogie de la religion* médite sur les degrés de l'évidence probable, par opposition à la certitude de l'évidence démonstrative. Butler, faisant allusion au chapitre *De la probabilité* de Locke, considère que le prince est justifié à ne pas croire le rapport de l'ambassadeur hollandais : « le prince ayant toujours vécu dans un climat chaud concluait naturellement par voie d'analogie, qu'il n'existait rien de tel que de l'eau qui durcit, étant donné qu'il l'avait toujours observée fluide et mouvante »[36].

Hume va prendre Locke et Butler en défaut : les effets du gel *ne sont pas contraires, mais seulement étrangers, à l'expérience du prince indien.* Pour qu'il y ait contradiction entre les récits de rivière gelée et son expérience, il faudrait qu'il ait fait l'expérience de l'incongélabilité de l'eau dans le climat hollandais, alors qu'il a simplement manqué de faire l'expérience de la congélation de l'eau. Mais c'est justement ce que Hume veut mettre en relief : nous réservons notre assentiment à ce qui est conforme à notre expérience (phrase 2). Dans une longue note, Hume développe l'idée qu'on ne saurait apprendre par expérience un fait négatif (« que l'eau ne gèle pas sous les climats froids ») (note, phrase 1). L'inconnu est matière à

35. *Ibid.*, XV. 5, p. 546.

36. J. Butler, *The Analogy of religion, natural and revealed to the course and constitution of nature*, London, Printed for John and Paul Knapton, at the Crown in Ludgate Street, 1736 (2e éd. corr.), « Introduction », p. III.

conjectures, pas à inférences (note, phrases 2, 3 et 4). Revenant sur la confrontation du prince indien avec le gel, Hume concède que l'événement est contraire à ce que peut attendre un « Indien rationnel » d'après les règles de l'analogie, étant donné que le point de congélation introduit une discontinuité dans l'expérience (note, phrases 5 et 6). Corrigeant à nouveau le commentaire de Locke, Hume qualifie cette congélation inaccoutumée d'événement *extraordinaire*, difficile à conjecturer « pour des gens vivant sous un climat chaud », mais il la distingue d'un événement miraculeux, qui serait « contraire à l'expérience uniforme du cours de la nature dans les cas où toutes les circonstances sont les mêmes » (note b, phrase 7). Hume peut conclure sa note en rappelant que la conformité au cours uniforme de la nature varie avec le climat. Les habitants de Sumatra ne peuvent se prévaloir du cours uniforme de la nature pour qualifier de prodige la congélation d'une rivière moscovite (note b, phrase 8). Ces scrupules sont très tactiques : Hume entretient par là sa réputation de grande vigilance sur ces questions de probabilité du témoignage.

§ 11 : enfin, les miracles !

Il s'agit d'un paragraphe de transition qui introduit (enfin !) le problème de la crédibilité du témoignage en faveur d'un miracle. Hume a jusqu'ici construit les cas de non-concordance entre expérience et témoignage. Se montrant beau joueur, Hume commence par supposer un cas de témoignage en faveur d'un fait miraculeux, qui « s'élève à une preuve entière » (phrase 1). Supposons maintenant qu'aucune expérience n'ait jamais corroboré un tel témoignage. On se retrouve alors dans une situation d'équilibre : « c'est preuve contre preuve ». Le § 8 avait statué pour les cas de témoignage qui tiennent « de l'extraordinaire ou du merveilleux ». C'est le même principe d'entre-destruction de la force de l'évidence qui va régir le témoignage en faveur du miracle. Cependant Hume n'a pas encore défini la notion de miracle. Ce qui l'intéresse ici, c'est le cas d'école où un témoignage contredit toute attente : le fait attesté étant au-delà du prodige inaccoutumé ou du « merveilleux ». À charge donc pour l'enquêteur de déterminer de quel côté est la preuve la plus forte. On pourra alors pratiquer l'évaluation comparée (phrase 2). Tout le travail de Hume va constituer désormais à montrer que l'improbabilité du miracle est toujours plus élevée que la probabilité du témoignage en faveur du miracle.

§ 12 : deux définitions du miracle

Hume ne tarde pas à mettre à exécution son plan. Une première définition du miracle est proposée : « une violation des lois de la nature ». Hume en tire immédiatement argument dirimant contre la probabilité du miracle. En effet, « ces lois [de la nature] ayant été établies sur une expérience ferme et inaltérable », toute attestation d'un miracle a contre elle l'évidence de l'expérience. Repassons au ralenti le raisonnement : 1) un miracle est une violation des lois de la nature ; 2) ces lois sont établies sur une expérience ferme et inaltérable ; 3) le miracle est donc contraire à l'expérience. Cela suffit-il à parler de « preuve entière contre le miracle » ? Pas encore. Il faut pour cela recourir implicitement au critère d'exclusivité formulé plus haut : « l'expérience est notre seul guide dans nos raisonnements sur les choses de fait »[37]. Hume peut alors conclure : « la preuve contre le miracle est, par la nature même du fait, aussi entière qu'aucun argument qu'on imagine pouvoir tirer de l'expérience » (phrase 1). Prudemment, Hume n'exclut pas que l'argument en faveur du miracle puisse être tiré d'une autre source que l'expérience du cours ordinaire de la nature. Puisque les miracles sont des questions de fait, et que l'expérience est notre seul guide dans le raisonnement sur les choses de fait, il ne peut y avoir aucun raisonnement en faveur d'un miracle. (Il faudra une opération du Saint-Esprit, une intervention immédiate de Dieu, bref un miracle !). Afin de bien marquer le point, Hume prend trois exemples de faits « plus que probables » (donc moralement certains) : « tous les hommes doivent mourir », « le plomb ne peut pas rester de lui-même suspendu en l'air », « le feu consume le bois et est éteint par l'eau » (phrase 2). La phrase suivante contraste « ces événements qui apparaissent conformes aux lois de la nature » (phrase 3) avec le miracle qui en est la violation (Hume insiste sur cette définition contrastive du miracle). Cette incompatibilité avec la nature est tellement définitoire du miracle que Hume la reformule : « Rien qui arrive dans le cours ordinaire de la nature n'est tenu pour un miracle » (phrase 4). Hume illustre alors cette incompatibilité au moyen de nouveaux exemples. Tout d'abord un contre-exemple : la mort subite d'un être apparemment bien-portant a beau être moins habituelle que la mort de personnes fragiles, elle n'en reste pas moins fréquente : ce n'est donc pas un miracle (phrase 5). Hume table ici sur le critère de la fréquence. Le miracle au contraire (Hume prend l'exemple d'un mort qui revient à la

37. *EEH*, X.I, § 3.

vie) sera caractérisé par la fréquence zéro : ce qui « ne s'est jamais vu en aucun pays à aucune époque » (phrase 6). On peut être surpris de cette fin de non-recevoir. Mais, encore une fois, Hume s'exprime en termes de conditions définitoires, ce que montre bien la formulation suivante : « Il faut donc qu'une expérience uniforme s'oppose à l'événement miraculeux, pour qu'il mérite ce nom » (phrase 7). Hume ne présuppose pas l'impossibilité rationnelle du miracle, mais son impossibilité naturelle, donc l'impossibilité d'inscrire le miracle dans une expérience, laquelle suppose un cours habituel, voire ferme et inaltérable. La conclusion de ce § 12 reprend, en l'accentuant, la première phrase. Hume repart de la notion d'« expérience uniforme », laquelle vaut comme « preuve » (dans nos raisonnements touchant les questions de fait) : il s'agit donc d'une « *preuve* directe et entière contre l'existence du miracle ». Fidèle à sa méthode d'évaluation des évidences, c'est la métrique du § 8 qui s'applique : il faudra « une preuve opposée d'une force supérieure » pour que le miracle devienne croyable (phrase 8). Notons que cette thèse n'est pas originale : elle se trouve déjà chez Thomas Sherlock dans son *Examen des témoignages de la résurrection de Jésus* (réédité plus d'une dizaine de fois) : « Lorsque la chose attestée est contraire à l'ordre de la nature et, au moins à première vue, impossible, quelle preuve pourra suffire à renverser le témoignage constant de la nature ? »[38]. Le conflit entre un témoignage et l'expérience commune faisait déjà l'objet des considérations de Locke dans l'*Essai* : « lorsque (…) les récits de l'histoire et les témoignages détonnent (*clash*) avec le cours ordinaire de la nature », il s'agira, pour former un jugement correct, de « proportionner l'assentiment aux divers degrés d'évidence et de probabilité [*to proportion the assent to the different evidence and probability*] »[39]. Locke recommande alors une « pesée délicate [*nicely weighing*] », là où Hume exclura toute évaluation probante.

Avant d'analyser la note qui complète ce § 12, risquons une remarque. Hume invoque l'« expérience ferme et inaltérable » en faveur de l'inviolabilité des lois de la nature, et donne de ces lois une expression modale (« tous les hommes *doivent* mourir » ; « le plomb *ne peut pas* rester de lui-même suspendu en l'air »). Cela peut sembler étrange quand on songe à toute l'énergie qu'il dépense par ailleurs pour réduire l'idée de pouvoir ou de connexion nécessaire, à l'impression ou au sentiment d'une transition

38. Th. Sherlock, *Tryal of the Witnesses of the Resurrection of Jesus*, London, 1728, p. 58.

39. J. Locke, *Essai*, *op. cit.*, IV.XVI.9.

coutumière de l'imagination[40]. Hume, on l'a vu, va jusqu'à nommer « expérience infaillible »[41], celle dont l'uniformité jamais démentie nous fait attendre avec le plus haut degré d'assurance des événements futurs conformes au passé. « Expérience infaillible » ? Oui, puisqu'une conjonction constante d'objets ou d'événements dans le passé va imposer naturellement l'inférence d'un événement à partir d'un autre, « après une longue suite d'expériences uniformes »[42]. Le long cours d'une expérience uniforme nous autorise à inférer un objet de tel autre qui l'accompagne ordinairement. C'est bien ce à quoi nous nous attendons par la force de l'habitude, et même si la justification rationnelle de la connexion causale fait toujours défaut, la force de l'habitude nous fournit une « *preuve* directe et entière contre l'existence du miracle ».

La note c va introduire plusieurs considérations que Hume a jusqu'ici passées sous silence. Reprenant la distinction entre miracle conforme à la nature (*secundum naturam*) et miracle extérieur à la nature (*extra naturam*)[43], Hume suggère qu'une guérison ou une mort subite, apparemment naturelles, deviennent miraculeuses dès lors qu'elles ont lieu au commandement d'une « personne se réclamant d'une autorité divine » (phrases 1 et 2). À moins d'une simple coïncidence entre le commandement et l'événement (phrase 3), il y aura bel et bien miracle, puisqu'il est contraire à la nature qu'une voix commande à la guérison ou à la mort (phrase 4). Hume redéfinit alors le miracle comme « *la transgression des lois de la nature par une volition particulière de la Divinité ou par l'intervention de quelque agent invisible* » (phrase 5). Hume conclut cette note en rappelant que la publicité du miracle ne lui est pas essentielle (phrase 6) et donne un exemple de lévitation non spectaculaire, qui transgresse néanmoins les lois de la nature.

§ 13 : la maxime générale

Hume conclut cette première partie en récapitulant le critère d'évaluation du témoignage en faveur de miracles. Il ne fait ici que reprendre les § 4, 8 et 12 dans une « maxime générale » : « nul témoignage ne suffit à établir un miracle, à moins que ce témoignage ne soit de telle sorte que sa fausseté serait plus miraculeuse que ne l'est le fait qu'il s'efforce d'établir ;

40. *EEH*, VII.II, § 30, p. 213.
41. *EEH*, X.I., § 4, p. 285.
42. *EEH*, VII.II, § 30, p. 215.
43. Rappelons que selon Thomas d'Aquin, « une chose est un miracle si elle se produit en dehors de l'ordre de toute la nature créée » (*Somme théologique*, I a, question 110, article 4).

et, même dans ce cas, il y a destruction réciproque des arguments et l'argument qui l'emporte ne nous donne qu'une assurance proportionnée au degré de force qui reste, soustraction faite du plus faible» (phrase 1). On reviendra sur la difficulté posée par cette soustraction. Le rejet de toute attestation de miracle est donc l'option par défaut, justifiée au § 12. Pour sortir de cette option, il faudra que la fausseté du témoignage soit plus miraculeuse que le fait rapporté. Mais on voit mal comment la fausseté d'un témoignage peut être miraculeuse (l'erreur ou la supercherie ne violent aucune loi de la nature). Hume va éclairer la maxime par un exemple: un récit de mort revenu à la vie. C'est alors la probabilité de l'erreur ou de la supercherie qui est comparée à celle du fait (phrase 2). Conformément aux indications du § 8, il faudra «peser un miracle contre l'autre» et rejeter le miracle plus grand, c'est-à-dire le fait le moins probable (phrases 3 et 4). Le piège se referme: il sera toujours aisé d'assigner une probabilité plus faible à un miracle qu'à un faux témoignage.

DEUXIÈME PARTIE
LE CRITÈRE À L'ŒUVRE

La première partie a construit le critère de recevabilité (ou plutôt d'irrecevabilité) de tout témoignage en faveur d'un miracle. La deuxième partie va appliquer ce critère à de nombreux cas de prétendus miracles. Hume les instruit avec attention, confirmant qu'il n'y a jamais eu de bonne raison (et qu'il n'y en aura jamais) de croire un témoignage de miracle. Hume conclura avec force ironie que la croyance au miracle ne peut être elle-même que miraculeuse, et que les motifs de crédibilité d'un miracle sont irrationnels.

§ 14 : Haro sur l'évidence des miracles

Hume commence par revenir sur la supposition, faite au § 11, d'une preuve entière en faveur du miracle. D'après la maxime générale du § 13, il faudrait alors, pour que ce témoignage soit accepté, que sa fausseté soit un miracle plus grand que le fait rapporté (phrase 1). Le but de Hume va être désormais d'éliminer ce cas de figure, sur la base d'exemples empruntés à l'histoire, en montrant «qu'il n'y a jamais eu d'événement miraculeux établi sur une évidence aussi forte» (phrase 2). C'est ce que les dix paragraphes suivants (15 à 24) vont exposer dans un long argumentaire illustré en 4 points (point 1 : § 15; point 2 : § 16 à 19; point 3 : § 20 à 23;

point 4: § 24) visant à détruire la crédibilité des récits miraculeux, prodigieux, ou surnaturels.

§ 15 : Quantité, qualité, publicité des témoignages

Le premier point est un point de fait: selon Hume, aucun miracle n'a jamais été suffisamment attesté, par des témoignages suffisamment insoupçonnables et suffisamment divulgués. D'emblée, Hume conteste que les circonstances qui auraient permis la détection de la supercherie aient jamais été réunies. On peut juger cette déclaration péremptoire (« on ne saurait trouver dans toute l'histoire un seul miracle… »). Hume va d'abord la justifier par des considérations générales (§ 16 à 24), avant de multiplier les enquêtes sur des cas (§ 25 à 38).

§ 16 : L'attrait du merveilleux

Le second point va mettre en jeu un principe de la nature humaine propre à discréditer toute espèce de prodige. Hume commence par rappeler la maxime qui doit guider notre assentiment à tout récit: sa plus grande conformité possible au cours ordinaire de l'expérience. Mais il livre une explication (que reprendra l'*Histoire naturelle de la religion*) de la facilité de notre assentiment aux miracles, en dépit de cette maxime: ils flattent notre «passion de *surprise* et d'*émerveillement*». Notre assentiment au prodige transgresse donc la maxime de crédibilité du témoignage, au profit de l'assouvissement de cette passion.

§ 17 à 19 : Le poids des passions

Les trois paragraphes suivants illustrent et complètent le précédent. Le § 17 ajoute à la passion du merveilleux la partialité de l'enthousiasme religieux[44]. Hume multiplie les hypothèses: soit l'enthousiaste s'aveugle

44. Hobbes (*Léviathan*, I, 8) définit l'enthousiasme comme une « opinion of inspiration » (se croire inspiré) communément appelée « Private Spirit » : on « s'admire soi-même comme étant spécialement en grâce auprès du Dieu Tout-Puissant, lequel nous aurait par son esprit révélé cette chose surnaturellement ». Hobbes dénie « l'enthousiasme » aux vrais prophètes : ils sont remplis par un esprit de sagesse, pas envahis ni possédés. Locke traite « De l'enthousiasme » dans un chapitre de l'*Essai* (IV.XIX). Il y définit la raison comme une révélation naturelle, dans laquelle « Dieu communique aux hommes cette portion de vérité qu'il a mise à la portée de leurs facultés naturelles ». La révélation, elle, n'est que la « raison augmentée par un nouveau fond de découvertes émanées immédiatement de Dieu, & dont la Raison établit la vérité par le témoignage et les preuves qu'elle emploie pour montrer qu'elles viennent effectivement de Dieu ». Et Locke de déclarer: « Celui qui proscrit la raison pour faire place à la

lui-même, soit il abuse sciemment de la confiance d'autrui. Hume décrit un phénomène d'emballement : la crédulité passionnée et l'impudence du témoin bien intentionné se renforcent mutuellement. Brièvement, le § 18 signale le rôle de l'éloquence dans la persuasion des miracles. Il contraste le bon usage de l'éloquence (Démosthène, Cicéron) avec celle du premier prédicateur venu, exploitant « les passions grossières et vulgaires » exposées au § 16. Le § 19 fait jouer à nouveau le ressort du « grand penchant des hommes à l'extraordinaire et au merveilleux ». Il invoque l'exemple de propagation de rumeurs infondées, auxquelles s'ajoute le plaisir d'être le premier à divulguer. Il signale qu'appliqué au miracle religieux, le phénomène perd toute mesure.

§ 20 : Une corrélation compromettante

Le troisième point, longuement développé (§ 20 à 23), porte sur la corrélation entre la faveur des récits surnaturels et le faible degré d'instruction chez les peuples qui les reçoivent. Hume prévient l'objection selon laquelle des peuples civilisés cautionnent aussi des miracles : il explique cette faiblesse par l'autorité qu'accordent ces peuples à leurs ancêtres « ignorants et barbares ». Hume attire l'attention sur la part décroissante (mais jamais nulle) du surnaturel dans l'histoire humaine, « à mesure que nous approchons davantage des âges éclairés ».

§ 21 : Question d'époque ?

C'est précisément l'objet de la boutade que Hume met dans la bouche d'un lecteur judicieux : « *il est étrange qu'il n'arrive jamais de pareils événements de nos jours* ». Il répète néanmoins que le tarissement des récits merveilleux ne doit pas nous faire oublier la propension invétérée au mensonge. Hume se prémunit ainsi contre l'objection d'une rémanence du merveilleux dans les siècles éclairés.

§ 22 et 23 : Exemples de manipulation

Les deux paragraphes suivants vont illustrer les précédents sur un exemple, qui sert de cas d'école. À la suite de Lucien, Hume démonte l'imposture d'un faux-prophète de l'Antiquité, en détaillant sa tactique de

Révélation, éteint ces deux flambeaux à la fois, & fait la même chose que s'il voulait persuader à un Homme de s'arracher les yeux pour mieux recevoir par le moyen d'un Télescope la lumière éloignée d'une étoile qu'il ne peut voir par le secours de ses yeux » (*Essai* IV.XIX, § 4, éd. cit., p. 1008).

manipulation : le choix d'une peuplade de bergers et chasseurs vivant dans les montagnes reculées chez qui il est difficile d'aller vérifier les témoignages, ce qui permet de propager l'imposture dans des populations plus évoluées etc. Hume, après avoir restitué sur un mode narratif les succès de l'imposteur, explique la postérité de l'imposture : l'ignorance du peuple est relayée par le penchant des hommes au merveilleux.

§ 24 : Le pluralisme religieux comme facteur de contradiction des témoignages

Hume expose la quatrième raison générale de diminuer l'autorité des récits rapportant des miracles: la contradiction des témoignages. Hume s'appuie sur le pluralisme, et le fait que, chaque miracle plaidant pour une religion, tout témoignage en faveur de l'une est en défaveur de tous les autres, de sorte que « non seulement le miracle détruit le crédit du témoignage » (selon le principe énoncé en X.I § 12) mais « le témoignage se détruit de lui-même » (puisqu'il est « contrarié par une infinité de témoignages opposés »). Là où Leibniz se montrait conciliant (les religions sont vraies en ce qu'elles affirment, fausses en ce qu'elles nient), Hume exploite le pluralisme religieux pour détruire la crédibilité des miracles. Il revendique la force de ce raisonnement qu'il compare expressément à celui d'un juge qui annule la recevabilité de témoins qui font des dépositions contradictoires.

§ 25 (et suivants) : Raisonnements a fortiori sur des cas d'espèces

Hume, quittant les raisons générales qu'il a alléguées, va raisonner sur plusieurs cas. Le § 25 propose un premier raisonnement *a fortiori* : si « l'un des miracles les mieux attestés de l'histoire profane » (la guérison d'un aveugle et d'un boiteux par l'empereur Vespasien à Alexandrie, rapportée par Tacite) se révèle « une fraude aussi grossière et palpable » (Hume se contente de l'affirmer), alors il sera aisé de discréditer tout témoignage humain en faveur de miracle. Hume insiste sur les motifs de crédibilité des témoins, soulignant avec Tacite que ces témoins n'avaient plus rien à gagner à un mensonge. Le miracle satisfait ici les critères de quantité, qualité, publicité des témoignages énoncés plus haut (§ 15), et pourtant il est invalidé…

§ 26 : L'argument de l'impossibilité

Hume surenchérit avec un autre exemple : « un miracle d'une nature si singulière qu'on voit mal comment il aurait pu être contrefait », mais qu'il tient néanmoins pour une « pieuse fraude ». Hume admet les conclusions du cardinal de Retz, qui rapporte ce prétendu miracle : la détection de la fraude et la récusation des témoignages est impossible… et pourtant il est certain que le miracle est faux. L'impossibilité intrinsèque a raison d'une attestation publique unanime. Autrement dit, Hume travaille, avec ses exemples, à montrer que les critères de recevabilité du témoignage échouent à emporter la conviction du sage, même quand ces critères sont satisfaits.

§ 27 : L'affaire Pâris

Selon David Wootton[45], la cible principale de Hume est ici Antoine Arnauld, qui soutiendra dans *La Logique ou l'art de penser* que la qualité d'un témoignage peut l'emporter sur l'improbabilité intrinsèque de l'événement qu'il relate, ce qui peut, le cas échéant, justifier notre acceptation d'un miracle. Du coup, Hume va évoquer longuement des miracles revendiqués par le parti Janséniste. Beau joueur, Hume insiste sur la réunion des circonstances favorables à la recevabilité des témoignages (la quantité, la qualité, la probité de témoins comme Pascal, Racine, Arnauld, Nicole, l'incapacité des adversaires « de les réfuter vraiment et d'en déceler la fausseté »). Hume documente ces circonstances dans une longue note où il recense plusieurs écrits de Montgeron sur les miracles opérés par l'intercession de l'Abbé Pâris, incluant un miracle dont aurait bénéficié la nièce de Pascal. Hume va jusqu'à concéder que « s'il y avait eu une fraude, elle

45. D. Wootton, « Hume's "Of Miracles" : Probability and Irreligion », *in* M. A. Stewart (ed.), *Studies in the Philosophy of the Scottish Enlightenment*, Oxford, OUP, 1990, p. 191-229. La *Logique de Port-Royal* paraît en 1662 et devient pour longtemps un best-seller. « Pour juger de la vérité d'un événement, y lit-on, & me déterminer à le croire ou à ne le pas croire, il ne le faut pas considérer nuement & en lui-même comme on ferait une proposition de Géométrie ; mais il faut prendre garde à toutes les circonstances qui l'accompagnent tant intérieures [celles qui appartiennent au fait même] qu'extérieures [celles qui regardent les personnes par le témoignage desquelles nous sommes portés à le croire] » (*Logique de Port-Royal,* IV.XII, Paris, chez Charles Savreux, 1668, p. 451). Arnauld et Nicole invitent à examiner les témoignages « par leurs circonstances particulières, & par la fidélité & la lumière des témoins qui les rapportent » (*ibid.*, IV, chap. XIII, 458). Bien entendu, Arnauld et Nicole revendiquent la transsubstantiation (*ibid.*, chap. XI, p. 448).

n'aurait pu manquer d'être détectée »[46]. Mais Hume se contente d'une fin de non-recevoir. À ces récits insoupçonnables, il oppose simplement « l'impossibilité absolue ou la nature miraculeuse des événements ». Dès cette recension, Hume suggère que les miracles de l'Évangile sont attestés par « Dieu lui-même, lorsqu'il conduisit la main des écrivains inspirés »[47], alors que les miracles liés à Port-Royal n'ont pour eux que des témoignages humains. Aussi respectables qu'en soient les témoins, ils se trompent ou ils trompent.

§ 28-31 : Bilan provisoire

Après ces trois cas d'école, Hume récapitule son raisonnement (§ 28) mais invoque cette fois à nouveau l'argument du § 24 (la contradiction des témoignages) et non plus celui de l'impossibilité intrinsèque. Il compare cette contradiction à celle d'historiens déclarant chacun de leur côté la victoire de leur champion (ce qui n'est visiblement pas le cas dans l'exemple développé au § 27). Au § 29, Hume reprend le cours de ses considérations générales sur les passions, les intérêts, les penchants de la nature humaine à embrasser une illusion ou entretenir de bonne foi un pieux mensonge. « Le sage n'accorde qu'une foi sceptique » répond ainsi au principe du § 4 : « le sage proportionne sa croyance … ». Le § 30 reprend, en l'abrégeant, le § 20 sur le penchant naturel au merveilleux, et dénonce avec l'autorité de Lucrèce l'emballement de la populace pour la superstition. Au § 31, délibérément, Hume privilégie cette explication généalogique de la croyance au miracle sur l'hypothèse alternative d'une « violation miraculeuse des lois les mieux établies de la nature ».

§ 32 à 34 : Démasquage difficile

Hume revient sur « la difficulté qu'on trouve à démasquer la falsification » : difficulté dont les cours de justice elles-mêmes ne viennent pas à bout (§ 32). Hume esquisse le scénario de la réussite d'une imposture : à ses débuts elle est tellement grossière qu'elle ne mérite pas d'être démasquée. Mais une fois qu'elle a pris de l'importance, l'investigation est compromise par la disparition des documents et des premiers témoins (§ 33), et l'investigation du témoignage de ceux qui la propagent échappe au vulgaire (§ 34).

46. *EEH*, X.II, note e, p. 321.
47. *Ibid.*, p. 317.

§ 35 : Récapitulation

Hume pense donc être en mesure de confirmer l'annonce du début de la deuxième partie (§ 14) en affirmant «qu'aucun témoignage en faveur d'aucune sorte de miracle n'a jamais atteint le niveau d'une probabilité, encore moins d'une preuve». Les éditions antérieures à 1768 portaient carrément: «aucun témoignage en faveur d'aucune sorte de miracle ne pourra jamais atteindre (*can ever amount*)... ». Mais Hume n'a pas baissé la garde comme le confirme la fin du paragraphe, où il reprendra la forme modale («ne peut avoir assez de force»). À l'appui de ce résultat dirimant, Hume rappelle son principe d'évaluation mis au point dans les § 3 à 5 de la première partie: le primat de l'expérience qui seule «donne autorité au témoignage humain» mais aussi «nous instruit des lois de la nature». Bien sûr l'autorité du témoignage humain sera toujours estimée plus fragile que la régularité des lois de la nature (*cf.* le proverbe du § 9 je ne croirais pas ce fait même si Caton...). Si on se reporte à la maxime générale du § 13 : «nul témoignage ne suffit à établir un miracle, à moins que ce témoignage ne soit de telle sorte que sa fausseté serait plus miraculeuse que ne l'est le fait qu'il s'efforce d'établir», on constate que Hume a tout mis en œuvre pour montrer que la fausseté d'un témoignage n'est jamais plus miraculeuse que ne l'est le fait qu'il s'efforce d'établir. Bien plus: que la fausseté de ces témoignages est quasi naturelle et s'explique de mille façons. Inutile de remettre en cause le cours habituel de la nature. Revenons sur la distorsion entre le début («aucun témoignage ... n'a jamais atteint le niveau d'une probabilité») et la fin de ce § 35 : «aucun témoignage ne peut avoir assez de force». Incapacité de fait ou impossibilité de principe? Hume va éclaircir ce point.

§ 36 : Une concession tactique

Par manière de concession, Hume va accorder la possibilité de principe d'une preuve de miracle par le témoignage humain. Cela ressemble d'abord à une contradiction. Après avoir dit au paragraphe précédent: «aucun témoignage humain ne peut avoir assez de force pour prouver un miracle», comment défendre: «des miracles sont susceptibles d'être prouvés par un témoignage humain» ? Comme il n'y en a pas d'exemple, Hume est contraint à une pure spéculation. Il va faire l'hypothèse d'une plongée de toute la planète dans huit jours d'obscurité totale, unanimement attestée par tous ses habitants («pourvu que ce témoignage soit très étendu et très uniforme»). Alors que conteste Hume? C'est qu'un miracle puisse être «assez prouvé pour devenir le fondement ("la base solide" disait le

§ 35) d'un système de religion ». Or le miracle ici imaginé est une violation du cours habituel de la nature que Hume estime, somme toute, possible, mais uniquement à titre de catastrophe naturelle, et non à titre d'intervention surnaturelle. Nous retrouvons ici l'ambivalence savamment entretenue par Hume dans sa double définition du miracle (voir *supra* § 12), selon que la violation des lois de la nature implique ou non une intervention surnaturelle. Hume accepte ici la possibilité d'un témoignage humain du miracle, à condition qu'il n'ait pas de contenu religieux !

§ 37 : Contre-épreuve de la résurrection imaginaire d'Elizabeth I

Par contraste avec la possibilité d'un tel miracle, Hume imagine la mort largement constatée et la réapparition un mois plus tard de la reine Elizabeth d'Angleterre. Cette fois encore, Hume fait valoir qu'une « violation aussi patente des lois de la nature » est irrecevable, et qu'il est préférable d'expliquer cette situation par « la fourberie et la folie des hommes ».

§ 38 : « Défense à Dieu de faire miracle en ce lieu »

Hume poursuit la réflexion, et interroge l'enrôlement d'un tel miracle dans un nouveau système de religion. Autrement dit, l'attribution du miracle à un Être tout-puissant est-celle susceptible de donner du crédit au témoignage humain en sa faveur ? Pour Hume il n'en est rien. L'argument utilisé par Hume est circulaire : nous ne pouvons connaître les actions de cet Être que par l'expérience du cours habituel de la nature. Si l'on suit ce raisonnement, on retire évidemment à l'Être tout-puissant sa toute-puissance, puisqu'il ne saurait altérer le cours des événements auquel il nous a habitués. Hume n'insiste pas et préfère revenir sur la comparaison entre « les cas de violation de la vérité dans les témoignages humains avec les cas de violation des lois de la nature par les miracles ». Quels sont les plus vraisemblables, donc les plus probables ?

§ 39 : L'autorité de Bacon

Hume se couvre alors de l'autorité de Bacon, pour se défier de tout phénomène extraordinaire « qui dépendrait en quelque degré de la religion » et semblerait inventé pour satisfaire l'appétit humain de surnaturel. En somme, Hume dénonce l'instrumentalisation religieuse des prodiges naturels, plus qu'il ne démontre l'impossibilité du miracle religieux (il n'y a pas de contradiction dans la violation occasionnelle par Dieu des lois de la nature qu'il a lui-même instituées, mais, on l'aura remarqué, Dieu est singulièrement absent de cette enquête sur les miracles !). Il est alors grand temps pour Hume de conclure section.

§ 40 : Virage pascalien

La conclusion qui occupe les deux derniers paragraphes propose un retournement digne du dénouement des *Dialogues sur la religion naturelle*, lorsque Philon se rallie modérément au théisme de Cléanthe qu'il a jusqu'alors combattu. Hume va ici ériger son scepticisme en matière de miracle religieux comme un rempart contre les « dangereux amis (...) ennemis déguisés de la religion chrétienne ». Le ton que prend Hume est surprenant : « Notre très sainte religion est fondée sur la *foi* et non sur la raison » ! Ton pascalien en l'occurrence[48]. Dénouement postiche ? C'est probable. Très ironiquement, Hume revendique une défense de la religion chrétienne qui récuse tout motif humain de crédibilité. À l'appui de cette démarche, Hume propose un rapide examen des miracles relatés dans le *Pentateuque*. En appliquant « les mesures de probabilité » établies au § 13, il suggère que la fausseté du Pentateuque ne serait pas « une chose plus miraculeuse et plus extraordinaire que ne le sont tous les miracles qu'il relate ». Nous devons donc pencher du côté le plus probable : celui de l'affabulation superstitieuse, du penchant à la supercherie et de l'attrait pour le surnaturel. Si nous considérons ce livre « non comme la parole ou le témoignage de Dieu lui-même, mais comme la production d'un écrivain et d'un historien purement humain », nous n'avons alors aucune raison de lui accorder crédit. N'est-il pas piquant de voir Hume adopter un fondamentalisme biblique aussi radical ?

§ 41 : Déméa avait raison ?

Subtilement, Hume étend son raisonnement au cas des prophéties. On peut dire que la prophétie est un vrai miracle puisque la prédiction d'événements futurs complexes ou improbables surpasse les forces de la nature humaine (la prophétie est donc une violation du cours ordinaire de la nature). Les prophéties, si elles sont vraies, seront donc « la preuve d'une mission divine ou d'une autorité céleste ». Dans la mesure où la figure centrale du christianisme fait l'objet de prophéties (les évangiles

48. Voir par exemple *Pensées*, 418 (« c'est en manquant de sens qu'ils [les chrétiens] ne manquent pas de sens ») ou 588 : « La foi est un don de Dieu. Ne croyez pas que nous disions que c'est un don de raisonnement » (Pascal, *Pensées*, dans *Œuvres Complètes*, éd. L. Lafuma, Paris, Seuil, 1963, p. 550 et p. 583).

mentionnent souvent des paroles du *Pentateuque* ou d'Isaïe censées préfigurer la venue du Messie), Hume peut conclure que non seulement la religion chrétienne est tributaire de miracles, mais « à ce jour encore aucune personne raisonnable ne saurait la croire sans l'appui d'un miracle ». On remarquera ici encore le ton pascalien : « je ne serais pas chrétien sans les miracles, dit saint Augustin »[49]. Hume conclut que la foi consiste en une subversion de tous les principes de l'entendement, qui détermine le croyant à « croire à ce qu'il y a de plus contraire à l'habitude et à l'expérience ». Le paradoxe, c'est que le pourfendeur des miracles devient le chantre d'une foi elle-même miraculeuse. Comme si, cette fois, c'est Déméa qui avait raison contre Cléanthe et Philon !

Remarques finales

On a dépensé beaucoup d'énergie à rectifier, à compléter voire à réfuter les allégations de Hume. On s'est interrogé sur la signification de cette section : quel intérêt y a-t-il à échafauder des maximes sur la recevabilité de témoignages en faveur de miracles, définis comme des violations du cours de la nature, s'il est présupposé que le cours uniforme de la nature est inviolable ? Dès son vivant, Hume a essuyé les critiques plus ou moins amicales de philosophes ou savants qui se sont penchés avec précision sur la question de la probabilité (et de la véracité) des témoignages.

John Earman a consacré à la section *Des miracles* un ouvrage très sévère intitulé *L'échec lamentable de Hume : l'argument contre les miracles*[50]. Notons qu'Earman, parfaitement agnostique, ne cherche nullement à réhabiliter la plausibilité du témoignage humain en faveur de miracles. Mais il déplore qu'il y ait eu « beaucoup trop de génuflexions devant l'autel humien » : l'argument contre les miracles, loin d'être original et efficace, est selon lui dépourvu de mérite et, lorsqu'il est original, il trahit « un appauvrissement dans le traitement du raisonnement inductif ». Il signale des sources intéressantes, comme *A Calculation of the Credibility of Human Testimony* (publié d'abord anonymement en 1699 dans *les Philosophical Transactions* et repris dans *The Works of the Right Reverend Father in God*, George Hooper, D. D., late bishop of Bath and Wells en 1757), les *Theologiae Christianae Principia Mathematica* de John Craig, publiés à Londres en 1699, les *Six Discourses on the Miracles of Our*

49. *Pensées*, 169, éd. cit., p. 523.
50. *Hume's Abject Failure, The Argument Against Miracles*, Oxford, OUP, 2000.

Savior (1727-29) de Thomas Woolston, puis le traité de George Campbell de 1762 que nous avons déjà cité. Hume rendra visite à Richard Price, collaborateur de Bayes (*An Essay towards solving a Problem in the Doctrine of Chance*, 1763) et auteur d'une Dissertation « On the Importance of Christianity and the Nature of Historical Evidence, and Miracles » (1768). Lors d'une conversation avec Price, Hume reconnaîtra « cordialement » le défaut de tel argument[51]. Entre autres défauts, Price dénonce la définition du miracle comme contraire à l'expérience (ce qui rend *a priori* incrédible tout témoignage en sa faveur). « Un miracle, corrige-t-il, est plus proprement un événement qui diffère de l'expérience, plutôt qu'un événement qui lui serait contraire »[52]. Or, nous l'avons vu, Hume est au fait de cette nuance qu'il applique lui-même à Locke et à Butler (voir ci-dessus, au commentaire du § 10). Mais il cesse d'en tenir compte quand il s'agit de tordre le cou à la crédibilité des miracles. Ce qui confirme la tonalité polémique de l'essai humien. Pourtant l'erreur fondamentale, pour Price, se trouve ailleurs. C'est d'opposer les considérations sur la probabilité intrinsèque d'un événement avec les estimations sur la véracité d'un témoignage, alors qu'elles sont liées. Price prend l'exemple d'un journal, réputé se tromper 1 fois sur 3, qui relaterait 9 faits extraordinaires (chacun d'une probabilité très inférieure à 1/3). Il faudrait, selon Hume, n'accorder crédit à aucune de ces news[53], alors qu'il semble juste d'admettre 6 de ces faits… Hume ignore donc (délibérément?) les probabilités conditionnelles théorisées par Bayes et Price (par exemple, la probabilité que telle nouvelle soit vraie, étant donné qu'elle figure dans un journal peu fiable). Enfin, affirmer avec Hume qu'aucun témoignage ne doit produire notre assentiment, à moins que l'improbabilité de sa fausseté ne soit supérieure à celle de l'événement qu'il relate, c'est aussi oublier « le degré d'improbabilité qu'on trouvera contre presque tous les faits les plus communs, indépendamment du témoignage en leur faveur »[54].

Il est donc assez facile de mettre en défaut l'argumentation humienne sur une évaluation rigoureuse de la probabilité des témoignages. Mais tel n'était peut-être pas l'objectif principal de Hume. Ce qui lui importe le plus, c'est de mettre à jour les mécanismes ordinaires de la croyance, la généalogie des superstitions, la « mauvaise foi » des fidèles les plus honnêtes. Hume ne discute pas sérieusement la probabilité du témoignage

51. J. Earman, *Hume's Abject Failure…*, Oxford, OUP, 2000, n. 41, p. 82.
52. Cité par J. Earman, *ibid.*, p. 161.
53. Cité par J. Earman, *ibid.*, p. 163.
54. Cité par J. Earman, *ibid.*, p. 162.

en faveur du miracle : il se contente de rappeler qu'aucune parole humaine en faveur d'un événement miraculeux ne fait le poids, face à la probabilité de l'imposture, à la complaisance dans le merveilleux, à l'emballement des passions, à la paresse intellectuelle.

La conclusion de la dernière section de l'*Enquête* énoncera un jugement plus modéré sur la part respective de la foi et de la raison en matière de choses divines ou de théologie. Du bout des lèvres, Hume reconnaîtra à la raison un rôle fondateur, pour autant qu'il s'agisse de prouver l'existence de Dieu et l'immortalité de l'âme, et pourvu qu'alors elle s'appuie sur l'expérience. Or l'expérience est fâchée avec les miracles. C'est pourquoi, ajoutera Hume dans un dénouement parallèle à celui de notre section, « son meilleur et plus solide fondement se trouve dans la foi et la révélation divine »[55]. La conclusion de l'*Enquête* préconise de jeter au feu tout ce qui ne contient ni raisonnements abstraits sur la quantité ou le nombre, ni raisonnements expérimentaux sur des questions de fait et d'existence. C'est le cas des témoignages en faveur de miracles, dont on ne peut jamais inférer que ce qu'ils rapportent est probable. Les témoignages de miracle peuvent donc rejoindre le parodique autodafé qui conclut l'*Enquête*. Dans cette ordalie par le feu, Dieu reconnaîtra les siens ! C'en est fait de toute religion naturelle. Tel est le résultat de cette section X : la religion est surnaturelle, ou elle n'est qu'infâme superstition.

55. *EEH*, XII.III, § 35, p. 413.

PHILIPPE SALTEL

UN PREMIER « DIALOGUE SUR LA RELIGION NATURELLE » (SECTION XI)

Dans la première édition des *Essais philosophiques sur l'entendement humain* (1748), la onzième section portait comme titre « Des conséquences pratiques de la religion naturelle », titre auquel l'édition suivante (1750) substitue « D'une providence particulière et d'un état futur ». Il est bien question, dans ce chapitre, de la « religion naturelle » (ou « théologie naturelle »), c'est-à-dire d'un système d'arguments visant à établir l'existence et la nature de Dieu sur la base des principes fondamentaux du raisonnement, de la « raison naturelle ». Cette approche de la question de la divinité ne se soumet donc pas à l'autorité de textes sacrés ou à celle d'interprètes autorisés et elle entend s'écarter, de même, des affirmations fondées sur les sentiments ou les opinions, c'est-à-dire sur la croyance, puisqu'une théologie rationnelle entend prouver une fois pour toutes ce qu'elle avance, selon la sentence de Malebranche :

> L'évidence, l'intelligence est préférable à la foi. Car la foi passera, mais l'intelligence subsistera éternellement [1].

Les « conséquences pratiques » de cette *religion des savants* sont effectivement traitées dans ce chapitre, évoquées dès son début (il s'agit de savoir « jusqu'où de telles questions concernent l'intérêt public » [2]) et

1. N. Malebranche, *Traité de Morale*, I, II, § 11, éd. J.-P. Osier, Paris, GF-Flammarion, 1995, p. 76.
2. *EEH*, XI, § 9, p. 345.

rappelées à sa fin (il s'agit alors de mesurer les effets moraux et politiques de la crainte de Dieu, d'une part, de la tolérance, d'autre part)[3]. Néanmoins, ces effets supposés ou discutés dépendent directement de thèses sur les attributs de la divinité, et ce sont elles qui sont analysées : l'idée de « providence particulière », l'idée d'un « état futur ». L'enjeu d'établir les « conséquences pratiques » impliquées par ces thèses philosophiques contient donc celui d'une évaluation de leur consistance théorique, signalée par le nouveau titre.

Ce titre désigne tout d'abord l'une des deux formes de providence divine : appliquée à l'ensemble de l'univers, la providence *générale* est constituée par les lois mêmes de la nature issues de la sagesse divine[4], tandis que la providence *particulière* ne concerne que l'intervention du ou des dieu(x) dans les affaires de ces êtres particuliers que sont les humains, réputés libres de leurs actions ; elle implique une prévoyance de ces actions, mais aussi des faveurs ou des défaveurs sanctionnant ici-bas certaines d'entre elles et orientant, *in fine*, l'histoire humaine. C'est ainsi que le terme est employé comme synonyme de la divinité, aussi bien quand l'on constate que « la providence a bien prévu les choses » par tel arrangement naturel (providence générale) ou quand l'on remercie « la providence » de l'évitement d'un mal ou de l'obtention d'un bien. Mais le gouvernement de l'histoire n'empêche pas les hommes d'agir bien ou mal : d'où l'idée d'un « état futur » dans lequel serait corrigée l'injustice apparente des réussites et des échecs par la justice parfaite d'une magistrature suprême[5]. Telles

3. *EEH*, XI, § 28-29, p. 371-372.

4. Hume en donne une définition à l'occasion d'une remarque sur le principe politique de « droit divin » dans l'essai *Du contrat primitif :* « Que la Divinité soit l'instituteur ultime de tout gouvernement, nul ne le niera qui reconnaît une providence générale et qui pose que tous les événements de l'univers relèvent d'un plan uniforme et sont gouvernés selon de sages fins » (et donc telle ou telle souveraineté est issue de l'exercice de la puissance divine, ni plus ni moins que toute autre chose de ce monde), voir *EMPL*, II, XII, trad. fr. *E&T*, t. 2, p. 209.

5. Dans le *Traité de la nature et de la grâce*, Malebranche présente l'exemple de deux hommes, dont l'un a l'intention d'aller à l'Opéra exciter des passions qui le perdront, et l'autre entendre un prédicateur et recevoir ainsi la grâce de la conversion ; la pluie survient et les empêche l'un et l'autre de sortir de chez eux, « Cependant on peut dire que c'est une grâce, à l'égard de celui dont elle empêche la perte, et que c'est une punition à l'égard de celui dont elle empêche la conversion » (« Deuxième discours », deuxième partie, § 41, éd. G. Dreyfus, Paris, Vrin, 1958, p. 228-229). L'idée d'une justice *à venir* est fort bien représentée par la notion kantienne de *postulat de la raison pratique*, selon lequel « (...) la morale n'est pas à vrai dire la doctrine qui enseigne comment nous devons nous rendre heureux, mais comment nous devons devenir *dignes* du bonheur. Ce n'est que quand la religion s'y ajoute qu'apparaît l'espoir de participer un jour au bonheur dans la mesure où nous avons eu soin de n'en être pas indignes » (*Critique de la raison pratique*, I, II, 2, éd. J. Gibelin, Paris, Vrin, 1974, p. 143).

sont les deux thèses examinées dans cette section de l'*Enquête*, non comme des articles de foi mais comme les éléments les plus influents sur la conduite d'une théorie philosophique plus large, la « religion naturelle ». Or « religion naturelle » peut s'entendre en plusieurs sens, selon que le raisonnement qui conclut à l'existence d'un être divin se fait sans recours à l'expérience (il est dit alors *a priori*) ou se tire de l'expérience même (il est alors *a posteriori*) [6]. Le premier type d'argumentation conduit de la nécessité générale d'une cause pour tout effet à la nécessité particulière d'une cause première pour la série des causes : on trouve cette preuve de l'existence de Dieu, que Kant nomme « cosmologique » chez Leibniz et, dans le monde anglo-saxon, chez Samuel Clarke [7]; le second argument remonte par inférence de l'ordre et de l'arrangement du monde, pris comme effet, à l'idée d'une intelligence suprême à l'œuvre; sous le nom de « théisme expérimental », cet argument est largement répandu; on le trouve chez Newton comme sous la plume des philosophes et dans les sermons des théologiens qui l'utilisent pour contrer l'athéisme [8]. Hume lui-même, dans l'introduction de son *Histoire naturelle de la religion* (1757) paraît

6. C'est dans les *Dialogues sur la religion naturelle* (nous savons par une lettre de 1751 que Hume y travaille au moins depuis cette date) que l'on trouve la distinction de ces deux types de raisonnements, représentés respectivement par Déméa (pour l'argument *a priori*) et Cléanthe.

7. *A Demonstration of the Being and attributes of God* (1705).

8. Ainsi Newton écrit-il, dans les *Queries* qui concluent son *Traité d'Optique :* « Et d'où vient-il que le soleil et les planètes gravitent les uns vers les autres sans qu'il y ait de la matière dense entre eux ? D'où vient-il que la nature ne fait rien en vain, et d'où proviennent tout cet ordre et toute cette beauté que nous voyons dans le monde ? (...) Et ces choses étant dûment considérées, n'apparaît-il pas des phénomènes qu'il y a un Être incorporel, vivant, intelligent, omniprésent qui dans l'espace infini, comme si c'était son *sensorium*, voit intimement les choses elles-mêmes et les perçoit parfaitement et les comprend entièrement par leur présence immédiate à lui-même ? » (*Opticks*, Qu. 28 [4th ed., 1730], New York, Dover Publications, 1952, p. 369-370 [notre traduction]). On trouve l'argument dans la *Demonstration* de Samuel Clarke (*op. cit.*), les deux ouvrages de William Derham (1657-1735), *Physico-Theology* (1713) et *Astro-Theology* (1714) ou encore chez un autre contributeur aux *Boyle Lectures*, Richard Bentley (1662-1742) qui donne comme quatrième et dernier argument de sa *Confutation of Atheism* (sermons de 1692) la thèse suivante : « Nous avons clairement découvert de nombreuses causes finales, de nombreuses caractéristiques de sagesse et d'arrangement dans la structure du monde inanimé, aussi bien que dans le système organique des corps des animaux. De tout cela se tire un nouvel argument invincible : que la présente organisation du monde n'a pas existé de toute éternité. Puisqu'une telle utilité des choses, une telle adaptation des moyens aux fins ne procède pas de la nécessité de leur être et ne peut leur advenir par hasard, elle induit nécessairement qu'un être intelligent en a été l'auteur et l'artisan » (« Huitième sermon », 5 décembre 1692, *A Confutation of Atheism*, London, C. Crownfield, 1724, p. 340 [notre traduction]).

admettre cette cosmogonie : « L'entier agencement de la nature annonce un auteur intelligent (...) » [9], et dans les dernières pages des *Dialogues*, il fait accepter par le personnage Philon « (...) *que la cause ou les causes de l'ordre dans l'univers présentent probablement quelque lointaine analogie avec l'intelligence humaine* » [10]. Notre chapitre traite de cette version de la religion naturelle et n'en discute pas l'inférence première : c'est que la vraie difficulté tient à la détermination de la *nature* de Dieu, quand bien même est admise, supposée établie voire révélée son *existence* [11]. Cette difficulté, Hume la prend donc en charge en s'appuyant sur l'analyse du raisonnement de causalité et en adoptant une forme philosophique qui distingue cette section XI de toutes les autres.

Il choisit en effet de traiter son sujet en mettant en scène un dialogue avec un ami « qui adore les paradoxes sceptiques ». À la lecture de la suite du chapitre, aucun lecteur ne pourra être trompé, puisque les arguments développés y sont les conséquences des doutes et solutions sceptiques sur les opérations de l'entendement. Toutefois cette rupture stylistique est à maints égards significative. Le dialogue est certes une forme traditionnelle d'exposition philosophique; son avantage principal est d'opposer clairement les arguments qui plaident pour l'un ou l'autre côté d'une alternative donnée; en cela, il est particulièrement adapté aux questions religieuses, dans la mesure de leurs difficultés propres et des intérêts en jeu. Quand une seule voix traite de telles questions, elle peut éluder les objections que le dialogue *philosophique* doit, quant à lui, bien développer, s'il se présente comme un dialogue véritable entre options distinctes (et non comme la répartition entre personnages des parties d'une même thèse), ce qui par ailleurs est le seul moyen pour lui d'intéresser et d'être pris au sérieux. Il est donc un moyen privilégié de traitement serein de questions qui divisent ordinairement les hommes en partis irréconciliables entre eux, ainsi que le montrent l'expérience historique à grande échelle mais aussi, en plusieurs époques ou tel ou tel pays, les obstacles de tout genre rencontrés par les auteurs hétérodoxes ou réputés tels (dont David Hume en son temps). Le premier de ces dialogues philosophiques sur la religion est le *De natura deorum* de Cicéron, qui inspire manifestement la forme des *Dialogues sur la religion naturelle*; de facture plus simple, la section XI de

9. *HNR*, p. 39.

10. *DRN*, XII, p. 349.

11. *Ibid.*, « Pamphile à Hermippe » [prologue], p. 73 « Mais, quand on traite de cette évidente et importante vérité, quelles obscures questions surgissent touchant la *nature* de cet Être divin, ses attributs, ses décrets, le plan de sa providence ! ».

l'*Enquête* peut être rapprochée du § 106 de la *Continuation des pensées diverses écrites à un Docteur de Sorbonne à l'occasion de la Comète qui parut au mois de décembre 1680* : Bayle y fait s'adresser « aux Stoïciens » ce que les disciples de l'épicurien Straton [de Lampsaque] « pouvaient leur dire » [12]. Nous reconnaissons là le dispositif fictionnel, l'opposition de deux thèses, et bien entendu les positions épicurienne et stoïcienne qui sont confrontées dans notre texte. Il reste que dans ce « premier dialogue sur la religion naturelle », Hume tire déjà tous les avantages que cette forme lui assure : effacement de l'auteur, déplacement du contexte, modification de la situation du lecteur devenu spectateur d'une controverse et non plus juge des thèses humiennes [13].

LE PROLOGUE (§ 1-8)

L'auteur de l'*Enquête* se présente donc, au début de cette section, comme le narrateur d'un récit, celui d'une conversation récente ici rapportée. Un premier échange de propos avait alors permis de donner à la conversation son objet et son cadre, c'est-à-dire d'installer, d'une part, le problème philosophique traité dans la suite du texte et d'autre part la scène fictionnelle qui est ici enchâssée dans la conversation : un plaidoyer d'Épicure devant les citoyens d'Athènes. Tel est le dispositif malicieux par lequel Hume conduit son lecteur jusqu'au moment où il passe la parole à un autre, qui relève aussitôt le défi d'en faire parler un troisième. Ce procédé lui permet d'écrire de sa main ce qui, pourtant, ne peut lui être imputé; il endosse même le rôle de l'interlocuteur neutre, voire de l'objecteur éventuel de ce qui sera par après soutenu – ce qui atteste l'intention d'un *vrai* dialogue philosophique avec mise à l'épreuve des propositions. Cela dit, le dispositif peut être interprété sans grand risque d'erreur comme l'un des moyens disponibles pour faire connaître avec une certaine délicatesse de telles propositions sans risquer la relégation au titre de la « libre pensée », les poursuites devant les tribunaux ou la censure; les protestations de fidéisme [14] ou de théisme limité à l'évidence de la preuve

12. P. Bayle, *Continuation des pensées diverses...*, § 106, Rotterdam, Reinier Leers, 1705, p. 502-512.

13. *Cf.* l'introduction que donne M. Malherbe à son édition des *Dialogues sur la religion naturelle*, voir *DRN*, p. 25-33.

14. *EEH*, X.II, § 41, p. 337.

expérimentale [15] sont probablement des préventions comparables. Quelle est donc la position de Hume ? Nous ne pouvons ignorer que le *Traité de la nature humaine* lui a valu plusieurs critiques sévères, en dépit de ce qu'il dit de sa réception dans sa brève autobiographie [16]. Sans évoquer le ou les pamphlet(s) de William Wishart qui susciteront comme réponse la *Lettre d'un gentilhomme à son ami d'Edimbourg* [17], Hume se plaint dans une lettre du 4 août 1744 de « l'accusation d'hérésie, de déisme, de scepticisme, d'athéisme, etc., etc. (...). Mais ce qui me surprit extrêmement a été de découvrir que cette accusation était soutenue par l'autorité prétendue de M. Hutcheson et même de M. Leechman (...) » [18]. Cela dit, rien ne permet d'attribuer à Hume un athéisme strict, les critiques acérées contre les faiblesses des arguments de la théologie naturelle et les analyses des formes populaires de « fausse religion » laissant une part non réfutée, sans doute non réfutable et finalement minimale, celle d'une possibilité d'explication cosmogonique sans autre appui qu'une analogie et sans conséquence pratique. De l'origine de toutes choses, rien ne peut être dit avec certitude et les hypothèses spéculatives, quelles qu'elles soient, restent des pensées limitées et pauvres, faute de base suffisante, qu'elles soient favorables ou contraires à ce qui n'est qu'une hypothèse spéculative parmi tant d'autres possibles. Le scepticisme de Hume est certainement radical à l'égard de tout dogmatisme, et ce n'est que dans la mesure où il se retourne contre le dogmatisme sceptique lui-même – le *pyrrhonisme* – qu'on peut le dire « mitigé ».

Le prologue nous conduit donc par étapes au long exposé qui occupe la plus grande partie du chapitre : l'auteur, narrateur et protagoniste du dialogue fait l'éloge de la liberté laissée à la philosophie dans la société grecque ancienne ; seuls le bannissement de Protagoras et le procès de

15. *HNR*, « Introduction », § 1, p. 39 ; *DRN*, XII, p. 349.

16. Hume écrit en effet, dans l'essai intitulé *My own life* (« Ma vie ») que le *Traité* « (...) tomba *mort-né des presses*, sans même l'honneur d'un murmure chez les zélotes » (*EMPL*, I, I, trad. fr. *E&T*, t. 1, p. 57).

17. *Lettre d'un gentilhomme à son ami d'Édimbourg, contenant quelques observations à propos d'un échantillon des principes sur la religion et la morale réputés soutenus dans un livre récemment publié sous le titre* Traité de la nature humaine, *etc.*, trad. fr. D. Deleule, Paris, Les Belles Lettres, 1977.

18. *Letters of David Hume*, Letter 24 : To William Mure of Caldwell, 4 août 1744, 2 vol., London, OUP, 1932, vol. 1, p. 57-58 (notre traduction). Francis Hutcheson, auteur des *Recherches sur l'origine de nos idées de la beauté et de la vertu* (1725, trad.fr. A.-D. Balmès, Paris, Vrin, 1991), théoricien empiriste du sens moral à la suite de Shaftesbury, a eu pour disciples Adam Smith, contemporain et ami de Hume, et William Leechman, clerc et théologien très populaire (le destinataire de la lettre, W. Mure, est un ancien élève de Leechman).

Socrate pourraient en effet faire exception à la tolérance accordée à toutes les thèses philosophiques, au point que l'on trouve même, selon le témoignage de Lucien, au moins un épicurien admis à des fonctions sacerdotales et le fait d'une dotation de subsides impériaux aux philosophes. Ce tableau est rapidement opposé à celui de l'époque moderne qui fait subir à l'exercice de la pensée philosophique l'adversité d'une « jalousie bigote ». Hume charge l'interlocuteur de préciser la nature réelle de la « bigoterie opiniâtre » : elle n'est pas la superstition même, l'une des deux formes de « fausse religion » analysée dans un essai publié en 1741 (« Superstition et enthousiasme »)[19] : la superstition est issue de « (...) la faiblesse, la crainte et la mélancolie, jointes à l'ignorance »[20]. Ce n'est pas cette forme de religion populaire, ainsi ramenée à ses causes psychologiques, qui fait barrage à la liberté de propositions théoriques : c'est plutôt le soutien que lui apportent certains auteurs en produisant « (...) une philosophie abstruse qui semble n'avoir servi que d'abri à la superstition et de refuge à l'absurdité et à l'erreur »[21]. Notre texte renvoie donc au début de l'ouvrage en présentant l'image d'une alliance contre-nature entre les affects tristes et faibles de la superstition et l'habileté architectonique et argumentaire de ceux qui seront nommés plus bas les « philosophes religieux ». Le lecteur du *Traité* peut ici se souvenir de la conclusion du livre I, dans laquelle l'auteur trouve dans le combat contre la superstition un motif supplémentaire de poursuivre son œuvre. Dans ce texte fameux, en effet, Hume attribue à la superstition la capacité de « (...) s'emparer plus vigoureusement de l'esprit », d'être « capable de nous troubler dans la conduite de notre vie et de nos actions »[22] et ainsi de placer facilement la philosophie sous son joug, comme il l'explique dans l'*Histoire naturelle de la religion*[23]. Ainsi le dogmatisme moderne est-il distingué de la religion des anciens, définie comme une mythologie adoptée par tradition, quand la religion des modernes prétend non plus *raconter* l'origine mais *expliquer* sur cette base la finalité de toute chose et, par suite, la convenance ou la disconvenance de toute action avec ladite orientation finale : une

19. *EMPL*, I, X, trad. fr. *E&T*, t. 1, p. 133-139.

20. *Ibid.*, trad. fr. *E&T*, t. 1, p. 133.

21. *EEH*, I, § 17, p. 55.

22. *TNH*, I. IV. 7, § 13, p. 365.

23. La philosophie peut s'incorporer aisément à un théisme populaire, puis en accepter les dogmes subséquents, « [M]ais comme il est sûr que toutes ces apparences se révéleront trompeuses, la philosophie se retrouvera bientôt sous le joug qui la lie à son nouvel associé » (*HNR*, XI, p. 78).

métaphysique plus ambitieuse et une portée pratique de plus grande envergure résultent de cette alliance nouvelle.

À ce point du texte, aucun problème n'est encore présenté, les protagonistes s'accordant sur le constat de cette différence des mondes ancien et moderne, une fois ajoutée cette précision. C'est en déplaçant le regard vers les gouvernants que le narrateur pose, sous forme d'objection, la question : une certaine philosophie contraire n'est-elle donc pas néfaste pour la moralité, comme on pourrait le penser de l'épicurisme qui nie « l'existence divine et par là la providence et un état futur » (§ 4) ? C'est à partir de ce problème de « conséquences pratiques » que trois déplacements stratégiques conduisent à l'exposé principal que nous allons lire. Tout ce qui précède – l'évocation de la tranquillité des philosophes anciens, et particulièrement des épicuriens si hétérodoxes, la nature de l'inimitié moderne issue d'une hybridation de philosophie et d'extravagance religieuse – permet d'établir que seules des passions violentes peuvent s'opposer de la sorte à la liberté philosophique ; par conséquent, une défense rationnelle et argumentée de cette liberté est possible ; telle est d'ailleurs la suggestion faite et l'interlocuteur peut relever ce défi : il fait alors soutenir par Épicure l'innocence de ses thèses contre les spéculations théologiques de ses adversaires (les stoïciens). Ainsi est constitué le stratagème qui permet à l'auteur de s'absenter de la scène tout en adressant ses critiques sceptiques au théisme le plus en vue en son temps, dit « expérimental ».

Harangue d'Épicure
Le principe de proportionnalité (§ 9-23)

Le problème de l'inférence théologique (*§ 9-11*)

C'est donc sous l'apparence d'un jeu (puisqu'il a été dit que jamais, sauf exceptions individuelles[24], la philosophie n'avait été inquiétée à Athènes) que l'ami du narrateur défend l'innocence de la théorie épicurienne face à l'accusation de nuire aux intérêts de la société politique ; mais la question est plus générale : à quelle condition un tel procès serait-il (est-il aujourd'hui) possible ? Il y faut une certaine déviation du débat public, qui vient mêler les options théoriques sur les questions religieuses

24. Rappelons que Protagoras a été banni pour avoir prétendu que l'homme, et non les dieux, était la mesure de toute chose et que Socrate a été accusé de ne pas avoir respecté les dieux *et* de corrompre la jeunesse.

aux délibérations sur le bien commun et il y faut donc l'influence d'un certain parti qui entend lier les normes de la conduite à une certaine conception de la divinité. Ce sont de telles spéculations qui sont *in fine* en cause : dans le contexte historique où l'auteur nous place par son procédé, les thèses des « philosophes religieux », les stoïciens dont la physique place le monde sous l'autorité d'une âme intelligente du monde conçu comme un corps, ainsi qu'en témoignent les quatre causes que Cléanthe assigne à notre conception de la divinité (la prédictibilité de l'avenir, la générosité de la nature, les événements exceptionnels et la régularité du déplacement des astres, le tout comparable à la bonne disposition d'une demeure)[25]. Le stoïcisme offre ainsi l'exemple ancien d'une rationalité de la religion, susceptible de subsumer toutes les religions connues en inférant des caractéristiques du monde observé l'existence d'une cause de nature divine. Le même type d'argument est repris, au long de l'histoire des idées, et très certainement dans les conversations du public cultivé des XVIIe et XVIIIe siècles, mais encore tout particulièrement chez nombre de savants, philosophes ou théologiens, à savoir notamment (et *mutatis mutandis*) Newton (dans le Scolie général des *Principia mathematica*), Malebranche (*Recherche de la vérité*, II, IV, 3), Berkeley (*The Principles of Human Knowledge*, I, 57), ou encore dans les ouvrages de George Cheyne (*Philosophical Principles of Religion: natural and revealed*, 1736) et Joseph Butler (*The Analogy of Religion Natural and Revealed to the constitution and Course of Nature*, 1736). Sous le déguisement d'un Épicure parlant des stoïciens, c'est bien David Hume qui se place en face du théisme moderne, à partir du principe *a posteriori* de ce théisme : l'arrangement du monde permettant d'inférer l'existence d'un auteur intelligent, ne pouvant s'ensuivre d'un arrangement fortuit d'atomes.

L'exposé n'a pas pour objet la comparaison des deux cosmogonies ou même la critique de cet argument « du dessein », bien que l'orateur, après s'être abstenu de l'évaluer (§ 9), le mette sur le même pied que toute autre conjecture (§ 18) avant de juger qu'à son incertitude on doive ajouter sa stérilité (§ 23). Il n'y a donc pas ici d'attaque frontale d'un argument auquel on donne couramment plus d'importance qu'il n'en a, en réalité semblable à celle d'hypothèses concurrentes, telles que le hasard (thèse épicurienne) ou la force originelle dont pourrait être dotée la matière (thèse stratonicienne). Toutefois, le caractère propre du théisme discuté est d'être « expérimental », c'est-à-dire de trouver dans l'expérience, dans la réalité donnée,

25. Cicéron, *De natura deorum*, II, 13, trad. fr. C. Auvray-Assayas, Paris, Les Belles Lettres, 2002, p. 63-64.

l'indice de sa cause, en l'occurrence, d'*inférer* de l'ordre de la nature l'intelligence comme cause et de supposer sur cette base l'agentivité d'une telle intelligence capable d'une telle production, âme de ce corps qu'est le cosmos, dans le stoïcisme de Cléanthe, ou divinité transcendante dans les cosmogonies modernes. S'il en est ainsi, le raisonnement est bien inférentiel et relève de l'analyse des relations de cause à effet et de la mesure philosophique de leur portée. L'examen qui nous est alors proposé porte donc sur la détermination stricte de ce qu'autorise ou n'autorise pas, en ce domaine spéculatif, l'hypothèse d'une telle cause pour de tels effets. Or, au-delà de l'inférence de l'existence d'un principe divin, rien ne peut être dit qui ne concerne sa *nature* et ne se donne, par conséquent, comme théologie : est-elle possible sur la base expérimentale qui est, pour la religion naturelle, le fondement de son hypothèse ? C'est ici toute la question.

Proportionnalité de la cause à l'effet (*§ 12-16*)

Le premier principe qui est opposé au théisme expérimental vise toute extension de l'hypothèse d'un « grand horloger »[26], en l'occurrence les thèses complémentaires d'une providence poursuivant son action bienveillante dans le monde et sanctionnant, après la vie terrestre, les actions humaines. Ces suppositions transgressent en effet la première des « règles qu'il faut suivre dans l'étude de la physique » (*Regulae philosophandi*) de Newton :

Règle I – Il ne faut admettre de causes, que celles qui sont nécessaires à expliquer les Phénomènes[27].

Pour Newton en effet, « la nature ne fait rien en vain » et ajouterait des causes inutiles si elle ne se contentait des causes nécessaires à la production des effets. Hume ne s'appuie pas sur une régularité naturelle ; c'est, pour

26. La comparaison du Créateur à un horloger et de la Création à un mécanisme subtil est fréquente : nous la trouvons par exemple sous la plume de Clarke, dans sa première *Réponse* à Leibniz. Au début du mois de novembre 1715, Leibniz avait en effet critiqué « Monsieur Newton et ses sectateurs » : « Selon eux, Dieu a besoin de remonter de temps en temps sa montre. Autrement elle cesserait d'agir ». Clarke répond peu après que « L'idée du monde comme une grande machine, fonctionnant sans l'interposition de Dieu, de même qu'une horloge continue à fonctionner sans l'assistance de l'horloger, est l'idée du matérialisme et du fatalisme, et (sous prétexte de considérer Dieu comme une Intelligence supramondaine) elle tend à rejeter hors du monde la Providence et le Gouvernement divin » (*Correspondance Leibniz-Clarke*, éd. A. Robinet, Paris, P.U.F., 1957, p. 23 et p. 31 [notre traduction]).

27. *Principes mathématiques de la philosophie naturelle*, III, trad. fr. É. du Châtelet, 2 t., Paris, Dessaint et Saillant et Lambert, 1756-1759, t. 2, p. 2.

lui, une règle épistémique qui interdit d'inférer des causes sans rapport avec l'effet d'où l'inférence première a été tirée : la cause doit ainsi être proportionnée à l'effet[28]. Cette règle générale, illustrée par deux exemples (le poids soulevé par un poids nécessairement supérieur, les conjectures limitées que l'on peut tirer d'un tableau de Zeuxis) vaut pour toute inférence causale ; appliquée à l'hypothèse d'un ou plusieurs agent(s) divin(s), elle interdit l'attribution de propriétés au-delà de celles qui sont nécessaires, au degré proportionné, à l'explication de l'univers par un acte producteur. Après avoir malicieusement suggéré qu'un tel dépassement pourrait remplir la fonction de compenser les faiblesses de l'hypothèse d'origine, il distingue deux niveaux d'exagération (§ 10) : le premier est de supposer d'autres attributs que ceux qui sont susceptibles d'expliquer l'effet – ainsi de la possibilité d'intervention providentielle –, le second est d'enrichir l'hypothèse d'explication par l'imagination d'autres mondes que celui qui est connu, en d'autres lieux ou d'autres temps – paradis perdu, horizon d'un au-delà, tribunal ultérieur – qui enrichiraient le monde supposé créé de marges intemporelles à conséquence morale, le « dessein » du meilleur des artisans s'inscrivant dans un projet de rédemption. Il faudrait limiter l'hypothèse créationniste à un « degré précis de pouvoir, d'intelligence et de bienveillance » (§ 14) proportionné au monde tel qu'il est : mais une religion naturelle ne s'en tient pas à cette cosmogonie mesurée ; elle offre bien d'autres hypothèses sur la nature et les intentions divines, des hypothèses qui sont donc « sans raison » (ainsi elle ne peut constituer une théologie rationnelle) mais ne sont pas sans causes.

Comme on le sait, l'empirisme de Hume produit une science sceptique des causes et nous conduit à remonter, autant que l'observation le permet, jusqu'aux « principes de la nature humaine ». Ce programme philosophique, présenté et mis en œuvre dans le *Traité de la nature humaine*, est ici appliqué aux exagérations du théisme expérimental. Des causes psychologiques peuvent ainsi être placées à l'origine de ce qui paraît alors « humain, trop humain ». La conjecture religieuse, estimée plus loin comme une

28. Ainsi, le principe de proportionnalité doit être entendu de façon stricte, dès lors que la cause est inférée à partir de l'effet : on ne saurait lui attribuer plus que ce qui suffit à produire cet effet. Selon l'usage scolastique, Descartes pensait qu'un effet était *éminemment* dans sa cause (pouvant donc contenir *plus encore* que le nécessaire : voir le § 17 de la troisième des *Méditations métaphysiques*). Mais Hume oppose plutôt sa conception de la proportionnalité de la cause à l'exception que son cousin Henry Home (Lord Kames, 1696-1782) accorde à la métaphysique pour inférer l'existence d'une Cause divine du monde dotée d'un pouvoir permanent (*Essays on the Principles of Morality and Natural Religion*, 1715).

« méthode particulière » parmi d'autres, déjà évoquées[29], paraît s'accompagner toujours des amplifications ici remarquées. Par la voix d'Épicure, le phénomène est rapporté à un affect du même genre que celui de Pygmalion (« vous devenez ensuite si épris de cette créature de votre cerveau », § 15), un affect qui incite le théiste à faire déborder de perfections la divinité supposée, au mépris de la nature imaginaire de ce travail et des imperfections du monde réel. En d'autres termes, c'est une certaine *disposition* et une *ignorance* coupable qui s'allient pour produire les idées par lesquelles le théisme dépasse les limites de sa conjecture première. On ne peut que remarquer à quel point cette explication s'inscrit sous la définition de l'enthousiasme dans l'essai *Superstition et enthousiasme* :

> L'espoir, la suffisance, la présomption, une imagination échauffée, jointes à l'ignorance, sont les vraies sources de l'*enthousiasme*[30].

C'est la raison pour laquelle les spéculations philosophiques qui dépassent la seule hypothèse d'un principe divin sont comparées aux mythes des poètes (Hésiode, Ovide et, pour Hume, sans doute les premières pages de la Genèse), fictions innocentes, et pourquoi elles sont déclarées indignes de philosophes : la religion naturelle n'est pas qu'une cosmogonie ; elle s'augmente, malheureusement, d'une mythologie.

Proportionnalité de l'effet à la cause (*§ 17-18*)

L'attribution de qualités suprêmes à la nature divine (bienveillance continuée, accomplissement final de l'intention) doit nécessairement s'affranchir d'une objection, celle du mal dans le monde, qu'il s'agisse du mal naturel (imperfection de la nature, injustice des inégalités naturelles) ou du mal humain (« vice » dans le vocabulaire de Hume, « faute » ou « péché » dans un lexique religieux). L'idée d'un agent parfait – à qui ne manque aucune perfection – et le constat des « apparences négatives de la nature » (§ 17) disconviennent évidemment. Toute théodicée admet cette disproportion qui sépare l'idée spéculative des faits manifestes ; elle s'entend à réduire cette fracture. Il s'agit donc pour elle 1) de rendre raison de l'imperfection de la création, 2) de relever le défi d'une injustice distributive, 3) de soutenir l'idée d'une compensation ultérieure des efforts ou de la méchanceté des hommes, considérée comme le moyen de les conduire à la vertu plutôt qu'au vice. Tâches fort difficiles, s'il en est.

29. Elles sont bien plus largement développées dans les sixième, septième et huitième parties des *Dialogues sur la religion naturelle* (*DRN*, p. 193-239).

30. *EMPL*, I, X, trad. fr. *E&T*, I, p. 134.

En effet, les imperfections du monde s'opposent directement à l'idée que le théisme se fait des attributs divins, puisqu'elles ne reflètent ni l'infinie puissance ni la bienveillance absolue qui sont supposées. On a attribué[31] aux épicuriens un argument dévastateur auquel Hume fait allusion dans les termes d'une puissance et d'une bienveillance limitées « de Jupiter » (§ 17). Selon cet argument, Dieu a pu vouloir empêcher le mal, mais ne pas le pouvoir, ou le pouvoir et ne pas le vouloir, ou encore ne le vouloir ni le pouvoir, ou enfin le vouloir et le pouvoir (cas dans lequel le constat du mal dans le monde et les attributs divins sont antagoniques, de sorte qu'il faut alors rejeter la spéculation au profit de l'observation)[32]. C'est donc ce défi que les maux subis ou produits par les créatures posent à toute théologie de la perfection divine. Il suscite différentes propositions de solution : il est en effet possible de limiter le pouvoir divin ; il est également possible de subordonner un attribut divin, par exemple la bonté, à un autre, par exemple la sagesse. Hume fait allusion à ces deux seules possibilités. Le caractère revêche de la matière à laquelle la divinité donne autant de forme qu'elle le peut instaure un dualisme que l'on retrouve dans le *Timée* de Platon et l'on peut considérer le zoroastrisme comme une variante religieuse opposant deux agents aux visées contraires ; la contrainte d'une loi générale, celle de la compossibilité des créatures (Leibniz) ou celle de la simplicité des lois (Malebranche) représente ici les théodicées modernes. De telles stratégies peuvent toutefois être jugées secondaires, puisqu'elles ne sont que la conséquence de l'erreur première, l'attribution à la cause de propriétés « surérogatoires » (en un sens ici élargi : excédant non ce qui peut être attendu mais ce qui peut être inféré) : c'est donc la désobéissance à la règle de proportionnalité de la cause qui est à l'origine de telles théories. Il en est donné une formulation « humienne » que l'on peut résumer comme suit : le présent ne fait règle ni pour le passé, ni pour l'avenir (ni pour postuler une bienveillance originelle et continuée, ni pour supposer une finalité à l'œuvre vers sa victoire) ; en considérant les effets, on ne peut les trouver accordés à la cause que l'on a posée. L'inférence d'une cause suprasensible, dotée de pouvoirs requis pour créer l'univers ne peut être exclue de la liste des spéculations possibles sur un tel sujet : à ce titre elle

31. Sextus Empiricus, *Esquisses pyrrhoniennes*, III, III, 9-12, trad. fr. P. Pellegrin, « Points », Paris, Seuil, 1997, p. 363-365.

32. Nous présentons la substance d'un passage de Lactance présentant cet argument pour le contrer : « Deus, inquit [Épicure], aut uult tollere mala et non potest, aut potest et non uult, aut neque uult neque potest, aut et uult et potest » (*De Ira Dei*, XII, XX, trad. fr. C. Ingremeau, *La Colère de Dieu*, Paris, Cerf, 1982, p. 159).

peut être rangée aux côtés d'hypothèses concurrentes, athéistes par conséquent. C'est une conjecture parmi d'autres, et si la particularité de cette méthode de raisonnement est susceptible d'examen (ce qui sera produit plus loin, et de façon plus détaillée encore dans les *Dialogues*), elle peut être concédée. Le principe de proportion fait obstacle à ses prolongements : pris en eux-mêmes, ils ne peuvent être que le produit d'une transgression ; rapportés aux faits, c'est-à-dire aux phénomènes sensibles, ils sont détrompés.

Disproportion de la théorie religieuse aux besoins de la vie morale (§ 19-23)

C'est à la complication de cette théologie plus imaginaire que rationnelle, et donc bien peu « naturelle » au sens auquel elle prétend, que Hume oppose, par la voix de son personnage, la simplicité de la doctrine épicurienne : l'idée de dieux indifférents aux événements mondains et à la partie jouée par l'activité humaine restreint la curiosité aux faits physiques, objets de la science, et aux faits moraux, objets d'une éthique. Ce sont ces derniers qui constituent le sujet d'un exposé doctrinal qui, pour être attribué à Épicure, correspond étroitement à la philosophie morale de Hume (Livre III du *Traité* et *Enquête sur les principes de la morale*). Les actions, rappelons-le, y sont considérées comme les signes d'états motivationnels attribués aux personnes en tant que traits de leur caractère : d'où la substitution des termes de « vertu » et de « vice » aux notions morales déontologiques. Mais il y a plus : par la voix qui parle pour le philosophe du jardin, l'auteur oppose aux sanctions divines providentielles ou dernières la récompense concrète, la sanction immanente de l'une ou l'autre tendances à l'œuvre dans l'activité. Ainsi en est-il de la paix, l'amitié (joie principale), de la tranquillité ou du bonheur lui-même – en un mot épicurien, des plaisirs élevés que procure l'exercice de la vertu. Et de même que le mérite se trouve reconnu par l'estime d'autrui et la satisfaction de soi, suffisants pour l'attrait du bien, de même la conduite peut-elle être guidée par la connaissance que produit la coutume, « grand guide de la vie humaine »[33]. La thèse est donc claire : le sage épicurien, « l'homme de mérite » de Hume n'ont pas besoin de l'assurance de la sagesse divine et de la promesse d'une justice ultérieure pour avoir confiance en ce qu'ils font.

33. *EEH*, V.I, § 6, p. 139.

Certes, le contraire de ce qui est inféré des événements passés, et notamment de la conduite générale des hommes, est toujours possible. Mais une possibilité n'est pas une inférence (que l'on pense à l'affirmation fameuse que « le soleil ne se lèvera pas demain ») et la différence vient de ce que l'inférence, appuyée sur la répétition des conjonctions constatées, est raisonnable; elle est même l'action d'une raison expérimentale, de la raison appliquée à l'empirie, alors que la simple possibilité, appuyée seulement sur l'absence de contradiction, ne trouve pas sa confirmation dans les faits. C'est la raison pour laquelle elle est un produit de l'imagination – les idées, tirées des impressions, peuvent bien s'associer ainsi, puisque l'imagination est libre par définition, mais aucune conjonction d'événements ne vient servir l'hypothèse. Il en va ainsi de l'idée d'un monde suprasensible que préparerait l'existence terrestre, alors comparée à un portique (allusion aux stoïciens, § 21).

Une brève réfutation précède enfin la récapitulation finale de ce grand exposé. Elle porte sur la question de la justice *distributive*, c'est-à-dire, selon la distinction d'Aristote, sur la juste répartition par une autorité (ici, l'autorité divine) des avantages, des charges, des récompenses et des punitions entre les individus, selon leur mérite [34]. L'orateur, s'adressant maintenant à ses adversaires, présente les trois hypothèses de réponse, exclusives les unes des autres, qui signent en chaque cas l'échec des idées spéculatives discutées. Voilà, en quelque sorte, une nouvelle version du paradoxe attribué aux épicuriens, bien que ce ne soit pas la présence du mal mais le soutien apporté au bien qui fasse l'objet de l'alternative. La doctrine de la vertu qui vient d'être présentée en est l'appui. De fait, l'exercice de bonnes dispositions s'accompagne d'une récompense « ici-bas », qui ne relève pas d'un magistrat transcendant mais bien de l'immanence des sentiments de plaisir et de peine. Cette réponse clôt déjà la question sans interdire la polémique. Si l'on prétend (comme Pascal) [35] en effet qu'aucune véritable justice n'est manifestée en cette vie, alors il faut faire le postulat transgressif d'une autre forme de justice, *imaginer* d'autres formes de sanction. Si l'on juge (comme Joseph Butler) que l'expérience fournit des signes d'une certaine justice divine, encore partielle ou inachevée, rien ne permet encore l'attribution d'un complément

34. Aristote, *Éthique à Nicomaque*, V, 6, 1131a 23-27, trad. fr. J. Tricot, Paris, Vrin 1983, p. 228.

35. Hume a lu Pascal. Il critique les principes moraux du philosophe janséniste dans le *Dialogue* qui clôt l'*Enquête sur les principes de la morale* (trad. fr. P. Baranger et P. Saltel, Paris, GF-Flammarion, 1991, p. 251-273).

suprasensible. La cause est entendue par l'absence de preuves d'une intervention présente ou à venir de la justice divine en faveur de l'amélioration morale des hommes.

Ouverte par une adresse à l'auditoire, la récapitulation qui suit offre l'aspect d'une péroraison : la référence à l'expérience doit servir de règle en toutes circonstances de discussion, et les limites de l'entendement doivent toujours être strictement respectées, ce qui impose une contrainte forte du raisonnement expérimental sur un théisme qui s'en revendique[36].

REPRISE DU DIALOGUE : RÉPONSES AUX OBJECTIONS (§ 24-30)

On aurait tort d'interpréter la construction de ce dialogue en attribuant au narrateur la seule fonction de faire-valoir des arguments placés dans la voix de son interlocuteur, et par son intermédiaire, dans le discours imaginaire d'Épicure. Le procédé lui a, certes, permis d'avancer des raisons contre des thèses fort soutenues et largement répandues dans le public, des raisons qu'il ne lui oppose pas frontalement. Cela dit, le lecteur du *Traité* comme celui des *Dialogues* à venir a appris à connaître l'honnêteté philosophique de l'auteur, attaché à présenter des objections *réelles*; s'il y répond (ou y fait répondre) sérieusement, il les tient le plus souvent comme des objections qui ont aussi, au moins jusqu'à un certain point, leur pertinence. De plus, cela lui permet de brouiller quelque peu les pistes et de proposer un véritable dialogue philosophique, l'adoption de cette forme n'ayant pas qu'un objectif de variété dans les genres d'expression : il s'agit bien d'un débat d'idées, et la pensée de Hume n'est pas représentée par un seul des protagonistes[37]. Ainsi peut-on lire avec confiance la présentation

36. La règle est générale, et une comparaison peut être faite entre les hypothèses religieuses qui ont été discutées, inutiles à la moralité et dépourvues de fondement expérimental, et la fiction d'un contrat politique originel, au sujet de laquelle Hume écrit, dans l'essai *Du contrat primitif*: « [Mais] outre que cela suppose que le consentement des pères lie leurs enfants jusqu'à la postérité la plus éloignée (ce dont les auteurs républicains ne conviendront jamais), outre cela, dis-je, ni l'histoire ni l'expérience, en aucun temps, dans aucun pays du monde, ne justifient cette hypothèse » (*EMPL*, II, XII, trad. fr. *E&T*, t. 2, p. 213).

37. C'est également ce qu'il fait dans les *Dialogues,* comme l'explique Michel Malherbe dans son introduction à l'ouvrage, soulignant l'influence des recommandations de Shaftesbury, très favorable à la forme du dialogue philosophique sous condition d'en respecter les principes fondamentaux, dans les *Caractéristiques de l'homme, des manières, des opinions et des époques* (1711), cf. *DRN*, « Introduction », p. 26-28 et p. 40.

d'objections qui ne sont pas ici tronquées, même si l'on peut trouver, ici ou là, une allusion à leur point de fragilité. Elles sont deux : la première s'appuie sur l'inférence causale ordinaire pour en autoriser l'extension ; la seconde soutient l'idée d'une utilité morale de l'hypothèse d'un guide et juge suprême des actions humaines. Elles offrent l'occasion d'exposer des arguments complémentaires qui seront plus amplement développés dans les *Dialogues sur la religion naturelle.*

Les limites de l'analogie (*§ 24-27*)

L'argument principal, précédemment développé, a soutenu que les règles de l'inférence causale n'autorisaient pas l'extension de la religion naturelle au-delà de son hypothèse cosmogonique. Mais justement, dans notre pratique ordinaire d'explication des phénomènes, n'allons-nous pas jusqu'à supposer bien plus que ce qu'ils montrent ? Les deux exemples proposés présentent en effet une structure semblable à celle des raisonnements sur les attributs moraux de Dieu. Ainsi de la conclusion d'une empreinte de pied à la supposition d'une autre, non visible parce qu'elle aurait été effacée : il en irait de même pour qui conclurait de la prodigalité originelle manifestée par l'arrangement du monde à sa continuation sous forme de bienveillance toujours à l'œuvre ; ainsi encore, d'un bâtiment inachevé qui suggère non seulement la présence d'un architecte mais encore l'existence d'un projet d'achèvement : l'histoire collective et individuelle ne promet-elle pas, par ses progrès eux-mêmes, un aboutissement qui révèle son sens et pour ainsi dire sa morale ? Car nous ne pouvons appréhender les phénomènes sans dépasser la seule information qu'ils nous livrent : telle est la tendance de l'esprit humain. Pourquoi ne pas nous y fier pour le cas général puisqu'elle n'est jamais contredite dans les cas particuliers ?

La réponse apportée à cette première objection tirée de l'analyse de l'inférence causale ordinaire consiste en une critique développée de l'analogie projective qui va des actions humaines à l'activité supposée d'une intelligence divine dotée d'attributs moraux. Pourquoi donc ne pas faire d'analogie entre les premières et la seconde ? La raison la plus forte est dans la différence des effets qui servent de base à l'inférence : dans un cas, celui de l'action humaine, nous supposons la même cause à partir d'effets semblables ; dans l'autre cas, celui de l'action divine, nous n'avons sous les yeux qu'un seul effet, le monde lui-même, de sorte que la deuxième règle de Newton ne peut s'appliquer faute d'autres effets susceptibles de lui être associés.

Règle II– Les effets du même genre doivent être rapportés, autant qu'il est possible, à la même cause[38].

On peut bien attribuer une cause à un effet unique : mais cela ne sera jamais qu'une conjecture, et non une loi aussi solide que la répétition de la même conjonction permet d'inférer et de consolider en une connaissance acquise par l'expérience. Quant à l'attribution d'une même cause à des effets que l'on prétend « du même genre » parce qu'ils manifesteraient une même intention à l'œuvre (comme les états successifs d'une construction), elle se heurte à l'absence de tels effets dans l'expérience, ces effets moraux que Hume désigne non sans une certaine ironie, un peu plus loin, dans les termes « [d']un plus grand bien » ou « [d'] une justice plus impartiale » (§ 26). On ne peut donc rien rapporter à la cause que ce qui a conduit à l'inférer dans des conditions qui ne lui permettent pas de valoir plus qu'une conjecture spéculative.

À ce point intervient un argument qui s'inscrit dans la stratégie globale du chapitre – examen de l'effet, examen de la cause supposée dudit effet : à l'unicité de l'effet, qui n'autorise pas d'autre inférence que conjecturale, répond l'unicité de la cause. Si nous pouvons, à partir de la conduite ordinaire des hommes, prévoir celle de l'un ou plusieurs d'entre eux, nous ne saurions construire un raisonnement semblable pour une individualité sans pareille : la comparaison est sans raison et trouve une censure que l'on pourrait rapprocher de certains scolies de la Partie I de l'*Éthique* de Spinoza et bien sûr de son Appendice, comme nous y invite l'image de la disproportion entre le soleil et une bougie de cire chez Hume, qui évoque celle du chien « animal aboyant » et du chien « constellation céleste », homonymes sans rapport comme le sont l'entendement et la volonté selon qu'ils sont considérés dans l'essence de Dieu ou dans celle des humains[39]. Par suite, dans ce passage au tour spinozien, la conclusion que l'échelle des valeurs humaines ne peut servir de mesure des perfections (ou imperfections) divines interdit d'évaluer toute intervention supposée du divin

38. I. Newton, *Principes mathématiques*, III, *op. cit.*, t. 2, p. 2.

39. B. Spinoza, *Éthique*, I.XVII, sc. § 4, trad. fr. P.-F. Moreau, Paris, P.U.F., 2020, p. 127. Si une note du *Traité* (I. IV. 5 § 22 n. ; trad. fr. p. 337) nous assure que Hume connaît les quelques pages (critiques) que Bayle consacre à Spinoza dans son *Dictionnaire*, nous n'avons guère d'autres certitudes : seule la traduction anglaise (anonyme) du *Traité théologico-politique*, en 1689, permet de penser que l'ouvrage a pu être lu par Hume, notamment les pages sur l'imagination des Prophètes et la représentation de Dieu « comme un régulateur et un législateur, un roi, alors que tous ces attributs appartiennent à la nature humaine seulement et doivent être entièrement écartées de Dieu » (*Traité théologico-politique*, IV, trad. fr. Ch. Appuhn, Paris, Flammarion, 1965, p. 92).

dans l'histoire des hommes, puisque de Dieu, hors l'hypothèse à concéder parmi d'autres, nous ne savons au bout du compte *rien*.

Les arguments de l'unicité de la cause et de l'unicité de l'effet viennent donc en complément de celui de la proportionnalité entre l'une et l'autre, seule règle d'inférence applicable dans ce cas qui échappe à l'ordinaire du savoir construit par expérience – et donc à la science. Ainsi auront été distinguées, au fil de l'ouvrage, les relations d'idées, les relations de fait, les conjectures qu'elles n'empêchent pas et les hypothèses qu'elles ne peuvent autoriser – celles que Newton, dans la quatrième des *Regulae philosophandi*, nomme « les hypothèses contraires »[40]. En assignant à ces dernières une cause, la philosophie qui en fait la critique présente sa propre puissance d'explication, proposée à une controverse scientifique et donc à l'objection des faits. Or, c'est un fait que les représentations de la divinité sont anthropomorphiques dès lors que lui sont attribués des sentiments, pensées, intentions sur la base d'une analogie entre les œuvres de l'art humain et celles de la nature. En lieu et place d'un fondement des pratiques théoriques des hommes, fondement qui les légitimerait (ne seraient-elles constitutives que d'un monde *pour nous*), Hume en recherche l'origine plus prosaïque. Il en est ainsi du mécanisme de la pensée par causes ou des freins que l'habitude oppose aux motifs de rébellion politique. Ici, la tendance à la projection politique ne peut être rapportée qu'à la liberté de l'imagination, ou plus exactement de la fantaisie (*fancy*) que l'on peut distinguer de l'imagination réglée par les principes d'association entre les idées. Dans la section II de l'*Enquête*, l'idée de Dieu est d'ailleurs donnée comme exemple d'idée très éloignée de son origine, à savoir de la perception que nous avons de notre vie psychique :

> L'idée de Dieu, comme d'un Être infiniment intelligent, sage et bon, naît de la réflexion que nous faisons sur les opérations de notre propre esprit et de l'augmentation sans limite des qualités de bonté et de sagesse[41].

40. I. Newton, *Principes mathématiques…*, III, *op. cit.*, t. 2, p. 5 : « Règle IV – Dans la Philosophie expérimentale, les propositions tirées par induction des phénomènes doivent être regardées, malgré les hypothèses contraires, comme exactement ou à peu près vraies, jusqu'à ce que quelques autres phénomènes les confirment entièrement ou fassent voir qu'elles sont sujettes à des exceptions ». L'une de ces « hypothèses contraires » est expliquée dans la seule note explicative du chapitre : toute attribution d'effets supplémentaires de ceux qui sont connus (ou, dans le cas présent, de l'effet dont la conjecture peut être concédée) suppose une puissance causale distincte et plus grande, donc une modification de la nature connue (ou concédée) de la cause.

41. *EEH*, II, § 6, p. 65.

Hume met alors d'éventuels contradicteurs au défi de trouver une autre source de l'idée ainsi produite, une autre source que notre chapitre a suffisamment montrée comme inaccessible puisqu'elle n'est pas dans l'expérience, à la différence de la fantaisie humaine. Il n'y a donc pas lieu d'établir sur la base d'une telle représentation imaginaire des principes de conduite et l'amélioration morale des hommes ne le requiert pas : telle est la considération qui suscite la dernière objection, conclusive, de l'auteur.

La conclusion (*§ 28-30*)

Comme on l'a vu, Hume use du dispositif du dialogue pour placer ses arguments dans une autre voix, doublement éloignée de lui ; il assume dans cette mise en scène la position d'un narrateur impartial et d'un objecteur honnête, laissant à son interlocuteur l'expression d'un scepticisme corrosif. Le moment de la conclusion est délicat et bien entendu décisif, puisque chaque lecteur peut en attendre l'éclaircissement de la position de l'auteur sur la question traitée. Trois constats sont successivement présentés dans ces derniers paragraphes.

Le premier se présente comme une objection, celle d'un effet incontestable des doctrines religieuses sur la conduite humaine. Certes, il vient juste d'être avancé qu'elles n'avaient aucun titre à cette influence morale ; la philosophie de l'expérience oppose à cela le fait patent d'une telle influence, garante d'une certaine contention des passions. Mais c'est sans doute la croyance, plutôt que les spéculations de la religion naturelle, qui l'exerce ; d'où cette concession terrible :

> Il importe peu que leur raisonnement [celui des philosophes religieux] soit juste ou faux, l'influence qu'il exerce sur leur vie et leur conduite demeure inévitablement la même (§ 28).

S'il en est ainsi, ce n'est donc pas la qualité des arguments qui agit, elle compte même pour rien ; mais ils viennent en soutien d'autre chose, d'une crédulité utile à la Cité, qui ne peut reconnaître comme « bons citoyens » et « bons politiques » les « bons raisonneurs » qui y objectent. La conséquence en est qu'une sorte de « raison d'État » est servie par le maintien des individus dans l'adhésion à une certaine idée morale de Dieu, quel que soit le principe de cette adhésion. Nous voilà loin des ressorts de la vertu expliqués par le personnage d'Épicure, loin des thèses d'accès à la moralité par le raffinement d'une sympathie d'abord étroite, telles que nous les trouvons développées dans le livre III du *Traité* ; nous voilà encore plus loin de l'analyse des effets démoralisateurs de la soumission crédule aux sermons telle qu'on peut la lire dans l'*Histoire naturelle de la religion*[42]. C'est pourtant l'utilité de cette crédulité que, par prudence probablement, Hume paraît soutenir ici, au prix de l'ignorance qui nourrit les « fausses religions », une ignorance qu'il faudrait donc maintenir !

Le paragraphe suivant, qui fait l'éloge de la tolérance en matière de philosophie, n'est pas sans lien avec ce qui précède. S'il est vrai que les doctrines « n'ont guère d'attrait pour le peuple », il est aussi vrai que la contrainte qui pèse sur l'avancement (et donc la liberté) des sciences conduit « à la persécution et à l'oppression, en des points[43] qui intéressent et touchent bien plus profondément les hommes » (§ 29) ; il n'est donc pas exact de penser que le maintien dans l'ignorance n'est pas lui-même une contrainte exercée sur les individus, de même qu'il ne peut être soutenu que la philosophie serait sans influence, à la condition que ses arguments soient convaincants et donc instructifs : tel pourrait être l'effet de son éthique des vertus sur l'amélioration des qualités personnelles et les comportements qui s'ensuivraient. C'est plutôt par leurs erreurs que les théories se discréditent et sont sans effet, de sorte qu'un État ne risque guère à laisser libre cours aux propositions philosophiques, quelles qu'elles soient. Dans la conclusion du livre I du *Traité*, il écrit ainsi que

> La philosophie, au contraire [de la superstition], si elle est juste, ne peut nous offrir que des sentiments doux et modérés et, si elle est fausse et extravagante, ses opinions ne sont tout simplement que les objets d'une spéculation froide et générale et vont rarement jusqu'à interrompre le cours de nos tendances naturelles. (…) D'une manière générale, les erreurs, en religion, sont dangereuses ; en philosophie, elles ne sont que ridicules[44].

Il convient donc de séparer une philosophie sérieuse, intéressante et certainement influente, de celle qui l'est beaucoup moins et reste sans effet par elle-même.

42. *HNR*, XIV, p. 97-102. On pourra lire P. Saltel, « L'explication sceptique de David Hume », dans B. Klein, Ph. Martin, S. Roman (éd.), *L'Europe des superstitions*, Paris, Cerf, 2020, p. 269-275.

43. La science dissout les craintes superstitieuses, les croyances infondées, comme le philosophe vient de le montrer dans la section précédente ; mais elle a également des effets sur les normes morales ou les fictions politiques qui gênent la pratique de la vie sociale, voir *TNH*, III. 2 et III. 3.

44. *TNH*, I.IV. 7, § 13, p. 365.

Le dernier paragraphe du chapitre reprend, sous une forme « générale », l'argumentation développée au long du dialogue sur la question des attributs moraux de Dieu. C'est « sans trop y insister » et en laissant « à réfléchir sur les conséquences » que la nature particulière du lien entre une cause unique, l'être divin, et son unique effet, le monde même, est comparée à celle de l'inférence causale ordinaire : ainsi est justifiée, s'il le fallait encore, l'insertion de ce chapitre de facture originale dans la progression même de l'*Enquête*.

Car il a bien été question, dans l'étude des développements philosophiques de l'hypothèse religieuse, d'une dérive du raisonnement de cause à effet. Pourtant, ce dernier paragraphe paraît ambigu : n'est-ce que par son effet qu'une cause peut être connue ? Manifestement oui, si l'on a bien lu les chapitres précédents. Peut-il y avoir une cause singulière qu'on ne puisse connaître par analogie, même « lointaine »[45] ? Évidemment ce ne serait pas connaître, mais conjecturer, si l'on a bien lu ce chapitre lui-même. Dès lors, il faut admettre la nécessité de mettre en rapport des conjonctions de phénomènes pour penser la nature des objets, quels qu'ils soient. Quelles conséquences en tirera-t-on ? Les « philosophes religieux » en soutenant l'idée d'une singularité absolue de Dieu, impliquée dans les attributs qu'ils lui octroient, rendent pertinents les arguments précédemment déployés, et notamment celui sur lequel repose toute la conception morale contenue dans leur théologie, le retour vers l'effet à partir de la cause, c'est-à-dire la prétention de la connaître sans lui, ce qui nous reconduit à la première question ci-dessus. Avec tout son talent, Hume aura donc conclu à l'inanité des raisonnements en faveur des idées de providence particulière et d'état futur, sans l'affirmer explicitement. Concédons donc à un théisme ainsi très restreint l'hypothèse d'une origine en Dieu, mais reconnaissons qu'on ne peut en tirer aucune autre conjecture, et qu'on ne doit en conclure aucune conséquence pratique.

45. Une « lointaine analogie » : c'est la conclusion concédée par le personnage de Philon à la fin des *Dialogues*, *voir DRN*, XII, p. 365.

BENOÎT GIDE

DE LA PHILOSOPHIE ACADÉMIQUE OU SCEPTIQUE
(SECTION XII)

L'adjectif « sceptique » a été accolé par Hume à plusieurs thèses cardinales de l'*Enquête* – au problème et à la solution de l'induction [1] comme à la définition de la liaison causale [2] – et il pourrait l'être à un certain nombre de leurs conséquences. La douzième section vient clore l'ouvrage par une réflexion sur la nature et les limites du scepticisme, en demandant : « qu'entend-on par *Sceptique* ? Et jusqu'où peut-on pousser ces principes du doute et de l'incertitude ? » [3]. Elle s'articule globalement autour d'une triple caractérisation du doute : selon le moment auquel il survient – *antérieurement* ou *postérieurement* à la réflexion –, selon sa modalité – *excessive*, *modérée* puis *mitigée* –, et selon son objet – *l'ensemble de nos facultés*, les *sens* ou la *raison*.

En utilisant ces distinctions humiennes, nous pouvons caractériser le contenu de la section comme suit. La première partie (§ 1 à 16), après avoir introduit le thème du scepticisme (§ 1 à 2), s'attache d'abord et brièvement à critiquer une forme de scepticisme *antérieure excessive* touchant *l'ensemble des facultés* pour promouvoir un scepticisme *antérieur modéré* à leur égard (§ 3 à 4) ; ensuite, après avoir introduit et congédié la considération d'un scepticisme *général postérieur* à la recherche (§ 5 à 6), elle développe plus longuement deux arguments conduisant à un scepticisme

1. Sections IV et V.
2. *EEH*, VII.II, § 28, p. 209.
3. *EEH*, XII.I, § 2, p. 377.

postérieur excessif à l'égard des sens (§ 7 à 16). La deuxième partie (§ 17 à 23) développe des arguments conduisant à un scepticisme *postérieur excessif à l'égard la raison* – touchant successivement le raisonnement abstrait au sujet des idées d'espace et de temps (§ 18 à 20) et le raisonnement au sujet des faits (§ 21 à 22) – avant de souligner l'apparente impraticabilité et inutilité de tout scepticisme excessif (§ 23). La troisième partie (§ 24 à 34) s'attache à définir deux formes générales de scepticisme *mitigé postérieur* à la réflexion – comme prudence et modestie dans l'usage de nos facultés (§ 24), puis comme restriction du champ de leur usage (§ 25) – avant d'en déduire une classification et une délimitation des savoirs (§ 26 à 33) et de suggérer de jeter au feu nos livres « de théologie et de métaphysique scolastique » (§ 34).

Le fait que Hume identifie un scepticisme comme « excessif » et la critique qu'il semble faire de ses formes antérieure (§ 3) et postérieure (§ 23) tend à suggérer qu'il épouse et défend un scepticisme « mitigé » qui s'y oppose. Pourtant, il apparaît clairement que l'auteur endosse les arguments développés au sujet des sens (partie 1) et de la raison (partie 2) et que ceux-ci conduisent à, ou définissent, un scepticisme postérieur excessif les concernant – arguments que Hume présente effectivement comme des « triomphes » sceptiques[4]. Or, à l'égard de ces doutes, Hume pourrait avoir l'air de dire deux choses qui sont, d'abord, problématiques en elles-mêmes et dont la conciliation semble, ensuite, impossible. En effet, d'une part, « l'objection principale et la plus ruineuse »[5] à l'égard du scepticisme excessif postérieur consiste à souligner l'inutilité et l'impraticabilité de doutes que le retour inévitable de la croyance instinctive a toujours tôt fait de balayer. Mais ce fait psychologique, indéniable, saurait-il constituer une critique d'un scepticisme reconnu comme indépassable au plan théorique ? Tout au plus fait-il apparaître un conflit irréconciliable de la théorie et de la pratique[6]. Si donc l'objection principale et la plus ruineuse ne ruine rien du scepticisme en question sur le plan théorique, c'est que ce scepticisme doit rester entier. D'autre part, en quel sens ce scepticisme, théoriquement indépassable et tel que nous sommes « dans l'impossibilité de nous en libérer, sinon par la puissante influence de l'instinct naturel »[7], pourra-t-il être utile et salutaire au développement

4. *EEH*, XII. I, § 14, p. 387 et XII. II, § 22, p. 399.

5. *EEH*, XII. II, § 23, p. 401.

6. Comme l'énonce le § 23 et comme il le pointait déjà IV. II, § 21, p. 123-125, et V. I, § 2, p. 131.

7. *EEH*, XII. III, § 25, p. 407.

d'une connaissance qu'il prive de tout fondement? On ne voit pas bien en quoi des doutes sceptiques radicaux pourraient servir d'une quelconque manière au développement d'une connaissance dont ils ruinent apparemment la possibilité d'ensemble. Enfin, ou bien les doutes sont inutiles et vains parce qu'ils sont balayés par le retour de la croyance naturelle, ou bien, s'ils sont utiles et même salutaires, c'est qu'ils sont tout sauf vains et qu'ils doivent, d'une manière ou d'une autre, affecter la croyance naturelle dont l'absence de fondement a été identifiée.

Dès lors, comment faut-il comprendre l'articulation du scepticisme excessif postérieur (à l'égard des sens et de la raison), que Hume endosse effectivement, et du scepticisme «mitigé» qu'il prône et dont il tire une théorie de l'ordre et de la délimitation des savoirs positifs? Dans cette section se joue encore le conflit des interprétations du scepticisme humien [8]. La lecture naturaliste de Kemp Smith, en faisant du retour nécessaire de la croyance naturelle la source de la mitigation du scepticisme, empêche de comprendre le rôle positif que Hume confère au pyrrhonisme dans la genèse et la définition du scepticisme mitigé. Aussi, et comme l'interprétation réaliste-sceptique forte de John Wright, elle semble attribuer à la naturalité de la croyance une valeur épistémique qui lui est pourtant déniée dans le texte. La lecture «bi-perspectiviste» de Michael Williams [9] qui, comme celles de Richard Popkin [10] et Robert Fogelin [11], prend toute la mesure des doutes pyrrhoniens endossés par l'auteur, semble quant à elle réduire la conclusion de la philosophie de Hume au constat d'un conflit indépassable entre la théorie et la pratique, se traduisant par une oscillation perpétuelle entre le doute toujours engendré par la réflexion et la croyance toujours régénérée par la nature, sans faire sens de la dynamique positive qui conduit l'esprit à se stabiliser dans l'attitude sceptique mitigée.

8. *Cf.* l'introduction de ce volume, *supra*, p. 18-22, et le commentaire de la section V, n. 23 et n. 24, p. 119.

9. M. Williams, «Hume's Skepticism», *in* J. Greco (ed.) *The Oxford Handbook of Skepticism*, Oxford, OUP, 2008, p. 80-106, spéc. p. 102-105. Également, *Unnatural Doubts*, Princeton, PUP, 1996, p. 8-10.

10. R. Popkin «David Hume: His Pyrrhonism and His Critique of Pyrrhonism», *The Philosophical Quarterly*, 1/5, octobre 1951, p. 385-407.

11. R. Fogelin, «The Tendency of Hume's Skepticism», in *Philosophical Interpretations*, Oxford, OUP, 1992, p. 114-130, ou encore «Two Openings and Two Closings», in *Hume's Skeptical Crisis*, Oxford, OUP, 2009, p. 135-158.

Il pourrait apparaître que les adjectifs « excessif » et « mitigé » ne caractérisent pas tant des formes de scepticisme, séparables comme des classes à l'intérieur une typologie statique, que des phases successives d'un doute qui, touchant les *fondements* de nos facultés, demeure effectivement radical ou excessif d'un point de vue épistémologique mais qui, touchant les *modalités* et le *champ* de leur usage, peut être fructueux en contribuant au développement de la connaissance humaine [12].

SCEPTICISME
SCEPTICISME ANTÉRIEUR ET LE SCEPTICISME POSTÉRIEUR L'ÉGARD DES SENS (PARTIE 1)

Athéisme et scepticisme (*§ 1-2*)

L'association du scepticisme et de l'athéisme est classique et l'on sait que Hume aura été accusé des deux [13]. Ainsi peut-on comprendre que la section conclusive, consacrée au scepticisme, s'ouvre sur une comparaison du rapport de la philosophie à l'un et à l'autre. Du point de vue de la forme, le style de l'essai, adopté par Hume dans l'*Enquête*, propose des sections qui peuvent être lues indépendamment les unes des autres et s'ouvrant toujours sur une brève introduction qui suscite l'attention du lecteur par une considération générale mais qui ménage également une transition avec le sujet traité précédemment [14]. C'est le cas de l'ouverture de la section XII qui aborde la question du scepticisme, dans les deux premiers paragraphes, à partir de son rapport à la religion (qui fut le thème des deux sections précédentes). Du point de vue du contenu, deux choses sont à noter : premièrement, Hume avait souligné que l'enjeu de fond de la réalisation de « cette géographie mentale et de cette délimitation des différentes parties et des divers pouvoirs de l'esprit » [15] qu'est l'*Enquête* est de libérer une fois

12. Comme y insiste L. Jaffro, « Le sceptique humien est-il modéré ? Le rôle du pyrrhonisme dans la genèse causale du scepticisme mitigé », *Daïmon, Revista Internacional de Filosofía*, 52, 2011, p. 53-69, *cf.* p. 60 notamment.

13. L'on peut se borner à retenir l'accusation de William Wishart (à laquelle Hume a répondu dans la *Lettre d'un Gentleman à son ami d'Édimbourg, contenant plusieurs observations sur un « Spécimen des principes concernant la religion et la moralité » prétendument soutenus dans un livre récemment publié sous le titre de Traité de la nature humaine, etc.*, trad. fr. G. Coqui, Paris, Allia, 2016) et qui compta sans doute dans la décision humienne de refondre la matière du *Traité* dans les deux *Enquêtes*.

14. *Cf.* l'introduction de M. Malherbe à l'*EEH*, p. 10-11.

15. *EEH*, I, § 13, p. 51.

pour toutes l'esprit des « terreurs religieuses » [16] que promeut l'alliance funeste d'une certaine philosophie abstruse avec la « superstition » [17] – avec toute l'ambiguïté (sans doute volontairement cultivée par l'auteur) de ce terme qui, dans la Grande Bretagne du XVIIIe siècle, vise le catholicisme, mais dont l'usage humien tend à laisser penser qu'il désigne la religion chrétienne en général. Il est donc cohérent qu'il revienne, en conclusion, sur cet enjeu du rapport de sa propre philosophie abstruse, dont il a souligné le tour sceptique au fil des sections, avec la religion. Deuxièmement et de manière corollaire, l'« Avertissement » de 1776 indiquait la volonté humienne de répondre à Beattie et Reid notamment, lesquels accusaient l'auteur d'athéisme autant que de scepticisme estimant que le premier découlait du second. Ces philosophes, dits de « sens commun », arguaient de l'impossibilité d'être sceptique, et tendaient à faire de la croyance en l'existence de Dieu une croyance naturelle irrépressible, au même titre que celle en l'existence du monde extérieur et de la régularité de l'ordre naturel.

Or, Hume va ici préciser la nature de son scepticisme en le distinguant d'un scepticisme universel censé conduire à une suspension effectivement impossible de tout jugement. Mais ce sera, peut-être à rebours de ce qu'il pourrait laisser entendre ici, pour mieux en affirmer et en assumer les implications spécifiquement « irréligieuses ». En effet, le premier paragraphe compare les chasseurs de dragons et de géants avec les philosophes s'efforçant de trouver des arguments pour convaincre les « athées spéculatifs » – comme si l'existence de ces derniers était aussi improbable que l'existence des premiers, tant l'existence de Dieu devrait s'imposer avec évidence à qui prend la peine d'y réfléchir; et le deuxième paragraphe souligne d'emblée l'inexistence « d'un être aussi absurde [...qu'] un homme qui n'aurait ni opinion ni principe sur aucun sujet, soit de pratique soit de spéculation » [18]. Serait-ce qu'un véritable athée est aussi improbable qu'un véritable sceptique? Si le scepticisme humien est « mitigé » (en un sens qu'il va s'agir de clarifier), il ne cède rien de sa teneur critique à l'égard de la religion et de la philosophie religieuse, comme en témoigne la radicalité de l'ultime paragraphe de l'*Enquête*.

16. *EEH*, I, § 11, p. 47.
17. *EEH*, I, § 12, p. 47 et p. 57, 1.17.
18. *EEH*, XII. I, § 2, p. 377.

Le scepticisme antérieur (§ 3-4)

L'analyse s'ouvre par une forme de doute illustrée dans la métaphysique cartésienne [19], caractérisée comme scepticisme antérieur et, ajoutons, excessif touchant l'ensemble de nos facultés. Il est en effet *antérieur* en ce qu'il précède toute enquête sur nos pouvoirs cognitifs et est prescrit en amont de celle-ci, *a priori* et à titre de remède préventif à l'erreur. Il est *universel* au sens où il porte sur toute opinion, tout principe et, même, sur les facultés qui en jugent. Il est, enfin, *excessif* ou extrême en tant qu'il est immédiatement poussé à un degré maximal et consiste non pas seulement à suspecter l'apparente vérité des opinions et principes ou l'apparente fiabilité des facultés, mais à les rejeter tous comme faux et trompeurs [20]. Ce doute consiste ainsi en une présomption universelle de fausseté à l'endroit de nos pouvoirs cognitifs.

C'est l'ensemble de la procédure cartésienne que critique alors Hume; la nature comme la fonction du doute proposé. Ou bien ce doute est possible ou bien il ne l'est pas. S'il l'est, c'est-à-dire s'il est effectivement possible de considérer comme « absolument faux » ce qui se donne à nous avec une certaine évidence, 1) c'est toute évidence qu'il faudrait alors récuser comme trompeuse et l'on ne voit pas en quoi un quelconque principe, même au nom de son évidence comparativement supérieure, devrait être accepté comme vrai ou pourrait davantage forcer l'assentiment que les autres [21]. Et 2), à supposer qu'il y ait un tel principe, supérieurement évident et nécessitant l'assentiment, nous ne saurions rien en déduire de certain à l'aide de facultés supposées trompeuses par hypothèse. Ainsi, un tel doute serait en droit incurable et, donc, le prescrire *a priori* comme remède préventif à l'erreur serait plus que contreproductif – il y aurait une contradiction entre le type de doute proposé et la fonction qu'il est censé remplir. Mais, donc, ce doute n'est pas possible et il est aussi vain de le prescrire que de chercher à le réfuter. Le « sceptique cartésien » est bien, en ce sens, une « créature absurde » que « personne n'a jamais rencontrée » [22]

19. Exposé par Descartes dans le *Discours de la méthode*, les *Méditations métaphysiques* et les *Principes de la philosophie*.

20. Descartes, *Discours de la méthode* (1637), dans *Œuvres*, t. VI, Paris, Vrin, 1996, p. 31 : « je pensais qu'il fallait que je rejetasse comme absolument faux tout ce en quoi je pourrais imaginer le moindre doute, afin de voir s'il ne resterait point après cela quelque chose en ma créance qui fût entièrement indubitable ».

21. Dans le *Traité* I.IV.6, Hume s'attaquait à l'évidence supposément supérieure de l'existence de la chose pensante; *cf.* § 1-2.

22. *EEH*, XII.I, § 2, p. 377.

et dont la critique ou l'entreprise de réfutation s'apparente à la chasse aux dragons évoquée plus haut.

Il est cependant un doute antérieur qui est, lui, possible et dont la prescription est utile et nécessaire au progrès de la philosophie, consistant non en une défiance complète à l'égard de la fiabilité même des facultés mais à l'égard de notre tendance à en user, lorsque nous jugeons, avec précipitation et prévention. Comme l'indiquent les termes choisis par l'auteur pour le caractériser, ce « doute » est également cartésien et se décline en un ensemble de préceptes de méthode qui se calquent sur ceux de la deuxième partie du *Discours de la méthode*. Tout se passe donc comme si Hume pointait ici la tension qu'il y a entre les « règles de la méthode » et le doute cartésien ; rejetant le second, adoptant les premières. Un scepticisme antérieur à la recherche et utile à son progrès est « modéré » et consiste donc simplement en une prudence méthodologique. Notons que si ce scepticisme présente une ressemblance avec la première forme de scepticisme « mitigé » définie plus bas [23], qui prescrira également la modestie, la réserve et l'atténuation des préjugés, il en diffère cependant beaucoup en tant qu'il est *antérieur* à la recherche et, surtout, en tant qu'il est *opposé* ici à un scepticisme excessif « cartésien » (par rapport auquel il est donc présenté comme « modéré ») ; alors que le scepticisme « mitigé » est *postérieur* à la recherche et, surtout, n'est pas présenté comme une modération du doute excessif « pyrrhonien » mais comme son « résultat » [24]. Ainsi, pourrait-on dire, le scepticisme antérieur modéré est une prudence méthodologique par provision alors que le scepticisme mitigé de première espèce sera une défiance quant à la portée du jugement, acquise par la découverte du fait que nos facultés (les sens comme la raison) ne sont fondées sur rien d'autre qu'un instinct naturel [25]. En ce sens, comme on y reviendra, le scepticisme mitigé n'est pas du tout modéré mais, bien au contraire, tout à fait radical [26].

23. *EEH*, XII. III, § 24.

24. *EEH*, XII. III, § 24 et 25.

25. *EEH*, XII. III, § 25, p. 407.

26. C'est notamment la lecture de R. Fogelin dans « The Tendency of Hume's Skepticism », art. cit., ou encore dans « Two Openings and Two Closings », art. cit. ; c'est aussi celle de L. Jaffro dans « Le sceptique humien est-il modéré ? », art. cit.

Le scepticisme postérieur (*§ 5-6*)

Les § 5-6 ont valeur de transition vers la considération d'un scepticisme postérieur excessif à l'égard des sens, clairement endossé par Hume. Il introduit donc ici à la considération d'une forme de scepticisme *postérieur* à la recherche et qui, comme le scepticisme « cartésien » précédemment critiqué, peut être compris comme universel car il consiste à conclure au caractère « absolument trompeur » de l'ensemble des « facultés mentales » ou à leur totale inadéquation à l'ensemble des objets au sujet desquels elles peuvent être employées. En conséquence, il consiste à mettre en question toute opinion théorique, métaphysique et théologique, mais aussi pratique et morale (« les maximes de la vie courante ») et même sensible (la capacité de nos sens à nous délivrer une information fiable touchant le monde matériel). Cette caractérisation du scepticisme semble tout à fait correspondre aux doctrines exposées par Sextus Empiricus dans les *Esquisses pyrrhoniennes* auxquelles Hume fait référence par ailleurs (dans l'*Enquête sur les principes de la morale*)[27]. L'arsenal sceptique sextien est de toute façon bien connu et mis en œuvre à l'époque par des auteurs dont Hume est familier[28] – notamment Bayle[29].

C'est ce que peut confirmer la référence aux « tropes » intervenant dans le paragraphe suivant qui vient focaliser le propos sur le scepticisme postérieur à l'égard des sens. La liste des objections adressées à « l'évidence sensible » rappelle le détail des dix tropes d'Énésidème exposés par Sextus dans les *Esquisses*[30]. Mais Hume tempère immédiatement la portée sceptique de ces arguments pour indiquer l'existence « d'arguments qui sont plus profonds et qui n'admettent pas une solution aussi aisée »[31].

27. D'abord parue en 1751, elle est, à partir de 1756, incluse dans la même collection de textes intitulée *Essays and Treatise on Several Subjects*, trad. fr. M. Malherbe, *Essais et traités sur plusieurs sujets*, 4 t., Paris, Vrin, 1999 (t. 1), 2009 (t. 2), 2004 (t. 3), 2002 (t. 4).

28. *Cf.* R. Popkin, « David Hume : His Pyrrhonism and His Critique of Pyrrhonism », art. cit., note p. 385. Sur la redécouverte et l'usage du scepticisme à l'époque, *cf.* P.-F. Moreau (éd.), *Le retour des philosophes antiques à l'Âge classique*, t. II : *Le scepticisme au XVIe et au XVIIe siècle*, Paris, Albin Michel, 2001.

29. Cité *infra* (§ 16, note) et dont Hume recommandait la lecture comme prélude à celle de son *Traité de la nature humaine*, *cf.* Lettre à Michael Ramsay publiée par R. Popkin, *The Journal of Philosophy*, 61/24, 24 décembre 1964, p. 775.

30. *Esquisses pyrrhoniennes*, Livre 1, chap. 14, [36-165], trad. fr. P. Pellegrin, Paris Seuil, 1997, p. 75-141.

31. *EEH*, XII.I, § 6, p. 381.

Pourquoi Hume ne prend-il pas la peine d'examiner davantage cette forme générale ou universelle de scepticisme postérieur? Un passage du *Traité de la nature humaine* permet peut-être d'éclairer ce point. Hume y qualifie de « secte fantasque » [32] celle « de ces sceptiques qui soutiennent que tout est incertain et que notre jugement ne possède *pour rien aucun* critère de vérité et d'erreur » [33]. Hume y rejette ce « scepticisme total » [34], portant indistinctement sur toute opinion et toute faculté, comme impossible – tout comme il a rejeté ci-dessus le scepticisme « cartésien » antérieur. « La nature, disait-il alors, par une nécessité absolue et incontrôlable, nous a déterminés à juger, comme à respirer et à sentir (…) » [35]. Est-ce à dire que Hume rejette la possibilité d'un scepticisme général, antérieur comme postérieur, pour ce motif? Pourtant, il s'apprête à maintenir, en dépit de la force de croyance naturellement convaincante de l'évidence sensible et de l'évidence du raisonnement qu'il relève lui-même (XII, § 23), des arguments présentés comme déterminants et irréfutables touchant les sens (§ 7-16) et la raison (dans la deuxième partie de la section). Pourquoi la force de la croyance instinctive suffirait-elle à renverser le scepticisme (antérieur comme postérieur) touchant *l'ensemble des facultés et des opinions* mais non un scepticisme postérieur touchant successivement les sens et la raison? Sans doute faut-il comprendre que l'expérience du doute et de l'incertitude n'est possible qu'à l'occasion de la considération spécifique de raisons particulières, d'une part, et qu'il s'avère y avoir de telles raisons qui touchent spécialement les sens et la raison, d'autre part. Nous pourrons revenir sur cette question en considérant l'introduction de la question du scepticisme à l'égard de la raison [36].

La suite de la première partie de la section présente successivement deux arguments conduisant à un scepticisme excessif touchant les sens; elle établit que, si l'existence extérieure des corps fait l'objet d'une conviction instinctive irrépressible, la réflexion nous apprend cependant qu'elle est dépourvue de justification rationnelle (1er argument) et qu'elle est même contraire à la raison (2e argument).

32. *TNH*, I.IV. 1, p. 265.
33. *Ibid.*, p. 264.
34. *Ibid.*, p. 265.
35. *Ibid.*, p. 264.
36. *EEH*, XII. II, § 17.

Scepticisme postérieur excessif touchant les sens
– 1 er argument (§ 7-14)

Le premier argument comprend deux étapes : la première devant nous faire revenir de l'apparente immédiateté de la perception des corps extérieurs; la seconde pointant l'impossibilité d'établir l'existence d'objets extérieurs perçus de manière indirecte. Hume commence par qualifier d'instinctive notre conviction réaliste : l'expérience perceptive produit immédiatement en nous, comme en tout animal vraisemblablement, la conviction de l'existence d'un monde extérieur indépendant. Il prête donc au sens commun un réalisme direct selon lequel nos sens nous donnent un accès immédiat aux objets extérieurs tels qu'ils sont en eux-mêmes. Mais l'analyse qu'il en produit consiste plus exactement à lui prêter un réalisme naïf consistant à confondre les objets eux-mêmes avec l'ensemble des qualités sensibles que nous percevons : « Cette table même dont nous voyons la blancheur, dont nous éprouvons la dureté, nous croyons qu'elle existe indépendamment de notre perception et qu'elle est quelque chose d'extérieur à notre esprit, qui la perçoit »[37]. Dès lors, l'argument qu'il propose ensuite est destiné à dénoncer cette confusion en contraignant à reconnaître, par la raison, que l'objet immédiat de l'acte perceptif n'est pas l'objet même dont nous entendons parler (en disant « cette table », « cet arbre ») mais son image ou représentation et, donc, que la perception des objets extérieurs est non directe mais indirecte.

En effet, l'attention portée à la variabilité et à la mouvance de mes perceptions successives de la table, lorsque je me déplace autour d'elle, m'oblige à reconnaître l'hétérogénéité de ce que je perçois immédiatement et de la table même – dont l'instinct me convainc d'une existence indépendante et invariable. Ainsi dois-je reconnaître que l'objet immédiat de la perception, qui varie d'instant en instant, n'est pas la même chose que l'objet dont je crois qu'il existe indépendamment de ma perception et qu'il ne se transforme pas. Cette « moindre réflexion philosophique »[38] est censée nous faire abandonner le réalisme naïf spontané (que le *Traité* nommait « système populaire » ou « ordinaire »[39]) au profit de l'adoption d'un réalisme indirect selon lequel les objets immédiats de la perception sont des « images », « des perceptions dans l'esprit et des copies ou des représentations fugitives d'autres existences qui demeurent uniformes et

37. *EEH*, XII.I, § 8, p. 283.
38. *EEH*, XII.I, § 9, p. 283.
39. *TNH*, I.IV. 2, § 53, p. 301.

indépendantes » [40]. Cette révision philosophique du réalisme spontané (que le *Traité* nommait « système philosophique » [41]) consiste donc bien en une correction de l'instinct par la raison : nous croyons d'abord percevoir la table même directement, mais l'on ne saurait attribuer à la table des propriétés antagonistes (permanence et identité à soi, d'une part ; transformation perpétuelle, d'autre part) et devons donc, après réflexion, distinguer entre un objet immédiat de la perception (les impressions sensibles dans l'esprit) et un objet médiat de celle-ci (la table) dont les premières sont censées être des copies ou effets en nous [42].

Telle est donc la première étape de l'argument qui devrait nous convertir, par une simple réflexion, à la « voie des idées » ou « idéisme » qui domine alors la philosophie moderne ; cette doctrine, en tant qu'elle signifie que nous ne percevons jamais véritablement les objets sinon derrière un voile d'idées, recèle déjà une dimension sceptique, au niveau perceptuel.

La seconde partie de l'argument est destinée à radicaliser cette dimension sceptique (perceptuelle), commune aux philosophes modernes, en un scepticisme épistémologique, compris comme la thèse selon laquelle il est impossible de s'assurer de l'existence d'objets médiats indépendants et ressemblants à nos perceptions immédiates. En effet, par principe, si l'objet immédiat de l'expérience sensitive est une impression sensible, aucune expérience ne saurait jamais établir ni l'existence d'aucun objet extérieur, ni *a fortiori* sa ressemblance avec nos impressions – car on ne saurait juger de la ressemblance d'un objet perçu avec un objet non perçu. Quant au raisonnement, il ne le saurait non plus : nous n'avons jamais perçu la liaison d'un objet extérieur (par principe imperceptible) avec une impression sensible correspondante et n'avons donc aucune raison de penser qu'elle devrait être causée par un tel objet plutôt que par notre esprit, un autre ou quelque autre cause plus inconnue ; d'autant que nous savons d'expérience que des perceptions peuvent être produites dans l'esprit sans le concours d'objets extérieurs supposés – comme dans le rêve ou la folie. Il n'y a donc aucune nécessité, à partir d'une expérience conçue comme série d'impressions sensibles, à supposer qu'elle soit le produit d'une

40. *EEH*, XII. I, § 9, p. 283-285.

41. *Cf.* notamment *TNH*, I. IV. 2, § 46, p. 296 et § 52, p. 300-331.

42. D'où la caractérisation, dans le *Traité*, de ce système philosophique de la perception comme « système de la double existence » (*ibid.*). Élaboré pour résoudre la première difficulté, il consiste lui-même en une hypothèse injustifiable – comme la seconde partie de l'argument va l'établir.

réalité extérieure. Ainsi, une fois admis le caractère idéel de l'objet immédiat de la perception (comme chez Descartes et Locke notamment), il n'y a aucune raison suffisante d'en supposer une cause matérielle. Notons la proximité de la formulation de l'ensemble de ce premier argument avec celle de Berkeley [43].

Dans l'ensemble donc, la raison, d'une part, nous convainc facilement de la fausseté de la conviction instinctive de la perception immédiate de corps existants, mais elle est impuissante, d'autre part, à établir cette existence dont la perception serait indirecte. Autrement dit, en nous contraignant à adopter l'idéisme induisant un scepticisme perceptuel, la raison conduit ensuite nécessairement à un scepticisme épistémologique touchant la connaissance de l'existence d'un monde extérieur. L'ultime recours cartésien [44] à la véracité divine pour déchirer le voile des idées est bien rapidement évacué – au motif 1) que si Dieu garantissait la fiabilité de nos sens, aucune erreur des sens ne serait jamais possible [45] et 2) que la mise en doute de l'existence du monde rendrait problématique la preuve de l'existence et d'attributs réels quelconques de Dieu puisque nous ne saurions rien conclure de l'observation de l'ordre d'un monde dont l'existence est, au regard de notre connaissance, seulement hypothétique.

Scepticisme postérieur excessif touchant les sens – 2e argument (§ 15-16)

La réflexion proposée ici conclut à un scepticisme d'ordre conceptuel touchant l'idée même de corps ou de substance matérielle extérieure. Elle comprend deux arguments : le premier est un argument *ad hominem* pointant que la reconnaissance du caractère idéal des qualités secondes oblige nécessairement à attribuer le même statut aux qualités premières ; le second souligne qu'on ne saurait éviter cette conséquence en convoquant la doctrine « inintelligible et même absurde » [46] des idées abstraites. Comme l'indique la note du § 16, ces arguments sont empruntés à Berkeley et, s'ils visent la doctrine moderne des qualités premières et secondes, commune à Descartes et Locke notamment, la mention de la solidité au

43. *Principes de la connaissance humaine*, I, § 18-19, éd. G. Brykman, Paris, P.U.F., 1985, p. 327-329.

44. *Méditations métaphysiques*, méditation 6; *Principes de la philosophie*, livre 2, article 1.

45. Ce à quoi Descartes aurait, là encore, de quoi répondre : cf. *Principes de la philosophie*, livre 1, articles 70-71, éd. bilingue, Paris, Vrin, 2009, p. 165-173.

46. *EEH*, XII.I, § 15, p. 389.

rang des qualités premières et la critique de la doctrine de l'abstraction indiquent qu'ils visent plus directement le second.

La philosophie moderne fait usage de la distinction des qualités premières et secondes pour considérer que seules les premières ressortissent au corps pendant que les secondes se réduisent à leurs effets sur notre sensibilité – pour dire que la *sensation* de chaleur n'est pas dans le feu, la *sensation* de l'acidité n'est pas dans le citron, etc., mais qu'elles sont l'effet en nous, dans notre esprit et par la médiation du corps, des propriétés originales des objets réels [47]. Mais pouvons-nous concevoir ces propriétés réelles supposées résider dans les corps ? Autrement dit, pouvons-nous les concevoir séparées de, ou indépendamment des qualités secondes dont on admet qu'elles ne sont que des sensations dans l'esprit ? Non : si toute idée dérive d'une impression dont elle est la copie, alors l'idée d'étendue dérive de la vue et/ou du toucher; mais les impressions visuelles et tactiles de l'étendue impliquent des qualités secondes – un corps qui serait à la fois dépourvu de toute couleur et de tout degré de résistance au toucher ne pourrait être perçu; aussi ne peut-il être conçu. Or, si l'étendue, la figure et la grandeur d'un corps conçu sont dépendantes de qualités secondes reconnues n'exister que dans l'esprit, on doit admettre qu'il en va de même des qualités premières. Ainsi, ou bien l'étendue que nous concevons effectivement est une étendue colorée et solide, mais elle ne peut alors exister que dans l'esprit qui la conçoit – et nous avons alors affaire à une étendue purement intelligible, dont l'essence n'implique pas l'existence extérieure et indépendante ; ou bien nous cherchons à parler d'une étendue qui n'est ni colorée ni solide, existant extérieurement à l'esprit, mais elle ne saurait alors être conçue. Ainsi, l'existence extérieure de qualités premières n'est pas seulement infondée mais contraire à la raison.

Soutenir qu'on pourrait concevoir une étendue abstraite – c'est-à-dire n'ayant aucune détermination sensible particulière (ni figure, ni grandeur, ni couleur ni degré particulier de solidité) – est manifestement absurde, comme le soulignait Berkeley au sujet de l'idée générale de triangle chez Locke [48]. Tout comme dans la section II de l'*Enquête*, Hume souscrit avec Berkeley à une théorie dite imagiste de la conception ou représentation : toute idée conçue est une image singulière actuellement présente à la pensée – même lorsqu'on en fait le signe d'un ensemble d'autres idées.

47. J. Locke, *Essai*, II.VIII.9-26, *op. cit.*

48. Berkeley citant, pour le railler, Locke, *Essai*, IV.VII.9, *op. cit.*, t. 2, p. 381, dans *Principes de la connaissance humaine*, « Introduction », § 13, *op. cit.*, p. 307-308.

Ce double argument[49] – de l'inséparabilité des qualités premières par rapport aux secondes (ou abstraction singularisante) et de l'impossibilité de l'abstraction généralisante – a également valeur d'argument *ad hominem* chez Berkeley : il vise à contraindre les réalistes indirects – soutenant le caractère indirect de la perception des corps – à admettre l'idéalité des qualités premières qu'ils supposent, à tort donc, appartenir aux corps[50]. Mais il conduit effectivement à un scepticisme d'ordre conceptuel : nous n'avons pas même d'idée positive de cet hypothétique support de qualités sensibles supposé rendre raison de leur union. Berkeley, qui utilisait cette conclusion pour défendre son propre immatérialisme, poursuivait en développant le caractère contradictoire de la notion et de la supposition d'un tel « support »[51]. Hume se borne à constater la vacuité de l'idée, son intention, négative, consistant à insister sur l'absence de raison d'aucune sorte – conceptuelle ici – fondant notre croyance à l'existence extérieure. Pour Locke, cette supposition d'un substrat inconnu, dont nous n'avons qu'une idée relative et négative[52], était un postulat nécessaire. Hume souligne ici que l'imperfection de la notion est telle que la supposition en est gratuite.

Conclusion de la première partie

Revenons donc sur l'ensemble de l'argumentation sceptique à l'égard des sens : l'argument de la table nous contraint d'adopter l'idéisme qui a un scepticisme perceptuel pour corollaire et dont Hume tire un scepticisme épistémologique, touchant la connaissance de l'existence des corps ; ensuite, un argument « berkeleyien » conduit à un scepticisme conceptuel. Le premier argument établit que la croyance instinctive à l'existence

49. Qu'on trouve donc chez Berkeley notamment en *Principes de la connaissance humaine* I, § 9, éd. cit., t. 1, p. 324, et en *Trois dialogues entre Hylas et Philonous*, dialogue 1, dans Berkeley, *Œuvres*, éd. G. Brykman, Paris, P.U.F., 1987, t. 2, p. 60-61.

50. G. Berkeley, *Principes de la connaissance humaine* I, § 15, éd. cit., t. 1, p. 326.

51. Notamment *Principes de la connaissance humaine*, 1, § 68, éd. cit., p. 354-355 ; et *Trois dialogues entre Hylas et Philonous*, dialogue 1, éd. cit., t. 2, p. 67.

52. Soulignant que « nous ne signifions rien par le mot *substance*, si ce n'est la supposition incertaine d'un je ne sais quoi (c'est-à-dire de quelque chose dont nous n'avons aucune idée positive distincte particulière) », (*Essai sur l'entendement humain* [désormais *Essai*], I.IV. 18, trad. fr. J.-M. Vienne, t. I, Paris, Vrin, 2001, p. 135-136. *Cf.* également *Essai* II.XXIII. 2, trad. fr. J.-M. Vienne, t. 2, Paris, Vrin, 2006, p. 461 : « support *prétendu*, mais *inconnu*, des qualités dont nous découvrons l'existence et dont nous *supposons* qu'elles ne peuvent exister sans quelque chose qui les supporte » (nous soulignons).

indépendante des corps n'est pas fondée en raison; le second qu'elle est même contraire à la raison.

Deux questions corollaires doivent être posées: 1) pourquoi Hume développe-t-il ces arguments-ci si ces trois conséquences sont en fait directement impliquées par sa propre définition des objets de la perception (les impressions et les idées) et par le principe de la copie exposés dès le début de la section II? Et 2) comment comprendre alors l'introduction de l'argument « berkeleyien » au § 15 et la note du § 16 qui vient clore l'ensemble de la première partie?

En effet, par contraste, le *Traité* – sans attendre les développements consacrés aux sens[53], à l'inséparabilité des qualités sensibles et aux idées abstraites[54] – soulignait plus directement ces implications, au plan épistémologique[55] comme conceptuel[56]. C'est donc que l'argumentation présentée ici vise la philosophie moderne et ses vaines tentatives de surmonter des implications sceptiques (par la distinction des qualités et les idées abstraites, chez Locke et Descartes, comme par l'appel à la véracité divine, chez le second). Mais ces conclusions sont bien également celles de Hume qui souscrit à l'idéisme[57] et y voit une doctrine philosophique largement partagée et évidente[58]. Les conclusions sceptiques suivent donc bien également de la définition humienne de la perception et de l'origine des idées, mais il souligne ici l'impuissance des moyens mis en œuvre par les philosophes pour les éviter.

53. *TNH*, I.IV. 2.

54. *TNH*, I.IV. 4.

55. *TNH*, I.III. 5, § 2, p. 146 : « Pour ce qui est des impressions qui proviennent des sens, la cause ultime en est, à mon avis, parfaitement inexplicable par la raison humaine, et il sera toujours impossible de décider avec certitude si elles proviennent directement de l'objet, si elles sont produites par le pouvoir créateur de l'esprit, ou si elles procèdent de l'auteur de notre existence ».

56. *TNH*, I.II. 6, § 8-9, p. 124 : « il nous est impossible ne serait-ce que de *concevoir* ou de former une idée d'une chose spécifiquement différente des idées ou des impressions (...) et ne pouvons *concevoir* aucune sorte d'existence hormis les perceptions qui sont apparues dans ces étroites limites. C'est l'univers de l'imagination et nous n'avons d'autres idées que celles qui y sont produites. Le plus que nous puissions faire dans la recherche d'une conception des objets extérieurs supposés différer *spécifiquement* de nos perceptions, c'est d'en former une idée relative, sans prétendre y enfermer les objets qui lui sont reliés ».

57. *EEH*, II.

58. *TNH*, I.II. 6, p. 123-124 : « Nous pouvons observer qu'il est universellement admis par les philosophes, et c'est d'ailleurs très évident par soi-même, que rien n'est jamais réellement présent à l'esprit que ses perceptions, c'est-à-dire les impressions, et les idées, et que les objets extérieurs ne nous deviennent connus que par les perceptions qu'ils occasionnent ».

Ainsi, alors que l'ouverture du § 15 semble relativiser par anticipation l'importance de l'argument « berkeleyien » et que la note du § 16 souligne que son seul effet n'est pas la conviction mais seulement une irrésolution et une confusion temporaires, Hume endosse bien lui-même, sinon l'argument, du moins la conclusion. Il faut donc comprendre que ce sont deux choses qui sont également mises en évidence ici : d'une part, l'insuffisance des arguments philosophiques à la défense d'une réalité matérielle extérieure, et, d'autre part, l'impuissance des arguments sceptiques à nous en faire longtemps douter. L'instinct nous convainc toujours de la réalité extérieure bien que notre raison, lorsque nous y réfléchissons, produise *également toujours* l'étonnement, l'irrésolution et la confusion. Cette identification d'une première limite du scepticisme n'en est pas moins aussi celle d'une limite de la raison et, comme nous y reviendrons[59], si cette réflexion ne produit pas de conviction durable, parce qu'elle est contrebalancée par la croyance réaliste instinctive qui est plus forte, les arguments n'en demeurent pas moins tels « qu'ils n'admettent point de réplique »[60].

Enfin, notons que si ces deux arguments successifs constituent une présentation épurée des réflexions respectivement développées dans le *Traité* I.IV. 2 et I.IV. 4, leur fonction semble ici différente : dans le texte de 1739, la mise en évidence de l'absence de fondement de la croyance sensible à l'existence extérieure venait susciter une spéculation génétique touchant l'origine de cette croyance – laquelle engendrait, à son tour, de nouveaux paradoxes[61]. Ici, et dans l'*Enquête* plus généralement, cette recherche d'ordre psychologique est abandonnée et la fonction des arguments semble servir un dessein plus sobrement épistémologique et, peut-être aussi, *in fine*, plus clairement positif[62]. Ainsi aurions-nous ici affaire à l'une de ces omissions clarifiantes caractéristiques de l'*Enquête*[63].

59. En discutant le § 23 et le § 25.

60. *EEH*, XII. II, § 16 n., p. 391.

61. Notamment I.IV. 2 § 56, p. 303 où Hume souligne la dépendance génétique du système philosophique par rapport au système populaire dont il dénonce la fausseté et qui souffre donc « de l'absurdité de dénoncer et d'établir à la fois la supposition vulgaire ».

62. P. Millican, « Introduction », in *id.* (ed.), *Reading Hume on Human Understanding*, Oxford, OUP, 2002, p. 42-48.

63. Lettre à Gilbert Elliot de Minto, avril ou mai 1751, *Hume Letters*, éd. J. Y. T. Greig, 2 vol., Oxford, OUP, 1932, vol. 1, p. 158.

LE SCEPTICISME POSTÉRIEUR À L'ÉGARD DE LA RAISON (PARTIE 2)

Du scepticisme à l'égard de la raison (§ 17)

Hume s'apprête à formuler deux séries d'objections touchant respectivement le raisonnement abstrait au sujet des idées d'espace et de temps, d'une part, et le raisonnement expérimental, au sujet des faits, d'autre part. Si elles portent bien sur la raison comme faculté des raisonnements, elles diffèrent cependant du « scepticisme à l'égard de la raison » développé dans le *Traité* (I.IV. 1) qui s'attaquait à la faculté de raisonner elle-même en général. Sans doute y avait-il davantage d'extravagance dans ce dernier – car « si les raisonnements sceptiques sont forts (...), c'est la preuve que la raison peut avoir quelque force et quelque autorité ; s'ils sont faibles, ils ne suffiront jamais à infirmer toutes les conclusions de notre entendement » [64]. Quoi que Hume en soit venu à penser de cette objection (dont il dénonçait alors le caractère expéditif avant de la critiquer), la réflexion qu'il va proposer ici n'y est de toute façon pas sujette : il ne s'agit pas de retourner le raisonnement comme tel contre lui-même, ou la faculté de raisonner contre elle-même, mais de pointer des « objections » touchant l'usage de la raison relativement à des objets particuliers (l'espace, le temps et les faits). On peut peut-être s'expliquer, là encore, la distanciation de Hume relevée plus haut [65] à l'égard d'un scepticisme postérieur général qui découvrirait « l'absolue fausseté de [nos] facultés mentales ou leur impuissance à rien atteindre de fixe et de déterminé » sur aucun sujet [66]. Dans ce qui va suivre, Hume ne visera pas la fiabilité générale de la raison à l'égard de tout objet mais soulignera deux choses : 1) que les conclusions tirées de la réflexion sur les idées d'espace et de temps sont paradoxales *en apparence* [67] et 2) que l'inférence causale n'est pas le fait de la raison mais d'« un certain instinct de notre nature » [68].

64. *TNH*, I.IV. 1, § 12, p. 268.
65. *EEH*, XII.I, § 5, p. 381.
66. *Ibid.*
67. Car Hume en propose une résolution positive en note.
68. *EEH*, XII.II, § 22, p. 401.

Objections et solution aux raisonnements abstraits touchant les idées d'espace et de temps (§ 18-20)

Hume entend donc ici par raisonnement *abstrait* le raisonnement démonstratif, procédant par simple comparaison d'idées, abstraction faite de ce qui existe ou non dans la nature [69]. Les paradoxes en question, touchant l'espace et le temps, procèdent en fait de la réflexion sur l'infini, c'est-à-dire sur l'augmentation et la réduction virtuellement infinies que semblent pouvoir supporter ces idées. Ces considérations relèvent donc bien des mathématiques, dont Hume va bientôt expliquer pourquoi elles sont les seules sciences démonstratives [70].

Le *Traité* les développait davantage et en indiquait les sources [71] ; Hume n'en fait ici qu'une mention brève et les destine à un usage autre que celui, religieux, qu'on trouve notamment chez Arnauld et Nicole comme chez Malézieu [72] – qu'il dénonce ici sans doute comme l'exemple type d'une « philosophie abstruse qui semble n'avoir encore servi que d'abri à la

69. *EEH*, IV.I, § 1, p. 95 et IV.II, § 18, p. 117.

70. *EEH*, XII.III, § 27, p. 407-409.

71. À savoir A. Arnauld et P. Nicole, *La logique ou l'art de penser* (1662), Paris, Vrin 1981, notamment IV, 1; I. Barrow, *Lectiones mathematicae in quibus principia matheseos generalia exponuntur* (1664-1666); Malézieu, *Éléments de géométrie de Mgr de Bourgogne* (1705), particulièrement livre IX, « réflexion sur les incommensurables ». Ajoutons Bayle, *Dictionnaire historique et critique* (1697), article « Zénon », non cité dans le *Traité* mais auquel la référence est transparente.

72. Voir par exemple les deux passages suivants : « il est bon de le fatiguer [l'esprit] à ces subtilités, afin de dompter sa présomption, et lui ôter la hardiesse d'opposer jamais ses faibles lumières aux vérités que l'Église lui propose, sous prétexte qu'il ne les peut pas comprendre; car puisque toute la vigueur de l'esprit des hommes est contrainte de succomber au plus petit atome de matière, et d'avouer qu'il voit clairement qu'il est infiniment divisible, sans pouvoir comprendre comment cela se peut faire; n'est-ce pas visiblement pécher contre la raison, que de refuser de croire la toute-puissance de Dieu, qui est d'elle-même incompréhensible, par cette raison que notre esprit ne les peut comprendre ? » (A. Arnault et P. Nicole, *La logique ou l'art de penser*, *op. cit.*, p. 298-299). « La géométrie nous démontre la divisibilité de la matière à l'infini, et nous trouvons en même temps qu'elle est composée d'indivisibles. Humilions-nous encore une fois et reconnaissons qu'il n'appartient pas à une créature, quelque excellente qu'elle puisse être, de vouloir concilier des vérités, dont le Créateur a voulu lui cacher la compatibilité. Ces dispositions nous rendront plus soumis aux Mystères, et nous accoutumerons à respecter des vérités qui sont par leur nature impénétrables à notre esprit que nous venons de trouver assez borné pour ne pas pouvoir concilier des Démonstrations mathématiques » (Malézieu, *Éléments de géométrie de Mgr de Bourgogne*, reproduit par N. Kemp Smith in *The Philosophy of David Hume* [1941], Basingstoke, Palgrave Macmillan, 2005, p. 342).

superstition et de refuge à l'absurdité et à l'erreur »[73], ou de cette alliance de superstition populaire et de philosophie abstruse visant à « mieux accabler [l'esprit] de préjugés et de terreurs religieuses »[74]. Dans le texte de 1739, peut-être pour contrer cet usage théologique des paradoxes mathématiques relatifs à l'infini, Hume défendait la thèse de la divisibilité finie de nos idées d'espace et de temps[75]. Ce n'est plus le cas dans l'*Enquête* où, comme on va voir, il semble se borner à constater la contradiction manifeste existant entre, d'une part, des conclusions mathématiques exactes et nécessaires et, d'autre part, nos idées intuitivement évidentes de l'espace et du temps, tout en suggérant la possibilité de dissoudre ce paradoxe apparent.

Le paradoxe général est double : d'une part, il apparaît intuitivement contradictoire qu'une quantité finie contienne une quantité infinie ; d'autre part, il apparaît contradictoire qu'un raisonnement, procédant par un enchaînement d'intuitions de relations non contradictoires, conclue nécessairement à une contradiction.

La note du § 18 vient expliciter le premier aspect. Hume laisse de côté la considération des points mathématiques pour faire cas des « points physiques ». L'espace physique désigne ici, de manière tout à fait contre-intuitive, non pas une étendue réelle, d'une matière ou d'un espace réels hors de l'esprit, mais la perception ou représentation, interne à l'esprit, de l'étendue. Si « nous devons admettre qu'il y a des points physiques, c'est-à-dire des parties d'étendue qui ne peuvent être diminuées ou divisées, ni par les yeux ni par l'imagination »[76], c'est au sens où il faut admettre un seuil minimal qui constitue la représentation d'une étendue comme telle et en deçà duquel on n'aurait plus affaire à la représentation d'une étendue. Des *minima* visibles et intelligibles d'étendue constituent donc ce donné minimal nécessaire à la représentation de l'étendue comme telle – on ne saurait engendrer la représentation d'aucune étendue à partir de représentations d'objets non étendus. Un « point physique » désigne donc un atome d'étendue représentée ou perçue, ce minimum en deçà duquel on n'aurait plus affaire à de l'étendue.

Or, en mathématiques, où l'on admet que le fini est divisible à l'infini, on doit du même coup reconnaître que ces indivisibles sont infiniment moindres que toute partie réelle donnée d'étendue – car cette dernière ne

73. *EEH*, I, § 17, p. 57.
74. *EEH*, I, § 11, p. 47.
75. *TNH*, I.II. 4.
76. *EEH*, XII. II, § 18, p. 393.

peut sembler infiniment divisible qu'au sens où, même après une série infinie de divisions, on aurait toujours affaire à une étendue, qui pourrait, en tant qu'étendue représentée, être encore et encore divisée en parties demeurant étendues. Mais – et c'est là que se logerait la difficulté – il semble à la raison, d'autre part, qu'une infinité de telles parties ou atomes représentationnels d'étendue constitue une étendue infinie – et non une étendue finie. *A fortiori* lui semble-t-il qu'une quantité infinie de parties d'étendue contenant elles-mêmes des quantités infinies de telles parties compose une étendue infinie, et non une étendue finie. Ainsi, en soutenant que le fini est divisible à l'infini, et en ce sens contient de l'infini, les mathématiques conduisent-elles, par une chaîne de raisons nécessaires, à nier qu'il y ait une différence entre le fini et l'infini – entre lesquels nous percevons intuitivement et donc certainement un rapport de contrariété.

Hume poursuit en considérant des rapports de grandeurs entretenus par des angles formés par des droites puis des droites et des cercles. Ces rapports nécessaires, établis démonstrativement, contiennent des contradictions et absurdités au sens où ils contraignent à admettre que des infinis, qui sont donc par définition tels qu'il ne peut rien y avoir de plus grand, peuvent être plus grands ou plus petits les uns par rapport aux autres et se comprendre les uns les autres. La considération de l'infinie divisibilité du temps paraît plus absurde encore – au sens où pour qu'un instant passe, il faudrait que l'infinité des instants antécédents passe d'abord, ce qui ne saurait jamais arriver. Ces considérations ébranlent la raison qui « se défie d'elle-même » et « se trouve si éblouie et si confondue qu'il lui est *presque* impossible de se prononcer avec assurance sur quelque objet que ce soit »[77].

Qu'en conclure? Après avoir insisté sur ces difficultés mathématiques et leur effet immédiat, Hume semble en relativiser fortement l'importance : d'abord, elles sont si paradoxales qu'elles engendrent une défiance à l'égard du doute lui-même; ensuite, on peut y répondre par une théorie de l'abstraction. En effet, la considération de « *quelques-unes* des conclusions paradoxales de la géométrie »[78] peut-elle suffire à engendrer une défiance générale à l'égard de l'ensemble des mathématiques qui sont l'espèce de connaissance « la plus parfaite que nous ayons »[79] et dont l'application à l'expérience – ou « mathématiques mixtes » – est des plus utiles[80]?

77. *EEH*, XII. II, § 18, p. 395 (nous soulignons).
78. *Ibid.*, § 20, p. 397 (nous soulignons).
79. *Ibid.*, § 27, p. 407.
80. *EEH*, IV. I, § 13, p. 109.

Peut-elle, *a fortiori*, engendrer une défiance à l'égard de la raison en général ? Voilà qui est douteux et qui explique qu'il n'y ait « rien donc de plus sceptique (…) que ce scepticisme lui-même » [81]. Nous ne pouvons pas plus renoncer à l'évidence manifeste de l'opposition ou contradiction de l'idée du fini avec celle de l'infini que nous ne pouvons renoncer à l'évidente nécessité ou non contradiction des démonstrations mathématiques ; quelques paradoxes mathématiques ne sauraient y suffire.

Mais surtout, Hume propose une solution à ces paradoxes en utilisant la conception berkeleyenne de l'« abstraction ». Celle-ci consiste à penser l'abstraction non comme la représentation d'idées en elles-mêmes générales mais comme un rapport de signification d'une idée particulière (seul objet possible de l'esprit) à un ensemble d'autres [82]. Cette conception permettrait ainsi d'éviter le paradoxe de l'inclusion de l'infini dans le fini – totalement contraire à l'apparence la plus manifeste – en faisant résider l'infinité non dans nos idées mêmes d'espace et de temps, mais dans le nombre des rapports que chaque idée particulière et finie d'une quantité donnée d'espace ou de temps peut entretenir avec d'autres. Si donc nous prenons cette « solution la plus immédiate » comme Hume lui-même la présente, à savoir comme « raisonnable » [83], le scepticisme postérieur excessif à l'égard des raisonnements abstraits pourrait à la limite s'apparenter – suggérerions-nous – à ce que Hume disait des tropes sceptiques touchant les sens [84] : ce sont des apparences de paradoxes que la raison elle-même peut résoudre ou corriger par la réflexion.

Objections populaires et philosophiques contre l'évidence morale (§ 21-22)

S'agissant du raisonnement sur les faits ou existences, Hume distingue des objections « populaires » et « philosophiques ». Les premières relèvent encore des tropes d'Énésidème [85] recensés par Sextus – respectivement, le quatrième, qui identifie les multiples circonstances faisant varier le

81. *EEH*, XII. II, § 20, p. 397.

82. *Principes de la connaissance humaine*, « Introduction », § 12, *op. cit.*, t 1, p. 307 : « une idée, qui considérée en elle-même, est particulière, devient générale quand on lui fait représenter ou tenir lieu de toutes les autres idées particulières de même sorte ». Ainsi, « l'universalité, pour autant que je puisse la comprendre, ne consistant pas dans la nature ou conception absolue et positive de quoi que ce soit, mais dans le rapport qu'elle entretient avec les choses particulières qu'elle signifie ou représente » (*ibid.*, § 15, p. 309).

83. *EEH*, XII. II, § 20 n., p. 397.

84. *EEH*, XII. I, § 6.

85. *Esquisses pyrrhoniennes*, I. 14.

jugement, et le deuxième, qui souligne la diversité contradictoire des opinions. Celles-ci sont rejetées au motif de leur faiblesse, c'est-à-dire de leur impuissance à l'encontre de l'évidence du raisonnement factuel, comme aussi de leur caractère ruineux, si elles pouvaient avoir une quelconque influence pratique. Mais si cette impuissance psychologique de fait et cette contre-productivité pratique de droit est le seul motif du rejet des objections populaires, Hume ne devra-t-il pas également rejeter ses propres objections philosophiques? Ou bien sont-elles, en un sens, plus fortes? En quoi diffèrent au juste les deux types d'objections distinguées?

Les objections « philosophiques » au raisonnement portant sur les faits sont celles développées dans les sections IV, V et VII de l'*Enquête*[86] : nous ne savons rien au sujet des faits qui excèdent le témoignage immédiat des sens et de la mémoire que par la supposition de relations causales les unissant, c'est-à-dire sur la base 1) de régularités antérieurement observées et 2) de la supposition de leur identité toujours et partout – cette supposition de l'uniformité de la nature étant elle-même dépourvue de toute justification rationnelle possible et entièrement due « à un certain instinct de notre nature auquel il est sans doute difficile de résister, mais qui, comme tous les autres instincts, peut être fallacieux et trompeur »[87].

Il y a là une première différence par rapport aux objections populaires[88] : ces dernières n'attaquent pas le fondement des opérations de l'esprit et laissent ouverte la possibilité d'une explication et d'une correction de la diversité des opinions[89]; alors que les « objections philosophiques » mettent à nu l'impossibilité radicale de justifier le raisonnement factuel. Il s'agit donc d'une connaissance positive acquise, et non seulement d'un doute ou d'une hésitation produite par l'observation d'une diversité de faits. Mais quel en est l'effet? Le sceptique semble ici triompher au sens où « dans l'heure, du moins, il semble détruire toute espèce d'assurance et de conviction »[90]. C'est une deuxième différence, mais elle est toute relative : si l'argument humien produit un doute plus fort, l'incertitude n'en sera pas moins balayée par le retour de la croyance. Pis encore, Hume semble dire que l'argument est inutile au regard de nos besoins pratiques et ne mérite donc pas d'être développé davantage.

86. Au commentaire desquelles nous renvoyons donc.
87. *EEH*, XII. II, § 22, p. 401.
88. En XII. II, § 21.
89. De la même manière qu'en XII. I, § 6.
90. *EEH*, XII. II, § 22, p. 401.

La principale objection au scepticisme excessif? (*§ 23*)

Ce paragraphe constitue le pivot de la section, c'est-à-dire le passage de considérations relevant d'un scepticisme excessif vers la considération finale d'un scepticisme mitigé. Il souligne l'inutilité pratique et sociale du doute excessif, par comparaison avec d'autres systèmes philosophiques, et la présente comme l'objection « principale, et la plus ruineuse, contre le scepticisme excessif »[91]; il se clôt par la mise en scène de la confession du sceptique convenant de qualifier de « rêve » et de « purs amusements »[92] son doute et ses objections. Il s'agit en fait d'une objection purement rhétorique : d'abord, dans la concession même, par le sceptique, de la vanité de ses objections, Hume ré-insiste sur leur invincibilité théorique; ensuite, la dernière partie de la section expliquera en quoi le scepticisme mitigé, qui est le produit partiel du pyrrhonisme, est à la fois « plus durable et plus utile »[93] et même « salutaire »[94] à toute philosophie.

Quelle peut bien être l'intention de celui qui développe les paradoxes exposés au sujet des sens et au sujet de l'évidence du raisonnement factuel? Contrairement aux sciences de la nature et à la philosophie morale, les doutes sceptiques ne semblent pouvoir produire aucune conviction durable, ni aucune réforme de la conduite. Ils sont, en fait, psychologiquement évanescents et, en droit, pratiquement ruineux. Le sceptique ne semble avoir d'autre alternative que de se joindre au rire des autres à son endroit et d'avouer, en revenant d'une expérience toujours solitaire et oisive du doute, qu'il rêvait et qu'il ne faisait ainsi que s'amuser. Pourtant, l'objet de ce jeu demeure bien « la condition bizarre des hommes, qui doivent agir, raisonner et croire, quoique, dans leurs recherches les plus assidues, ils ne puissent rien apprendre de satisfaisant sur le fondement de ces opérations ni réduire les objections que l'on peut élever contre elles »[95].

Il y a donc une *irréductibilité théorique* des objections pyrrhoniennes véritables concernant le *fondement* d'opérations de l'esprit dont l'exercice demeure en fait inévitable[96]. À l'encontre de l'interprétation naturaliste de

91. *EEH*, XII. II, § 23, p. 401.
92. *Ibid.*, p. 403.
93. *Ibid.*, p. 401.
94. *Ibid.*, XII. III, § 25, p. 407.
95. *Ibid.*, XII. II, § 23, p. 403.
96. L'« Abstract » de 1740 notait dans le même sens, pour résumer le propos du livre 1 du *Traité* : « Notre auteur insiste sur plusieurs autres thèmes sceptiques; et conclut en somme que nous ne donnons notre assentiment à nos facultés et n'employons notre raison que parce que nous ne pouvons nous en empêcher. La philosophie nous rendrait entièrement *Pyrrhoniens* si notre nature n'était pas trop forte pour elle » (*EHU*, « Appendix » I, p. 142).

Hume, il faut donc bien relever ici qu'il ne fait clairement pas de la naturalité un critère épistémique mais insiste au contraire sur l'incommensurabilité ou la différence d'ordres entre la nécessité psychologique de fait de la croyance et sa garantie épistémique de droit. Les objections humiennes à l'évidence des sens et du raisonnement factuel relèvent donc bien d'un scepticisme excessif mais, contrairement aux tropes traditionnels mentionnés, elles sont irréductibles au plan théorique et ne visent pas une *époké* impossible et ruineuse. De ce fait, le retour de la croyance ne constitue pas une objection [97] au doute mais garantit seulement le caractère inoffensif du scepticisme [98]. Ces objections sceptiques visent à faire prendre conscience de l'absence de fondement satisfaisant, au regard de la raison, de l'évidence inévitablement produite par l'opération vitale des sens et du raisonnement factuel. Mais, contrairement aux apparences, n'est-ce pas là une chose éminemment utile ?

LE SCEPTICISME MITIGÉ ET LES SCIENCES (PARTIE 3)

Les deux formes du scepticisme mitigé (*§ 24-25*)

Hume en vient donc finalement à la définition de la « philosophie académique », en référence à l'Académie et aux *Académiques* de Cicéron. Quelle que puisse être la justesse de cette référence historique [99], il importe d'abord de souligner deux choses : sous ses deux formes, le scepticisme mitigé est conçu comme une philosophie utile et durable qui est le produit ou l'effet du scepticisme excessif. Ainsi voit-on que la critique de l'inutilité et de l'absence d'effet durable sur l'esprit des doutes pyrrhoniens n'était que rhétorique : la section XII défend donc dans l'ensemble, et paradoxalement, *la nécessité du pyrrhonisme au développement de la connaissance*

97. Comme y insistait déjà *EEH*, IV. II, § 21, p. 123-125 : « Ma pratique, dites-vous, réfute mes doutes. Mais vous vous méprenez sur le sens de ma question. Comme agent, je n'ai à redire sur ce point; mais comme philosophe (...) je veux être instruit du fondement de cette opération ». Ou encore *DRN*, trad. fr. p. 81 : le sceptique doit « agir et vivre et converser, comme les autres hommes; et pour cette conduite, il n'est pas forcé de donner d'autre raison que la nécessité absolue où il se trouve de procéder de la sorte ».

98. Déjà souligné en V, § 1, p. 131 ; qui permet également de tempérer ce qui est dit ici du stoïcisme et de l'épicurisme.

99. *Cf.* dans ce volume, *supra*, p. 113-115, le commentaire du début de la section V et M. Groulez, *Le scepticisme de Hume : les* Dialogues sur la religion naturelle, Paris, P.U.F., 2005, p. 43-56.

humaine. Les deux espèces de scepticisme mitigé distinguées touchent respectivement à la *modalité* et au *champ* de l'usage des facultés.

Le premier effet utile et durable que peuvent contribuer à produire les doutes excessifs précédemment énoncés est de contrebalancer notre partialité, notre orgueil et notre dogmatisme naturels par un certain degré « de doute, de circonspection et de modestie » [100]. Pour lutter contre les effets néfastes de la précipitation et de la prévention, tant dans les sciences (où elles engendrent l'erreur) que dans la société (où elles engendrent l'intolérance), rien n'est plus utile qu'une « légère teinture de pyrrhonisme » [101] c'est-à-dire la réflexion sur « les étranges infirmités de l'entendement humain, même dans son état le plus parfait » et sur « l'universelle perplexité et confusion qui est inhérente à la nature humaine » [102].

Il faut donc relever le caractère affirmatif et définitivement acquis des conclusions du pyrrhonisme : les deux objets de « triomphe » sceptique que sont le scepticisme postérieur excessif au sujet des sens et du raisonnement factuel ne sont pas rejetés et oubliés lors du retour de la croyance naturelle à l'existence des corps et de l'uniformité de la nature. Ils constituent deux acquis de l'enquête sur les opérations de l'esprit; la certitude de leur *absence de fondement* autre que l'instinct – qui n'est précisément pas un fondement d'ordre épistémologique – est indubitable, bien que cette certitude n'engendre pas une suspension de *l'opération* de ces facultés (qui est justement instinctive). Ainsi, lorsque Hume définit la première forme de scepticisme mitigé en disant qu'elle survient « lorsque les doutes immodérés de ce scepticisme *outré* sont amendés par le sens commun et la réflexion » [103], il ne faudrait pas comprendre, comme le voudrait une lecture unilatéralement naturaliste, qu'ils sont effacés, renversés, oubliés sous l'effet du retour de la croyance instinctive – sans quoi l'effet du pyrrhonisme sur l'esprit deviendrait tout à fait incompréhensible. Il ne faudrait pas non plus comprendre, comme le voudrait la lecture bi-perspectiviste, que l'esprit est condamné à osciller perpétuellement du doute, dans les moments de réflexion solitaire, à la certitude de sens commun, dans l'action et l'interaction. Le scepticisme mitigé procède de la « réflexion » sur les doutes pyrrhoniens lors du retour de la croyance instinctive. Être sceptique mitigé, c'est se souvenir, lors du retour de cette croyance,

100. *EEH*, XII. III, § 24, p. 405.
101. *Ibid.*
102. *Ibid.*
103. *Ibid.*, p. 403.

que nous avons identifié avec certitude leur absence de fondement[104]. C'est donc la combinaison de la croyance de sens commun (ou instinctive) avec la réflexion philosophique pyrrhonienne sur son absence de fondement qui produit naturellement une modération et une prudence dans *l'usage* (inévitable) des facultés.

La seconde forme de scepticisme mitigé consiste dans « la limitation de nos recherches aux sujets qui sont les mieux proportionnés à l'étroite capacité de l'entendement humain »[105]. Là encore, ce n'est qu'à condition d'avoir compris et saisi avec évidence l'absence de fondement épistémologique de nos facultés que l'on pourra se convaincre de la folie qu'il y a à les employer pour juger d'objets éloignés de l'expérience et de la vie courante. Le scepticisme mitigé consiste donc à prendre la résolution salutaire de renoncer sinon à toute spéculation de cet ordre, du moins à l'espoir d'atteindre une quelconque certitude dans leur domaine. Il faut « nous être convaincus une bonne fois de la force du doute pyrrhonien et de l'impossibilité de nous en libérer, sinon par la puissante influence de l'instinct »[106], lequel, par conséquent, ne nous en libère pas épistémologiquement mais seulement en pratique, car c'est une connaissance acquise que « nous ne sommes pas capables de donner une bonne raison pourquoi nous croyons, après mille expériences, que la pierre tombe et le feu brûle », et ce n'est que par l'acquisition de cette connaissance, donc par le scepticisme excessif ou pyrrhonisme, que nous pourrons renoncer à « nous déclarer d'une manière totalement satisfaisante sur l'origine des mondes et sur l'état de la nature, d'éternité en éternité » – ce qui est une allusion au dernier argument de la section précédente : si notre connaissance du rapport causal se réduit à celle d'une conjonction constante d'espèces d'événements semblables au sein d'une nature supposée uniforme, il nous sera bien difficile de nous prononcer avec certitude sur ce rapport causal singulier censé lier l'univers même dans son ensemble à une cause singulière inobservable supposée[107]. Encore une fois, donc, une interprétation naturaliste manquerait le fait du pyrrhonisme – qui survient immanquablement et aussi naturellement que la croyance lorsque nous réfléchissons sur nos facultés – comme son utilité

104. C'est la lecture de L. Jaffro dans « Le sceptique humien est-il modéré ? », art. cit.
105. *EEH*, XII. III, § 25, p. 405.
106. *Ibid.*, p. 407.
107. *Ibid. Cf.* également *EEH*, VIII. I, § 1, p. 219.

– car c'est uniquement grâce à lui qu'on peut renoncer à s'égarer au-delà de la portée de nos facultés [108].

Dire que « les décisions philosophiques ne sont rien d'autre que les réflexions de la vie courante, rendues méthodiques et corrigées » n'est pas dire que la philosophie a oublié les doutes pyrrhoniens qui font, lorsqu'on y pense, effectivement vaciller les croyances en l'existence d'un monde extérieur et en une nature uniformément réglée. C'est bien plutôt dire que la philosophie ou science progresse, comme tout un chacun en pratique, par l'observation et l'inférence, mais, du fait de la conscience acquise de leur limitation, en corrigeant leur usage et en limitant leur champ d'exercice. Cela sert et fonde évidemment la critique de la philosophie religieuse qui entend se prononcer dogmatiquement sur ces sujets [109].

Le pyrrhonisme est donc utile et salutaire au développement de la connaissance parce qu'il a une influence durable sur l'esprit – et seulement à cette condition. Les remarques sur l'impuissance des doutes excessifs face à la croyance naturelle sont donc à tempérer fortement. Ce sont les *Dialogues sur la religion naturelle* qui sont le plus clairs sur ce point :

> De la même façon, si un homme s'est accoutumé à des considérations sceptiques sur l'incertitude et les étroites limites de la raison, il ne les oubliera pas complètement quand il tournera sa réflexion sur d'autres sujets, mais dans tous ses principes et ses raisonnements philosophiques, je n'oserai dire dans sa conduite ordinaire, il se montrera différent de ceux qui n'ont jamais formé d'opinions sur la question ou qui ont entretenu des sentiments plus favorables à la raison humaine [110].

Ainsi reste-t-il quelque chose de la crise pyrrhonienne dans le retour de la croyance instinctive; le scepticisme mitigé est l'effet du scepticisme excessif – plus particulièrement des doutes excessifs postérieurs touchant

108. Claire Etchegaray insiste particulièrement sur la relation de la naturalité, de la pérennité et de la mitigation du scepticisme et sur leur liaison avec la définition de notre responsabilité à l'égard de nos croyances dans « Le concept de croyance naturelle », *Recherches sur la Philosophie et le Langage*, 26, « L'invention philosophique humienne », éd. P. Saltel, 2009, p. 83-116, part. p. 115-116; et C. Etchegaray, C. Denat, « Comment peut-on être sceptique ? David Hume ou la cohérence du scepticisme moderne », *Revue de métaphysique et de morale*, 2010/1, p. 93-108, « Le scepticisme, aux limites de la question », notamment p. 96.

109. Dans les *DRN*, trad. fr. p. 82-83, Philon souligne semblablement que : « Nous ne savons jusqu'où nous pouvons faire confiance, en un tel sujet [théologique], à nos méthodes ordinaires de raisonner, puisque, même dans la vie courante et dans le domaine qui leur est pratiquement approprié, nous ne pouvons en rendre raison et que, dans leur emploi, nous sommes entièrement guidés par une sorte d'instinct ou de nécessité ».

110. *Ibid*, p. 81.

les sens et le raisonnement causal touchant les faits. En ce sens, le scepticisme mitigé n'est pas du tout modéré [111] mais, sur le plan épistémologique, tout à fait excessif. On *doit* être un sceptique excessif (*pyrrhonien*) d'un point de vue *théorique* ou *épistémologique* – en considérant les raisons effectivement irréfutables et donc, sur le moment, entièrement convaincantes touchant le *fondement* de l'évidence sensible et de l'évidence du raisonnement factuel – *pour pouvoir être* un sceptique mitigé (Académicien) en *pratique* et/ou *doxastiquement* [112], c'est-à-dire 1) *user avec prudence* et 2) relativement à des *objets* qui peuvent être atteints par des facultés étroitement limitées. Dans le *Traité*, le sceptique était caractérisé par une forme d'indolence comprise comme une indifférence ou « négligence éclairée » [113] par la connaissance d'une incertitude théorique indépassable; elle devait être distinguée d'une autre forme comprise comme abandon de toute philosophie abstruse. Dans l'*Enquête*, cette caractérisation du scepticisme disparaît et l'indolence ne désigne plus que le délaissement de la philosophie abstruse [114].

DÉLIMITATION ET CLASSIFICATION DES SCIENCES (§ 26 À 33)

La classification des sciences proposée par Hume en clôture de l'*Enquête* est bien le fruit de cette « géographie mentale » ou « délimitation des différentes parties et différents pouvoirs de l'esprit » promise dans la première section [115]. Elle est tirée de la distinction des genres d'évidence produite dans la section IV et dans la section V dont les § 28 à 29 restituent les acquis [116]. En effet, si tous les objets de la raison humaine se réduisent à des relations d'idées et à des faits, dont les premiers font l'objet d'une

111. *Cf.* R. Fogelin, « The Tendency of Hume's Skepticism » et « Two Openings and Two Closings », art. cit.; L. Jaffro, « Le sceptique humien est-il modéré ? », art. cit.

112. Pour reprendre les distinctions de Fogelin.

113. Expression forgée par É. Le Jallé dans *L'autorégulation chez Hume*, Paris, P.U.F., 2005 : « la "proximité" posée entre la vraie philosophie et l'opinion commune, et la désignation de celle-là comme "retour" à celle-ci, ne désigne en aucun cas un strict retour à l'identique » (p. 161). Et : « Ce qui est ainsi conservé, c'est la mise au jour du caractère injustifiable de l'opinion courante; mise au jour qui permet au vrai philosophe de l'adopter en connaissance de cause » (p. 159).

114. Indolence évoquée dans la section I de l'*EEH* et qui est nuisible en tant qu'elle conduit à laisser le champ libre à la philosophie « religieuse ».

115. *EEH*, I, § 13, p. 51.

116. Au commentaire desquelles nous renvoyons par conséquent.

connaissance intuitive et démonstrative et les seconds d'une évidence sensible et d'une évidence morale propre au raisonnement factuel [117], il y a des sciences démonstratives, d'une part, et des sciences factuelles, de l'autre. Ces dernières peuvent être particulières, lorsqu'elles s'attachent à la connaissance de faits particuliers (l'histoire d'un peuple, la géographie, l'astronomie), ou générales, lorsqu'elles s'attachent à connaître les lois de la nature, qui sont des faits généraux en tant qu'on les retrouve à l'œuvre dans la pluralité de faits particuliers (la philosophie naturelle, la chimie, la médecine, qui traitent des corps inanimés et animés; la politique, qui traite des règles du gouvernement des passions des hommes en société). Quant aux sciences démonstratives, seules les mathématiques en relèvent selon Hume (§ 27) – ce qui revient à s'opposer notamment à ceux qui affirment la possibilité d'une science morale et d'une théologie *a priori*, en affirmant à l'inverse que la théologie, comme la morale et la critique, sont des sciences de fait, qui procèdent à partir de l'expérience et du raisonnement factuel (§ 32 à 33).

Il est acquis que la démonstration ne peut porter que sur des relations d'idées que nous identifions en les comparant. Mais pourquoi n'y aurait-il pas de démonstration à propos de relations d'idées autres que celles de quantité et de nombre? Ne peut-on pas effectivement connaître *a priori*, étant donné la seule nature ou définition de ces idées, que « s'il n'y a pas de propriété, il ne peut pas y avoir d'injustice » ? N'est-elle pas en effet une proposition « aussi certaine que n'importe quelle démonstration d'Euclide » [118] ? C'est l'un des exemples retenus par Locke lorsqu'il entend « situer la *Morale parmi les sciences démontrables* » [119]. Mais c'est une chose d'admettre que nous pouvons comparer toutes sortes d'idées *a priori* et c'en est une autre de soutenir que nous pouvons faire progresser notre connaissance à leur sujet par démonstration. Si la quantité et le nombre s'y prêtent, c'est parce qu'elles sont constituées de parties homogènes ou similaires. De ce fait, leurs différences sont à la fois complexes, relatives et clairement déterminables. Leurs rapports peuvent être appréhendés d'un grand nombre de points de vue, et ceux-ci peuvent être déterminés avec précision. Leur étude est à la fois intéressante et utile : elle nous fait découvrir des relations que nous ne pouvons connaître autrement (le théorème de Pythagore, par exemple, ne peut être découvert autrement que par démonstration) et la science naturelle comme la technique

117. *EEH*, IV.I, § 1, p. 95 et IV.II, § 18, p. 117.
118. Locke, *Essai*, IV.III. 27, *op. cit.*, t. 2, p. 307.
119. *Ibid. Cf.* également IV.XII. 8, p. 462.

progressent par l'application des mathématiques aux données de l'expérience [120]. À l'inverse, toutes les idées autres que celles de la quantité et du nombre sont absolument distinctes les unes des autres et leur comparaison ne nous conduit jamais au-delà du constat intuitivement évident de leur différence. L'exposition syllogistique des connaissances non mathématiques ne fait que donner l'illusion qu'elles procèdent démonstrativement.

Si seules les mathématiques sont des sciences démonstratives ou *a priori*, la théologie n'en est donc pas une. Hume n'avance pas d'explication positive ici, mais l'existence de Dieu comme celle de l'âme après sa séparation d'avec le corps sont bien des questions de fait, dont on doit donc décider par expérience. La section XI a montré comment devait procéder la théologie naturelle – à partir de l'observation de l'ordre de la nature et du raisonnement factuel pour remonter à une éventuelle cause première et à ses attributs. Notons que, selon Hume, ce procédé ne permet pas d'établir l'existence et les attributs du Dieu de la religion chrétienne. La critique de la possibilité d'une argumentation *a priori* en faveur de l'existence de Dieu est développée dans le neuvième des *Dialogues sur la religion naturelle*. Elle est particulièrement dirigée contre la formulation qu'en donne Samuel Clarke dans la *Démonstration de l'existence et des attributs de Dieu* [121] – laquelle, sur ce point, se présente comme une reformulation de la « troisième voie » de Saint Thomas – et qui n'est autre qu'une version de l'argument cosmologique, arguant de la nécessité d'une cause première éternelle incréée, « d'un être dont c'est une expresse contradiction de supposer la non-existence » [122], pour rendre raison de l'existence du monde. Mais, pour s'en tenir à l'essentiel, premièrement, s'il nous est toujours possible de concevoir la non existence d'une chose, « les mots existence nécessaire n'ont pas de sens » [123]; deuxièmement, à l'inverse, nous pouvons tout aussi bien concevoir l'existence éternelle de l'univers matériel lequel, dès lors, ne requiert pas de première cause.

L'essai « de l'immortalité de l'âme », qui argue qu'elle est « difficile à prouver (…) à la simple lumière de la raison » [124], aurait dû figurer dans les *Essais et traités sur plusieurs sujets*, avec l'*Enquête*, mais fut écarté et

120. *EEH*, IV. I, § 12, p. 107.

121. S. Clarke, *Demonstration of the Being and Attributes of God* (1704), in *Works*, Bristol, Thoemmes, 2002, vol. 2, p. 525-529, trad. fr. A. Jacques, *Œuvres philosophiques de Samuel Clarke*, Paris, Charpentier, 1843.

122. S. Clarke, *A Demonstration…*, proposition 3, cité par M. Malherbe, *DRN*, p. 167.

123. *DRN*, p. 168; pour la raison qu'on peut imaginer le contraire d'un fait sans contradiction, *EEH*, IV, § 2.

124. *E&T*, t. 2, p. 275.

publié posthumément[125], en 1777. Il exclut successivement 1) l'argument métaphysique, fondé sur la notion de substance, au motif de la vacuité de cette notion[126] et de la faiblesse du raisonnement appuyé sur elle, 2) l'argument moral arguant de la providence à l'œuvre dans la nature[127] et 3) l'argument physique – Hume montrant que l'observation des phénomènes naturels tend davantage à prouver la mortalité de l'âme. Comme dans la phrase qui clôt cet essai[128] et comme dans celle qui conclut la section sur les miracles[129], Hume se ménage ici (§ 32) la possibilité d'une défense fidéiste – la théologie aurait meilleur compte à s'autoriser de la foi plutôt que de la raison qui, tout compte fait, ne lui est pas d'un grand secours. L'ensemble de ce qu'il aura écrit au sujet de la religion autorise difficilement à y voir autre chose qu'une remarque ironique.

Enfin, la morale et la critique (ou esthétique) sont des objets du sentiment plutôt que de l'entendement. Elles ne sont donc pas des sciences démonstratives, procédant *a priori*, par comparaison d'idées, ni des sciences de fait seulement relatives aux objets extérieurs (les actions et caractères des êtres humains, d'une part, et les œuvres d'art de l'autre) mais davantage des sciences de faits étudiant la relation des sentiments humains à ces objets. La morale et la critique étudient donc bien les faits, en l'occurrence « le goût général des hommes », c'est-à-dire leur manière générale ou commune d'avoir certaines réactions affectives en face des actions humaines et des œuvres d'art. En ce sens, elles recourent à l'expérience ou observation des sentiments humains dans diverses circonstances et elles procèdent à des inférences et généralisations touchant les causes de ces affections. La méthode de la philosophie morale consiste simplement à établir la liste des « habitudes, facultés et sentiments qui, lorsqu'ils sont attribués à une personne, impliquent soit l'éloge, soit le blâme » et à en inférer une définition générale de la vertu ; ainsi pourra-t-on dire qu'elle « consiste entièrement dans la possession de qualités mentales *utiles* ou *agréables* à *leur possesseur* ou à *autrui* »[130] si l'on peut effectivement observer que ces propriétés accompagnent les différentes habitudes,

125. *Ibid.*, introduction de M. Malherbe, p. 30-32.

126. Rencontrée ici en XII. I, § 16, p. 391.

127. Rencontré ici dans la section XI.

128. « De l'immortalité de l'âme », *op. cit.*, p. 281 : « Rien ne saurait manifester de façon plus évidente l'obligation infinie que les hommes ont envers la Révélation divine, puisque nous découvrons qu'aucun autre moyen n'a pu nous rendre certaine cette grande et importante vérité ».

129. *EEH*, XI, § 41, p. 337.

130. *EPM*, IX, § 1, dans *E&T*, t. 4, p. 127.

facultés ou sentiments en question. Semblablement, la critique se fonde « sur l'expérience et sur l'observation des sentiments communs de la nature humaine » [131] pour en inférer les règles des arts qui « ne sont pas autre chose que des observations générales concernant ce qui a plu universellement dans tous les pays et à toutes les époques » [132].

Bien entendu, réduire ainsi morale et esthétique à une anthropologie descriptive des sentiments suppose, par ailleurs, d'avoir récusé un certain rationalisme qui définit, tout au contraire, le bien comme le beau par une relation de « convenance » immuable entre les objets mêmes, dépendante de leur seule nature intrinsèque, et saisissable par une intuition de même ordre que celle au fondement de la connaissance mathématique [133]. Pour le nier, Hume mobilise essentiellement cinq observations qu'on peut résumer ainsi [134] : 1) l'évidence expérimentale des sentiments en question est plus manifeste que les relations de conformité ou d'appropriation (*fittingness*) de la théorie antagoniste. 2) Contrairement à la démonstration mathématique, qui consiste à découvrir des nouvelles propriétés des objets à partir de comparaisons successives, l'approbation ou désapprobation morale ou esthétique surviennent et se manifestent affectivement une fois que toutes les propriétés ou circonstances des objets sont connues ou supposées telles. 3) La beauté du cercle n'en est pas une propriété mathématique, qui fait l'objet d'une démonstration, mais « est seulement l'effet que produit cette figure sur notre esprit, dont la conformation et la structure sont ainsi faites qu'il est capable de tels sentiments » [135] ; de même la beauté d'une colonne n'est pas donnée dans les explications techniques du traité d'architecture; et ainsi de la beauté morale qui ne saurait être livrée par aucune description, aussi exhaustive soit-elle, des propriétés de l'action ou du caractère seul, mais qui n'apparaît que si l'on prend en compte la réaction affective d'un spectateur humain. 4) Si la moralité résidait uniquement dans les relations entre les objets mêmes, un chêne qui, à force de pousser, détruirait le chêne voisin dont il est issu devrait faire l'objet de

131. « De la règle du goût », dans *E&T*, t. 1, p. 269.

132. *Ibid.*, p. 268.

133. En morale, cette position est alors défendue par W. Wollaston, auquel Hume fait allusion dans le *Traité* (III.I. 1, p. 56), dans *The Religion of Nature Delineated* (1722), mais tout aussi bien par S. Clarke dans *Discours sur les devoirs immuables de la religion naturelle* (1705), dans *Œuvres de Samuel Clarke*, *op. cit.*, *cf.* « première proposition », p. 219-220.

134. Cette série de raisons, exposée dans le premier « Appendice » de l'*Enquête sur les principes de la morale*, est une synthèse et une simplification de l'argumentation présentée en *TNH*, III.i. 1.

135. *Ibid.*, p. 146.

la même désapprobation qu'un enfant tuant un parent; rien ne distingue ces deux relations objectives en elles-mêmes, mais, dans l'un seulement des deux cas, nous éprouvons un certain sentiment de dégoût moral qui nous fait les différencier et condamner le second comme un crime – c'est donc que le critère de la distinction du vice et de la vertu réside dans ce sentiment et non dans la relation objective des objets considérés. 5) Les fins ultimes, en tant que telles, ne se rapportent à aucun objet et ne sont donc pas désirables en vertu de relations qu'elles entretiennent avec autre chose, mais se recommandent d'elles-mêmes par l'affect qu'elles suscitent – on désire faire de l'exercice pour conserver la santé et ceci pour ne pas éprouver la douleur, parce que le plaisir est une fin en soi pour un être sensible; et pour toute action « il faut qu'une chose soit désirable pour son propre compte et par sa conformité ou sa convenance avec les sentiments et les affections humaines »[136]. Ainsi, pour la vertu, qui est désirable en elle-même « il faut qu'il y ait en nous quelque sentiment qu'elle touche, quelque goût ou impression intérieure – employez le nom que vous voulez – qui distingue entre le bien et le mal moral, qui embrasse l'un et rejette l'autre »[137].

UNE CONCLUSION PRATIQUE (§ 34)

Si la comparaison de l'ouverture de la section pouvait laisser penser que la recherche des limites du doute amènerait à identifier le sceptique complet comme l'athée à des créatures imaginaires, l'acquisition de la connaissance de l'étroite limitation de nos facultés conduit bien plutôt à la disqualification définitive d'une certaine métaphysique religieuse qui croit à tort pouvoir opérer par démonstration *a priori* au sujet de questions de faits et d'existence qui, de plus, excèdent tout à fait le champ de l'expérience. L'invitation à jeter ce type d'ouvrages au feu est sans doute destinée à marquer le plus vivement possible le diagnostic humien de leur nullité ou vacuité épistémologique. Serait-ce aussi une manière de renvoyer l'Église à l'intolérance qui est la sienne et que Hume relève par ailleurs[138] ?

136. *Ibid.*, p. 147.

137. *Ibid.*, p. 148.

138. *Cf.* notamment, « Superstition et enthousiasme », dans *E&T*, t. 1, p. 135-138; et *Histoire naturelle de la religion*, dans *E&T*, t. 4, p. 217-220.

Quoi qu'il en soit, l'auteur n'interdit pas la spéculation théologique – lui qui consacre une section de l'*Enquête* à la théologie naturelle et qui préparera jusqu'à son dernier souffle l'édition posthume des *Dialogues sur la religion naturelle* mettant en scène des personnages aux opinions religieuses divergentes échangent des arguments en toute civilité. Il s'agit sans doute davantage de l'énonciation de la disposition du sceptique mitigé lorsqu'il veut faire de la place dans sa propre bibliothèque, ou tout au plus d'un avis à usage privé : c'est un impératif hypothétique, qui suppose d'être « persuadé de ces principes », or il revient à chacun de s'en convaincre en éprouvant la force des arguments sceptiques sur son propre esprit. Il ne s'agit donc pas d'inviter à l'autodafé [139]. Cela siérait mal à un auteur qui, peu avant de mourir, au sujet du débat opposant le théiste et l'athée, écrivait sur la dernière page de son dernier manuscrit : « Considérez donc où gît le point réel de la controverse, et si vous ne pouvez abandonner vos disputes, efforcez-vous au moins de guérir votre animosité » [140].

139. Hume fut conservateur de la bibliothèque des avocats d'Édimbourg de 1752 à 1757, laquelle contenait de tels ouvrages : *cf.* J. Harris, *Hume, An Intellectual Biography*, Cambridge, CUP, 2015, p. 307. Il ne semble pas avoir cherché à les en extraire mais a, quant à lui, eu à subir la censure exercée à l'endroit de plusieurs ouvrages dont il avait commandé l'achat, voir *ibid.*, p. 353.

140. *DRN*, p. 214.

INDEX DES NOMS (AUTEURS ET PERSONNAGES)

Ne sont pas mentionnés dans cet index : Hume, les noms des éditeurs scientifiques de collectifs (sauf lorsque l'édition est citée pour elle-même), et ceux des traducteurs (sauf lorsqu'il est fait référence à leurs choix de traduction).

LES AUTEURS

Cédric BRUN est maître de conférences en philosophie des sciences et en philosophie de langue anglaise à l'université Bordeaux Montaigne. Il y mène des recherches sur l'histoire de la philosophie de la connaissance de l'époque moderne au sein de l'unité de recherche Sciences, philosophie, humanités et il dirige l'équipe de recherche Neurosciences, Humanités et Société, rattachée à l'UMR 5293 de l'Université de Bordeaux, au sein de laquelle il mène des recherches en philosophie « embarquée » sur les pratiques et les contraintes épistémologiques propres à la recherche en neurosciences.

Paul CLAVIER est Professeur au Département de Philosophie de l'Université de Lorraine et membre des Archives Poincaré-PReST (UMR 7117). Il enseigne l'histoire de la métaphysique et la philosophie de la religion. Il a notamment publié *Le concept de monde* (P.U.F., 2000) *Ex nihilo, Enquête sur le concept philosophique de création du monde* (Herman, 2011) et s'intéresse à la philosophie de la monnaie (*Petite métaphysique du fric*, Cerf, 2020).

Jean-Pierre CLÉRO est l'auteur d'une thèse sur *La philosophie des passions chez David Hume* (Paris, Klincksieck, 1985). Il a publié de nombreux articles sur Hume et plusieurs traductions, dont celle de la *Dissertation sur les Passions*, du Livre II du *Traité de la Nature humaine* (Paris, GF-Flammarion, 1991), d'un des quatre discours politiques (Caen, 1986) et une étude générale sur la philosophie de l'auteur intitulée *Hume. Une philosophie des contradictions* (Paris, Vrin, 1998). Quand bien même la recherche de J.-P. Cléro s'est graduellement orientée vers une philosophie des fictions plutôt que des passions, elle est restée en rapport étroit avec la philosophie de Hume.

Claire ETCHEGARAY est maîtresse de conférences à l'université Paris Nanterre, membre de l'IRePh (Paris Nanterre). Spécialiste des Lumières britanniques, auteure de *David Hume. L'esprit sensible* (Belin, 2018), elle a publié divers articles sur George Berkeley, Thomas Reid et David Hume, et a récemment dirigé avec A. Charrier *Le soi. Nouvelles perspectives humiennes* (Hermann, 2020.) Elle a également publié des articles en philosophie de l'esprit contemporaine et en philosophie de la médecine.

Claude GAUTIER est professeur de philosophie au département des sciences humaines à l'École Normale Supérieure de Lyon. Ses domaines de spécialités sont le XVIIIe siècle anglo-écossais, le premier pragmatisme et la philosophie des sciences sociales. Parmi ses publications, *La force du social. Enquête philosophique sur la sociologie des pratiques de Pierre Bourdieu* (Paris, Cerf, 2012), *John Dewey, L'influence de Darwin sur la philosophie et autres essais de philosophie contemporaine* (traduction, annotation et introduction en coll. avec Stéphane Madelrieux, Paris, Gallimard, 2016) ; *Voir et connaître la société. Regarder à distance dans les Lumières écossaises*, (ENS-Éditions, 2020).

Benoît GIDE, docteur en philosophie, chercheur associé au Centre d'histoire des philosophies modernes de la Sorbonne (HIPHIMO, EA 1451), chargé de cours à l'université de Lyon. Sur Hume, il a notamment publié « La critique naturaliste du scepticisme humien chez Reid » (*Archives de philosophie*, 78/4, octobre-décembre 2015, p. 597-613) et *Hume* (Paris, Ellipses, 2015).

Philippe HAMOU est professeur de Philosophie à l'Université Paris Nanterre, membre de l'Institut de Recherches Philosophiques de Nanterre. Il s'intéresse à l'histoire des sciences et l'histoire de la philosophie des premiers temps modernes, tout particulièrement dans l'aire britannique. Il a publié notamment *Dans la chambre obscure de l'esprit. John Locke et l'invention du mind* (Paris, Ithaque, 2018).

Eléonore LE JALLÉ est Professeure de philosophie contemporaine à l'Université de Lille, membre de l'UMR 8163 « Savoirs, Textes, Langage ». Spécialiste de Hume, auquel elle a consacré trois ouvrages (dont *Hume et la philosophie contemporaine*, Vrin, 2014), ses travaux les plus récents portent sur les liens entre philosophie morale et littérature. Page professionnelle : https://pro.univ-lille.fr/eleonore-le-jalle/.

Michel MALHERBE est professeur honoraire de l'Université de Nantes. Traducteur de Hume, il a pour centre d'intérêt l'empirisme en général, et plus précisément l'empirisme classique. Il a par ailleurs écrit deux ouvrages sur la maladie d'Alzheimer.

Philippe SALTEL, professeur de philosophie morale à l'Université Grenoble-Alpes, membre de l'Institut de Philosophie de Grenoble (IPhiG, EA 3699), traducteur de plusieurs œuvres de Hume pour les éditions Flammarion, collection « GF » (1991, 1993, 1995), a publié *Le Vocabulaire de Hume* (Paris, Ellipses, 1999, rééd. 2009), dirigé l'ouvrage collectif *L'invention philosophique humienne* (Paris, Vrin, 2009) et co-dirigé *Lectures de Hume* (Paris, Ellipses, 2009).

Angélique THÉBERT est maître de conférences à l'Université de Nantes et membre du Centre Atlantique de Philosophie. Spécialiste de philosophie britannique moderne (Locke, Reid) et de philosophie analytique de la connaissance, elle est l'auteur d'articles en anglais et en français, portant sur l'épistémologie de la croyance, le scepticisme et l'éthique intellectuelle. Elle a dirigé un numéro sur « La normativité du sens commun » dans la *Revue philosophique de la France et de l'étranger* (2021).

TABLE DES MATIÈRES

Achevé d'imprimer en mai 2022 par *La Manufacture - Imprimeur* – 52200 Langres
Imprimé en France – N° d'imprimeur : 220415 – Dépôt légal : mai 2022